浙江省社会科学界联合会研究课题成果
宁波市文化服务应用型专业人才培养基地课题成果
2010年度宁波大学人文科学研究后期资助项目

周春英 著

王鲁彦评传

中国社会科学出版社

图书在版编目（CIP）数据

王鲁彦评传/周春英著. —北京:中国社会科学出版社，2011.7
ISBN 978-7-5004-9112-5

Ⅰ.①王… Ⅱ.①周… Ⅲ.①王鲁彦(1901—1944)-评传
Ⅳ.①K825.6

中国版本图书馆 CIP 数据核字(2010)第 179149 号

责任编辑 郭晓鸿(guoxiaohong149@163.com)
责任校对 王俊超
封面设计 格子工作室
技术编辑 戴 宽

出版发行 中国社会科学出版社
社 址 北京鼓楼西大街甲 158 号 邮 编 100720
电 话 010—84029453 传 真 010—84017153
网 址 http://www.csspw.cn
经 销 新华书店
印 刷 北京君升印刷有限公司 装 订 广增装订厂
版 次 2011 年 7 月第 1 版 印 次 2011 年 7 月第 1 次印刷
开 本 710×1000 1/16
印 张 22.25
字 数 319 千字
定 价 42.00 元

王鲁彦评传

本书传主王鲁彦在人世只活了短短的44年，但他一生都在不断地追求和努力，从一个人道主义的信奉者最终成长为一个坚强的抗日战士，一个爱国主义者。他一生历经贫穷、疾病和战争，但性格开朗，为人真诚坦率，著译刻苦勤奋，短短20多年的创作生涯却留下了150万字的宝贵财富。鲁迅、茅盾、巴金等大家都对王鲁彦有过较高评价，周总理也有赞美的文字。

周恩来：自由先锋、文化楷模。

鲁迅：一代乡土文学作家的代表。

茅盾：在描写手腕方面，自然和朴素，是作者卓特的面目。

巴金：百年中国世界语运动的火炬接力者。

高而颐：王鲁彦不仅是一位现实主义文学作家，也是以鲁迅为首的中国左翼作家阵营中的一名坚贞战士，其一生为抗战和革命文艺作出了突出贡献，他是旧中国进步知识分子的优秀代表。[①]

覃英（夫人）：从鲁彦的创作道路和思想倾向可以看出他是一直继承着“五四”的革命传统，为着祖国的民主自由，为着文艺上的现实主义而努力奋斗的作家。

王莉莎：父亲性格纯朴、真挚、刚正不阿，从不向愚昧和专制低头……

---

① 高而颐：浙江省委宣传部副部长、省文联党组书记，这段话是他2004年在北仑召开的王鲁彦逝世60周年大会上讲的。

序

浙江新文学作家群曾以阵容壮观、名家辈出著称于现代中国文坛。在浙江地域上，几乎每个地区甚至每个县，都能找到一二位颇有声望的现代文学作家，而浙东的宁波地区，则是现代作家集结最多的地域之一。而且，这里还曾名家云集，诸如巴人、柔石、殷夫、应修人、朱镜我、楼适夷、邵荃麟、林淡秋、唐弢、徐訏、穆时英、王鲁彦等，是任何一部中国现代文学史著作都不会也不应缺失的作家。在如许众多的作家中，周春英捡出王鲁彦作为研究对象，写出这部鲁彦评传，我以为是颇有眼光的。

基于二三十年代特定的时代背景和区域革命优势，以及“越文化”刚性气质的深层积淀，在浙江曾走出一个“浙东左翼作家群”，这个作家群便是以宁波作家为主体的，上列作家中十有八九为左翼作家。这是宁波文学史上一个很突出的文学现象，自然会受到人们的充分关注。尽管对这一现象作整体观照的研究尚为数不多，但左翼文学、左翼作家在我国向来有很高地位，从宁波走出的左翼作家就一直在人们的研究视线之内，有的作家（如柔石、殷夫）简直就成为中国左翼文学的代表而被评说。在这样的研究背景下，去认识宁波籍现代作家，开掘这片有着深厚文化积淀的土壤上滋生的丰富文学资源，那么，选择不同于左翼作家而在文学史上别有影响和价值的王鲁彦作为研究对象，便具有独特的意义。

王鲁彦的思想与创作，在宁波籍现代作家中是独树一帜的。他既非左翼作家，也不同于从宁波走出的徐訏、穆时英等虽注重于艺术探求但又与时代潮流较为疏远的作家。他毕生追求理想、追求光明，致力于文学事业，与时代大潮同行，以坚定的民主主义思想和坚实的现实主义创作著称于世、饮誉文坛。因此，并非左翼作家的王鲁彦，其文学上的成就自有不同于左翼作家之处，也有左翼作家难以企及的贡献，对其一生的文学道路与文学创作成就作出公正、恰切的评述，特别是对其文学创作的特色与优势作准确的估量与评价，就十分必要。

一个作家的创作经常被人们记得，历经岁月流逝而影响不减，肯定有其艺术上的独到之处。在中国现代文学史上，王鲁彦算不上大家，其创作以短篇为主，也没有堪称经典的传世之作。但他写作十分勤勉，在不长的创作生涯中有《黄金》等9个短篇小说集问世，另有中篇小说《乡下》、长篇小说《野火》等。需要特别指出的是，正因其创作确有不同凡响之处，才会被人们刮目相看。五四文学时期，他是“为人生”作家中的重要一员，尤在乡土小说创作中成就卓著：他对于浙东滨海乡土风情的熟稔，对于其中饶有文学意味与现实意义的内容的开掘，以及他扎实、淳朴的写实手法，在人生派创作和乡土写作中赢得很高声誉。1936年，文学史上有重大意义的《中国新文学大系》（10卷）出版，王鲁彦的小说被两位新文学大师茅盾和鲁迅同时选中，分别编入“大系”中的两卷（小说一集、小说二集），并由两位大师作序给予评价。茅盾的评论侧重在其“为人生”的一面，连同他之前写出的《王鲁彦论》，不难看出他对这位作家的特别关注；而对其创作予以“人生派”的定位并揭示其创作的独特意义，则对论定和确立其在文学史上的地位至关重要。鲁迅的评论则重在揭示其创作的“乡土文学”特色，对于其乡土小说的“冷静”和写实笔致给予了精当的评述。鲁迅对“乡土文学”的界定和评论甚严，浙东乡土作家群中仅选两位：王鲁彦和许钦文，由此可见他对这位浙东同乡、被他戏称为“吾家彦弟”的作家的特别器重了。

对于王鲁彦在文学史上的定位，鲁迅和茅盾两位文学大师给出的“人生派”作家的身份定位和艺术上的乡土写作特色的精辟揭示，应是两个最重要的方面。如果说，特色和优势往往显示出一个作家在文学史上的独特地位与价值，那么，我以为王鲁彦作为一个出色的乡土小说作家是特别值得提及的，因为正是在乡土写作领域里，他提供了别的作家没有提供过的东西，他不但在“浙东乡土作家群”中处于领先地位，而且在整个五四乡土作家中都是非常突出的。

五四乡土小说的定型几乎目标一致地固定在对中国“古老乡土”的批判，于是就有了大量揭露传统文化弊端的乡土小说出现，而着眼于中国近现代文化裂变，展示变动中的乡土面貌的创作则很难寻觅。正是在这一背景下，生长于沿海的王鲁彦得现代文明的风气之先，用独特的眼光审视“乡土”，他对“现代”乡土的理解与发现，便显示出其乡土小说的独特意义与价值所在。他的乡土小说之重要价值就在于：将笔墨投向濒临大海率先经受近代商业文化浸染的浙东地域，展现外来文明对宗法制乡村经济形态与文化心理的侵扰与破坏，有力地表现了商品经济开发较早的浙东沿海地域乡土的特色。他的许多作品表现了工业文明与雄厚资本（商业资本）对乡村自然经济的挤压，而乡土经济所遭遇的阵痛及其所蕴涵的文化寓意，又象征性地喻示城市或殖民化文明与乡土文化心理的对峙，以及前者对后者的强力侵入，这对于处于双重文化压力下的沿海地域的乡土人生是一种有力的表现，也是对现代中国转型期文化的一种有力表现。

浙东的自然环境既显出深厚的土性特征，同时又面临大海，又显出开放性的一面，这使浙东作家在乡村体验方面有可能注入新的内涵。20 年代以来，因外来资本的入侵，浙东沿海的农村自然经济受到较大的冲击，乡村的闭塞一面有所打破，农民的意识形态也随之发生变化。这方面内容表现最充分的作家是王鲁彦。这位来自镇海的作家，多次的回乡使他对小农经济和商业经济驳杂的生存形态有比较透彻的了解，当他用小说铺展出这片被咸潮拍打过的土地时，就敏锐地把握住了故乡由于外来工业文明的侵入和商业资本的出现对小农经济的破坏，写出了工业文明打碎了乡村经济时应有的人们的心理。《桥上》主人公伊新叔作了二十年的南货买卖，生意兴隆。他的“昌祥南货店”赖以支撑的是熟人熟面、是信用，而资本雄厚并以洋机器武装的永泰商行，却用提高效率和压价的方法，使其货物滞销，南货店也成了另一个“林家铺子”。伊新叔这种满身土味的小买卖人，是较早受外来文明和资本冲击的苦恼人和牺牲者。作者从他这一类人的遭遇中，看到了站在古老农村背后的一个阴森可怕的魔影，它不但已扑向小生意人，而且也渐渐逼近乡村的瓦屋草舍里的本德婆婆和阿芝婶。《屋顶下》中的本德婆婆向来勤俭持家，对家中生活时时有危机感，因此，对媳妇阿芝婶买鱼肉孝敬她的做法不满，由此发生抵牾。小说在细致地描写这场家庭矛盾的心理过程的同时，逼真地传达了古老农村的一种潜在的沉闷的悲剧气氛。作品最后，阿芝叔带阿芝婶进城做工。因为阿芝婶对外来的工业文明抱有幻想，她想跳出农村的悲剧氛围，到外面的世界去施展身手。但等待她的是什么呢？王鲁彦用《李妈》作了生动而可悲的回答。家境贫寒的李妈幻想用自己勤劳的双手，靠做娘姨的工钱，带大儿子，将来翻身。但她的这种土头土脑的勤恳却在上海滩“文明世界”里屡屡碰壁。在备受侮辱和屡屡碰壁、失业中，李妈学乖了，能偷懒便偷懒，能揩油便揩油，她终于染上了满身的“老上海”味儿，但人格已是极其卑下。这些作品在文化的双向批判中作出的思考是深刻的：它既写出了堕落的半殖民地都市文明对乡村灵魂的腐蚀，又看到了传统的乡村灵魂由于自我闭锁而在新的冲击面前张皇失措。不仅写出了外来的殖民化的工业文明给农村带来的经济上的破坏，同时也写出了这种文明给土头土脑的农民带来的精神污染。

王鲁彦乡土小说的另一超拔之处，是对笔下人物心理、性格的精细把握，写出了因文化观念的剧变导致的人们心态、精神气质的变化，从而从乡土人物的流变中，反映了文化的变异和时代的脉动。如果说，鲁迅笔下的人物是本色的“老中国儿女”，那么鲁彦笔下的却是多少已经感受着外来工业文明的波动，其中人物的乡村小资产阶级心理的涌动，便是一种出色的表现。其小说《黄金》、《许是不至于罢》里的主人公，是这种类型的一两个“代表”，这也是当时的乡土小说几乎没有写到的。《黄金》中的陈四桥是个土性深重的村落，不过，资产阶级的金钱尺度也开始精细苛刻地度量每一个角落。如史伯伯在外经商的儿子的邮汇就成了人情冷暖的晴雨表。当失望的消息传开来时，冷遇、侮蔑、欺诈就雨点般向他袭来，使得他灾祸丛生。这深刻揭露了从钱眼里观事窥人的鄙俗而又冷酷的人际关系。诚如史伯伯长女所言：“陈四桥人的性格：你有钱了，他们都来了，对神似的恭敬你，你穷了，他们转过背去，冷笑你，诽谤你，尽力欺侮你，没有一点人心。”作家对“陈四桥人性格”的概括，实际就是对乡村小资产阶级心理的精到刻画。就如茅盾所评论的：“乡村小资产阶级的心理，和乡村的原始式的冷酷，表现在这篇《黄金》里，在文坛上，似乎并不多见。作者的描写手法，和敏锐的感觉，至少就《黄金》而言，是值得赞赏的。”（《王鲁彦论》）在《许是不至于罢》中，表现宁波乡间的土财主王阿虞的守财奴心态，也颇为精到。这位土财主因以往的战乱造成的内心惊恐一直挥之不去，因而为守住眼前的财产，生怕发生种种意外而日夜忧心忡忡，白天装作镇静，夜里难以成眠，又不敢向人吐露一点忧郁心情，也不敢找人来分担，终日置身于痛苦心理的折磨中。小说对小有产者的嘲笑，从又一个侧面展现了乡村社会的变动状况。

从鲁彦的乡土小说中我们看到：一方面，他依然承续着鲁迅的创作精神，在表现乡村生活和表达乡村情怀时，侧重点仍放在改造国民灵魂上，同样流露出“隐现的乡愁”；另一方面，我们也的确感觉到了后起的乡土文学作家在创作的关注点上同他们的前辈作家已有所不同，包含了更多的现实人生内涵，显示出与时俱进的趋向。这或许正是他们深得鲁迅精神的真传，在创作上有所长进的表现。

王鲁彦的创作成就当然不限于乡土小说，我在这里用较多篇幅述说这一点，主要是就其创作“特色”而言，同时也融合了我个人的阅读感受和体验。对鲁彦其人其作的全面认识，自然还需要读周春英写的这部《王鲁彦评传》。这部评传用较为翔实的史料，缕述了王鲁彦不平凡的一生，重点述其文学道路和创作历程，对各类作品也有或详或略的评说。我想，读过这部评传的读者，必定会有所收获。

王嘉良

目　　录

第一章

童少年时代生活(1901—1917)

第一节　故乡镇海:历史悠久的文化土壤

一　历史悠久的镇海

在浙江省的最东端，有一个县城叫镇海，古代又称蛟川。镇海的历史非常悠久，在小港的横山下、沙溪的蛇山山麓，均已发现有新石器时代人类居住的遗迹。其实镇海所在的宁绍平原，就是长江文化的发源地之一，镇海西面的余姚河姆渡镇河姆渡村东北面，早在7000年前的新石器时代已经有古人类在这里打鱼、农垦。1973年，考古学家对这个地方进行发掘，发现了很多新石器时代的器具，这一发现把中华文明发展的历史往前推了2000年。现在这里成为中国长江下游地区的新石器时代文化的代表，中国南方早期新石器时代遗址。

镇海在“春秋末越国建国后，其地始有所归属。秦王嬴政二十五年（公元前222年）置会稽郡，立句章县，因本地处句章县治之东，故称句章东境，为时843年。唐武德四年（621）析古句章，分置姚、鄞两州。八年，更鄞州为鄮县，本地改称鄮县东境。唐元和四年（809），在鄮东甬江口建望海镇，为镇海建治之始。后梁开平三年（909）5月，吴越王钱镠巡视明州，筑城于望海镇；闰八月，钱镠因望海镇地滨海口，有渔盐之利，奏置望海县（《太平寰宇记》），为建县之始。未几改为定海县，……明洪武二十年（1387），昌国废县改卫，原昌国县境（今舟山市）统隶于定海县，直至清康熙年间。康熙二十六年（1687）改原定海县为镇海县……次年，析出原昌国境另建定海县。”① 至此，镇海县才正式确定，新中国成立以后镇海县的建制是从民国时期传承下来的，中间也发生了一些变化，直到1985年7月，并入宁波市。

镇海在历史上是个军事重镇，招宝山与金鸡山隔江相对，扼守甬江口，称为“天设雄关”。金鸡山海拔101.4米，因其山形如鸡，故称金鸡山。它与招宝山共同筑成甬江口一道天然的屏障。据史料记载，明代中期，我国东南沿海频遭倭寇劫掠。为抗击倭寇入侵，明朝爱国大将俞大猷和戚继光等曾于金鸡山上设防倭寇，成功地击退前来侵犯的倭寇。当时金鸡山上筑有炮台，都督俞大猷曾勒“江海朝宗”四个大字于山上。

招宝山和金鸡山，在1840年鸦片战争的时候，也起到过很重要的作用。当时由钦差大臣、两江总督裕谦驻守。他反对妥协，坚持抵抗侵略，对镇海防御十分重视，在招宝山、金鸡山加筑了炮台和工事，增设了炮位，并于甬江口填塞巨石，暗钉木桩。各炮台共安装大小火炮86门，连同定海守兵，共有防兵5000余人。浙江提督余步云率兵1000余人防守招宝山及其以西之东岳宫；总兵谢朝恩率兵1500人防

① 镇海县志编纂委员会编，陈兵主编：《镇海县志》，中国大百科全书出版社1994年版。

守金鸡山；总兵李廷扬率兵数百防守东岳宫以西之拦口埠炮台，沿江两岸停泊火攻船只，凡可登陆之处，均挖掘暗沟，密布蒺藜，分驻兵勇。裕谦率兵1000余人坐镇县城指挥。26日晨，英军左、中纵队在3艘军舰的掩护下开始进攻，中央纵队在金鸡山东北的突出部位登岸，即向金鸡山前进；左纵队乘舢板驶入小浃江登陆，绕攻金鸡山侧后。守军腹背受敌，仍顽强抵抗，多次同进攻之敌展开非常激烈的肉搏战，伤毙英军数百人。终因伤亡甚众，总兵谢朝恩受伤落海阵亡，金鸡山失守。与此同时，英军大型舰4艘，以200余门舰炮，对招宝山猛轰，烟火漫天。余步云贪生怕死，临阵不令士兵开炮还击，甚至单骑上城，谒见裕谦，裕谦谴责余步云的行为，余就独自弃城逃往宁波，导致招宝山失守，裕谦跳海殉职。这场战争虽然以中国守军失败而告终，但中国守军顽强的抵抗和爱国精神，在中国近代史上留下了可贵的一页，特别是谢朝恩和裕谦的忠君爱国思想给后人留下了很好的教育材料。①

而与金鸡山毗连的位于甬江南岸沙蟹岭西南角的戚家山，又名七盘山，古名七家山。位于城区西北约13公里，海拔69米，也为历代军事要地。后人为缅怀戚继光抗倭功绩，改名戚家山，清光绪十年，提督欧阳利见在山巅筑城垣，驻兵防守。1940年7月17日，日寇海、陆、空军第一次入侵镇海口时，194师师长兼宁波防守司令陈德法指挥其所属部队和增援的16师四十八团，在戚家山大败入侵之敌，毙伤日军1000余人，击落日机一架，日酋萍乡月蜀切腹自杀，是浙江海防史上首次大胜仗。②

镇海还是一个商帮云集的地方，由于历史上出现了“永嘉之乱”、“靖康之难”以及“清人入关”三次灾难，带来了中原人口的三次大迁移，导

① 以上材料参考镇海县志编纂委员会编，陈兵主编：《镇海县志》，中国大百科全书出版社1994年版。

② 以上史料参见《纵横》杂志，中国文史出版社2009年第4期。

致宁绍地区人口增长较快与土地资源欠缺的严重矛盾。“而彼诸君之民，至不能自给，半游食于四方。”[①] 当地居民的大量外出谋生，不但缓解了人多地少的矛盾，而且造就了宁波人善于经商的特点。加上明朝末期浙东史学派代表人物黄宗羲提出的“经世致用、务实创新”观点；以及鸦片战争之后，宁波成为五口通商的口岸之一，成为最早向西方打开门户的地区之一，使宁波地区资本主义的侵袭比其他地方要早、要深入。在清朝初期的康熙、雍正、乾隆年间，宁波城里云集了徽、鲁、闽、晋各地客商，同时也汇集了南北的船帮。今天的甬江边上还保留了两座完整的船帮会馆：庆安会馆是南线船帮的会舍，在它旁边的则是北线船帮的安澜会馆。而到了晚清，在全国的其他地方出现了“无宁不成市”的壮观景象。在浙东地区，宁波的地理优势使它在中国的水运和物流集散中取得了特殊地位。中国有漫长的海岸线，处于海岸线中部位置的宁波几乎成为南北船只交汇、贸易、周转、集散的中心。除了海上交通，它还是京杭大运河的支流杭甬运河的起始点，这里的物资从上海运到宁波，又可以从宁波顺着运河运到杭州，再从杭州顺着京杭大运河以及它四通八达的各条水系，通向中原地，通向北方地区。这时候，宁波就不仅仅是一个浙东地区的中心城市，它实际上变成了中国东南地区的物流中心。许多人从事货物的贩运和买卖，经商的风气更加浓烈。商业使宁波富裕起来，也使宁波人的思想、观念发生了很大的变化，与边远地区或山区的人相比，宁波人的眼界更开阔，更容易接受新事物，而且敢于大胆地走出去闯荡世界，传统的重农抑商思想相对于中原地区这里要淡薄一些。到了近代，经商成为这里人谋生的主要手段，人们在农忙之余，常常外出经商。一般人家也经常把自己的小孩送出去做学徒、学生意。于是宁波的商业逐渐取代了徽商和晋商，出现了享誉全中国甚至全世界的海外宁波帮。世界船王包玉刚、邵氏影视公司的邵逸夫、镇海小港的李家、金融实业家叶澄衷、赵安忠、傅在元都是

① （明）陆楫：《论崇奢黜俭．蒹葭堂杂著摘抄》，商务印书馆1936年版，第2页。

镇海人，他们是海外宁波帮的核心人物，他们在改革开放以后的三十多年里，为家乡的建设、教育、医疗作出了很大的贡献。

镇海还是院士之乡，迄今为止已经出了26位中国科学院和中国工程院的“两院院士”。同时也走出了像贺友直、华三川、陈逸飞这样的蜚声海内外的著名书画艺术家。总之，镇海是一个历史悠久，文化风味浓，人杰地灵的地方，王鲁彦就诞生在这块土地上。

王鲁彦的家乡大碶王隘村在甬江以南，1985年以前一直属于镇海县，1985年10月，镇海县并入宁波市，以甬江为界，划为两个区，江以北为镇海区，江以南叫滨海区。1987年2月，根据浙政发［1987］61号文件，滨海区更名为宁波市北仑区，大碶归属于北仑区。

北仑区以其境内的深水良港——北仑港而得名。北仑港是以港中一小岛北仑岛而命名的。

这里的地形为丘陵和平原交错，内中有两条山：一座是太白山，一座是灵峰山，是天台山的余脉。以灵峰山为界，以西是长山平原，与鄞东平原连成一片，以东是大碶——柴桥平原。北边是金塘港，西南两面为灵峰山和太白山山脚线。

太白山在王鲁彦的小说《愤怒的乡村》里出现过，不过在小说里作者更名为太甲山。

这里气候适宜，雨水充沛，有利于农作物的生长，而且物产丰富，沿海滩涂上有各种时鲜海货，山地上、田野里各种农作物都生长得很好，但是环太平洋的季风气候有时会造成洪涝或干旱灾害，人口过度密集导致人均占有土地的量很小，所以很多当地人外出经商、谋生。王鲁彦的父亲包括王鲁彦自己以及他的小说里的一些人物外出做学徒、谋生，是这个地区谋生方式的一种真实反映。

二　丰富多彩的地方民俗

镇海的人民有很强的艺术创造才能，在生产和社会活动中创造了丰富的民间舞蹈和曲调，比较著名的有蛟川走书、蟹浦船鼓、造跌[①]、狮子舞、舞龙、车子灯、马灯、高跷、狮象窜等。

蛟川走书是宁波地方曲艺中的一个乡土气息浓郁、风格独具的曲种。曲调优美，地方性、草根性特别强。表演者坐在一把椅子上，前面放着一张桌子，桌子上面放着堂木、折扇、手帕等道具，表演节目时，还有琵琶、箫等管弦乐器的伴奏。据传约在光绪年间，一个住在镇海县城小南门名叫谢阿树（又名谢元鸿）的蛟川走书艺人，因所住小南门拱形城墙上刻着“蛟川”二字，遂以此为名，称“蛟川走书”。

蟹浦船鼓起源于清朝中后期，是镇海澥浦地区的民间舞蹈。这是一种集打击（鼓）乐、船形道具舞、民歌小调三种艺术形式于一体的、具有非常鲜明的浙东渔区风俗特色的民间表演艺术形式，先是为当地渔民们出海捕鱼（俗称“开洋”）前祭祀海神、祈求平安和丰收，以及在捕鱼归来（俗称“谢洋”）庆贺满载而归、抒发情感时所专用，后才融入庙会以及社会各项节庆活动。

造跌、狮子舞、舞龙、车子灯、马灯、高跷、狮子白象等，其中最有名的是狮子白象舞，主要出现在北仑的柴桥、郭巨两地。这些舞蹈中有的

---

① “造跌”于2006年被列入“宁波市非物质文化遗产代表作项目”。穿山造跌始于清朝道光十九年（公元1839年）。又名“肩背戏”，亦称“造型”与“造脸”（画脸谱），俗称“马嘟嘟”，最早出现在赶庙会的时候。由十名十岁左右的英俊男女少年站在青壮年男子肩上，边舞边唱、念、做、打。站在肩上的叫“天盘”，下面走的称为“地伴”。

穿山造跌因流传于宁波市北仑区柴桥街道穿山村（原刑堤村）及春晓镇、梅山乡一带而得名。庙会时游观人群似海似潮，一般节目往往被人群所遮，后面的群众很难看到，而“造跌”由于演员站在人肩上表演，高出人群，加以技巧惊险，因此，格外引人注目。

关于“造”的得名，据老艺人说：穿山村靠海，旧时村中男子常常做脚夫谋生，曾建立“脚夫会”。“造”即造型、造脸，“跌”指脚夫，“造跌”即指站在脚夫肩上的造型。

穿山造跌以“地盘”为舞台，穿梭活跃在人山人海的游行、庙会等各种庆典活动中，由于演员站在成人的肩上，所以高出人群，给人以“木秀于林”之感，演员集唱、念、做、打于一身，以表演传统经典剧目为主，再加上演员又身着人物个性鲜明的外衣和装饰，喜庆色彩十分强烈，所以更为令人瞩目，被称为“流动的戏台”。

经过几代人的传承和发展，穿山村造跌有《孙悟空三打白骨精》、《雌雄金钱豹格斗》、《春草戏贪官》、《岳云与金国公主交战》以及《薛丁山三请樊梨花》五对，现在每逢过年过节和当地举办重大文化活动的时候，都要邀请穿山造跌去表演一番。

后来被王鲁彦写进小说，既彰显了浙东宁波独特的地域文化，又为王鲁彦小说形成独特的乡土风格作出了贡献。

除了上述民间舞蹈以外，民间还有一种风俗，即举行各种庙会。人们为了祈求菩萨保佑和消灾纳福，年年都有礼拜会、青苗会、稻花会、请龙会等，其中礼拜会是当地人民信奉的盛会。每逢集会，各地的民间艺术队伍便相继集中到柴桥、郭巨、大碶三个集镇举行游行活动。其间，各种形式的民间艺术队伍一个接一个，声势浩大，鼓炮喧天，歌乐绕场，沿途观看的群众无数。迎神赛会又分大会和小会，如逢大会，赛会活动就要举行三天，按规定的路线队伍到了哪个村，就由哪里的村民负责接待，次日继续行会，游完三日才止。

王鲁彦从小看过这样的庙会不计其数，他把这些民间活动写到长篇小说《愤怒的乡村》里去，其中对迎神赛会的形象描述很生动：

> “来了！来了！……”一些孩子已经跑了回来。
>
> 接着就三三两两地来了一些赶热闹的人们，随后长石庙的柱首和几个重要的办事人也到了傅家桥。
>
> 现在先头部队真的进了傅家桥的界内了。炮声，锣声，鼓角声，喇叭声，叫喊声……随时增强起来，傅家桥的整个村庄仿佛给震撼得动荡了似的。
>
> 人群像潮一般从各方面涌来，挤满了桥两边的街道，有些人坐在铺板搭成的高架上，有些人站在两边店铺的柜台上，密密层层地前后挤着靠着。万道眼光全往西边射着。
>
> 过了不久，队伍终于到了街上。首先是轰天的铜炮一路放了来，接着是一首白底蓝花边的缎旗，比楼房还高，从西边的屋街里慢慢地移到了桥西的街上。
>
> 这真是一首惊人的大旗：丈把长，长方形，亮晶晶地反射着白光，几个尺半大的黑绒剪出的字，挂在一根半尺直径的竹杆上，杆顶

上套着一个闪烁的重量的圆铜帽，插着一把两尺的锋利钢刀；一个又高又大的汉子，两肩挂着粗厚的皮带，在胸前用尺余长的铁箍的木桶兜住了旗杆的下端，前后四人同样地用四根较短小的竹杆支撑着这旗杆，淌着汗，气喘呼呼的，满脸绽着筋络，后面两个人用绳子牵着旗子。

"哦哦！……真吃力！刮起风来不得了！……"观众惊诧地叫着说。

"那有什么稀奇，你忘记了二十年前，有人就背着这旗子把人家打得落花流水吗？……"

"背着旗子怎打人？退着走不成？怕是握着旗杆吧？"

"那自然，是握着的。——你噜嗦什么，不看会？"

接着大旗的是四面极大的铜锣，挂在四根雕刻出龙形的木杠上，四个人挑着敲着。锣声息时，八个皂隶接着吆喊着一阵，后面跟着四对"肃静回避"的木牌。随后是四个十五六岁的清秀的书童挑着琴棋书画的担子，软翻翻轻松松的走着。接着是香亭，喷着馥郁的香烟。接着是轿子似的鼓阁，十三个人前后左右围绕着，奏着幽扬的音乐：中间一人同时管理着小鼓小锣小笙小铜钹，四个人拉着各色各样的胡琴，四个人用嘴或鼻子吹着笛，四个人吹着箫。接着是插科打诨的高跷队。接着是分成四五层的高抬阁，坐着十几岁美丽的女孩，打扮得花枝招展的，挥着扇，拉着胡琴，对底下的观众摇着手，丢着眼色。接着是十二个人背着的红布做成的龙，一路滚动着。接着是一排刀枪剑戟，一对大锣，一对大鼓。于是薛仁贵的神像出来了。他坐在一顶靠背椅的八人轿上，头戴王冠，脚着高跟靴子，身穿白袍，两臂平放在横木上，显得端庄而且公正。他的发光的圆大的突出的眼珠不息地跳动着，显得威严而且可怕。随后又是一排刀枪剑戟。前面的锣鼓声停息时，后面的喇叭队便沉郁地响了起来。

队伍到得街上，走得特别慢，大家像在原地上舒缓地移动着脚步似的。许久许久，长石庙的过尽了，才来了白玉庙，风沙庙，高林庙的队伍。他们主要部分的行列是相同的，此外便各自别出心裁，有滚狮子的，有用孩子滚风车的，有手铐脚镣的罪人，有用铁钩在手腕下的皮肤里吊着锡灯的，有在额上插着香烛的神的信徒……

整个的傅家桥，已经给各种的喧闹震动得像波涛中的小舟似的，但队伍中的每一个人，却静静地、严肃地、缓慢地、很有秩序地往东走了过去，好像神附着了身一般。放炮的，敲锣的，奏乐的，抬的，扛的，背的，没有一样不是艰苦的工作，但他们不叫苦，也不叹息，好像负重的骆驼，认定了这是它们的神圣的职务，从来不想摔脱自己身上的重担。①

场面之宏大，参加者之多，节目内容之丰富，十分罕见。作者把当地人的情绪和气氛作了充分的渲染，给读者留下很深刻的印象。

这种迎神赛会带有一定的迷信色彩，但是有些民间艺术活动还是很有意义的。1945 年 8 月 16 日抗战胜利的时候，宁波市举行过一场庆典活动，叫“抗日胜利会”；1949 年宁波解放时，也举行过一场盛大的庆祝活动，叫“胜利会”，这两场活动的规模、盛况、参与者之多是空前的，再也没有后来者能够超过它们。

在这些民间舞蹈中，有一种狮象窜很有地方特色。“狮象窜”始于明清期间。按佛教传说，狮子是文殊菩萨坐骑，白象是善贤菩萨坐骑，均属吉祥之物。民间传说“文狮卫家，白象和谐，二者合一，国泰民安”。

“狮象窜”一般由一狮、一象、一个大头和尚（引舞者）和打击乐队组成。引舞者通常戴老太太头套（面具），身着长袍，手执蒲扇。狮子和白象各有两人表演，一人舞头，一人舞尾，舞头者双手握住头套内的暗把，人往前倾，舞尾者双手抓住舞头者腰带，身体前躬，臀部顶住狮

① 王鲁彦：《愤怒的乡村》，《王鲁彦文集》（伍）（长篇小说），人民文学出版社 2009 年版，第 131—133 页。

（象）尾。表演时舞头者根据打击乐的节奏和引舞者的暗示进行舞动，舞尾者则跟随舞头者的去向配合做相应的动作。

表演大致分为四个步骤：一是“开场窜”，大头和尚在激烈的锣鼓声中引狮子出场，白象紧随其后，在场子里快速绕场跑串；二是“白象猝狮”，狮子卧倒于地，白象用长鼻为狮猝毛，从头部猝至尾部，反复几次；三是“狮子窜象”，白象卧地，狮子先绕场做少许准备，紧接着快速从白象背上窜过，来回数次；最后是“狮子喷火”，狮子嘴里装有一只花炮，舞狮头者利用转身或间歇时间点燃花炮，向四周喷射，把表演推向高潮。

“狮象窜”表演的伴奏由大鼓、扁鼓、大锣、大钹和小钹等乐器组成。在“出场窜”、“狮子窜象”、“ 狮子喷火”时，鼓点快速激烈，在狮象“猝毛”、“理毛”、“亲昵”时鼓点比较缓慢。[1]

第二节 小康人家：由行医到经商

王鲁彦的家乡是北仑大碶王隘村，在镇海东南，位于新碶西南 5.2 公里，大碶西 1.5 公里，有王隘、上王隘两个自然村，村委会驻王隘，离宁波只有几十里路。

20 世纪 90 年代官方新修的《镇海县志》中有这样的描述：大碶王隘王家，先世宋时徙灵岩卜居，分支郧隘俞王，高塘大树下、六房间、三眼碶、七房、廿三房、新碶三进头、备碶跟、大榭角湾、张西岙、羊毛坑、朱家桥，白峰门浦，三山成昶，后施王隘。

从这段话中，可以看出，王隘王家是宋朝的时候从宁波迁移过来的，后来慢慢扩展开来。

---

① 以上资料参考北仑文体局编：《甬上风物 宁波市非物质文化遗产 田野调查》，《北仑区·柴桥街道》分册，宁波出版社 2009 年版，第 47 页。

王隘村不大，200余户人家世代以耕种为业。但是这个小村落对教学很重视，据清末民初所修由王荣商编纂的《镇海县志》记载：“宣统三年，族人顯（显）謨（谟）等集捐添建余屋三间以作学舍。……二十六年，顯謨置田六十余亩以办义塾。”这是一个典型的江南小村落，小桥流水，绿树环绕，修竹丛丛，春天桃红柳绿，秋天果实累累。璎珞河[①]的支流官河穿村而过，常年汩汩流淌，给这个村庄带来了灵气和活气。杨家桥横跨在河上，桥的两端有一条小街，两边开设了米店、豆腐店等小店铺，居民的日常生活所需都到这里来购买，货物的进出，顾客的来往使得这里成为王隘村最热闹的地方。鲁彦的家就在这条官河的边上，每年父亲外出那天的后半夜，“二时后，就有划船老大在墙外叫喊起来，是父亲离家的时候了。”[②] 这些景色后来在王鲁彦的小说和散文中多次出现，如《河边》、《桥上》、《愤怒的乡村》都有河与桥出现。村里还有祠堂和庙宇，每逢过年过节，童年的鲁彦都要到那里去叩头、拜祖宗。只可惜现在王鲁彦的家“屋宇坍圮，已成了人家的猪圈”。

王鲁彦的祖父王荣裕是一位中医，也有人说他的祖父是农民：“鲁彦的祖父是农民，父亲王宗海从小当商店学徒……”[③]，但是我们还是以作者自己的话为准。“父亲虽然不是医生，但因为祖父是业医的，遗有许多医书，他一生就专门研究医学。”[④] 他的父亲王宗海走的是一般宁波人的谋生方式：从小就出外到商店去当学徒，满徒后或做店员，或经商。王鲁彦的父亲三年满徒以后，在宁波、杭州等地的商号做店员，基本上常年在外奔波，只有春节来临之际，才能回家团聚一个月，不过年节一过，他又得出外谋生了。

① 璎珞河古称杨落河，又名岩河。1979年航道普查记录：此河自璎珞起，经邬隘、石湫、大碶，到新碶下三山碶，全程15.1公里。

② 王鲁彦：《旅人的心》，《王鲁彦文集》（叁）（散文），人民文学出版社2009年版，第213页。

③ 覃英：《鲁彦生平和创作简述》，收入覃英编《中国现代作家选集——鲁彦》，人民文学出版社1992年版，第253页。

④ 王鲁彦：《旅人的心》，《王鲁彦文集》（叁）（散文），人民文学出版社2009年版，第213页。

第三节　难忘的童年和少年时代

一　降临人间

1901年农历11月30日（阳历1902年1月9日）[①]，光绪廿七年辛丑，正是清朝政府新编的第一首“爱国歌”问世，慈禧颁令各地举行庆典，而北仑区大碶头王隘村的礼炮因受潮无法点燃，突然杨家桥畔官河边的王氏祠堂大屋里一声洪亮的啼哭声响彻四方，人们以为庆典的礼炮响起，纷纷涌向杨家桥头看热闹，这才发现，原来是村民王宗海家刚刚出生的男孩在大声哭叫。村民还是第一次听到如此响亮的哭声，都说这孩子将来一定有出息，这个男孩就是王鲁彦。也许这样的开头有点传奇色彩，但是，王鲁彦后来的成就，一定程度上证明了当时村民所说的可信性。关于王鲁彦的出生地许多资料都说出生于镇海大碶杨家桥，如“阴历1901年11月30日，出生于浙江省镇海大碶头杨家桥”。[②] 又如：“一九〇一年阴历十一月三十日，王鲁彦出生在浙江镇海大碶头杨家桥一个贫寒的店员家庭”。[③] 再如“一月八日（阴历十一月三十日），出生于浙江省镇海县大碶头杨家桥的一个贫寒的店员家庭”。[④]

---

① 对于王鲁彦的出生年月日，一贯的说法是：阳历1902年1月8日，但是据马蹄疾考证，发现阳历是1月9日，见马蹄疾：《王鲁彦生年辨讹》，《社会科学辑刊》1984年第5期。本评传采用此说。

② 曾华鹏，蒋明玳：《王鲁彦生平和文学活动年表》，《王鲁彦研究资料》，江西人民出版社1984年版，第6页。

③ 刘增人，陈子善：《鲁彦夫人覃英同志访问记》，收入曾华鹏，蒋明玳编《王鲁彦研究资料》，江西人民出版社1984年版，第128页。

④ 陈子善、刘增人：《鲁彦年表》，收入覃英编《中国现代作家选集——鲁彦》，人民文学出版社1992年版，第279页。

其实杨家桥是一座桥的名称，而王鲁彦真正的出生地是王隘村。王鲁彦在这里住到18岁，在他离开约10年后，一场大火，王家整幢大屋被毁。之后其父母移居村东前新屋“德馨堂”。

这个带着哭声来到人间的男孩，赤身裸体，双眼紧闭，双脚乱蹬。喜娘替他剪去脐带之后，用温水浸过的毛巾擦去他身上的胎血，赶紧用小棉被裹起来放到他母亲的身边，当时天气太冷，不敢暴露过久。身为中医的祖父王荣裕看到孙子的出生，十分高兴，他查阅了字典，给他取名为王燮臣，后来，也许是祖父希望他将来的人生道路能够平稳一点吧，又给他改名为王衡。“我姓王，奶名‘王衡’，字‘返我’，后来灵山老师为我改成‘忘我’。”[①] 他的祖父非常宠爱他，努力想要把他培养成才，可惜，在鲁彦14岁的时候祖父就去世了，家境也受到影响。鲁彦是他的笔名，是因敬爱老师鲁迅而改的。

王鲁彦有一个哥哥在他出生前已经病死了，家里只有王鲁彦、一个姐姐王宋英和年幼的妹妹，后来姐姐早早就出嫁到乐家，丈夫为乐中正，与老世界语者乐嘉煊是堂亲，乐中正的女儿叫乐月仙、乐玲仙。王鲁彦在《火的记忆》一文中曾详细叙写了他去五里路外的乐家大屋的婶娘家救火的经过。妹妹又因患肺病在6岁多的时候夭亡了，所以，平时家里只有他和母亲两人相依为命。王鲁彦的母亲勤劳善良，勤俭持家，尊敬丈夫，关爱孩子，对孩子的要求很高，总希望王鲁彦能够好好读书，这一点王鲁彦在散文《母亲的时钟》和《钓鱼》中都有所记载。她对王鲁彦的影响十分巨大，“王鲁彦先生是一个善良正直的人，因为善良，所以爱人；因为正直，所以敢于正视现实。”[②] 可以说，鲁彦身上的这些优良品质有不少来自于他的母亲。因为王鲁彦的父亲一年只回来一个月，家里的一切事务都由

① 周风山：《忆鲁彦先生》，《王鲁彦文集·附录一》（伍）（长篇小说），人民文学出版社2009年版，第282页。

② 桂林文协同人：《悼鲁彦先生》，收入曾华鹏，蒋明玳编《王鲁彦研究资料》，江西人民出版社1984年版，第64页。

母亲打点安排，也许王鲁彦英年早逝，他还没有时间好好回顾母亲的一生，但只要稍微了解一点乡村生活的人都知道，一个女人独自带着孩子过日子是会碰到种种困难的。他母亲既有日常生活上的种种繁杂，也有精神上甚至性生活上的寂寞难耐。这一点王鲁彦在小说《菊英的出嫁》中菊英母亲的身上已经有所体现，作者通过这个人物，一定程度上寄托了对母亲的理解和同情。在王鲁彦的作品中，关于父亲的散文有四篇，写他母亲的只有一篇《母亲的时钟》，以及散见于《钓鱼》、《清明》中的一些文字。也许因为母亲经常在身边，相互之间非常熟悉，没有距离感，反倒不太容易产生催人泪下的思念之情吧。

二　雪天的疯狂

王鲁彦出生于一个店员家庭，父亲常年外出挣钱以养家饳口，虽然收入微薄，但维持一家人的生活还是勉强可以的。所以，童年时代的王鲁彦不需要像出身于农民家庭的孩子一样：放牛割草、打柴牧羊，生活压力相对来说比较轻，这样的环境，导致他的性格比较活泼好动，开朗。

冬天的早晨，一旦下雪了，他就躺在被窝里唱起欢迎雪的歌来：“雪落啦白洋洋，老虎拖娘娘。”因为江南少雪，一旦下雪了，满山遍野的银装素裹，苍翠的松柏头上戴着一顶雪白的帽子，田野上白茫茫一片，煞是可爱，大地突然之间变了个样。这些景象对于小孩来说都是新奇的，所以他们特别开心，王鲁彦也不例外。起床以后，他匆匆洗把脸，扒几口饭，就冲进雪地里，先是把绵软洁白的雪当成糖放进嘴巴里，然后把雪捻成团，捧着、丢着、捣着；又把雪堆成了一个和尚，在它的口里，调皮地插上一支香烟。他把雪当做糖，放在口里；又把厚厚的积雪，当成地毡，在雪地上面打着滚，翻着筋斗。雪在鲁彦的身下嗤嗤的笑着，鲁彦在雪的上面哈哈的笑着。鲁彦的心和雪一样柔和，一样洁白。小鲁彦跟着雪花飞跑、跳跃，他愿意站在室外，让雪把他造成一个雪和尚，他愿意躺在地上，让雪像母亲似的在他的身上盖下柔软美丽的被窝。鲁彦愿意自己就是雪花，也愿意雪就是自己。愿意随着它在空中飞舞，随着它落在人的肩头。

三　郁闷的春节

生活总是起伏波折的，躺在被窝里愉快地唱着歌、欢迎雪花到来的王鲁彦，在春节期间却是不愉快的。按常理说，新年一到，有好东西吃，有新衣服穿，有龙灯、马灯看，应该是小孩子最快乐的时候，可是从农历十二月二十到正月二十前后，在大家最快乐的时候，却是王鲁彦每天担惊受怕的日子。为什么呢？因为他的父亲一般要到年三十才能到家，所以年里的一些祭祀活动需要王鲁彦来承担，他是家里唯一的男丁。之前烦琐的做年糕、磨汤果粉、扫灰尘就不用说了，最令王鲁彦害怕的事是送年和拜岁这两件事。送年在十二月二十一后半夜进行，那天王鲁彦得剃头、洗澡，从里面的衬衣到外面的长袍马褂都要焕然一新，然后在后半夜一两点钟，一个人坐在又高又大、又空又冷、上面供着牌位、下面摊摆着死尸和棺材的祖堂的角落里，门外的祭桌上虽然点着两支明亮的蜡烛，但四周黑漆漆的，而且静得令人心寒。在叔叔去厨房端菜的时候，整个祖堂只剩下小鲁彦一个人。这时因为心理作用，各种各样可怕的声音就出来了："窸窸窣窣……吱吱……笃笃……仿佛有什么在走动，有谁在说话，从外面晃进来，从背后摇出去，又像有谁在推动我的新做的短袍和马褂，发出沙沙的摩擦声，我战栗了一会，立刻镇定下来，用假象来安慰自己：那像是猫的脚步声，那像是老鼠的叫声，那像是狗嚼骨头的声音，那像是烛花的爆裂声……但忽然有可怕的影子出现了：祭桌上有人坐了下去，有人伸出宽大的袖子来遮住了烛光，有谁带着彻骨的冷气朝我走了过来。"①

---

① 王鲁彦：《开门炮》，《王鲁彦文集》（叁）（散文），人民文学出版社 2009 年版，第 94 页。

一个很简单的夜晚因为鲁彦的想象，搞得声音众多、影像乱飞，变得阴森可怕，当然这完全是因为当时鲁彦年纪太小，一个人待在祖堂里害怕，胡乱想象自己吓自己所致。

鲁彦第二怕的是繁文缛节。送年完成之后，在以后的两天中，二十二是做羹饭，二十三是祭灶，鲁彦都得穿着又长又大又硬的长袍马褂，在蒲团上跪来跪去，拜来拜去。这还不是最可怕的，最令他害怕的是正月初一之后的拜年：他必须得整整几天穿着可厌的缎袍马褂，这里那里的对人鞠躬、下跪。别的男孩也许很喜欢这样磕头作揖，因为这样可以拿到“拜岁果：年糕干、炒花生、大豆、冻米、印糕、橘子、金柑……装不下了，回到家里，倒在桌上，又去了，到了家里又去了。大家叫着跳着。”[①] 但是王鲁彦不喜欢这样给人磕头作揖，害怕拜年。“母亲逼了又逼，我总是延了又延。没有办法时，终于出去了，但是到了人家面前，便红了脸，用鞠躬代替了作揖，有些地方索性坐一下就走了，不等人家拿出拜岁果来。”[②]

近的亲戚拜完了，还得提着莲子桂圆、胡桃黑枣之类的软包到远处的亲戚家去拜年。于是上午吃桂圆莲子汤，中午吃丰盛菜肴，下午吃汤团，吃得人动弹不得。王鲁彦又特别怕难为情，常常进门的时候不肯拜，他坐在那里一直默默地说：“进门不拜，还是出来拜!”但是临走的时候，想着想着，出门外红着脸还是走了，依然没有拜。甚至有一个亲家母，特别喜欢王鲁彦，每次去拜岁，除了回礼以外，都会偷偷地塞一个两块钱的红包，同时明白地告诉王鲁彦的母亲，给了压岁钱是必须认真拜年的，可是愈是这样王鲁彦愈加不肯拜，而且常常要拖到最后的日子。从初三到十五，王鲁彦就是在这样烦琐的礼节中度过的。除了出去拜年，还要在家里接待来客，接受客人的考问，陪客人喝酒。正月十五以后，十六就是蟠桃会，王鲁彦又得穿着长袍马褂一次又一次地去拜菩萨，跟着大家

① 王鲁彦：《开门炮》，《王鲁彦文集》（叁）（散文），人民文学出版社 2009 年版，第 94 页。
② 同上书，第 95 页。

端着香到黄光庙去叩头，把菩萨接回来，又把菩萨送回去，整整做一天的“大人”。

王鲁彦的痛苦是小小年纪就担当起大人的职责，失去了自己童年应有的快乐。但是也有一次春节是非常快乐的，王鲁彦家以往过年从来不放炮仗，因为王鲁彦的父亲喜欢静默。王鲁彦几乎年年都对母亲吵着要自己来放开门炮，但是从来不曾如愿。在他十二岁那年，父亲破天荒地答应了，在年前就买了五六个爆竹来，那爆竹非常的大，几乎有现在的笔筒那么大。正月初一那天，父亲帮王鲁彦点了一支长香，把爆竹的药线扳开，放在院子里，要鲁彦去引火。鲁彦胆战心惊而又非常快乐地站在刚刚伸手够得着爆竹的地方，然后点燃了爆竹。那一瞬间，鲁彦的快乐是无法用语言来形容的。但这样的新年只有一次。

外出谋生之后，王鲁彦走南闯北，看够了军阀混战的局面和日本鬼子占领东北后的血腥屠杀。王鲁彦深深知道，炮声意味着杀戮与血腥，意味着许多无辜生命的肢解和血肉模糊，所以，鲁彦说，现在害怕放开门炮了。“因为我现在已经懂得了和爆竹相同的另一种可怕的声音。”①

四　清明上坟的愉悦

受尽春节期间繁文缛节折磨以后两个月，春天来临了。当漫山遍野桃红柳绿的时候，王鲁彦的心情开始好起来，情绪特别高涨和兴奋。他喜欢音乐和美术，江南的春天是一幅迷人的山水画，所以只要有空，他就往大自然中跑，去领略江南细雨迷濛、春风和煦的景色。逢到清明扫墓的日子，他特别激动，天没有亮就起床催母亲烧早饭，往往母亲饭已经烧好了，第一次铜锣才刚刚敲响。

据镇海县志记载，古代镇海人过清明的风俗是这样的：“节前三四五

① 王鲁彦：《开门炮》，《王鲁彦文集》（叁）（散文），人民文学出版社 2009 年版，第 97 页。

日封土于墓，插竹挂纸钱，以酒肴致祭，采菁和米粉为糍，名曰青麽糍，祭毕，樵牧之，在墓所者，皆分给之，是日，插柳于门，妇女采花柳以簪髻。”①

关于清明节插柳于门，妇女把柳枝插在发髻上的风俗，也非镇海独有，其实早在唐代就有了。唐人认为三月三在河边祭祀时，头戴柳枝可以摆脱毒虫的伤害。宋元以后，清明节插柳的习俗非常盛行，人们踏青玩游回来，在家门口插柳以避免虫疫。也有的人插柳戴柳是为了防止鬼的侵扰迫害。原来中国人以清明、七月半和十月朔为三大鬼节，是百鬼出没讨索之时。柳在人们的心目中有辟邪的功用，所以插柳戴柳可以却鬼。柳因而被称之为“鬼怖木”，北魏贾思勰《齐民要术》里说：“取柳枝著户上，百鬼不入家。”

清明期间，除了在外工作或谋生的人得赶回来给祖宗献上一杯酒、一束香以外，本地的人也要给自己的亲人和上辈祖宗上坟，有的人家因为祖宗葬得很远，也有的是一个村落中的几个家族集体组团，一起去上坟。王鲁彦小的时候参加的就是这种村人集体上坟的行动。为了统一行动，以敲铜锣为号。第一次敲锣，是提醒大家该起床做饭了，往往天还没有亮，敲锣的人一边敲一边喊：“嘉溪上坟去罗！……嘡嘡……五公祀上坟去罗！……”一路有人叫喊着，从桥头绕向东芭弄。

第二次敲锣，是告诉船家准备去上坟的船只，这时河边开始忙碌了。三只大船已经靠在埠头，几个大人正在船中戽水，铺竹垫，摆椅凳。岸上围观着许多大人和小孩，含着紧张的神情。少年鲁彦对这种活动很积极，常常饭也不吃完就跑到河边去了。他站在河埠头上，外表虽然呆木着，心却在辘辘地跳动。母亲追上来了：

“慌什么呀！饭没吃饱，怎么上山呀？快些回去，再吃一碗！”

“老早吃饱啦！”

① 镇海县志编纂委员会编，陈兵主编：《镇海县志》，中国大百科全书出版社 1994 年版，第 55 页。

“半碗，怎么就饱啦！起码也得吃两碗！回去！回去！”“吃饱啦就吃饱啦！谁骗你！”王鲁彦不耐烦地说。

母亲只得回去了。

埠头边的人愈来愈多，一部分人看热闹，一部分人是去祭祀祖先的。有的人挑着羹饭，有的人提着纸钱，有些人探问何时出发，喧闹忙乱。因为父亲在外地赚钱，所以王鲁彦家往往派鲁彦去参加这种上坟活动。母亲拿着一件背心又来了，“加一件背心吧，冷了会生病的呀！”

“走起来热煞啦，还要加背心做什么？拿回去吧！”鲁彦不肯穿。

“老是不听话！”母亲喃喃地埋怨着，一把拉过王鲁彦，亲自给他穿上了，扣好了扣子。这时，第三次锣响了，告诉人们“……船要开啦……船要开啦”。岸上的人纷纷走到船上，鲁彦也跳上了船。母亲在岸上反复地叮嘱要他坐到船底去，以免路上有危险。鲁彦不是很服从，母亲就要求旁边的阿成叔照顾他。

去上坟的人坐满了三只大船，放满了东西，还不时有人走下船来。

这时天气转阴，有人说要下雨了，鲁彦母亲转身走了，她是给鲁彦拿雨伞去了。

这时，最后一遍锣声敲响了，“开船啦！开船啦……噹噹……”

鲁彦一看母亲走了，不喜欢蹲在船底的他就跑到船头上去了，阿成叔怕他出危险就劝阻他“不要动”，身边的叔公辈责备似地说：“你这孩子好大胆！……再不要动啦！”并说：“你看，你妈又来了哪！”

王鲁彦发现母亲果真又来了，她左手上拿着一把雨伞，右手摇着叫摇船的人停船。可这时船已经在加速了，母亲不但没有停步，反而追得越加急了。鲁彦在船上看到母亲快要跌倒了，就用脚狠踢船沿，船突然倾侧了几下，船上的人才慌了起来，拉纤的人的脚步才慢下来，母亲把雨伞交给一个拉纤的人。“真是多事，哪里会落雨！落了雨又有什么要紧！”王鲁彦一面埋怨一面又大声地说：“回去吧，妈！”可母亲一直站到船转了弯，才回家去。这时的鲁彦年纪虽小，但他懂得怎么去保护母亲，虽然他表面上不怎么听话，有点犟头犟脑，但是当母亲出现困难时，他会挺身而出，而且做得非常巧妙。

船“过了一弯又一弯，一村又一村”，两岸的景色非常优美。嘉溪山渐渐近了，船终于冲上了沙滩，王鲁彦“和几个十几岁的同伴早已在船上脱了鞋袜，卷起了裤腿，不走山路，却从沁人的清凉的溪水里走上山去，他们一面叫着跳着，像是笼里逃出来的小鸟”。江南的春天，万物复苏，小草开始钻出地面，野笋像小蜡笔一样一株株躲在竹篷下面，映山红东一丛西一丛地开着，金黄的松花在苍绿的松树枝上逗引着人们，到处充满了勃勃的生机与活力。这一切对于在家里关了一个冬天的小孩来说无疑是很有吸引力的。所以，王鲁彦只是到坟前象征性地拜了拜，拿了一根竹签之后，又跑向茂密的松树林，爬上松树去采撷他喜爱的松花，“装满了衣袋，兜满了前襟”。快到中午的时候，吃饭的锣声响了，鲁彦听到锣响就一直奔下山坡，到庄家那里去吃午饭。“我的目的却在游玩。”“但也并不知道游玩，只觉得自由快乐，到处乱跑着。”这个季节对于童年的鲁彦来说真是“一个最欢乐的季节”。①

五　痛吃杨梅的快感

到了初夏，梅雨季节来临，整日滴滴答答，细雨绵绵，气候闷热，整个人身上黏糊糊的，令人十分烦躁。但是这时有一种江南特产上市了，这就是杨梅。杨梅又名龙睛、朱红，因其形似水杨子、味道似梅子，因而取名杨梅，属杨梅科植物。据对河姆渡遗址的科学考察，发现早在6000多年前，当地的人已经开始食用野生杨梅。杨梅的果实色泽鲜艳，液汁多，味道酸甜适宜，营养价值高，有生津止渴、健脾开胃之功效，多食不仅无伤脾胃，且有解毒祛寒之功效。用白酒浸泡的杨梅，盛夏时节，食之能消暑

① 王鲁彦：《清明》，《王鲁彦文集》（叁）（散文），人民文学出版社2009年版，第161页。

解腻；腹泻时，取杨梅熬浓汤喝下即可止泻，具有收敛作用。李时珍在《本草纲目》中写道："杨梅可止渴，和五脏，能涤肠胃，除烦愦恶气。"杨梅有"果中玛瑙"之誉，被历代诗人所歌咏，留下许多名篇。

宋代诗人平可正有诗曰："五月杨梅已满林，初疑一颗值千金。味胜河溯葡萄重，色比泸南荔枝深。"

把杨梅与河溯葡萄、泸南荔枝相比，在味与色上都胜了一筹，可见杨梅之可贵，正可谓"初疑一颗值千金"啊！

大诗人苏东坡先是大赞荔枝："日啖荔枝三百颗，不辞长作岭南人。"后来却又认为："闽广荔枝、西凉葡萄，未若吴越杨梅。"这一评价，出自这位大文豪之口，吴越的杨梅自然就身价百倍，"吴越杨梅冠天下"的美誉也就越传越广。

宋代大诗人陆游也有赞美杨梅的诗："绿荫翳翳连山市，丹实累累照路隅。未爱满盘堆火齐，先惊探颔得骊珠。斜插宝髻看游舫，细织筠笼入上都。醉里自矜豪气在，欲乘风露扎千株。"

诗人先是栩栩如生地总写杨梅成熟时的情景：满山满坡绿荫翳翳、丹实累累，红绿相映，分外美丽；接着写人们摘下杨梅之后品尝时的神态：尽管面前放着满满一盘杨梅，人们还是习惯于把最好的一颗"骊珠"挑出来放进嘴里。第三联，写人们把杨梅摘下来，装进笼里，运到上都的盛况。尾联，因为杨梅在南宋身价很高，诗人自己也想种杨梅树。

明代大学士徐阶以"折来鹤顶红犹湿，剜破龙睛血未干。若使太真知此味，荔枝焉能到长安？"一诗，颂其味胜荔枝。

此诗第一二句是对杨梅外形、色彩作生动描绘，把它比喻为鹤顶红、龙睛血，极言其色彩的诱人。接着借用唐代杨贵妃为了吃到岭南的新鲜荔枝，派快马日行三百里从岭南运送荔枝的典故，说明如果杨贵妃吃过杨梅就再也不要吃荔枝了，以此突出杨梅的美味。

浙江是世界杨梅的主产地，已有2000多年的人工栽培历史。浙江因纬度比较低，雨量充沛，尤其是从6月中旬开始到7月中旬结束的梅雨季节，对于某些水果的生长和成熟带来很大的好处，杨梅就是在梅雨季节成熟的水果。浙江的余姚、慈溪、萧山、奉化、镇海、鄞县都产杨梅。王鲁彦非常喜欢吃杨梅，为此甚至上升到“倘若我爱故乡，不如就说我完全是爱的这叫作杨梅的果子吧”这样的高度。他把吃杨梅时杨梅的刺平滑地在舌尖上触过去的那种细腻柔软亲切的感觉比喻为最甜蜜的、使人迷醉的吻。他写出了杨梅的颜色变化的层次：“它最先是淡红的，像娇嫩的婴儿的面颊，随后变成了深红，像是处女的害羞，最后黑红了——不，我们说它是黑的。然而它并不是黑，也不是黑红。原来是红的，太红了，所以像黑。”对杨梅的滋味也写得很确切：“没有成熟时是酸带甜，成熟了便单是甜，这甜味可决不使人讨厌。”无论是喜欢吃酸的还是喜欢吃甜的人都会越吃越爱吃。所以当杨梅季节来临时，“人家把它一船一船的载来，一担一担的挑来，我们一篮一篮的买了进来，挂一篮在檐口下，放一篮在水缸上。倒上一脸盆，用冷水一洗，一颗一颗的放进嘴里，一面还没有吃了，一面又早已从脸盆里拿起了一颗，一口气吃了一二十颗，有时来不及把它的核一一吐出来，便一直吞进了肚里。”母亲看我们吃得快，吃得多，就说：“生了虫呢……蛇吃过了呢……”但鲁彦他们并不管母亲的劝阻，反而越吃越快了。“待肚子胀上加胀，胀上加胀，眼看着一脸盆的杨梅吃得一颗不留，这才呆笨地挺着肚子，走了开去，叹气似的嘘出一声‘咳’来……”①

在离开家乡十六七年的时间里，王鲁彦曾回过故乡五次，但都因为时间不对而没有吃上杨梅，而外地的杨梅“比故乡的小，比故乡的酸，颜色也不及故乡的红。”鲁彦把它买来，用开水细细地洗了，那味道简直不是杨梅了，吃了几颗便不想再吃下去。

童年时留下的对杨梅美好的记忆永难忘记。尤其是离乡背井在外奋斗的年月，或者是梅雨季节来临、或者是碰到苦难的时候，都会想起故乡的杨梅。1934 年的雷雨时节，在陕西郃阳任教的王鲁彦，在乡间生病了，面

① 王鲁彦：《杨梅》，《王鲁彦文集》（叁）（散文），人民文学出版社 2009 年版，第 155 页。

对着西北难得的雨天，他开始想家了，但他最怀念的是故乡的杨梅。在状物抒情的优美散文《杨梅》中，鲁彦惟妙惟肖地状写小时候吃杨梅时的“丑”态和对杨梅的强烈思念之情。读了这篇散文，谁都会被作者浓烈的思乡之情所感染。

六　盛夏的垂钓之乐

盛夏来临，是最佳的捉虾、钓鱼时机，这又是王鲁彦最喜欢的季节。十几岁的小孩、二十来岁的青年、四五十岁的中年，他们“从村前到村后，占据了两道弯弯曲曲的河岸”。“孩子们五六成群的多在埠头上蹲着、坐着，或者伏着，把头伸在水面上，窥着水中石缝间的鱼虾。他们的钓竿是粗糙的，短小的，用细小的黄铜丝做的小钩，小钩上串着黑色的小蚯蚓，用鸡毛做浮子，用细线穿着，河虾是他们唯一的目标物。有时他们的头相碰了，钓线和钓线相缠了，这个的脚踢着那个的虾盆，便互相詈骂起来，厮打起来。青年们三三两两的站在河滩的浅处，或坐在水车尽头上，或蹲在船边，一面望着水面的浮子，一面时高时低的笑语着。他们的钓竿是柔软的，细长的，一节一节的，青黑相间，显得特别美丽。他们用鹅毛做浮子，用丝线穿着，用针做成钩子，钩子上串着红色的大蚯蚓。鲫鱼是他们的目标物。老年人多是单独的占据一处，坐在极小的板凳上，支着纸伞或布伞，静默得像打瞌睡似的望着水面的浮子。他们的钓竿和青年们的一样，但很少像青年们的美丽。他们的目的物也是鲫鱼。”① 此外有时还会出现几个装备精良的中年男子。

在这幅江南水乡钓鱼图中，鲁彦也和其他农家的孩子一样，忙将起来。“他从柴堆里拣了根小竹竿，斫去旁枝和杈杈，在煤油灯上把弯曲的竹节炙直了，然后拴上一截线，从屋角里找出鸡毛来，扯去了管旁的细

① 王鲁彦：《钓鱼——故乡随笔》，《王鲁彦文集》（叁）（散文），人民文学出版社 2009 年版，第 177 页。

毛，把鸡毛管剪成几分长的五截，穿在线上，加上小小的锡块，用铜丝捻成小钩，钓竿就做成了。然后在水缸旁阴湿的泥地，掘出许多小蚯蚓，用竹管或破碗装了，拿了一只小水桶，就到墙外的河岸上去钓虾了。”①

王鲁彦的家就在村子中央，璎珞河的支流官河由南而北从他们家老屋的东边经过，这里的河岸都由乱石堆砌，石洞最多、河虾也最多。夏天一到，河水浅了，水底清澈可见，尤其是晴朗的早晨，连一根一根的虾须也能清晰地看得见。王鲁彦伏在河岸上，放下钓线，对着一个一个的石洞，上下左右牵动那串着蚯蚓的钩子，“这样，洞内洞外的虾儿立刻就被引上来了，它颇聪明，并不立刻就把串着蚯蚓的钩子往嘴里送，它只是先用大钳子拨动着，作一次试验。这时候浮子在水面，就现出微微的抖动，倘若马上把线提起来，它便立刻放松了。但我只把线微微的牵动，引起它不舍得的欲望，它反用大钳子钩紧了扯到嘴边去。但这时它也并不往嘴里送，似作第二次试验，把钩子一推一拉的动着，倘若浮子在水面，便跟着一上一下的浮起来。我只再把线牵得紧一点，它这才把钩子拉得紧紧的往嘴里送了。然而倘若只看浮子的浮沉，它是常常会脱钩的。有些聪明的虾儿常常不把钩子的尖头放进嘴里去，它们只咬着钩子的弯角处。见到这种吃法的虾子，我便把线搓动着，一紧一松的牵扯，使钩尖正对着它的嘴巴。看见它仿佛吞进去了，但也还不能立刻提起线来，有时还须把线轻轻地牵到它的反面，让钩子扎住它的嘴角，然后用力一提，它才嘶嘶嘶的弹着水，到了岸上。”② 这一段富有实战经验的钓虾心得，没有几年的实践，恐怕是很难总结出来的，可见童年、少年的王鲁彦，夏天是经常在河边钓虾的。

一只虾钓上来了，就得换蚯蚓，把新鲜的小蚯蚓放在手心，轻轻的用手拍两下，拍死了，就把旧的换掉，换上新的，放下水里第二只虾又很快的上钩了。最后那些“腹上满贮着虾子的老实的雌虾，全身长着绿苔的凶

---

① 王鲁彦：《钓鱼——故乡随笔》，《王鲁彦文集》（叁）（散文），人民文学出版社 2009 年版，第 178 页。

② 同上书，第 179 页。

狠的老虾，清洁透明的活泼的小虾。它们都一一的上了我的钩，进了我的小水桶。”[①] 到了中午，就装满了小水桶，人们看了莫不异口同声地称赞他。母亲是又喜欢又埋怨，喜欢的是儿子居然这么能干，埋怨的是全家人都不太喜欢吃虾，这么多虾吃不完。所以，一桶虾常常只吃了一点点就全部煮熟送给隔壁人家吃，还要赔上柴火、油盐和葱。母亲劝鲁彦不要去钓了，好好读点书，但是鲁彦觉得这是夏天最快乐的事，所以乐此不疲。空水桶出去，满水桶进来，大的、小的、雄的、雌的，嘶嘶嘶弹着水从河里提上来，上下左右堆叠着，看着这些成果，多开心啊！

秋天来了，水凉了，虾躲到洞里去了。王鲁彦才把钓虾的竹竿藏起来，母亲把他的钓竿狠狠地折成几节扔到灶火里烧了，并威胁说："还留到明年吗？一年比一年大啦，明年还要钓虾吗？明年再钓虾不给你读书啦，把你送给渔翁，一生捕鱼过活。"鲁彦不作声，只是惋惜地看着灶火中哔哔剥剥烧着的钓竿。可是到第二年夏天，王鲁彦的新钓竿又做成了，比上一年的更直、更长，钓来的虾也比上一年更多。到鲁彦十六岁那年，钓竿突然比他的身体高出了好几尺，他要开始钓鱼了。鲁彦知道母亲不会同意，就在阿华哥家里做好钓竿才笑嘻嘻的扛回家，"妈……"王鲁彦提高声音的叫着，不说别的话，他母亲从厨房走出来，惊讶地呆了许久，过了一会，她的脸色渐渐沉下，显得忧郁的样子，叹了一口气说："咳，十六岁啦，看你长得这么高啦，还不学好！难道真的一生钓鱼过活吗？……"说完居然伤心地哽咽起来。王鲁彦看到母亲这样，心里也受到了震撼，他把钓竿放在地上，就上楼读书去了。但钓鱼的快乐有趣还是强烈地吸引着鲁彦。第二天他就扛着钓竿出去了，又从阿华哥那里拿来了几条蚯蚓和一点糠灰，用水拌湿了走到河边，把糠灰扔到钓竿够得着的地方，在河边做一个记号，把钓竿放到了阿华哥家里，又悄悄地跑回自己的家里。在家里大声地读一会书以后，就悄悄地下

① 王鲁彦：《钓鱼——故乡随笔》，《王鲁彦文集》（叁）（散文），人民文学出版社 2009 年版，第 179 页。

楼，溜了出去，到阿华哥家里背出钓竿。

十六岁的鲁彦，已经很有钓鱼经验，他能从水面的泡泡辨别水下哪是鲫鱼，哪是鲤鱼和哪是甲鱼。他知道红色的蚯蚓鲫鱼最爱吃，而且能从吃蚯蚓的方法中，辨别出那是鲫鱼。“它的吃法，可以从浮子上看出来：最先，浮子轻微地有节拍地抖了几下，这是它的试验，钓竿不能动，一动，它就走了；随后，水面上的浮子，一粒或半粒，沉了下去，又浮了上来，反复了几次，这时它把钩子吸进嘴边又吐了出来，钓竿不能动，一动，尚未深入的钩子就从它的嘴边溜脱了；最后，水面上的浮子两三粒一起的突然往下沉了下去，又即刻一起浮了上来，这是它完全把钩子吞了进去，拖着往上跑的时候，可以迅速地把竿子提起来，倘若慢了一刻，等本来沉在水下的三粒浮子也送上水面，它就已吃了蚯蚓，脱了钩了。”①

因为王鲁彦有这样的识鱼技术，所以第一次出手就钓了一条很大的鲫鱼，一个上午居然钓了满满一水桶。下午换个地方，又是满满的一桶。虽然，母亲、姐姐和鲁彦自己都不喜欢吃河鱼，因为河鱼泥土味比较重，钓来的鱼大部分也是送给邻居的，但鲁彦是快乐的。

离家六年之后鲁彦重回家乡，因为他的身份已是读书人，不能与孩子、粗人一起去钓鱼了，但他还是千方百计地找到了一个机会，在离家五里外的堂叔家里过了一把钓鱼的瘾。因为在鲁彦看来，钓鱼的过程中能够享受到故乡田园的乐趣，“一根草，一叶浮萍，一个小水泡，一撮细小的波浪，甚至水中的影子极细微的颤动，我都看出了美丽，感到了无限的愉悦。”② 名为钓鱼，实为重温家乡的美景。

但是，后来几次回家，王鲁彦已经失去了钓鱼的兴趣，生活的重压，使鲁彦没有余暇享受钓鱼的乐趣，每次都是来去匆匆，只有作者写这篇散文的1936年，因为其父亲生病，才在家里待了两个多月，但已被十几年的奔波磨

① 王鲁彦：《钓鱼——故乡随笔》，《王鲁彦文集》（叁）（散文），人民文学出版社2009年版，第182页。

② 同上书，第186页。

去了斗志，“像战斗场中负伤的兵士似的，尝遍了太多的苦味，有了老人的思想，对一切都感到空虚。”最多也只是看着小儿辈趴在河边钓虾罢了。

七　对音乐的迷恋

王鲁彦还对音乐有很大的兴趣，他的一生一直有乐器陪伴，一把口琴和一只琵琶。只要什么时候心情好了，他就会拿出这两样乐器中的一样，自吹自弹一通。这一点他的表妹顾芝英也证实：“他又有音乐天才，很小就学会了弹琵琶、拉胡琴，我年幼时最爱听他弹琴。他的曲调全是哀伤凄凉的。”① 王鲁彦对音乐的兴趣首先来自于同村专门给人帮佣的青年阿成哥的影响，这一点王鲁彦在小说《童年的悲哀里》作了形象的描绘，虽然小说允许虚构，但是，任何小说在创作的时候都不是凭空捏造的，而是有一定依据的。在这篇小说里的那个“我”——浙琴，就有作者自己的身影在里面，王鲁彦原名叫王燮臣，“燮臣”与“浙琴”在宁波土话里读音是一样的，所以这篇小说带有很强的自叙传色彩。阿成哥虽然是个劳动者，但他多才多艺，拉得一手好胡琴，每当工作完毕，他总是独自坐在河边，拉着他的胡琴，口中唱着小调。于是有好多人被吸引在他的周围静静地听着，“我”很喜欢胡琴的声音，所以只要阿成哥拉起胡琴，“我”总在听众群中。在阿成哥的胡琴声中，“我的灵魂向音乐飞去。我需要音乐，我想像阿成哥握住我的手似的握住音乐”。

鲁彦的家乡人比较严肃，偶然有人在嘴里吹出一个什么调子，就会被人认为轻佻，至于拉胡琴之类，更加被认为是没有出息的人才干的。只有在一些特定的节假日：比如正月里玩龙灯、马灯时，胡琴最多；二三月间赛会时的鼓阁，乐器来得完备些；秋收后祠堂里偶然敲着扬琴唱一台书。或者一些算命的瞎子弹着不成调的三弦来到屋檐下算命，夏夜有敲着小

① 顾芝英：《忆鲁彦和爱罗先坷》，《鲁迅研究月刊》1986年第9期。

锣、小鼓的瞎子唱新闻时，村里才会出现音乐声。但是音乐的巨大吸引力还是抵挡不住的，只要一听见有乐器的声音，村里的人还是很快就围拢过去。所以每当阿成哥拉起胡琴的时候，包括“我”在内的孩子们，甚至有的时候一些大人都会聚集到他的身边去。“我”的音乐兴趣就是这样被它激发起来。后来，阿成哥教“我”唱歌、教“我”熟悉基本的曲调，教“我”制作胡琴。

其次，是学校的培养，这一点王鲁彦在《我们的学校》中有详细记载。王鲁彦最后的学校生活是在灵山高等小学度过的，这里的老师不但业务素质好，而且很敬业，他们的音乐老师是一个有名的天才，他不但西洋歌和京剧唱得好，而且能弹风琴，吹箫笛，拉胡琴。王鲁彦在这个学校待了一年半，那里每个礼拜上一次音乐课，每一次课都要教唱歌，不过那时他们用的是简谱，王鲁彦抄了很多歌谱带回家，用胡琴拉着。这样的教育和训练，使王鲁彦打下了扎实的基本功。

音乐伴随王鲁彦的一生，他始终没有放弃音乐，业余时间还学弹琵琶、吹笙，拉胡琴和小提琴，音乐给他多灾多难的生活带来一丝快乐。

八　勇敢的少年

少年的王鲁彦还非常勇敢，曾经救过两次火。第一次是邻居家着火了，与王鲁彦家相隔不到五六丈远，母亲第一个发现，大声叫喊以引起其他邻居的警觉，同时叫王鲁彦不要动，她去探看动静。刚开始王鲁彦吓得不知所措，好像感到火就在自己家的床下烧着，屋顶似乎立刻要塌下来了。他尖叫着，几乎与母亲同时，窜出了他们家的房子。母亲把弄堂外面的一道门打开了，王鲁彦发现火在隔着一个院子的屋里烧着，烟火笼罩着院子的一角噼噼啪啪地响着，而邻着的几户人家还没有动静，王鲁彦的母亲为了叫醒这些人家，又大声地哀号似的连叫了两声：“火……啊……”王鲁彦被他母亲的尖叫吓住了，只是哆嗦地攀住母亲的手不放。这时他的母亲仿佛生气了，她猛力地挣脱王鲁彦的手，叫他去“敲锣呀!”王鲁彦不知道是怎样穿过黑暗的弄堂，在房内找到铜锣和铜槌，然后用力敲起来，并一直奔到门口。这时王鲁彦觉得有了力气和勇气，他不再发抖了。他把铜锣急骤地敲得震天响，睡梦中的人们被惊醒了，他们纷纷来到救火现场，口里叫着“水！水桶!”王鲁彦的母亲拿着一只脸盆去端水，王鲁彦受母亲的启发，跑到屋内，拖出一只比他矮不了多少的水桶，但刚到门口，这只水桶不知道被谁夺走了，就这样，人们组成了一条救火的长龙，用双手快速地传递着脸盆与水桶……王鲁彦只是拼命传递着水，除了水，他什么也没有注意到，母亲在哪里，什么时候跑回房里的一点也没有注意到。不一会儿当地民间专门救火的组织水龙会也来了，水龙会的铜锣在外面奔驰着，而王鲁彦奔驰在火的面前，像一个冲锋的勇士……

因为火势太急，扑灭已经无望，这时一个叔叔抓住王鲁彦的手叫他赶快回去救自己的家。房子里点满了灯笼与灯烛，已经有四五个亲近的叔伯们在帮忙搬东西，王鲁彦的母亲在床背后找她收藏的首饰，她看见鲁彦，就叫他上阁楼去开门，搬上面的箱子。王鲁彦没有通过梯子而是一口气猱上去，把几只箱子一一搬到梯子边，然后交给了一个叔叔。这几只箱子非常沉重，其中有一只箱子里还放着一只小箱子，平时根本是搬不动的，但这时的王鲁彦不知道哪里来的神力，居然拖出来了。

等王鲁彦从阁楼上下来，前门已经被火封住，母亲叫人敲击后墙，那上面有一道砖砌的假门，有个大人用斧子敲了五六次还是敲不开，王鲁彦忽然记起了母亲的话，拿起一条长凳，用着所有的力，连人带凳子撞去，封着的后门被撞开了。“我好像长大了一倍，有了二十四五岁的年纪似的，怎样也用不尽我的力气，什么东西都搬得动，拖得动……”“我惊异我自己竟有了这样大的力量，救了别人，也救了母亲……”到这时，母亲才发现。鲁彦只穿了一套薄薄的睡衣，而且湿漉漉的。但鲁彦心中觉得热，“我要扑灭那可怕的火灾，我要拯救那灾难中的人，我忘记了自己。”

从这次救火事件中，可以看出王鲁彦的成长是非常真实的，从最初的害怕，到后来的勇敢，都是一个正常人尤其是少年应有的心路历程。

第二次是第二年的冬天，五里路外的乐家大屋着了火，那里住着王鲁彦平日最喜欢的一个叔叔的家人，当时叔叔不在家。这时的王鲁彦长得更高大结实了，他一听到这个消息，就以最快的速度往前跑，水龙会已经有一部分人跑着去救火，但王鲁彦追过了他们，他抄小路，跑得飞快，简直像非洲大陆上的猎豹，脚好像不是踩在地上，而像是风在吹着他走。王鲁彦第一个冲到大屋前面，火从西边烧起来，王鲁彦的叔叔家在东边，风正往东边吹，黑烟已经卷到了他们的屋顶上了。西边的房子正一间一间地在燃烧中崩塌着……四周的田野上，人像热锅上的蚂蚁一样奔跑着，女人和孩子在凄厉地哭着，到处杂乱地堆满了箱笼杂物。这是王鲁彦在儿时看到的最为惊心动魄的悲惨的景象。

在小山一样的杂物中，王鲁彦找到了婶娘，她满头是汗，蓬头散发，满脸灰尘地拖着一只箱子从屋里走出来，她的老母亲和外孙伏在箱子上叫着："快烧到了呀！阿呀！烧到了，菩萨……菩萨……"

看到这种惨景，"我立刻把衣服脱下……奔向他的房里去。……我第一次拖出来一只大箱子，第二次回身抢了一个棉被，接着是衣服、桌子、床铺的一部分……火焰已经蛇舌似的抵到了屋檐，房内的人都睁不开眼睛了。……但是我抹了抹眼睛，又冲进去两次，拖出两只大箱子来，最后终于被婶母拖住了。""屋子要塌了呀！"她惊恐地叫着。"火已经冒了顶，我站着的地方突然热了起来。""赶快搬田里的呀！"婶母推着王鲁彦说。"我立刻跟着大人们动手了。……我从这里跳到那里，尽着气力刚把靠近屋子的东西搬完，屋子就山崩地塌的塌了下来。那一股气息，几乎要把我窒息死了。但我一点也不害怕，我只是搬东西。""我忘记了危险，忘记了自己。我恨不得能在援助婶母以外，还有力量援助所有的人。"①

从这两次救火的行为中，可以看出少年的王鲁彦非常勇敢、热心，有

① 王鲁彦：《火的记忆》，《王鲁彦文集》（叁）（散文），人民文学出版社2009年版，第266页。

一腔热血，勇于助人为乐。这种性格在他以后的生活中起到很重要的作用，常常是路见不平，拔刀相助。对于看不惯的事情敢于提出抗议，这一点在福建和桂林的一些事情上都体现了出来。同时，也可以看出王鲁彦是个性格活泼、爱好众多的人。

第四节　步入学校　开启心智

一　进私塾

童年的鲁彦聪明活泼，领悟能力很强，六岁那年父母亲就把他送到村东花墙门的举人王志珊处去念私塾。王鲁彦进入私塾的年龄有三种说法：他的夫人覃英说是七岁，“在鲁彦七岁时，父母还是挣扎着送他读书，开始入私塾。”[①] 第二种说法是五岁，“一九〇七年，五岁，进私塾读书。”[②] 第三种说法是六岁：“6 岁进私塾，14 岁插读小学，初步受到一些民主思想的熏陶。”[③] “6 岁起，王鲁彦就进私塾读书，14 岁进当地颇有名气的初级小学学习。”[④] 王鲁彦自己说：“我是六岁上学的，进的自然是私塾。”[⑤]

这里有一个问题需要说明，因为王鲁彦出生的时间刚好是阴历的年尾和阳历的年头，所以他的年龄一直是一个很容易混淆的问题，有的人按阴

① 覃英：《鲁彦生平和创作简述》，《中国现代文学作家选集——鲁彦》，人民文学出版社 1992 年版，第 253 页。

② 刘增人、陈子善编：《鲁彦年表》，收入覃英编《中国现代文学作家选集——鲁彦》，人民文学出版社 1992 年版，第 279 页。

③ 包叔钧：《王鲁彦和世界语》，《宁波经济·三江论坛》2004 年第 12 期。

④ 王吉鹏、黄一幗：《鲁迅与王鲁彦》，《海南师范学院学报》2005 年第 6 期。

⑤ 王鲁彦：《我们的学校》，《王鲁彦文集》(叁)(散文)，人民文学出版社 2009 年版，第 192 页。

历算，有的人按阳历算。按江南民间的习惯，年龄是按虚岁算的。而宁波人读书的年龄是按足岁算的，现在宁波市的小孩上小学的年龄也一定得达到足岁六岁半才能上学，王鲁彦所说的他是六岁上学的，说的是足岁，虚岁应该是八岁，所以，覃英说的七岁是按虚岁算的，也是对的。但是刘增人、陈子善说的五岁进私塾，肯定是不对了。按公元纪年算，王鲁彦上学的时间阴历是1906年，阳历是1907年。

王鲁彦在私塾里开笔的先生王志珊是一位有名举人的得意门生，仿佛是位秀才。王志珊颇为严厉，但对鲁彦却比较宽容，很少打他，也很少骂他，只是睁着眼睛从眼镜边外瞪着他。鲁彦反倒比其他小孩更怕王志珊。九岁之前常常哭着赖学，到十三岁时（1914年初），看到同龄人在当地学校读书比较开心，也就产生了转学念头，时常对母亲提出要求来。到十四岁春上（1915年），他插班进入贺氏养正初小（杨家桥初级小学，也有说是一本小学），与私塾相比，这所学校好得多了，但鲁彦也很怕，因为那里的老师是带着藤条上课的，一旦学生上课聊天、做小动作，或不专心听讲，藤条就会落下来。还要面壁站上半个小时。上体操课的时候，如果站得不合规矩，老师就会从后面踢过来，幸亏王鲁彦基础很好，只读了半年就毕业了。

二　进灵山小学

1915年下半年，他到离家五里外的邬隘灵山高等小学读高小（著名音乐家周大风儿时亦曾在此就读）。王鲁彦在这里度过了他一生中难忘的岁月。这所学校原为灵山书院，由乡贤、镇海县优贡生邬（名字不详）捐田100亩于清嘉庆九年创办（1804），当时在县里颇有名气。学校从建立以后几经改名：1905年，灵山书院改名灵山学堂。1907年，更名灵山高等小学堂，附设初等小学堂。民国元年（1912），学堂改称学校，1913年，灵山学堂更称灵山高等小学校。1925年，更名灵山学校。1941年，镇海县政府接管学校，为县立灵山学校，附设国民学校。1949 年 5 月，镇海解放，镇海县人民政府接管，以后又进行多次改名。一直到 2004 年 10 月，学校隆重举行灵山学校复名暨建校 200 周年校庆，复名为灵山学校。

这所学校历史悠久，办学理念先进，早在 1905 年以前就崇尚科学，率先开设英语教学。1905 到 1912 年确立“中学为体、西学为用”的“尚公、尚武、尚实”教育宗旨。1913 年试行“道尔顿制”和“杜威教育法”。考核方法灵活，学生可以根据自己的能力跨年级学习不同的课程，经考试合格可以跳级，提前毕业。在当时全国大部分地区的学校还在实行旧式教育时，灵山学校在办学理念、教学方法、课程开设、学生培养方式方面率先走在了前面，这是十分难得的。同时聘请林森（国民政府主席）、蔡元培、陶行知、夏丏尊、郑振铎等知名人士为校董；聘请有真才实学的人士：沐绍良（后曾为联合国教科文组织生物学会会员）、陆仲任（作曲家、后曾任广州音乐学院院长）、仇宇（后曾任中国美协副主席）、李平之（作曲家、后曾任宁波市音协主席）为教师，整个学校校风正、学风好、教师敬业、学生努力，因而培养出了不少人才，有高官、学者、小说家、音乐家等。

王鲁彦在这个学校就读的时间是 1914 年下半年到 1916 年年底。

学校傍河而建，外面围着两三尺高的铁栏杆，进门原来有食堂和风雨操场，王鲁彦就读的时候，学校有七八桌的同学和老师，正中一桌的上位，是最尊敬的徐校长坐的。风雨操场是学生拍球、踢毽子和雨天上体育课用的，王鲁彦当时每天课后都来这里踢毽子，在这里消磨的时间最多。可惜二十年以后当王鲁彦再次走进这个学校的时候，食堂和风雨操场已经被大礼堂所取代。礼堂的北边原来是旧式的教室和寝室，后来变成了略显老态的洋房。礼堂的西南边，是从前的操场，后来缩小了，多了几间屋子。礼堂的南边，从前是一个荒凉的小小的水池，周围栽着高大的倒垂的杨柳，是王鲁彦他们纳凉、散步和观鱼的地方。后来变成了一块平地，一面盖着清洁的食堂，一面成了雅致的花园。

“这一个学校是公立的完全小学，经费最多，规模最大，学生最众，在附近百里内的乡间是首屈一指的。”学校的教师非常敬业，各具特长，而且思想也比较新。“校长徐先生是一位四十岁以内的中年人，他很谨严朴素，老是穿一件青布长衫和黑色马褂，不爱多说话，不大有笑脸，可也没有严厉的面色，他的房间里永久统治着静默和清洁。他走到哪里，静默就跟到哪里，而这静默却不是可怕的恫吓、冷漠或严肃，他是亲切和尊敬。他对学生平等和善，不常处分学生，有了什么纠纷，便把大家叫到他的房间，准许分辩，然后他给学生几句短短的判断和开导的话，大家就静静的退出了。”① 他对业务抓得很紧，常常读书或者练字到深夜，每每到半夜，他的房间里还传出磨墨的声音，他睡得比学生晚起得比学生早。他在教学上循循善诱，教一个班的语文，作文的批改特别仔细，有眉批还有总批，课文讲得有声有色。总之，这是一个“开明而慈祥的教育家”。在这个开明校长的主持下，灵山小学办得有声有色，语、数、英、音、体、美各科全面开设，师资力量非常强，学生身体、心理都得到了较好的发展。

这个学校的教师在业务上精益求精，在教育上非常尽心，也像徐校长一样，从不轻易惩罚学生。“教理化的教员……只有二十多岁，也不爱说话，一天到晚只看见他拿着仪器在试验。教动植物的唐先生年纪大了一点，说起话来又庄严又诙谐，他所采集的动植物标本挂满了教室也挂满了他的卧室。手工兼音乐的金教员，不但做得一手极好的纸的、泥的、竹的小东西，还能做大的藤椅。”据说后来该教员还开了一家专门卖藤器的店，他还能绣一手比他的妻子更美的花来，在音乐方面更是造诣不浅，西洋歌和京戏都唱得很好，各种乐器玩得非常纯熟，能弹风琴，吹口琴，拉胡琴。体育教员陈先生是王鲁彦他们最喜欢的教员，他姿态活泼健康，身体坚强结实，是一个典型的阳光青年。他在课内教学生练哑铃、打棒球以及各种柔软体操，又用一把木枪为道具，教学生如何在各种姿势下放枪。在课外，他又教鲁彦他们少数人撑竿跳、跳远和翻单杠。

---

① 王鲁彦：《我们的学校》，《王鲁彦文集》（叁）（散文），人民文学出版社 2009 年版，第 193 页。

能进入这样的学校，有这样的教员，王鲁彦感到很骄傲，也受益匪浅，王鲁彦活泼好动的性格、对音乐的爱好，对体育的爱好，与这个学校的培养是分不开的。

这个学校还有一支实力很强的足球队，“有横冲直撞如入无人之境的不怕死的前锋，有头顶脚滚球不离身善作派司的左右卫，有一夫当关万夫莫敌的中卫，有拳打脚踢能跳能滚的守卫。”王鲁彦也是其中的一员。邻近乡间的小学不敢和他们比赛，于是这些球员打算与县立小学进行一场比赛。徐校长同意球队去比赛，但是要求先与对方写信接洽，信是写出了，但是对方迟迟没有回信，而王鲁彦他们为了去比赛，每天练球，而且每人买了一顶帽子，做了一套新衣服。球已经练得厌烦了，可是回信还是没有来。这时他们就想出一种办法，写了一张明信片，由对方的一个学生具名，答复王鲁彦他们同意在某一个周末与他们比赛，然后派人到城里去投邮。过了两天，那张假冒的明信片来了，王鲁彦他们又故意在星期六的下午拿给徐校长看，使他没有时间深究，徐校长果然同意了。可是这次出征很不顺，首先，去的路上碰上了大雷雨，他们在离校五六里路的一座山岭下，球队的领导去邀一个守门队员，他们一边过岭一边等待，结果大雷雨就来了，王鲁彦他们就跑到前面三里外的凉亭去避雨。天越来越黑，领导和守门员又迟迟不见影子，于是王鲁彦他们一口气跑了七八里路到甬江南岸的渡口，过江进城的时候天已经全黑了，在渡船上还淋了一阵大雨，衣服全都湿漉漉的，全身感到冷丝丝的。其次，是对方学校的球队没有与他们比赛。原来王鲁彦他们认为只要他们的人到对方学校了，对方肯定会同意与他们比赛的，没想到对方校长坚决不同意，学生在周末也都回家了。王鲁彦他们就与校长吵了起来，这时另外两位老师进来劝解，其中一位教员扶着醉醺醺的校长回住处，另一位教员把王鲁彦他们带到了自己的寝室，让他们睡在他的床上。王鲁彦他们饿着肚子、全身脱得精光钻到那个老师的被子下面睡了一觉。第二天，王鲁彦他们一早就离开了县立小学，临离开的时候，还在墙上涂了许多“打倒狗校长”等等的口号，然后开开门，一溜烟地跑了。过了江，天又下雨了，王鲁彦他们吃了一点儿饼子，冒雨跑回到山岭脚下，碰到了昨天离开王鲁彦他们去叫守门员的球队领导和守门员。他就安慰王鲁彦他们，一路说一路走，二十几里路很快就走完了。回到学校才八点钟，余力未消，干脆就在泥泞的操场上踢了一场球。

几天以后，徐校长不知怎么知道了这件事，他把十几个球员都叫了去，他平心静气地指出了他们这种做法的错误，叫他们去反省，而且告诉他们以后如若再出现这样的问题，他就只能辞职了。这次的批评，使王鲁彦他们感到心头沉甸甸的，他们知道自己犯了很大的错，都很懊悔自己的所作所为。①

在这所学校里，王鲁彦心情愉快，求知的欲望开始萌发，并开始接受民主思想的熏陶。在校里，他学习了理化、动植物、手工、音乐、体育等课程，并在这里打下了较好的音乐和体育的基础。这个时期，鲁彦逐渐成熟懂事了，他父亲看到王鲁彦的成长也很高兴，经常从外地寄小说给他看，王鲁彦就每天捧着书，夜里也读得很晚，养成了好读和苦读的习惯。

王鲁彦在灵山高小，学习了一年半。第二年（1916）年底，学校董事借用种种理由把深受学生爱戴的徐校长辞退了，而把一个初小部的老头子，董事长的族里人提到了校长的位子。这个人无论是业务素质还是个人的道德修养都是很差的，对学校将来的规划和管理也是很无能的，大家觉得由这样的人来当校长，学校不会有前途。于是王鲁彦与其他高年级的同学约定，如果第二年真的由这人当校长，大家就自动放弃学业。寒假结束后，这个消息果然得到了证实，王鲁彦他们二十几位学生就自动停了学。有的人转学，有的人学商业，王鲁彦因为母亲不愿意他离开乡下，就待在家里。王鲁彦就此结束了他的学校生活，再也没有在家乡的学校读书。尽管王鲁彦和其他同学是带着愤怒离开学校的，然而，母校已经在他的脑海里留下了深刻而美好的印象。所以即使长时间远离家乡，以及后来成为知

① 王鲁彦：《我们的学校》，《王鲁彦文集》（叁）（散文），人民文学出版社 2009 年版，第 198 页。

名作家后，仍念念不忘母校，每次返回故乡，坐船经过学校门口时，都会勾起他对过去学校生活情景的回忆。

1932年，离开灵山高等小学15年之后的王鲁彦，在从福建返回上海的时候，到家乡小住，被灵山学堂的张尔华和毛雪艇先生请来做讲座，王鲁彦有一番慷慨激昂的讲话，周大风在《忆鲁彦先生》这篇文章中，把这段话详细地记录了下来：

> 我们都是同学，都是灵山学校的学生，不过，我比你们早十五年，应该说是个灵山的老校友。我不姓鲁，“彦”也不是我的真名。我姓王，奶名“王衡”，字“返我”，后来灵山老师为我改成“忘我”。为什么要改“忘我”呢，我不明说，因为你们都是聪明的孩子，一定能想得出来。但要真正做到忘我，那可真不容易，我每天检查有否真正的忘我，那是相差很远很远，所以我非常感谢我的母校，非常感谢我的老师，他赐给终身勉励我、监督我的好名字。
>
> 鲁彦是我的笔名，就是写好文章后发表时的名字。一个人可以有很多笔名，也象古人一样，可以有“名”、有“字”、有“号”、或几个“别号”。鲁彦是我最常用的笔名，其他还有好几个，我不介绍了。(这是我第一次听到“笔名”这个名词)
>
> 灵山是一个非常可爱的学校，我在别的学校里也读过书，但常常赖学，常常逃学，只有在灵山学校几年内，却从来没有逃过一次学，不但没有逃学，连暑假、寒假、星期天，我也会到学校里来。因为这里有我尊敬的老师，有我亲爱的同学，每天都有新的知识会装进我的脑子里，每天都有好玩的东西供我玩耍。我喜欢体育，就每天打篮球、打排球、打乒乓球，玩木枪，掷铅球，玩铁圈，还有武术八卦刀七星剑，秋千，浪木，撑竿跳，游泳，钓鱼，还要做热气球飞向天空。那是太有趣了。今天，在文武殿里还排列着几十支木枪和铁圈，我看到特别感到亲切，因这些都是我十四五岁时玩过的旧物，见了这

些东西，不禁想起了我的少年和我的老师。你们今天能在这样好的学校里读书和生活，真是太幸福了。刚才我到仪器室去，到标本室去，到史地室去，到图书馆去，看到了很多我读书时还没有的新东西，可见我的母校在不断地进步。

我希望我的母校，象太白山一样，永远矗立在祖国的大地上；我希望我的母校，象岩河水一样，永远川流不息地为祖国培育出有用的人才。

他言简意赅，又富有感情的一席话，博得了长时间的掌声。于是，你一句，他一言，纷纷提问，多是围绕着怎样写出好文章方面，他都一一回答，大意是：

“有感想时就写，不写无感之事。”

“写自己熟悉的事，感兴趣的事或人。”

“写文章功在文章之外，要多看、多听、多问、多看书。”

“文章写后要多作推敲，多修改，好文章是改出来的。”

王鲁彦离开这个学校的时候很感人，学生们依依不舍：

几天之后，他与张尔华老师同搭小汽船去上海江湾，到因沪战毁坏而刚修复的立达学园任教，临行时，鲁彦先生和张尔华先生，站在船尾，用手一同拉着长长的五彩皱纸条的一端，我们则在岸上拉着皱纸条的另一端，依依惜别。当汽笛鸣响，汽船启动时，皱纸条被无情地折断，两位先生还手持断纸条向我们挥舞。有的同学哭了，我也流泪了……

鲁彦此行，对家乡后学的影响很大：

虽然只有短短的几天，但他带给我们的影响却是巨大的。如李俍

> 民同学以后就一心钻研文学，最后成为一名全国有影响的作家及翻译家。如许多同学，因感而作，每天要写两三篇“随笔”，且笔名繁多，我一生也用了60余笔名。如许多同学在假期及星期天也来校搞活动。我们还在阅读了他的文章后，顺着文章中所描写的事，去实地体验，如采杨梅，洗杨梅，拉纤淌船过桥洞，做热气球，特别是清明节上祖坟，我们总要带上雨伞……这些都是从他的文章中启发而来。①

此行之后，1936年，王鲁彦写下了富有生动细节的叙事散文《我们的学校》。文章的结尾写道：“回忆是愉快的，然而却也充满着苦味。二十年来，我所经历的看到的学校也够多了，却还没有一个学校值得我那样的回忆。”作者用比较的手法表达了对灵山学校的怀念和对现状的不满，应该说，这所学校在他人格的形成、思想的启蒙、兴趣的培养方面影响是很大的。王鲁彦在以后的生活中一直随身带着一只琵琶，只要高兴就会弹着琵琶唱歌的活泼个性与在这里所受的教育有很大的关系。

① 周大风：《忆鲁彦先生》，《王鲁彦文集·附录一》（伍）（长篇小说），人民文学出版社2009年版，第282—284页。

第二章

走入社会和前期创作(1918—1926)

第一节 去上海做学徒

一 外出的欣喜

1916年底离开灵山小学以后，鲁彦在家里自学了一年，1918年春天，王鲁彦的人生开始出现新的变化。他的父母亲决定让他到上海一个远亲的商店里去做学徒。对于王鲁彦什么时候去上海有多种说法：一说是十六岁：“十六岁那年，王鲁彦到上海一个同乡开设的经营纸张、印刷事务的商店当学徒。”① 一说是十五岁：“一九一七年，十五岁，随父到上海……”② 也有的资料说：“在18岁那年的春天，鲁彦背负着生活的重担，离开家乡前往上海。”③ 连

① 刘增人，陈子善：《鲁彦夫人覃英同志访问记》，收入曾华鹏，蒋明玳编《王鲁彦研究资料》，江西人民出版社1984年版，第129页。

② 陈子善，刘增人：《鲁彦年表》，收入覃英编《中国现代作家选集——鲁彦》，人民文学出版社1992年版，第279页。

③ 王吉鹏、黄一幅：《鲁迅与王鲁彦》，《海南师范学院学报》2005年第6期。

王鲁彦自己也有两种说法："十八岁春天，我离开家乡了。"[①]"十七岁那年的春天，我终于达到了我的志愿。父亲是往江北去的，他送我到上海。"[②]根据他上学的情况推断起来，14岁那年春天（1915年）转入杨家桥小学，半年之后毕业，下半年进入灵山高等小学读书，一年半之后离开，即1916年底，这时已经是15岁（足岁）了，16岁那年在家自学一年，第二年春天再去上海，应该是17岁（1918年）。但我在前面说过这是足岁，按虚岁算王鲁彦已经18岁了，所以王鲁彦自己有两种说法就可以理解了。至于15岁、16岁那两种说法就不对了。

离别前几天，他的母亲伤心地哭了，因为鲁彦的姐姐已经出嫁，鲁彦一走，家里只剩下一个六岁的妹妹，家里一下子就冷清多了。但是鲁彦心里却很高兴，他没有被母亲的眼泪所感动。离开家乡像父亲一样出远门谋生的想法，王鲁彦在很小的时候就产生了。那时候，一年一度回家过年的父亲在家只待了一个月又要外出了，鲁彦和母亲一起把他送到船埠头，母亲和姐姐即使难过也不会哭，生怕给父亲一路上带来不吉利的事情，一般只是含泪而别，只有小鲁彦会大声啼哭，牵着父亲的衣襟，一路哭着跟到大门外的埠头上。父亲看到鲁彦这个样子也很难受，且恋恋不舍，到船里之后，还伸出头来，一再地告诉鲁彦"进去吧，很快就会回来的，好孩子"。直到父亲船上的灯笼熄了，白茫茫的水面上只显出一个移动着的黑影，几分钟之后，船迅速消失在几步外的桥的后面。这时母亲也劝鲁彦："进去吧，还在夜里呀。""很快就回来了，不听见吗？留在家里，谁去赚钱呢？"其实父亲和母亲都误解了王鲁彦的意思，他内心真正的想法是想跟着父亲一道出门。一年一年过去了，父亲归来、出去，王鲁彦渐渐长大了，和父亲一道出门的念头也越来越强烈。十四五岁的时候如果不是鲁彦

① 王鲁彦：《钓鱼——故乡随笔》，《王鲁彦文集》（叁）（散文），人民文学出版社2009年版，第184页。

② 王鲁彦：《旅人的心》，《王鲁彦文集》（叁）（散文），人民文学出版社2009年版，第214页。

的父亲经常邮寄小说给他看，也许他就私自出门远行了。十八岁那年春天，鲁彦的愿望终于实现了，其内心的高兴劲就可想而知了。当父亲正式决定让他到上海去学生意的那个晚上他几乎没有合眼，心中充满着说不出来的快乐。出门的时候鲁彦是满面笑容，跟在父亲暗淡的灯笼光中走出大门。他快乐得连站在岸上的母亲的叮嘱也没有听见，一点儿没有留恋地就走进船舱，好像逃离火坑一样愉快。

事后，母亲提起这件事，常常会笑着说："竟有这样心肠硬，我哭着，他笑着!"母亲的话更进一步证实了王鲁彦当时想离开家外出闯荡天下的决心。

他与父亲一起坐船出门的那天，也是晚上，王鲁彦生动地描绘了当时的情景：

> 夜是美的，黑暗与沉寂的美。从缝隙里望出去，看见一幅黑布蒙在天上，这里那里镶着亮晶晶的珍珠。两岸上缓慢地往后移动的高大的坟墓仿佛是保护我们的堡垒，平躺着的草扎和砖盖的棺木成了我们埋伏的卫兵。树枝上的鸟巢里不时发出嘁嘁的拍翅声和细碎的鸟语，像在庆祝着我们的远行。河面一片白茫茫的光微微波动着，船像在柔软清漾的绸子上滑了过去，船头下低低地响着淙淙的波声，接着是咕呀咕呀的前桨声和有节奏的嘁咄嘁咄的后桨拨水声，清冽的水的气息，重浊的泥土的气息，和复杂的草木的气息在河面上混合成了一种特殊的亲切的气息。
>
> ……
>
> 一小时之后，天色渐渐白了，岸上的景物开始露出明显的轮廓来，船舱里映进了一点亮光，稍稍推开蓬，可以望见天边的黑云慢慢地变成了灰白色，浮在薄亮的空中。前面的山峰隐约地走了出来，然后像一层一层地脱下衣衫似的，按次地露出了山腰和山麓。
>
> "东方发白了。"父亲喃喃地念着。

白光像凝定了一会，接着就迅速地揭开了夜幕，到处都明亮起来。现在连岸上的细小的枝叶也清晰了。星光暗淡着，稀疏着，消失着。白云增多了，东边天上的渐渐变成了紫色，红色。天变成了蓝色。山是青的，这里那里迷漫着乳白色的烟云。

我们的船驶进了山峡里，两边全是繁密的松柏、竹林和一些不知名的常青树。河水渐渐清浅，两边露出石子滩来。前后左右都驶着从各处来的船只。不久船靠了岸，我们完成了第一段的旅程。

当我踏上埠头的时候，我发现太阳已在我的背后。这约莫两小时的行进，仿佛我已经赶过了太阳，心里暗暗地充满了快乐。

完全是个美丽的早晨。东边山头上的天空全红了。紫红的云像是被小孩用毛笔乱涂出的一样，无意间成了巨大的天使的翅膀。山顶上一团浓云的中间露出了一个血红的可爱的紧合着的嘴唇，等待着谁去接吻。两边的最高峰上已经涂上了明亮的光辉，平原上这里那里升腾着白色的炊烟，像雾一样。埠头上忙碌着男女旅客，成群地往山坡上走了去。挑夫，轿夫，喝道着，追赶着，跟随着，显得格外的紧张。

就在这热闹中，我跟在父亲的后面走上了山坡，第一次远离故乡，跋山涉水，去探问另一个懵懂的世界，勇往地肩起了“人”所应担负的担子。我的血在飞腾着，我的心是平静的，平静中满含着欢乐。我坚定的相信我将有一个光明伟大的未来。①

尽管事隔19年之后，作者才叙写这次外出的经过、当时的心情以及船行过处的外在景物，但还是如此地细腻，如此地生动形象、清新自然，可以想见当时的情景还在作者的脑子里栩栩如生地活跃着，也可以推测王鲁彦对这次神往了多年之后的外出，是多么的兴奋与激动。作者在这篇文章中，用了移情的手法，把自己内心的激动、欣喜若狂之情，对外面世界的

① 王鲁彦：《旅人的心》，《王鲁彦文集》（叁）（散文），人民文学出版社2009年版，第215—216页。

神往之情，完全熔铸到了文字当中，使人读后也被作者的情感所感动，被当时的自然景物所迷醉。

但是这18年的家乡生活，在王鲁彦的一生中至关重要，家乡的乳汁哺育了鲁彦，家乡的山山水水、童年的生活、学校的生活、与小伙伴们的纯真友谊，都在他的脑子里留下了永生难忘的印象，成为以后创作生涯中取之不尽的源泉，王鲁彦以后成为乡土文学派的中坚作家，与他童年的生活有着千丝万缕的联系。

王鲁彦当时随父亲外出的那条河叫岩河，它的支流官河从王鲁彦所在的王隘村流过，也从鲁彦家的旁边流过。王鲁彦从家门口坐船，沿着官河蜿蜒前行，再转入岩河，到育王岭脚的璎珞村（璎珞河的尽头），下船上岸，翻过育王岭，再乘航船往宁波而去，再从宁波坐船到上海，到上海三菱洋行去做学徒。

二 谋生的艰难

上海自1840年开埠以后，由于其优越的傍河靠海的地理条件，被中西方商人看中，他们在这里建工厂、商店，进行商业贸易，几十年时间这里已经成为高楼林立、商厦遍地的经济文化发展中心，许多国外的工厂和商店都在这里发展和营业。此时的上海，其繁华的程度与日本东京相比有过之而无不及。

王鲁彦到上海之后，先在一个远亲开设的经营纸张和印刷业务的商店当学徒，后来，又到日商开设的三菱洋行当小伙计。虽然王鲁彦跟着父亲离开家乡时是欣喜若狂的，因为他终于可以飞了，可以自由地走向社会、面对人生了。但是生活并没有像王鲁彦想象的那么好，在洋行起早摸黑做工只是换来了基本的生存条件，日资的三菱洋行不是天堂，里面紧张、残酷的氛围使他离开家乡时产生的憧憬受到了打击。不久，王鲁彦在灯红酒绿、富贫悬殊、等级森严的大上海，开始觉察到人与人之间的尔虞我诈，看到了剥削阶级的贪婪和劳动人民的苦难。这些事实极大地冲击了这个走出乡村、来到大上海谋生的青年，他火热纯洁的内心犹如浇了一盆凉水，寒冷彻骨，这个涉世未深的外乡少年，顿觉不安、痛苦。他想改变自己的处境，他一方面利用业余时间去“环球补习学校”读书，每天用功到深夜，另一方面寻求进一步发展的机会。

王鲁彦离开落后的浙东农村来到繁华的大上海之后，其心情是怎样的他自己没有文字记载，关于他的生活情况有关文字记载也很简略，只知道上面这些简单的情况。也很少有其他的史料可以参考，所以这里就一掠而过了。

第二节　北上求学

一　五四运动爆发

1911 年的辛亥革命没有完成反帝反封建的任务，由八年之后的五四运动来完成。庚子赔款之后，清政府向英美、日本派出了大量的留学生，清政府的出发点是培养为封建统治者效劳的“人才”，但实际上却为自己培养了一批掘墓者。这些学生中的佼佼者，为振兴祖国，刻苦学习国外先进的自然科学知识和哲学、文学理论著作，自觉接受西方资产阶级民主主义思想的影响，最后在思想、理念上成为与封建士大夫、维新派完全不同的新型知识分子。他们身处异域，看到了资本主义国家的先进和中国封建社会的腐朽，产生了更为强烈的爱国主义思想。他们和社会下层接触较多，对人民的苦难有深刻的了解，为此要求社会进行深刻改革的愿望十分强烈。鲁迅、吴玉章、秋瑾、蔡元培、徐锡麟、周恩来、朱德等是众多留学生中的佼佼者，他们为了祖国的强盛而出国学习，他们也确实学来了西方先进的技术和思想。鲁迅和吴玉章还分别写诗明志，鲁迅1903年在日本写的《自题小像》诗："灵台无计逃神矢，风雨如磐闇故园。寄意寒星荃不察，我以我血荐轩辕。"表达了自己以身许国的坚强意志；吴玉章诗："东亚风云大陆沉，浮槎东渡起雄心。为求富国强兵策，强人抛妻别子情。"表达了寻求救国救民道路的决心。这些人回国以后，对于国内的教育、思想都起到了很大的作用，间接或直接成为五四运动的先驱和积极的推动者。

1915年9月，陈独秀在上海创办《青年杂志》，1916年第二卷开始改为《新青年》，1917年1月因陈独秀任北京大学文科学长，《新青年》总部迁到北京。李大钊、鲁迅、钱玄同、刘半农等国内优秀知识分子以《新青年》为阵地，高举"民主"与"科学"两面旗帜，掀起了一场反对旧文化、提倡新文化，反对文言文、提倡白话文的新文化运动。

1917年苏联十月革命胜利的消息传来，给国内的新文化运动又添了一把火。李大钊接连在《新青年》上发表了《庶民的胜利》、《Bolshevism的胜利》、《我的马克思主义观》等文章，热情歌颂了十月革命的胜利，比较系统地介绍马克思主义的一些基本观点。

到了1919年春，"巴黎和会"关于中国问题的无理决定，终于激起了全国人民沉积已久的怒火，5月4日，在李大钊的组织和领导下，一场震惊全国和全世界的反帝爱国运动终于爆发了。青年学生纷纷走上街头游行示威，抗议政府的卖国行径，要求对三位卖国贼进行严惩。5月中旬，上海学生实行同盟罢课，6月5日，上海多个工厂达8万左右的工人也相继实行大规模罢工，商界实行罢市，坚决不进日货，支持学生的爱国运动。6月6日，上海各界联合会成立，反对开课、开市，并且联合其他地区，告知上海罢工主张。全国其他地区的学生和各阶层人民也积极起来响应，最终成为全国范围内的反帝反封建的革命运动。

二　摆脱旧生活，追求新生活

关于王鲁彦是否在五四运动中参加了上街游行的活动，到目前为止，还没有发现相关的文字资料。但是上海学界、工厂、商界轰轰烈烈的活动，王鲁彦应该是看到和听见的。而且，后来的事实证明王鲁彦很关注运动的进展，内心也热血沸腾，心向往之。所以到1919年年底，当报刊上刊载北京工读互助团在蔡元培、李大钊、陈独秀、胡适等支持下成立的消息，王鲁彦就怦然心动，并悄悄地给该团去信要求入团。对此，傅彬然在《忆鲁彦》一文中有详细记载：

> 大约民国九年一月里，团里接到了一封从上海寄来的信，署名王返我，说是个洋行里的小伙计，觉得那样的生活太没有意思，家里又强迫他和一个不相识的女子结婚，非离开那儿不可。他渴望着能够允许他入团，来过那理想的快乐的生活。语句里带着浓厚的感情，大家看了很感动。经团员一致通过，立即写信去邀他来。
>
> 这位新朋友年龄比原来的一些朋友，似乎稍微小一点，相差并不大，然而生成的一张孩子脸，直率活泼，富于同情心，和大家相处的很好。进团以后，他把原来“返我”这名字，改做为“忘我”。这一位从“返我”改做为“忘我”的新朋友，就是后来的鲁彦。[①]

从傅彬然的叙述中可以看出，王鲁彦之所以要求加入工读互助团，有三个原因，一是觉得在上海的学徒生活没有多少意思，二是为了摆脱家里给他安排的包办婚姻。三是渴望过理想、快乐的生活。

关于王鲁彦的想逃避家里的包办婚姻这件事除了上面傅彬然说过以

① 傅彬然：《忆鲁彦》，收入曾华鹏，蒋明玳编《王鲁彦研究资料》，江西人民出版社1984年版，第73页。

外，其他学者也说过："王鲁彦为逃避婚事，从上海跑到'五四'运动的策源地北京。"[1] 而王鲁彦自己在《弱者中弱者的一封信》中更是作了详细的叙述：

> ……唉！S. M，我的那个对方，脚是尖尖的牵牛花叶儿样的形状，脸儿是黄瘦得不堪！衣服是从来没有穿清楚。那眼睛有几分近视，当她看我的时候，却斜视着地面。这种神情，我很印在脑海里了，这是我初次和她的见面。我何尝厌弃她？她老不同我笑！我曾摩过她的手，曾摩过她的发，曾摩过她的眉毛，并且接过吻，但是她是被囚惯了的鸡雏。从没有见她向我表示，活泼的笑。她对于我，好像是旅客似的招待，我对于她，也不过一个客舍的女主似的和她周旋。这是我未来北京时的生活，我说出来，是多么的没趣呵！但我是弱者，她是木石，我在生命的基础上，是有无限的悲哀的；加上这一段坏的污垩，更是罪孽深重。
>
> ……S. M 你苦恼一场，收了五成的收获，我呢！想到那牵羊一般的送进新房的往事，是多么心伤呵！然而没有法，母亲父亲的命令，我无可奈何做了孝子了。人们做了孝子，是多么美满称心事，我却不然，只有呜咽！呵！无用！无用！弱者中之弱者！
>
> 我的弱者的生涯，要求有一个解除，但我有罗马教皇似的父亲，有伊丽莎白似的母亲。他和她对于我的事，不肯放松一步。我！我！我有什么计划去破坏呢？什么手段去建设呢？我在这生命的火花之中，要和家庭碰一个李陵碑，呜！呜！[2]

---

① 钱英才：《论浙东乡土作家的文化意识和特点》，《宁波大学学报》（人文科学版）1994 年第 1 期。

② 王鲁彦：《弱者中弱者的一封信》，《鲁彦散文集》，上海文艺出版社 1984 年版，第 18—20 页。

这封信写于1925年，从这封信的内容，可以看出，王鲁彦在去北京之前，是有过一段包办婚姻的，而且两个人是入过洞房的，按照乡间的习俗，进过洞房意味着正式举行了婚礼。但他与这个女子之间缺乏感情上、思想上的共鸣，最后导致作者远离这个女子。据赵景深讲这个女人叫罗女士："他的第一个妻子是谭昭，就是写小说的那位。谭昭以前还有一个爱人罗女士。"①

这篇散文的结尾：

> 呵！我为我的自由，我为我的人格，我对于一切反抗了！反抗人！反抗万物！反抗自然！我的生命之火焰，烧断了人心的隔膜。不平的血液，决断了脉床的堤防。我爱什么？我爱生命的邮船，在风雨飘零之中，得一个伴侣。我不怕冷嘲与热骂，我不管恶鬼的吼叫。我从此只有在人生的途中，跳舞一会！赛跑一会！赛跑！跳舞！跑向死的门边去瞻候。②

从结尾的这段话中，可以看出王鲁彦要摆脱旧式的包办婚姻、奔向北京、投奔工读互助团，开始新生活的决心。所以，当他接到互助团的回信之后，不跟家里人打招呼，就毅然北上，开始了自己更为广阔的人生道路，彻底摆脱了父辈们靠经商谋生的老路，也摆脱了自己不喜欢的婚姻。

关于王鲁彦是如何去北京的，去了之后住在哪里？傅彬然是这样说的："信写出不久，就接到他的第二次来信，说定于某一天趁某一班火车动身，什么时间可以到北京。到了那一天，团里派了两三个同志到火车站去接，临时做了张写着团名的旗帜。"③ 他的表妹也有一段详尽的记述：

---

① 赵景深：《记鲁彦》（节选），收入曾华鹏，蒋明玳编《王鲁彦研究资料》，江西人民出版社1984年版，第80页。

② 王鲁彦：《弱者中弱者的一封信》，《鲁彦散文集》，上海文艺出版社1984年版，第20页。

③ 傅彬然：《忆鲁彦》，收入曾华鹏，蒋明玳编《王鲁彦研究资料》，江西人民出版社1984年版，第74页。

“鲁彦到上海学徒的次年（约是1920年），我父亲去北京行医，带我同行。家父是较有名气的中医，我们从家乡坐船到了上海。表哥跟我们一起从上海坐火车到北京，一起住在‘宁波同乡会’（因为故乡镇海县属宁波）。我上了北京孔德学校小学部。”①

三　如愿加入工读互助团

王鲁彦“怀着一颗追求真理的赤子之心，瞒着家人跑到北京，加入了工读互助团。”② 起初，他们主要是洗衣服、做信纸信封、做排字工人等。还开了一家“勤俭食堂”，在食堂墙壁上贴着一副对联：“宁流额上汗，毋染手中血。”这是对当时军阀为各自利益互相残杀而不顾老百姓死活的行为的抗议。鲁彦在这里做的是端菜的服务生。③ 但这些工作都不是很成功，后来他们又办英算补习班和做家庭教师。因为这些人都很年轻，所以他们很少忧愁，尽管收入微薄，但愉快地劳动，并高高兴兴地去北大旁听和学习世界语。鲁彦从中也得到了心理和精神的很大满足，而且工读互助团提出的“无政府、无强权、无法律、无宗教、无家庭、无婚姻”等口号，给年轻的鲁彦产生了一定的影响，但是王鲁彦入团的时候，这个团其实已经过了它的全盛期。不久（1922年上半年）该团因为三个原因解散了，首先，主要负责人的观点有分歧：“譬如像实验主义者的胡适之先生，就把它看得极其简单，他只认为这是为穷苦学生解决经济困难的一种手段，如美国一般大学里工读生的情形没有什么两样。而别的先生们却把它看作为社会改造运动的一种，解决穷苦学生经济困难的意味并不重。团里的青年

① 顾芝英：《忆鲁彦和爱罗先珂》，《鲁迅研究月刊》1986年第9期（顾芝英这段话里有一个地方有问题，即王鲁彦去上海的时间，她说是1919年，这是不对的。王鲁彦去上海是1918年春天，这是大家公认的）。

② 刘增人、陈子善：《鲁彦夫人覃英同志访问记》，收入曾华鹏，蒋明玳编《王鲁彦研究资料》，江西人民出版社1984年版，第129页。

③ 笔者曾于2010年4月18日专门去拜访了住在北京顺义的王鲁彦与谭昭的小女儿谭宁佑，她说，据她妈妈说，鲁彦这个时候在饭店里干的工作是跑堂。

朋友的想法，多属后者。不过大家的心里，也只是个模糊的意念，明确具体的理想都谈不上。”① 其次，经费没有着落，劳动所得极其菲薄，无法维持生活。第三，团里成员的个人主义、自由主义与集团生活产生了矛盾，于是这个工读互助团就解散了。“在工业不发达的社会里，分工不细密，工资低，半工半读，本来就不大可能，再加上青年知识分子，身无一技之长，安那芝主义色彩很浓，一味爱好自由而没有健全良好的组织，结果也就可想而知。”②

第三节　初遇鲁迅和爱罗先珂

一　在北大旁听鲁迅讲课

1921年，在工读互助团期间，王鲁彦一方面参加各种劳动，一方面去北大文学系旁听新文学的旗手鲁迅先生所讲的“中国小说史”和“文学评论”等课程。鲁迅是1920年2月开始到北大讲授“中国小说史”的（不出一月，他又同时受聘到北京高等师范学校讲授小说史）。每星期讲授一堂，每堂为两小时，一年讲完。鲁迅的专著《中国小说史略》，在中国文学文体史写作上是一个开创性的典范，是鲁迅花了近20年的艰辛劳动才逐步完成的划时代的不朽名著，打破了“中国之小说，自来无史”的格局。这部专著创造性地构建了中国古代小说各种类型演进历史的科学的基本框架和体系，提出了一些科学的概念，如魏晋“志怪”、“志人”小说，“唐传

① 傅彬然：《忆鲁彦》，收入曾华鹏，蒋明玳编《王鲁彦研究资料》，江西人民出版社1984年版，第74页。

② 同上。

奇”，近代“谴责小说”等，加上丰富的史料、精详的考校，为后世研究提供了很好的依据。王鲁彦听了鲁迅的课以后，无疑是接受一场新文学运动领袖的思想启蒙，其受到的触动和影响之大，无法用文字形容。后来他在一篇悼念鲁迅逝世的文章中曾生动回忆：“他叙述着极平常的中国小说的史实，用着极平常的语句，既不赞誉，也不贬毁。”“大家在听他的《中国小说史》的讲述，却仿佛听到了全人类的灵魂的历史，每一件事态甚至是人心的重重叠叠的外套都给他连根撕掉了。于是教室里的人全笑了起来，笑声里混杂着欢乐与悲哀，爱恋与憎恨，羞惭与愤怒……于是大家的眼睛浮露出来了一盏光耀的明灯，灯光下映出了一条宽阔无边的大道……大家抬起头来，见到了鲁迅先生的苍白冷静的面孔上浮动着慈祥亲切的光辉，像是严冬的太阳。”① 可以说，鲁彦之所以会在1923年开始走上文学创作的道路，关注普通老百姓的生活和家乡贫苦农民的生活，与鲁迅在课堂上引导鲁彦体味文学的深层内蕴，了解文学对社会、对人生的作用是有很大关系的。此后王鲁彦对文学产生了浓厚的兴趣，课后，王鲁彦反复研读鲁迅的小说，学习鲁迅小说创作的手法。

二　参加世界语学习

王鲁彦加入北京大学世界语学习班也是在1921年。

世界语是波兰籍眼科医生柴门霍夫博士（1859—1917年）于1887年创立的，他希望人类借助这种语言，达到民族间相互了解，消除仇恨和战争，实现平等、博爱的人类大家庭，为此他创造了这种中立的国际辅助语。

据1931年出版的《广州世界语月刊》（*Kantona - esperanto*）记载，世界语最早传入中国是在1905年，刘师培在上海设立世界语传习所，由于

① 王鲁彦：《活在人类心里》，《王鲁彦文集》（叁）（散文），人民文学出版社2009年版，第219页，原载《中流》，1936. 1（5）。

当时学者甚少而停办。1908 年，“中国世界语会”在上海成立，并出版了一期世界语报。

1911 年，世界语运动在中国开始活跃起来，当时的全国教育总长蔡元培通令全国师范学校开设世界语课程。这一年 5 月“中国世界语会”改组为“中华民国世界语会”，在上海设中央事务所，在常熟等城市设立了分事务所。在此期间还出版了《世界语进楷》、《世界语小字典》等多种世界语刊物。

1913 年 2 月，“中华民国世界语会”在上海开设世界语专门学校，有 20 人参加学习。全国十多个大小城市建立了世界语的专门组织。1916 年 8 月，设立了“北京世界语学会”、北京大学世界语班。1919 年，“上海世界语学会”成立，开班教授世界语，我国的世界语运动自始复兴。1923 年，蔡元培等人倡导创办了北京世界语专门学校。

鲁迅 1908 年就在日本学习了世界语，此后对世界语在中国的推广十分支持。世界语的诞生，使全世界打破了民族隔阂，消除了民族歧视，增进了民族间的相互了解与友谊。①

据周贻白说：王鲁彦到北京之后，“因考北大不成，便转入一所机关里去当书记。那时候，北京正在开办一个世界语学校，揭出了‘世界大同’的旗帜。于是，他便以当书记的戋戋收入，攻起世界语来。”② 在学习世界语的班里，王鲁彦埋头苦学，仅两个月，这位缺乏起码外语知识的青年就初步掌握了这种语言，成为班里的佼佼者。这一点王鲁彦的表妹也证实：他“在北京大学（在东城沙滩）旁听。……在北京生活非常艰苦，全靠自己劳动，经济上没有人支持他……可是不到半年他竟学会了世界语。”③

同一年，他还参加了胡愈之等创办的世界语学会，从此投身于世界语

① 以上材料参看《关于国内最早期世界语运动之概况》，摘自《世界语周刊》第 95 期，1933 年。

② 周贻白：《悼鲁彦》，收入曾华鹏，蒋明玳编《王鲁彦研究资料》，江西人民出版社 1984 年版，第 83 页。

③ 顾芝英：《忆鲁彦和爱罗先珂》，《鲁迅研究月刊》1986 年第 9 期。

事业，开展世界语运动。此时的王鲁彦年仅21虚岁，他的文化水平只有高小肄业。后来他翻译的作品都来自于世界语原著，他的翻译生涯是从世界语翻译到汉语开始的。

三　当爱罗先珂的世界语助教

3月份，又回到北京，经蔡元培、鲁迅的介绍，认识了俄国盲诗人爱罗先珂并担任他的世界语助教和翻译。

爱罗先珂（1889—1952），俄国诗人和童话作家。四岁时因病而盲，稍长后担任乐团的演奏家，在英国学会了世界语。他从1914年起离开俄国，长期在各国漂泊。他到日本时起初以教授世界语维持生活，结识许多左翼人士，包括著名的剧作家秋田雨雀和江口涣。后来他想到中南半岛扶植设立盲童学校，于是辗转于泰国、缅甸和印度之间，在印度，以带有无政府主义倾向的理由，被英国官方驱逐。1921年在日本因参加游行示威又被日本当局驱逐，理由是有“宣传危险思想的嫌疑”。他于是想返回久别的祖国——即鲁迅在小说《鸭的喜剧》里所说的“渴念着他的‘俄罗斯母亲’”，历尽艰辛地走到赤塔，却没有得到入境的批准，于是辗转来到中国。爱罗先珂于1921年10月应上海世界语学会负责人胡愈之的邀请来到上海，在上海的世界语学校里担任讲师。

1922年2月底受蔡元培先生的邀请，来到北京大学担任世界语课的讲师。蔡元培委托鲁迅和周作人兄弟照顾，爱罗先珂此后便长期寄寓在八道湾周家，鲁迅全家对这位远道而来的盲诗人给予了无微不至的关怀，爱罗先珂与周氏兄弟结下了深厚的友谊。爱罗先珂在北京期间，以俄国盲诗人、世界语者（Esperantisto）、无政府主义者的形象出现在中国知识分子眼前。除了在北大教授世界语之外，还经常在一些高等学校发表演说，他的许多演说都是用世界语进行的，常常由鲁迅和周作人当翻译。爱罗先珂曾被选为北京世界语学会的书记，并兼任世界语讲习班的教师。1922年7

月，他代表北京世界语学会出席了在芬兰举行的第 14 届国际世界语大会。在他离开北京期间，鲁迅写了一篇脍炙人口的短篇小说《鸭的喜剧》，表示了对爱罗先珂的真挚怀念。

11 月 4 日爱罗先珂从芬兰返回北京，仍然住在鲁迅家里，一直到 1923 年 4 月 16 日离开北京返回俄国。他前后在北京停留约一年的时间，与周家一家老小相处融洽。在 1922 年 2 月 24 日周作人的日记里，有如下记录："郑、耿二君引爱罗先珂君来暂住东屋。"[①] 郑即郑振铎，耿即耿济之。"暂住东屋"者，与周氏兄弟"同居"之谓也，应当时担任北京大学校长的蔡元培先生的邀请到京执教。周作人把爱罗先珂当作亲兄弟一样看待。鲁迅对爱罗先珂颇有好感，认为爱罗先珂"他于政治经济是没有兴趣的，也并不藏着什么危险思想的气味，他只有一个幼稚的，然而优美的纯洁的心，人间的疆界也不能限制他的梦幻"，表现了"非常平和而且宽大，近于调和的思想"[②]。"1922 年 3 月 26 日，鲁迅先生陪同爱罗先珂往俄文法政专门学校演讲《现代问题》。会前，警方就以爱罗先珂先生有'危险言论'为由进行干涉，后'经该校外国教员调停，学生多方辩诘，始得勉强开会'。爱罗先珂在演讲中谴责'无理、无耻、无谓'的第一次世界大战和帝国主义分赃的巴黎和会、华盛顿会议，指出：'现代问题是把从无理性里面的人们领到清洁里去，所有的枪炮，不是拿来打人们，是为人们谋幸福。'爱罗先珂在文学史上地位颇一般，诗歌与童话均影响不大，但他那童心浸泡的言行与他的不平凡的经历让周家弟兄另眼相看。鲁迅曾写信给周作人：'大打特打之盲诗人之著作已到，今呈阅。虽略露骨，但似尚佳。我尚未及细看也。如此著作，我亦不觉其危险之至，何至于兴师动众而驱逐之乎。我或将来译之，亦未可定。'"[③] 鲁迅还译过他的作品《桃色的云》、

① 鲁迅：《〈狭的笼〉译者附记》，《鲁迅全集·译文序跋集》第 10 卷，人民文学出版社 1981 年版，第 199 页。

② 鲁迅：《〈春夜的梦〉译者附记》，《鲁迅全集·译文序跋集》第 10 卷，人民文学出版社 1981 年版，第 203 页。

③ 鲁迅：《鲁迅全集·书信集》第 11 卷，人民文学出版社 1981 年版，第 396 页。

《爱罗先珂童话集》。

王鲁彦是1923年3月（具体哪一天无从查考）担任爱罗先珂的翻译兼助教，4月17日爱罗先珂就返回俄国了。尽管相处时间较短，两人的关系却十分和谐。他们两个人都喜欢音乐，王鲁彦随身带着一只琵琶，爱罗先珂随身带着一只六弦琴，而且两个人弹奏的都是哀怨凄凉的曲调，他们经常一起去参加一些文艺活动。有一次北京大学第三平民夜校举办游艺晚会，刚到世界语学校任教不久的爱罗先珂受到邀请，他和王鲁彦一起去参加这个活动。“他（爱罗先珂）来到世界语学校不久的一个傍晚，带着他的琴与我们一起去北京大学第三平民夜校参加游艺晚会……晚会开始后，他凝神倾听着，睁大着眼珠子，眼睛转得更快了，他听得十分激动，也上台用他的六弦琴弹唱，歌声特别响亮动人。不久，约一个月之后，他又到我们孔德学校的晚会上唱了歌。他双目失明，却喜欢游公园。星期天，他和表哥带我去游过北京的一些公园，还到过北京著名的风景区西山。”[①] 这是王鲁彦的表妹顾芝英的一段回忆。

王鲁彦在《狗》中详细记述了他与爱罗先珂一起游西山的情况。作者在北京待了四五年，吃饱了灰尘，厌倦了城内的景色，想要去西山玩，又囊中羞涩。这一次爱罗先珂邀他一起同游西山自然是高兴万分。第二天一早王鲁彦就到爱罗先珂的住处，爱罗先珂听到“我”到了之后，“他微微一笑，将‘我’的手紧紧的捏了一捏”，以表达他对朋友到来的欢迎。在路上，“我”和爱罗先珂都骑毛驴，一路上“我”非常喜悦，爱罗先珂也眉飞色舞，他似乎比“我”还开心，两人心情相似，志趣相投。可是接下来的事情就出现分歧了，“我”看到有一个衣衫褴褛的女乞丐在路旁低低地哭泣，不予理睬，顾自前行，爱罗先珂在后面听到声响之后进行询问，当他搞清事情的原委之后，对“我”的行为十分不满，反复追问：“王先生，你为什么不下去问问她呀?”“你为什么不给她一点钱呢?”“我”想给

① 顾芝英：《忆王鲁彦与爱罗先珂》，《鲁迅研究月刊》1986年第9期。

这个妇女一点钱，但已经离得很远了，“我”没有去。爱罗先珂知道“我”最终没有把钱给那个妇女，就很愤怒地与一个朝鲜人说着。到了山脚下，他依然愤怒地说：“在我们那里，谁一见这种不幸的人时，谁就将她扶了回去。在这里，你却经过她面前时，如对待一只狗似的走了过去！……”爱罗先珂这种同情弱者的强烈的人道主义思想在王鲁彦的内心引起不安，他开始自责，浑身不安，脸上像火一般的发烧，恨不得立刻钻入地下，恨不得立刻死了……并自贬是一只狗。在山间，他们曾经喝过溪水，在水中，作者照见了自己是一只“狗”，对贫苦百姓缺乏应有的同情心。王鲁彦的这篇小说《狗》可以说是一篇记述爱罗先珂如何用自己的人道主义思想去影响他的典范。整篇小说字里行间充满着人道主义色彩，感情真挚动人。这篇小说后来影响了另一个文学大家巴金，他曾在《写给彦兄》中有生动记述。“在中学读书的时候，你的《灯》，你的《狗》感动过我，那种热烈的人道主义的气息，那种对社会不义的控诉，震撼了我的年轻的心。我无法否认我当时受到的激励。自然我不能说你给我指引过道路，不过我若说在那路上你曾经扶过我一把，那倒不是夸张的话。我们十三年的友情就建立在这一点上面。”[①] 巴金与王鲁彦建立友谊的思想基础，是共同信仰人道主义，以及人道主义思想中蕴含的无政府主义。

鲁迅在 30 年代编选《中国新文学大系·小说二集》时，曾在序言中将王鲁彦与爱罗先珂简要地做过比较，认为他们作品表现出的悲哀外表相似，然而实质上并不同，爱罗先珂“是地下的土拨鼠，欲爱人类而不得”；王鲁彦“是太空的秋雨，要逃避人间而不能”[②]。

爱罗先珂于 1923 年 4 月 16 日离开北京，王鲁彦于 1923 年夏末秋初离开北京，结束了其世界语助教职务。

---

① 巴金：《写给彦兄》，收入覃英编《中国现代作家选集——鲁彦》，人民文学出版社 1992 年版，第 1 页。

② 鲁迅：《〈中国新文学大系〉小说二集序》，《鲁迅全集·且介亭杂文二集》第 6 卷，人民文学出版社 1981 年版，第 248 页。

第四节　本时期的教学、婚姻与为人

一　教学

王鲁彦这一时期的教学活动，开始于1922年上半年。工读互助团解散以后，王鲁彦与几个好朋友一起到苏北赣榆县的一个小镇办小学，但几个月之后即被当地乡绅当作“过激派”而驱逐出境，不久，王鲁彦又回到北京。第一次出师未捷。

1923年初，王鲁彦到长沙，任平民大学国文教员。对于这一段生活赵景深有翔实的记载：“在长沙有一所平民大学，这大学设在浏阳门正街，就在莫泊桑小说集的译者李青崖寓所的隔壁，校长是罗敦伟，与易家钺以合编《新妇女》刊物在泰东图书馆出版著名。鲁彦和章铁民都在这个学校里教书。鲁彦住在宿舍的楼上，铁民则住在楼下。敦伟拉我去教文学概论。《近代文学丛谈》（新文化书社版）上面的文学概论就是我当时的讲义。我去上课时，课前后就顺便到他们的房间里去坐，天南地北的乱谈。鲁彦、铁民也经常到我那里去。那时，我住在岳云中学，他们来了，我便陪他们一同到附近的协操草坪上去玩，铁民酒喝醉了便载歌载舞起来，鲁彦就吹着口琴和他的拍子。有时我们在一个小酒楼上纵谈古今，我不会喝酒，他们俩却喝得很起劲。”[①]

但这次教了一个多月之后就回北京去担任爱罗先珂的助教了。

1923年8月，王鲁彦第二次到湖南长沙，在平民大学和第一师范等校

① 赵景深：《忆鲁彦》（节选），收入曾华鹏，蒋明玳编《王鲁彦研究资料》，江西人民出版社1984年版，第78页。

教授语文和音乐，继续与汪静之、赵景深共事。王鲁彦还先后在协均中学、平民大学、湖南第一师范等开办过世界语班，在船山学社也开过世界语讲习班。

不过，据章洪熙（后改名为章依萍）的叙述，鲁彦这次到湖南长沙去，主要原因是为了逃避一场失恋。章洪熙的《鲁彦走了》这篇文章写于1923年8月6日，发表于8月10日。据他文章中说，在这之前的一年里，他几乎每个星期都要到王鲁彦住的东高房去一次。因为鲁彦性格活泼，“脸上永远是含笑的面庞，手里弹着琵琶”，看到章洪熙就跟他开玩笑：“——喂，又来了。为什么发呆！哈！又想女孩子了！——不要想，让我弹一曲好听的曲子给你听。”但是，这一次去，公寓的伙计告诉他王鲁彦出去了，几天之后收到了王鲁彦从天津寄来的一封信：信中告诉他，他决计离开北京，因为他失恋了：“洪熙，我爱上——是大家知道的。我向来不将心中的事瞒人，在去年我就告诉许多朋友了，就是她的哥也知道。我明知道是梦，但我总是离不开梦。我明知道她年龄小，她的脾气不好，她的说话太虚伪，我明知道我不能和她恋爱，明知道不该和她恋爱，明知道不值和她恋爱，然而不知为什么，我总是忘不了她！我现在感觉万分痛苦……总之世界上的人是不能相爱的……”因为章依萍没有说明这位女子是谁，我们也不敢妄加猜测。至于王鲁彦是怎么从天津到达长沙的没有任何史料记载。

关于王鲁彦在第一师范学校教书的事，还可以看另外一个佐证材料：

“到了民国十二年，易女士的病势愈来愈重，田汉不得已，只好送她到湖南长沙原籍去养病，谁知回到湖南不满三月，易女士就玉殒香销。田汉骤失爱妻，奉倩神伤，心里悲哀到了极点，便终日借酒浇愁，沉湎在悲痛中间。后来接受了故乡一部分朋友的劝解，才到长沙第一师范学校去教国文，藉资排遣。当时和他在一起同事的教员有赵景深、汪馥泉、王鲁彦、叶鼎洛等。”① 这段文字从侧面证明了王鲁彦在长沙的教学生活。

① 周楞伽：《记田汉》，《伤逝与谈往》，黑龙江人民出版社1998年版，原载1942年11月10日《杂志》第10卷第2期。

"一九二四年初鲁彦到长沙，再到协均中学任教，同事中有赵景深、汪馥泉（即汪静之）等人。当时协均中学实行男女同校，很为封建卫道者所不容，学生收不满，经费又缺少，很快就办不下去了。鲁彦只教了一学期书，就和与他自由恋爱而结合了的协均中学学生谭昭一起离开长沙，经上海、杭州回到北京。"①

这次教学，王鲁彦在长沙待的时间最长，前后达一年，1924 年夏天带着谭昭回镇海结婚之后，就暂时结束了。

1925 年 6 月，去北京世界语学校担任教员，但很快就离开了。到 1926 年初夏，王鲁彦第三次到湖南长沙，任湖南省立第一女子师范学校国文教员。与他同事的有周世钊先生和陈子展等人，不过这次在长沙鲁彦只待了一个学期又返回北京了。周贻白就是在这个时候认识鲁彦的："我与他认识，还是在国民革命军北伐之前，那时他在湖南长沙教书，同住在长沙东城柑子园黄华瘦的屋子里。黄华瘦是江西人，亦谙习世界语。同时，长沙也有一所世界语学校，即由黄所创办。鲁彦之与黄同宅，便是因为大家都属于世界语的同志。我为于黄华瘦为旧交，所以常到那屋子里去，因而认识鲁彦。不过，这时候我和鲁彦，只是泛泛之交，彼此都没有什么深切的认识，但记得他在那里住了好几年。"②

7 月，北伐战争爆发，曾计划南下投身革命，没有成功。

二　第二次婚姻

谭昭与王鲁彦相识在 1923 年。因为是王鲁彦在长沙协均学校教书的时候认识的，所以把这件事与教学一节放在一起。

---

① 刘增人，陈子善：《王鲁彦四十年祭——鲁彦夫人覃英访问记》，收入曾华鹏，蒋明玳编《王鲁彦研究资料》，江西人民出版社 1984 年版，第 130 页。

② 周贻白：《悼鲁彦》，收入曾华鹏，蒋明玳编《王鲁彦研究资料》，江西人民出版社 1984 年版，第 83 页。（周贻白说鲁彦在长沙住了好几年，似乎与事实不符，鲁彦在那里前后确实有几年，但不是一直住着的，而是来来去去的）。

谭昭，字得先，1903年10月出生于一个书香世家，其父亲曾在贵州做过县官，还参加过早期的辛亥革命活动。谭昭五岁半随母亲就读于贵阳私立光懿女子二等学堂，1913年随祖母回湘乡，1915年毕业于湘乡县立女子学校补习班，1917年因父亲任职湖南《民国日报》，来到长沙，考入稻田女师预科，仅读了预科一学期，因交不起学费和军阀混战于1918年退学，又回湘乡，其间纺纱织麻。1920年秋天又考入长沙私立周南女中，在周南女中经常当学生代表，到学生联合会开会，和易礼容、罗君强等长沙的湘乡人，组织教育促进会，召开湘乡教育会议等。因两次闹学潮，反对校长思想反动，于1921年暑假被开除，从而进入省立第一师范。这个学校非常先进，实行道尔顿制度，主张学生以研究性学习为主，学生组织了好多学习研究会。谭昭参加了文学史地研究会，后来因为赵恒惕要撤换民主校长易培基，谭昭与其他同学一起组织拥旧拒新运动，曾与同宿舍的人深夜秘密印传单，因而被迫离校，又回湘乡。回去以后湘乡女职聘请她做教员，此时她父亲去广州参加北伐军。谭昭已经接受了聘书，但她到长沙搬行李的时候，谭昭的姐姐反对她回湘乡教书，1923年又到协均中学补习英文数学准备考大学，在这里结识了汪馥泉、赵景深、张铁民、王鲁彦等《野火》杂志的进步青年，与王鲁彦恋爱，并于1924年夏天跟王鲁彦结婚。①

关于王鲁彦与谭昭的恋爱经过，赵景深谈得比较详细："记得王鲁彦的第一篇小说《秋夜》是在长沙教书的时候写的，他曾把小说的开头一段朗诵给我听，很是得意，大约颇受了爱罗先珂的影响。他又热烈地赞颂显克微支。仿佛显克微支的《二草原》也是他所喜欢的；因此他有时也写寓言体的小说或神话。""有一个女生（周南女生姓谭的）学着写了一篇，大约是写一个梦境，在周南校刊发表，他也备极推许。"② 谭昭是王鲁彦的学

① 这一段话是笔者于2010年4月18日去北京顺义采访王鲁彦与谭昭的小女儿谭宁佑时，从她那里得到一份谭昭自己写的自传中摘录的。

② 谭昭到底是协均中学的，还是周南女校的，覃英和赵景深的说法不一，因为覃英跟谭昭曾经是朋友，又是情敌，笔者认为覃英是不会搞错的。现在笔者又从谭宁佑那里看到的谭昭自己写的传记里也说明她是在协均中学时认识王鲁彦并恋爱的。

生，也是世界语的爱好者，对文学和世界语共同的兴趣使他们走到了一起。作者在《他们恋爱了》中有含混的叙写，苏先生与康女士身上有作者与谭昭的影子，他们的恋爱经历，在当时学校和师生中引起的反响应该也是真实的。“在长沙的时候，我喜欢听鲁彦谈他的恋爱经过，因为当时我还不曾结婚，像法国 Prevost 所写的《妇人书简》似的，对于此道简直莫名其妙。鲁彦详细地叙述怎样与他的爱人饮酒，怎样同睡，他的爱人在失去处女贞操之后又是怎样的痛哭，他又是怎样的安慰她，我都听得津津有味。”①

1924 年初夏，王鲁彦与谭昭一起离开长沙回镇海老家，正式举行婚礼，婚后王鲁彦就带着谭昭在杭州、宁波等地度蜜月，在镇海老家待了几个月。此后又北上经杭州、上海回北京，继续从事著译。

1925 年春节，王鲁彦与谭昭是在镇海过的，之后，两个人去了湖南湘乡谭昭的老家，后来又到北京。

因为，前面王鲁彦已经与一个叫罗女士的人有过一次入洞房的包办婚姻，这次与谭昭的婚姻应该算是第二次了。

5 月 14 日晚上，鲁彦偕同台静农一起去拜访鲁迅，从此王鲁彦与鲁迅先生开始了正式的交往。以后，他们过从颇多，据《鲁迅日记》载，从 1925 年 5 月 14 日起到 1926 年 3 月 23 日止，在不到一年时间里，他们曾碰面 18 次，其中 1925 年 7 月 21 日那次，鲁彦偕夫人一起去，鲁迅先生曾赠以《呐喊》一本。据相关资料记载鲁迅还送过一本《苦闷的象征》。② 鲁迅 1925 年 7 月 21 日的日记记载：“下午鲁彦及夫人、孩子来。”彼此书信往来时间则更长些，一直到 1928 年底，其中鲁彦给鲁迅 12 封，鲁迅回复鲁彦 3 封，可惜一封也未存。鲁彦在北大旁听鲁迅先生课的时候，与鲁迅

① 赵景深：《忆鲁彦》（节选），收入曾华鹏，蒋明玳编《鲁彦研究资料》，江西人民出版社 1984 年版，第 81 页。

② 陈子善，刘增人：《鲁彦年表》（一九二五年，二十三岁条），收入覃英编《中国现代作家选集——鲁彦》，人民文学出版社 1992 年版，第 281 页。

并没有个人的交往。与台静农一起去过之后，王鲁彦就一个人去，后来又带着妻子儿子去。到了鲁迅家里，王鲁彦就像到了自己家里一样，毫不拘束，常常与鲁迅就作品的发表、出版，以及一些生活小事进行交流，其间的气氛很好。

这年的 6 月 12 日，王鲁彦的译文《敏捷的译者》在《莽原》第 8 期发表。鲁迅为这篇译文写了《附记》，在《附记》中戏称鲁彦为《吾家彦弟》，可见两人之间关系之密切。

这一点学术界人士也早就发现，研究者一致公认，王鲁彦、许钦文的小说受鲁迅的影响最深，无论是选材、创作思想、手法、人物塑造方面都可以找出很多影响的痕迹。茅盾在 1928 年发表的《王鲁彦论》中认为鲁迅、鲁彦有着某种联系，同时指出鲁彦小说里最可爱的人物是一些乡村的小资产阶级，不过多少已经感受着外来工业文明的波动。但这些人物形象与鲁迅小说里的农民形象有区别。学者苏雪林称鲁彦为“鲁迅高足”。鲁彦的夫人覃英透露：鲁彦“不止一次地说过鲁迅是他的导师。”赵景深认为鲁彦属“鲁迅一派”。把鲁迅与王鲁彦的一些作品对照来看，确实可以发现一些端倪：如《童年的悲哀》与《狂人日记》、《药》；《黄金》与《白光》、《端午节》；《李妈》与《祝福》；《屋顶下》与《离婚》之间，在取材和风格上都有某些相似之处。

三　青年王鲁彦的个性与为人

少年时候王鲁彦的个性与为人，我在第一章已经详细概括过，那是一个活泼开朗、爱好众多又非常勇敢的人。那么青年时候的王鲁彦又是怎样的呢？这里我引用三段文字，有的是后几年的，为了说明问题，放在一起。

章洪熙在《鲁彦走了》这篇文章中是这样叙写的：

鲁彦的影子仿佛在我的面前，他永远是含笑的面庞，手里弹着琵琶。——“喂，又来了。为什么又发呆？哈！又想女孩子了！——不要想，让我弹一个好听的曲子给你听。”鲁彦是一个赤心的大孩子，他闷的时节，不是弹琵琶，就是睡觉。半年以来，他替爱罗先珂君做书记，受了爱罗君不少的影响，他的性格有些和爱罗先珂君相象。他们都是耐不住寂寞的人，他们最爱热烘烘的，他们永远像小孩一般的心情。[①]

傅彬然在《忆鲁彦》中写道：“这位新朋友，就在那一天准时到来了，然而生成的一张孩子脸，真率活泼，富于同情心，和大家相处得很好。”[②]

赵景深也谈到王鲁彦的为人以及爱好：

鲁彦是个孩子气很重的人，很容易亲近，他不知道虚伪的客套。他不但会写小说，还弹得一手好琵琶，笙箫管笛之类，似乎也会吹的。我对于音乐是外行，可是，我就是喜欢听他的音乐。

鲁彦的头很大，面色苍白，显得很胖，大约苍白就是肺病的征兆了。他不大与人家说笑，连说话也是严肃的；不过脾气不好，与我虽不曾冲突过，与学校办事人却常发生争吵。

令赵景深印象最深的是一个中秋之夜，赵景深与王鲁彦等几个朋友一起雇了一只小船，在湘江的橘子渡口等月亮，可月亮总也不出来，四围弥漫了一片黑。……时常有划子经过，划子上坐满了学生，一队队的唱着歌曲过去。

---

① 章洪熙：《鲁彦走了》，收入曾华鹏，蒋明玳编《王鲁彦研究资料》，江西人民出版社 1984 年版，第 61—62 页。

② 傅彬然：《忆鲁彦》，收入曾华鹏，蒋明玳编《王鲁彦研究资料》，江西人民出版社 1984 年版，第 74 页。

王鲁彦似乎听得学生们的歌声，也有些技痒，他弹奏起琵琶来，一面弹奏，一面歌唱着王维的《阳关三叠》。一会儿唱着“无故人，无故人”一会儿唱着“你辛苦，你辛苦!”这静夜里凄凉哀怨的琵琶声，至今还仿佛萦绕在我的耳际。[①]

从章洪熙和赵景深的叙述中，可以看出，20刚出头的王鲁彦性格活泼开朗，喜欢音乐，尤其是琵琶；对人坦诚，不虚伪，但对于官方机构一些看不惯的事情还是要据理力争，眼里容不得一粒沙子。

这种性格即使在王鲁彦年纪稍大一点儿的时候，也没有多少改变，张天翼的姐姐穆素曾对此有一段生动的回忆：

民国十七年春天（1928年），我把全家从上海搬到南京，住在圣公会的一幢洋楼里……几天之后，篷子跟我商量，介绍一个朋友来借住我们的空房子。……那搬来的就是鲁彦跟他的原配夫人谭昭。

那时的鲁彦虽已经是两个孩子的爸爸，年龄比弟弟跟篷子也大一点，可是他的孩子气最足，很快就跟我的孩子们打得火热了。他们一起吹笛子、唱歌（鲁彦教他们当时最时髦流行的《妹妹我爱你》、《毛毛雨》等歌），下象棋，玩扑克，往往要闹到夜深被多少次的催逼才肯去睡。星期天他们打网球，逛公园，骑脚踏车、游水。转眼到了暑假，草地上，球场上更是不断的看得见他们打成一堆。喊叫笑骂的声音时常夹在唱歌声里闹成一片。

我的孩子们普遍都有些音乐的爱好，鲁彦是除了笑闹而外不停地唱歌或是吹笛子的，这也许是他们特别喜欢围着他的原因，还有就是他完全保存着一个孩子的作风，一个不高兴当时就翻脸。他跟我那个十四岁的儿子一下子就相骂起来不算，直至对打，两个人都把脸涨得通红，咬牙瞪眼的乱撕扯。打完了彼此还恶狠狠地声明下次决不在一

① 赵景深：《记鲁彦》（节选），《王鲁彦研究资料》，曾华鹏，蒋明玳编，江西人民出版社1984年版，第80页。

起玩了，彼此跑开。可是一个的歌声在那边刚一发动，在这边的一个就忍不住又合唱起来，唱啊唱的又挤在一堆去了。……

他写文章的时候，会安静一下子。

……但在那时候要是孩子闹，他就火大得了不得。他会穿着汗衫短裤，曳着拖鞋，把门一冲开，声色俱厉的喊："安静点！小鬼！听见了没有?"不幸是他自己的孩子在闹的话，那不管孩子才多小，他的巴掌有多大，打起来不问轻重的。这使他太太流过多少痛惜的热泪……

照例这样搞一场风波之后，也许等他的文章写到告一段落的时候吧，他一定穿上长裤，衬衫，打上领结，穿着白皮鞋，戴上草帽，抱着儿子，牵着女儿，膀弯上吊着太太，笑嘻嘻的来邀我们一起去逛公园。虽然太太的眼睛还红着，小孩脸上的一条条指头的红杠子还肿着，他已经欢天喜地了……①

穆素在这篇文章里提到的时间，是 1928 年，王鲁彦已经 28 岁，是两个孩子的父亲，可他身上的孩子气还是那么重，这与他的性格比较活泼、喜欢音乐有一定的关系，同时也可以看出，王鲁彦是一个非常坦诚，没有太多城府的人，但有时容易冲动。

第五节　这一时期的翻译

王鲁彦这一时期的翻译作品较多，如果插到每一年的叙述中去，会变得零碎，所以，集中在一节分析。

① 穆素：《忆鲁彦》，收入曾华鹏，蒋明玳编《王鲁彦研究资料》，江西人民出版社 1984 年版，第 69—71 页。

一 中国翻译史简述

五四运动以前，中国历史上曾经出现过两次翻译高潮：一次是东汉至唐宋的佛经翻译，另一次是明末清初的科技翻译。而1840至1919年五四的西学翻译，则成为我国历史上的第三次翻译浪潮。这次翻译，无论在规模上、范围上，还是译作的质量上都超过了前两次翻译高潮。

这次高潮的出现，首先以俄国“十月革命”的胜利，给中国送来了马克思主义，进而产生新文学革命。

此次翻译文学史，从1919年到1951年，历时33个春秋，其间分为初期（1915—1930年）、中期（1930—1937年）、后期（1937—1951年）三个阶段。王鲁彦翻译的主要时间是在中国翻译史上的初中期。初期的翻译文学，是五四文化革命和第一次国内革命的历史产物。陈独秀等人，从《新青年》一创刊，便开始了对西方文学思潮和作家作品的翻译与介绍。五四运动之后，白话文取代了文言文，文学翻译也发生了很大的变化，在当时，几乎所有的新文学作家都致力于翻译文学，所有的进步刊物都登载翻译文学作品。文学研究会、创造社、未名社等既是新文学社团，又是翻译机构，特别是文学研究会和未名社，对于翻译介绍外国文学的贡献尤为突出。

二 文学研究会的翻译原则及特点

文学研究会1921年在北京成立，发起人有沈雁冰、郑振铎、叶绍钧、王统照等12人。后来成员发展到170名之多。该会成立后，改编和创办了《小说月报》、《文学旬刊》、《文学周报》等刊物，编印了《文学研究会丛书》(包括日本、印度、俄国、东欧、北欧等国家的文学译作和茅盾、冰心、王统照、庐隐等新文学作家的创作。

文学研究会成立时就把翻译外国文学作为宗旨写入章程，明确把“研究介绍世界文学，整理中国旧文学，创造新文学”作为主要任务。因为“整理旧文学的人也须用新的方法，研究新文学的更是要专靠外国的资料；但是一个人的见闻及经济实力总是有限的，而且此刻在中国要搜集外国的书籍，更不是容易的事”。[①] 既然整理旧文学与创作新文学都依赖于国外的新方法新思想，那么翻译介绍外国文学就是迫在眉睫的事情了。

文研会对翻译的要求：一是文学翻译要坚持现实主义方向，选择符合中国国情的具有启蒙意义的作品进行翻译。二是在翻译策略上坚持直译，要求译者秉着对读者认真负责的态度进行翻译。三是研究具体的翻译技巧。

在这些原则的指引下，文学研究会的翻译具有自己的特色。第一，文研会多翻译国外现实主义作品，重视文学作品的思想性。当艺术性与思想性发生冲突时，思想性放在首位。第二，文研会十分重视被压迫民族作品的译介。在翻译文学史上，鲁迅是译介被压迫民族文学的开拓者。文研会成立后，在鲁迅、茅盾的引导下，特别重视翻译和介绍被压迫民族文学。第三，文研会非常重视翻译人才的培养。文研会中翻译家与作家身份重合的现象非常突出。文研会成员大都是一边从事文学翻译，一边从事文学创作。使得翻译文学与小说创作相互促进和提高，共同创造了现代文学第一个十年里文坛的繁荣。

三　王鲁彦翻译情况介绍

1922 年王鲁彦初步掌握了世界语之后，就开始大量阅读世界语的原著，逐渐培养起对文学的兴趣，于是萌发了翻译文学作品的念头。他最早的两篇译作是通过世界语转译的俄罗斯民间故事《好与坏》、《投降者》，

① 《文学研究会章程》，《小说月报》12 卷 1 期。

发表在1922年8月9日的《晨报副镌》上，同月13日又在《民国日报》副刊《觉悟》上发表；译作《散文诗二首》在1922年12月11日的《晨报副镌》上发表。在这两篇译作上开始使用"鲁彦"这个笔名。虽然这些译作就体裁而言是民间故事和散文诗，内容相对来说简短一点。但在王鲁彦的人生历程上，却很有意义，它标志着王鲁彦在翻译方面开始显露出才能，他的翻译生涯就此开始。

1923年，王鲁彦在长沙与老世界语者刘寿祺、谭昭一起在长沙加入了文学研究会，会员号是122，他们共同研究文学，实质上也是一个俄罗斯文学研究会，对外仅为文学研究会。他们在湖南当地一些报刊上发表了不少有关的研究文章。

作为文学研究会成员之一，深受文学研究会翻译思想的影响，从这一年开始，他的翻译出现变化，一是翻译的作品增加了，二是涉及的国家增多了。三是文种更丰富了。有散文诗《海前》、《日落之后——给胡尔达·什妥南》；有剧本《第一步》；还有小说《海滨别墅》。这些译作分别在《文学旬刊》、《妇女杂志》和《东方杂志》上发表。《东方杂志》是由老世界语者胡愈之主编的，可见，王鲁彦一走上翻译的道路，就选择了正确的方向。在以后的翻译生涯中，王鲁彦形成了自己独特的翻译风格，翻译的作品数量之多和质量之高，在现代翻译史上也是数得上的。

1924年，王鲁彦翻译的作品更多，光短篇小说就有《墓地》、《腊伯赤克（希伯莱的讽喻）》、《灵魂——我的少年史》、《仅有的不如意》、《汉蒂额夷的天鹅》、《泉边》、《老人与酒翁的故事》七篇，两部民歌《爱多尼亚民歌二首》、《立陶宛民歌》，一部童话《给海兰的童话》，这些作品分别在《东方杂志》、《妇女杂志》、《小说月报》、《文学周刊》、《文学周报》上发表。

1925年，王鲁彦的翻译成就主要体现在小说上，共翻译《宙斯的裁判》、《巴尔扎克和缝衣匠》、《敏捷的译者》、《资本家的家属》、《姊妹》、

《绞首架》、《河夏懦腊婆的奇迹》小说七篇；译论文《希腊的朝山和奇迹地》一篇。这些作品分别在《小说月报》、《莽原》、《京报副刊》、《东方杂志》、《语丝》等杂志上发表。这些小说中《不幸》、《资本家的家属》、《姊妹》、《河夏懦腊婆的奇迹》译自犹太小说，后来被收入到犹太小说集中。

王鲁彦对犹太小说比较钟爱，1926 年 12 月，他又加译了《犹太小说两篇》，结集成《犹太小说集》，由上海开明书店出版，内收序和 14 篇小说：《腊伯赤克》、《中学校》、《河夏懦腊婆的奇迹》、《不幸》、《宝》、《创造女人的传说》、《灵魂》、《姊妹》、《七年好运》、《披藏谢标姆》、《又用绞首架了》、《和尔木斯和阿里曼》、《搬运夫》、《资本家的家属》。

王鲁彦在序中，详细阐述了犹太小说发展的源流及现状，介绍了犹太民族著名的作家，以及自己为什么翻译犹太小说的原因。王鲁彦最喜欢犹太人民作家肖洛姆·阿莱汉姆，对这个作家的创作思想和艺术手法进行专门介绍："他是近代犹太人作家中唯一的讽刺作家。他的作品几乎没有一处犹太人的家里不谈。他专门写希伯来人最可笑的事情，使人发笑，但这笑并非平常的笑，是含着眼泪的笑。他的作品的铭言是：'笑可以医病，医生劝人常笑'。……他什么都描写，什么也不避忌，在诙谐中藏着深刻的讽刺，使你感到沉痛，又使你禁不住含着泪大笑起来。他又是一个大诗人，又是戏曲家，近代犹太文学的根基到了他手里可以说已被他筑了起来，而且非常的坚固。"[①]

王鲁彦受肖洛姆·阿莱汉姆的影响很大，鲁彦的作品以描写农民的生活和乡村小有产者见长，对当时社会世态的炎凉、悲惨的现实的刻画也颇为深刻，而且往往以诙谐之笔出之。这同肖洛姆·阿莱汉姆的作品就颇有相似之处。

至于王鲁彦为什么喜欢翻译犹太文学的原因，是因为犹太文是德国、波兰、俄国境内所有犹太人公用的语言，因此犹太的文学可以说是民众的

---

① 王鲁彦：《〈犹太小说集〉序》，收入曾华鹏，蒋明玳编《王鲁彦研究资料》，江西人民出版社 1984 年版，第 24 页。

文学，真正犹太人的文学；其次，“近代犹太文学一个显著的特点就是人道主义。这大概是因为散处在各国的犹太人都受各国当局的严厉的压迫，生活十分艰苦，所以许多作家都呼号着，攻击着，要往人道主义的路上走。”[①]

此外，这一年还翻译小说《小鹿》、《丽西·爱尔彩·爱丽沙白》，散文诗《天鹅的歌》、《眼波》，论文《睡美人和神仙故事》，分别在《晨报副镌》、《小说月报》、《语丝》等刊物上发表。

四 王鲁彦翻译的特点

到此为止，王鲁彦第一阶段的翻译情况告一段落，综观他这一阶段的翻译，有几个特点：

首先，他翻译的作品主要是北欧或东北欧的一些国家的进步文学作品。这主要归因于他受鲁迅和爱罗先珂的影响。因为在鲁迅看来，介绍这些国家的文学，可以帮助中国人从这些国家人民的生存状况推演到对自己目前处于奴隶地位的认识，进而引起觉醒，最终产生摆脱奴役和压迫、争取自由和解放的强烈愿望。所以，鲁迅翻译重在思想启蒙，艺术上的交流和借鉴放在次要位置。王鲁彦对于鲁迅的这一价值取向十分认同，并贯彻到自己的翻译实践中。鲁迅对王鲁彦热心译介弱小民族文学，在翻译思想上与他保持同步十分高兴。鲁彦也十分尊重和仰慕鲁迅，早在1922年8月就为自己取笔名为“鲁彦”。所以，王鲁彦刚开始踏上译介域外文学的道路，就在启蒙意识和人道主义上与鲁迅产生共鸣。当然，在这里，鲁彦与鲁迅的接触只限于课堂上，尚未进一步深入。同时，“人道主义思想使王鲁彦对东北欧弱小民族和被压迫民族寄予深切的同情，因此，也就格外关注这些民族的文学。”[②]

① 王鲁彦：《〈犹太小说集〉·序》，收入曾华鹏，蒋明玳编《王鲁彦研究资料》，江西人民出版社1984年版，第23页。

② 袁荻涌：《王鲁彦与外国文学》，《贵州师范大学学报》（社会科学版）2003年第6期。

其次，选择有思想性的作品。这跟文学研究会的宗旨有关，文学研究会主张译介弱小民族和俄苏文学，同时以政治需求作为选取翻译对象的标准，即“外国文学作品的思想性是决定介绍与否的一个重要的条件”①。

文学研究会对新旧文学、翻译文学的宗旨对王鲁彦的翻译和创作产生了直接的影响。更加自觉地关注社会问题，探求人生的意义。如果说王鲁彦在翻译的初期在选择翻译的国家和作家时还有一定的被动性，那么，自1923年加入文学研究会之后，就由被动转为主动，由模糊转为清晰。

再次，他所翻译的作品都是从世界语文学原著中得来的。

最后，他翻译的作品以小说居多，还有少量的诗歌、童话、戏剧、散文和学术论文。

第六节　初期文学创作

一　概况综述

王鲁彦走上文学道路是从诗歌创作和翻译世界语作品开始的。

1922年6月19日，新文学社团“明天社”在《民国日报·觉悟》发表成立宣言，王鲁彦以“王忘我”之名列为发起人之一。宣言十分明确地提出：

> 我们固然希望黑幕派一类的烂污东西可以灭绝。我们也希望青年不要把旧式的诗和小说里的荒谬思想换汤不换药的放在他的作品上，

① 卞之林等：《十年来外国文学翻译和研究工作》，《文学评论》1959年第5期。

> 把文学当作发牢骚的一个工具，当作发泄色情狂、名利狂的一个工具。大家该努力的是求真能破除境遇不同的人们相互的‘盲目性’，真能了解‘人性之真实性’，建立一种真挚、博大，深刻的文学。[①]

这无疑是对广大文学青年的一种号召，王鲁彦参与这样的活动，说明他对文学的热爱以及参与的热情。就在这一年，王鲁彦在《晨报副镌·文学旬刊》第六号上发表了第一首新诗《给我的亲爱的》。但实际写成的诗歌有几十首，已经结集成为一本诗集，这本诗集是王鲁彦在1923年夏天因失恋离开北京，从天津寄给章洪熙的。“还有一卷书也是鲁彦君寄来的。内中有一本世界语小说是叫我代还周作人先生的。还有一本是诗集。王鲁彦做的诗不多，他的诗多是真情的流露。”[②]

1923年，王鲁彦加入了文学研究会。文学研究会宣称：“将文艺当作高兴时的游戏或失意时的消遣的时候，现在已经过去了。我们相信文学是一种工作，而且又是于人生很切要的一种工作。”[③] 它注重文学的社会功利性，被看作是“为人生而艺术”的一派，或现实主义的一派。“五卅”以后，文研会的活动逐渐减少，到1932年“一·二八”事件发生之后，《小说月报》停刊，标志文学研究会的解体。

文学研究会的宗旨对王鲁彦的影响很大，此后，王鲁彦不但正式走上文学创作的道路，而且一生以“为人生”为自己的创作宗旨。

就在1923年11月25日，王鲁彦的第一篇小说《秋夜》在《东方杂志》第20卷第22号上发表。这篇小说通过梦中套梦的手法，抒写当时军阀混战给人民带来的灾难，以及自己欲救而不能的苦闷心情。

1924年10月10日，王鲁彦的第二篇小说《柚子》在《小说月报》第

---

① 王鲁彦：《明天社宣言》，收入曾华鹏，蒋明玳编《王鲁彦研究资料》，江西人民出版社1984年版，第21页。原载1922年6月19日《民国日报·觉悟》。

② 章洪熙：《鲁彦走了》，收入曾华鹏，蒋明玳编《王鲁彦研究资料》，江西人民出版社1984年版，第63页。

③ 《文学研究会宣言》，《小说月报》12卷1期。

15卷第10期上发表了。这篇小说用冷嘲热讽的手法表达自己对湖南长沙城外军阀随意杀人的愤怒以及当地人的麻木冷酷的不满。

1925年，王鲁彦发表了五篇小说，四篇散文。超过前面两年的总和。小说《余波》、《许是不至于吧》、《阿卓呆子》、《可怜儿》、《小雀儿》分别在《晨报副镌·文学旬刊》、《小说月报》、《东方杂志》、《京报副刊》、《晨报副镌》上发表。散文《风筝》、《给LN君》、《干爸与干妈》、《食味杂记》分别在《东方杂志》、《京报副刊》上发表。

其中《许是不至于吧》、《阿卓呆子》是初期较重要的两篇小说，从这几篇小说中可以看出，作者在创作内容上开始转向描写家乡的民众和小资产阶级，手法上出现现实主义的萌芽，当然就创作思想而言还有人道主义的成分。

散文中《风筝》、《干爸与干妈》、《食味杂记》三篇以写家乡的风俗习惯、饮食为主，《给LN君》是由采用冷嘲的语调，讽刺人心的冷漠。《弱者中的弱者》叙述了自己的一段无爱的由父母包办的婚姻，以及自己摆脱这样生活的决心。

1926年10月，王鲁彦第一个小说集《柚子》由北京北新书局出版，司徒乔作封面，这是前期创作的一个总结。内收《秋夜》、《狗》、《秋雨的诉苦》、《灯》、《柚子》、《自立》、《许是不至于吧》、《阿卓呆子》、《菊英的出嫁》、《小雀儿》、《美丽的头发》等作品。

其中，《美丽的头发》、《自立》分别在《晨报副镌》、《小说月报》上发表。

"鲁彦将这四年的作品，结为一个集子，名叫《柚子》，共收作品十一篇。这些作品，有的是小品文，如《秋夜》、《狗》等，有的是散文，如《秋雨的诉苦》、《灯》等。称得上小说的，有五六篇。"[①] 但一般文学史和作品选集还是把它归纳到小说一类里了。

---

① 张复琮：《鲁彦小说简论》，收入曾华鹏，蒋明玳编《王鲁彦研究资料》，江西人民出版社1984年版，第244页。

鲁迅后来从该小说集中选了《灯》和《柚子》两篇编入《中国新文学大系小说·二集》，并如此评价："看王鲁彦的一部分的作品的题材和笔致，似乎也是乡土文学的作家。"[①]

对于这个集子叶圣陶也做过恰切的评价：

> 近来得鲁彦君的小说集《柚子》。十一篇里头，还只读了六篇，最爱《狗》、《柚子》、《阿卓呆子》三篇。
>
> 作者的感受性非常锐敏，心意上细微的一点震荡，就往深、往远处想，于是让我们看见个诚实悲悯的灵魂。作者的笔调是轻松的，有时带点滑稽，但骨子里却是深潜的悲哀，近于所谓"含泪的微笑"。作者的文字极朴素，不见什么雕饰。这三者合并，就成一种自有的风格，显然与其他作者的不一样。[②]

二　内容分析

综观王鲁彦本时期的创作，可以分为两个阶段：1923、1924 年的作品，就创作思想而言，主要是人道主义思想，主观抒情色彩比较浓郁，在手法上借用国外的较多，如梦境、幻觉。1925、1926 年的作品，尤其是四篇反映家乡民众生活的乡土小说，开始趋向写实。作者坚持文学"为人生"的宗旨，追随鲁迅"揭出国民劣根性，以引起疗救者的注意"的文化批判精神，选用家乡民众的生活和心理展开描述，虽然作品中仍然流露出较为浓厚的人道主义思想，但是创作手法开始运用现实主义的手法。把本时期的作品进行归类，可以从以下几个方面来认识：

---

① 鲁迅：《〈中国新文学大系〉小说二集序》，《鲁迅全集·且介亭杂文二集》第 6 卷，人民文学出版社 1981 年版，第 248 页。

② （叶圣陶）秉丞：《读〈柚子〉》，1927 年 7 月 10 日《小说月报》第 18 卷第 7 期。

（一）自救不能，救人亦难的苦闷

1. 救人不得的苦闷——《秋夜》

严格来说，《秋夜》还不是一篇很符合标准的小说，所以茅盾认为这是一篇随笔。不过小说可以有各种各样的写法，在这里笔者还是把它作为一篇小说看待。这篇小说是当时的社会状况和作者的人生经历相结合的产物。王鲁彦离开家乡来到上海，在物欲横流的世界里过得并不轻松，加上包办婚姻的逼迫，使他逃离上海来到北京加入工读互助团。在工读互助团的生活还是很愉快的，但自从工读互助团在1922年上半年解散之后，王鲁彦的生活又开始不安定了。在苏北赣榆县创办学校被当地乡绅驱逐，在湖南教书看军阀杀人如麻、老百姓拖儿带女、流离失所的生活惨状。民众的痛苦曾引起作者激烈的情感反应。作为一个天性善良的人道主义的信奉者，他对这些民众产生了强烈的同情之心，他想去救助他们，可是因为个人力量的单薄，无法战胜社会的黑暗。由于当时的王鲁彦还只是一个小资产阶级知识分子，所以，他不会想到团结民众去共同完成这个任务。从长沙回来在北京当爱罗先珂助教期间及以后的一段日子里又经历了一场失恋，心情郁闷，为了离开伤心地，再次回到长沙。这一切还只是王鲁彦个人生活上的小波折。就社会方面来说，五四运动开始退潮，很多知识分子感到前途茫然，不知今后的路该怎么走。所以，内心苦闷、抑郁，情感无处发泄，只能借文学说事，成为当时知识分子一种普遍的心态。《秋夜》就是在这种背景下产生的。

《秋夜》通过主人公在梦中的所见所闻，展示了军阀混战下社会动乱、人民流离失所、无家可归的悲惨境遇，以及一些人麻木、冷漠甚至阻拦救人者的现状。表达了作者内心的愤慨和人道主义同情。所以，《秋夜》对文学史的第一个贡献，是体现了浓厚的人道主义思想。

刚刚走上文学道路的王鲁彦具有浓厚的人道主义思想，这种思想的形成有多种原因。

首先，受鲁迅的影响。鲁迅在讲授《中国小说史》时以及他的作品中流露出的人道主义思想，引导着王鲁彦懂得如何通过文学去描绘人类世界的冷酷、剖析人性的沦丧与麻木，如何用深沉的人道主义情怀去关怀人、去改造人。

其次，受爱罗先珂等的影响。爱罗先珂是一个人道主义者，他在冷酷的现实世界里，执著地做着“春天的梦”，在《春夜的梦》中，他梦着人们都爱美，梦着人们会意识到私有制的罪恶，梦着人们“无所不爱”，甚至贵族小姐与平民的儿子携起手来，互相爱慕。王鲁彦在担任爱罗先珂的世界语助教的同时，读了不少爱罗先珂的作品。此外，王鲁彦后来大量翻译显克微支的作品，受显克微支的影响也很大，后者也是一个人道主义者。这一点在后面还要涉及，故不赘言。还有跟他接触犹太人的作品也有关系，因为近代犹太文学最显著的特色之一，就是人道主义，这一点在后面也要涉及，这里暂不展开。

再次，与五四新文学运动中一些有识之士的大力提倡有关。五四时期，人道主义随着各种文学思潮来到中国，人们很快就意识到人道主义对于中国新文学建设的重要性。茅盾认为新文学应提倡“为平民”，“有人道主义的精神”；郭沫若提倡“为人道而言”；周作人在1918年写的《人的文学》中倡导新文学，提倡“人的文学”，反对“非人的文学，因为世上生了人，便同时生了人道，无乃世人无知，偏不肯体人类的意志，走这正路，却迷入兽道，鬼道里去”。茅盾、郭沫若、周作人这三位重量级人物的大力提倡，使人道主义思潮在中国大地生根、发芽。也使王鲁彦对人道主义有了更彻底的认识，开始“用人道主义为本，对于人生诸问题，加以记录研究”。

王鲁彦在《秋夜》中做着与爱罗先珂同样的梦，他在梦中向那些困苦者表达了他那“无所不爱”的人道主义情怀。他大声疾呼：“不要失望！困苦者，我就是你们的兄弟，我的家就是你们的家。”然而，王鲁彦的“秋夜”梦与爱罗先珂的“春夜”梦不同，萧萧的落木、恶狗的横行、坟地的阴冷才是《秋夜》的主色调，才是旧中国漫漫“秋夜”的真实图景。

作者耳边充斥的是因战乱而流离失所、无家可归的难民们的泣诉。

这篇小说中比较明显地体现了王鲁彦创作前期的人道主义思想，他的人道主义思想的主要成分是悲悯、是善，或者说向善心，“作者的向善心，似乎是常常鼓励他作一个人类的战士，然而他又自疑没有那样的勇力。《秋夜》里边似乎便有着这种苦闷的叹息。”[①] 这种心有余而力不足的矛盾心情，茅盾称之为“向善的焦灼”。

《秋夜》的第二个贡献，是展示了一个知识分子内心的焦灼和无助。小说的主人公“我”在半夜听到逃难的人的呼喊时以为是梦，可是叫声越来越高，有老人、青年、妇女、小孩的声音，似乎将到村头赵家了，“我”忍不住了，拿了枪走出去。村外的景色阴森恐怖，除了自己的影子伴着“我”，空无一人，“我”大声地喊叫，可是四面除了寂静还是寂静，失望和痛苦使“我”的眼泪簌簌落了下来。不但没有人来援助我，反而被一群恶狗逼入乱坟堆中，在这里，“我”碰到了两年前死去的妻子，并与妻子把酒重温旧欢，直至醉倒，醒来一看睡在坟场，原来与妻子相会只是一场梦。“我”拿着枪再次循着枪炮声、喊声前去救人，碰到了一些麻木的人，他们面对枪炮声十分镇静，因为这里常有战事，惯了。“我”继续急急地朝哭喊声跑去，突然路旁跳出一个人来，拖住“我”的手臂，告诉“我”前面有危险，当“我”不顾他的阻止，继续想去救人的时候，被他骂为“疯子”。最后，“我”掉入了水中，“水如箭一般的从四面八方射入我的口，鼻，眼睛，耳朵里”，“我”被惊醒，原来所有这一切，只是一场梦而已。

这里的“我”一直是孤独的，“我”同情人们的困难和疾苦，关心他们的生活和命运，怀抱着拯救人们脱离悲苦的志愿，因此，在他的心中常常出现有谁敲着窗子在呼唤自己“醒醒罢，醒醒罢!”的幻音，在梦中也老是听到受难者向他求救的呼声，但是，“我”很孤独，始终孑然一生，而

① 茅盾：《王鲁彦论》，收入覃英编《中国现代作家选集——鲁彦》，人民文学出版社 1992 年版，第 238 页。

且，在找寻和拯救困苦者的路上，遭遇重重阻拦，群狗看见我就追吠和撕咬，坟场十分荒凉和恐怖，有人叫“我”疯子，我为我生活的孤单与漂荡而悲伤得泪如雨下，也曾经感到疲倦而暂时休息下来。但是内心的良知和救人的责任感使我朝着远方凄惨的哭叫声急急地跑去。但“黑沉沉的看不见一点什么”；“我”只好“悲伤的前进，失望的希望着”。“我”对于这种军阀混战、无辜百姓惨遭屠戮、民不聊生的现状十分不满，但又无能为力，这种深刻的矛盾使“我”发出痛苦的呼声：“不能救人，又不能自救，没有勇气杀人，又没有勇气自杀，诅咒着社会，又翻不过这世界，厌恨着生活，又跳不出这地球，还是去求流弹的怜悯，给我幸福吧……”宣泄了自己对鬼魅人间的不满情绪。也揭示出王鲁彦爱罗先珂式的人道主义是那么的软弱无力，作者只能陷入“不得所爱的悲哀里”。《秋夜》与其说是一幅萧索、凄凉的秋夜景物画，毋宁说是灾难深重的黑暗中国的缩图。作者在小说中塑造的主人公“我”面对苦难民众有意救助又无力救助，因此而苦恼痛苦甚至流泪的心理也很有代表性，应该说是五四运动退潮以后，部分知识分子内心的真实写照。

在这篇小说中作者为我们塑造的“我”是一个已经意识到社会的不义和丑恶的人，但“我”没有想到去发动群众，只是怀着众人皆醉我独醒的个人主义情感，在漫长的黑夜里和种种的险阻中前行，由于个人力量的单薄，所以，我不但没有救助出困苦者，反而在前进的路上受到种种阻挠。“我”不敢与恶狗搏斗，又无力与自己的软弱斗争，内心很想救助困苦的民众，很想为社会做点事情，但终因无力去肩负这个职责痛苦不堪。

在前期王鲁彦的头脑中，积极的思想因素和消极的东西常常交织在一起。对此他的夫人覃英作了非常公正和中肯的评论。她说：“在鲁彦的作品中突出地表现了诅咒现实，却突不破现实的黑暗；追求未来，却看不见光明的未来的矛盾。这正反映了进步的小资产阶级知识分子，敢于面向现实，热烈追求自由民主，但实际行动还远远落在广大工农兵群众革命队伍之后的彷徨寂寞的心情。”[①] 但是这篇小说也有不足之处，主观色彩较浓，手法比较稚嫩，语言尚不够精练。最主要的是小说思想上有局限，主人公“我”听到失去家园的人的呼号，马上披衣出去，不但没有真正见到和救助那些逃难者，反而被恶狗追到坟场里去了，从坟场出来之后又跌到水里去了。可见单凭个人的力量要完成救助任务只能是一个善良的愿望而已。

《秋夜》的第三个贡献，是运用梦境来推进情节、映射现实。这篇小说写了两个梦，而且是梦中套梦。第一个是“我”听到窗外的呼声之后，拿着枪去救助，结果在路上碰到恶狗的追咬，被逼入坟场，看到那里凄凉的景色，我痛苦地昏倒。醒来的时候，看到了以前的丫鬟以及死去的前妻，与前妻痛喝烧酒至醉，醒来发现还是在坟场，才知道是一个梦。我又循着声音去救人，碰到了麻木的人、骂“我”为疯子的人，还有想把我拖住的人，“我”拼命挣扎结果掉进了水里，被冷水一激，“我”醒了，原来又是一个梦。当然作者不是为写梦而写梦，而是借助梦境来映射当时混乱、凄凉、满目疮痍的社会，以及一些人的麻木和冷漠，救助者不但十分孤独，他们的救助行动也处处受到阻碍。小说中的恶狗是一种指代，指代那些恶意疯狂阻挠救助者之人。那些逃难队伍中的麻木者或者阻拦者更是令人伤心和痛心，他们为保全一己之利而置求助者的呼号于不顾。作者在小说中所揭示的现象，在当时很有普遍意义，这种因军阀混战而流离失所的人在全国何止一处。这篇小说中所揭示的现象，可以看作是当时黑暗中国的缩影。有一定的艺术价值。

2. 没有及时帮助人的自责——《狗》

《狗》发表于1924年3月10日的《东方杂志》第21卷第7期。为了叙述的方便，我把它与《秋夜》放到一起分析。在前期小说中，《狗》叙写作者十分高兴地接受爱罗先珂的邀请，骑驴子与他同游西山，在西山脚下看到一个乞讨的妇女在低声哭泣，我不予理睬，被爱罗先珂责备而受到

① 钱英才：《鲁迅与王鲁彦》，《宁波大学学报》（教育科学版）1981年第2期。

良心谴责的故事。《狗》创作的时间稍晚于《柚子》，但就表达作者的人道主义思想而言，可以与《秋夜》相媲美。如果说《秋夜》表达的是“我”欲拯救人类而无力救助的苦闷与焦灼，《狗》则表现作者内心因受到爱罗先珂的批评而产生的忏悔与自责。因为前面已经有所阐述，这里就不详细展开。仅以茅盾的评价作为对该小说的评析：“在《狗》这一篇随笔里，我们又看见作者更热心的自诉，从他颇为敏锐的感觉上所发生的向善的焦灼，使他时或对于一切看出悲观的黑影来。”①

作者这种对于自己内心的严责和自剖，是立足在同情和援助劳苦民众的基础上的，它不仅仅是指责个体的人对爱的漠视，而是借盲诗人爱罗先珂之口直接抨击了整个中国社会。一个双目失明的外国人尚能够体恤弱小、顾及贫苦之人，而中国如此多身体健康之人却对别人的痛苦置若罔闻、形同走兽，这不能不说是中国的悲哀之所在。在这篇小说中我们可以看到鲁迅国民性批判的影子，只不过王鲁彦体现的是人道主义思想，这在五四运动过去不久的社会仍然是有积极意义的。虽然作者的力量很单薄，但如果每个人都能从自己做起，这世界的面貌就肯定会改观。

以上两篇作品是王鲁彦早期人道主义思想的集中体现，作者在鲁迅的影响下，抱着文学研究会的创作宗旨，把笔对准了下层民众和当时的黑暗社会。《秋夜》是借助梦境，展示了当时军阀混战，人民生活在水深火热之中的社会现实。《狗》借助于“我”跟爱罗先珂西山旅行途中发生的对待乞丐的不同态度，实际也揭示了一个现实，即在当时的中国，乞丐数不胜数，救不胜救这样的现实。作者对这样的现实是很担忧的，也很想尽自己的一点力量，但因势单力薄，无力救人，作者对此十分苦恼和焦灼。作者的这种心理五四退潮之后的几年内很有代表性，也有一些研究者责疑作者当时的软弱，其实在当时的特定社会里，像王鲁彦这样的知识分子不是一个两个，作者如实展示自己的心理和思想是很可贵的，也更真实。

① 茅盾：《王鲁彦论》，收入覃英编《中国现代作家选集——鲁彦》，人民文学出版社 1992 年版，第 239 页。

3. 愤懑的冷嘲与无力的痛苦——《柚子》和《灯》

如果说《秋夜》与《狗》主要体现的是作者的人道主义思想，对逃难者、乞讨者的同情，对冷漠者的不满，对现实的无奈；那么《柚子》已经由人道主义的同情、无力解决现实的痛苦发展到对现实的愤懑和冷嘲。

鲁迅在编辑《〈中国新文学大系〉小说二集》时，从王鲁彦的这个小说集中选取了《柚子》和《灯》两篇小说，同时在序言里，对这四篇作品(另两篇为《秋雨的诉苦》、《美丽的头发》）给予了综合的评述。

> 看王鲁彦的一部分的作品的题材和笔致，似乎也是乡土文学的作家，但那心情，和许钦文是极其两样的。许钦文所苦恼的是失去了地上的‘父亲的花园’，他所烦冤的却是离开了天上的自由的乐土。……
>
> 这和爱罗先珂（V. Eroshenko）的悲哀又仿佛相象的，然而又极其两样。那是地下的土拨鼠，欲爱人类而不得，这是太空的秋雨，要逃避人间而不能。他只好将心还给母亲，才来做“人”，骗得母亲的微笑。秋天的雨，无心的“人”，和人间社会是不会有情愫的。要说冷静，这才真是冷静……对专制不平，但又向自由冷笑。作者是往往想以诙谐之笔出之的，但也因为太冷静了，就又往往化为冷话，失掉了人间的诙谐。
>
> 然而“人”的心是究竟还不尽的，《柚子》一篇，虽然为湘中的作者所不满，但在玩世的衣裳下，还闪露着地上的愤懑，在王鲁彦的作品里，我以为倒是最为热烈的了。[①]

鲁迅的这段评论，说明了以《柚子》为代表的王鲁彦作品的出发点：对社会的罪恶极端地愤怒与哀伤，但又无能为力，只得采取冷嘲热讽的态

① 鲁迅：《〈中国新文学大系〉小说二集序》，《鲁迅全集·且介亭杂文二集》第6卷，人民文学出版社1981年版，第249页。

度，做一个玩世不恭的人。“这样的世界，我看得惯吗？……在野蛮的世界上，让野兽们去生活着罢，但是我不，我们不……唔，我现在要离开这世界，到地底去了……”[①] 就是这种态度的形象展示。

《柚子》发表于1924年10月10日的《小说月报》第15卷第10期，故事发生的背景是湖南长沙城的军阀混战之后，刚过三天的一场杀头场面。小说用嘲讽的笔调描述了“我”与T君在长沙浏阳门外看杀头的经历，揭露了反动军阀草菅人命的罪行，鞭挞了一些人麻木愚昧的精神状态。

作者带着愤世疾俗的语气强烈诉说着心中的不满，他把军阀战争说成是“恶作剧”，把杀人看作是“好玩的事”其实都是气话、反话。有人认为这篇小说里的“我”是一个玩世不恭的人，笔者认为不完全对，这里的“我”表面上看起来玩世不恭，实际上却对这种现象十分气愤和忧虑。“我”把那些看客称作疯子，又用嘲笑的口吻把“我”和伙伴们看杀头的丑态写下来：我们是跳到一个五六尺高的墓地上去看杀头的，“我们”是狂呼乱叫着看杀头的。也把看客的丑态描写了下来：有争相跑去看杀头的，“呵，呵！看杀人，看杀人呀！”有对刽子手的杀人技术加以赞美的“这人的本领真好，只是一刀。”也有人要对刽子手杀人的行为谱写成歌曲传唱，“回去做一个歌来，填上谱子，唱！”还把那些麻木不仁者写下来：“这在我们不算什么，这里差不多天天要杀人，况且今天只杀了一个！”最后作者以感叹作结：“湖南的柚子呀，湖南的人头呀！”“这样便宜的湖南的柚子呀！”小说中这样的内容，是无法用表面上的玩世不恭掩盖的，虽然作品中的“我”嘴巴上嚷嚷着“你们喜欢用子弹充饥，你们就尽量去容纳吧，与我是没有关系的”。“只要将岳麓山留给我玩，既使你们将长沙烧得精光，将湘水染成了血色——换一句话说，就是你们统统被打死了，与我也没有关系”。但内心对于现状还是很忧虑的，说明“我”的玩世不恭只

① 王鲁彦：《秋雨的诉苦》，收入覃英编《中国现代作家选集——鲁彦》，人民文学出版社1992年版，第180页。

是表面，而对民众生活苦难的同情和心灵愚昧麻木的批判，对军阀草菅人命行为的沉痛和愤懑才是这篇小说的内核和实质。总体来说，作者在写这篇小说时，内心是矛盾和苦闷的，他一方面以嘲讽和揶揄的口吻批判极端混乱的现实，另一方面却又故作玩世不恭；一方面想改变现实，另一方面却因讨厌世界上到处充满愚昧麻木和恶浊野蛮而想逃避现实。鲁彦的这种心理状态带有一定的代表性，是时代苦闷的象征。鲁迅凭着他敏锐的目光发现了这一点，一语中的地指出："《柚子》一篇虽为湘中的作者所不满，但在玩世的衣裳下，还闪露着地上的愤懑，在王鲁彦的作品里，我以为倒是最热烈的了。"[①] 鲁迅的评语恰切地指出他创作个性的一个特点。

不过，因为王鲁彦缺乏讽刺才能，所以这篇小说在这方面也有不足。鲁迅认为："作者往往想以诙谐之笔出之的，但也因为太冷静了，就往往化为冷话，失掉了人间的诙谐。"[②] 这与王鲁彦的性格有关，"他不大与人家说笑话和开玩笑，连说话都是严肃的"。[③] 他为人处世实在太认真了，他的内心里总是充满了对民众不幸命运的同情，在《柚子》里，表面上是写"我"以看杀人为欢欣的玩世不恭，里面的语言多是冷话："你们的头生在你们的颈上，割了去不会痛到我的颈上来。"实际上是用一种玩世的语调来表达他内心对这种草菅人命做法的一种扭曲的反抗心理。为此还曾引起湖南作家黎锦明的不满：认为"《柚子》是'满目的油腔调，把杀人的事描作滑稽派小说，真是玩世。'"[④] 另外，跟王鲁彦当时年轻、社会经验不足、创作还不够精熟也有关系。作者自己也说："写那些文章的时候，我的年纪还轻，所以特别来得热情，呼号、诅咒与讥嘲常常流露出来……在

① 鲁迅：《〈中国新文学大系〉小说二集序》，《鲁迅全集·且介亭杂文二集》第6卷，人民文学出版社1981年版，第247页。

② 同上。

③ 赵景深：《记鲁彦》（节选），收入曾华鹏，蒋明玳编《王鲁彦研究资料》，江西人民出版社1984年版，第80页，原载《文艺复兴》第1卷第3期。

④ 黎锦明：《社交问题》，《晨报副刊》1924年12月，又见鲁迅《且介亭杂文二集》注(60)，《〈中国新文学大系〉小说二集序》，《鲁迅全集》第6卷，人民文学出版社1981年版。

那里有天真的孩子气、纯洁的灵魂与热烈的情感。”[①] 王鲁彦这种内心沉郁的性格平衡了他外在的热烈，使他由前期的主观浪漫、诗化色彩浓烈走向真实客观的现实主义道路，写出了众多如实描写家乡民众悲惨生活以及反抗地主剥削斗争的中长篇小说，因而在现代文学史上占有了一席之地。

《灯》是一篇散文，发表于1924年10月《东方杂志》第21卷第23期。因为表达的思想与《柚子》相近，就放到一起分析。文章非常细腻感人地描写自己想离开人间而不能的痛苦心情，以及最后宣告了自己愿意回到人间做人的决定。

在一个风凄凄、雨潇潇的夜晚，“我愤怒的躺在母亲的怀中。母亲紧紧的搂着我，呜咽的哭泣着。”“我”怨愤地问着：“你不生我不会吗，母亲?”母亲没有回答。“我”愤怒地伸出右手，竭力的撕“我”胸上的衣服，以表达“我”对现实的不满和厌世的情绪。母亲按住了“我”的手恳求道：“为了母亲，孩子……”我“咳咳……”地哭了。“我”进而请求道：“让我死了罢，母亲……”“不能，不能，孩子，我的孩子……”母亲哭着阻止，她的泪纷纷落在“我”的脸上。母亲的阻拦使“我”欲死不能，看在凄苦的母亲面上，“我”终于决定放弃死的念头，“罢了，罢了，母亲。我还你这颗心，我还你这颗心，你生我时不该给我这颗心，这在世界上没有用处!”说着，“我”用两手极力的撕“我”胸上的衣服，怨愤而且悲伤。母亲号啕的哭了，而且紧紧地按住了“我”的手。“灯光暗淡的照着母亲的头发，母亲的头发如丝一般的乱，如霜一般的白，母亲的泪如雨一般的流着。”看到母亲这样，“我”禁不住抱住她消瘦的颈，也号啕地大哭了。“我”顺着泪水的河流走入了母亲的心坎，在那里“我”发现母亲的心为了孩子而枯萎了。“然而你分给孩子的那颗心，在世界上只是受人家的诅咒，不曾受人家的祝福，只能增加你孩子的悲哀，不能增加你孩子的欢乐。现在，取出来还了你罢，母亲!”于是，“我”挖出一颗鲜血淋

---

① 王鲁彦：《我怎样创作》，收入曾华鹏，蒋明玳编《王鲁彦研究资料》，江西人民出版社1984年版，第41页。

淋的心偷偷地放在母亲的心上，然后对母亲说："母亲，我不再灰心了，我愿意做'人'了。"母亲微笑了，母亲的眼前露出了无限的希望。

因为有心所以无法避开现实的黑暗和窒息，因而"我"想把心还给母亲以求一死，可是母亲死活不同意，因为"我"是母亲的挚爱骨肉，"我"痛苦、责问、恳求，母亲就是不同意，最后"我"只得悄悄地把心还给母亲，当"我"成了没心人之后，"我"感受不到社会的黑暗、沉闷了，也不用因无力解决而痛苦了，"我"反而高兴了，母亲因为"我"没去死也微笑起来。这种在麻木中像狗一样生存的方式，一定程度上体现了作者的软弱性，但是内心的痛苦是很深沉也很感人的。在这篇散文里，"我"和"母亲"都是一个象征体，是众多有觉悟但处于痛苦之中的知识分子的代表和众多母亲的象征。

（二）浙东乡土社会的形象展示

1. 走向乡土文学创作

王鲁彦前期的创作思想比较复杂，他既接受爱罗先珂、显克微支的人道主义思想，也接受包含在人道主义里的无政府主义思想，同时他又加入文学研究会，坚持"文学为人生"的现实主义创作原则。但1923、1924年王鲁彦创作的小说和散文《秋夜》、《狗》、《秋雨的诉苦》、《柚子》、《灯》主要抒发的是一种人道主义思想，是一种对现实不满但又无力解决的焦灼与苦闷。

1925—1926年的小说和散文开始选取家乡和普通民众作为写作对象，通过对小人物悲惨命运和贫苦民众生活的叙写，以及对家乡风俗民情的形象描绘，揭示社会的黑暗、人民生活的苦难，除了人道主义的同情之外，对于民众的愚昧、麻木和拜金主义、冷漠势利、对于新事物的拒斥，有一种强力的批判意识和启蒙思想。所以，笔者把王鲁彦1925—1926年的创作归结为改造国民性的文化批判阶段。创作手法也由前期的借助梦境、幻想或冷嘲热讽转向客观写实的现实主义。这种思想决定了他成为20世纪二三十年代乡土文学的中坚作家，深得鲁迅、茅盾等大家的赏识。

鲁迅、叶圣陶因为王鲁彦的这些变化把他归结到乡土文学作家的行列。

王鲁彦之所以走进乡土文学创作的行列，有多种原因：

第一，源于“劳工神圣”口号的提出。1918年11月，“劳工神圣”的春雷第一次在天安门广场响起，它预示着一个属于人民的春天即将来临。接着，当时极有影响的刊物《新青年》、《晨报》、《小说月报》、《民国日报》副刊、《文学周报》等纷纷发表文章，为“劳工神圣”制造舆论。“促农民之觉悟，谋农业之改进”的思想便在封建社会的废墟中破土而出。李大钊在《晨报》上发表了《青年与农村》一文，详尽阐述了农民在现实中国的社会地位以及当时青年应持有的态度，他号召青年要关心农民的疾苦，引导他们走出愚昧黑暗的沼泽。沈雁冰极力主张文学要描绘农村生活，反映民间疾苦，同时还指出小说应富有地方色彩，要增加故事的真实性和趣味性。鲁迅、郭沫若等人也在作品中对普通劳工予以赞美和歌颂，如鲁迅的《一件小事》、郭沫若的《地球，我的母亲》。这种体谅农民、关心下层民众的文化思潮，强烈地激荡着蜗居在都市的包括王鲁彦在内的青年作家们。

第二，“人性的解放”旗帜下的“为人生”的启蒙主义文学思潮，也对乡土文学作家产生影响。当时文坛上两大文学社团有不同的文学主张：创造社艺术至上、情感激荡的文学主张；文学研究会血泪文学的提倡和实践，特别是新文化运动的倡导者鲁迅对浙东农村落后封闭、家乡民众愚昧麻木现状的揭示，使王鲁彦以及其他年轻作家们得到一种深刻的感召和启示，他们集结于人性解放的大旗下，开始反顾家乡，重新认识家乡的历史、现状和民众。

第三，与周作人对于乡土文学的推崇有关。在1923年3月写的《地方与文艺》一文中，周作人精辟地叙述了乡土文学存在的必然与可能：“我们不能主张浙江的文艺应该怎样，但可以说他（它）总应有一种独具的性质。我们说到地方，并不以籍贯为原则，只是说风土的影响，推重那培养个性的土之力。尼采在《察拉图斯忒拉》中说：'我恳愿你们，我的兄弟们，忠于地。'我所说的也就是这'忠于地'的意思，因为无论如何说法，人总是'地之子'，不能离地而生活，所以忠于地可以说是人生的正当的道路。现在的人太喜欢凌空的生活，生活在美丽而空虚的理论里，正如以前在道学古文里一般，这是极可惜的，须得跳到地面上来，把土气息，泥滋味透了他的脉搏，表现在文字上，这才是真实的思想与文艺。"[①] 在为刘大白《旧梦》写的序中，周作人明确指出："我相信强烈的地方趣味也正是'世界的'文学的一个重大成分，具有多方面的趣味，而不相冲突，合（成）能和谐的全体，这是'世界的'文学的价值；否则是'拔起了的树木'，不但不能排到大林中去，不久还将枯槁了。……"周作人在这两篇文章中，提出了作家要把土气息、泥滋味渗透进他的脉搏，表现在文字中，这样的文字才是真实的文艺，才能够走进世界文学之林。周作人这些颇有见地的论述，为乡土文学的理论建设作出了很大的贡献，也极大地推动了乡土文学的发展，鼓舞了年轻乡土作家的斗志。

第四，乡土文学的诞生还与作家们对于自己家乡的了解有很大关系。寓居都市的乡土作家对生他养他的故乡是非常熟悉的，他们大都在那里度过了难忘的童年和少年时代，他们在走出乡村的同时又常常想念它。当他们接受了先进思想的熏陶，以一个觉醒的现代知识分子的眼光，去重新审视他们曾生活过的乡村文化时，看到的是种种封闭、落后、沉闷、愚昧的景象，于是他们先是对乡村文化进行急切的批判；而当他们发现都市文明的污浊冷漠而深感孤独之时，家乡的自然山水和淳朴民风又成为他们寄托理想的精神乐园。于是，他们开始用笔叙写对家乡或憎恶或眷恋的情感，塑造各种各样的人物，描摹种种大自然的景物，记写发生在家乡的风俗。甚至家乡的方言也成为乡土作家思乡之情的寄托物。只要翻开乡土文学小说或散文，浙东风情、皖中风景、贵州民俗、湖湘语言多姿多彩呈现在读

① 周作人：《地方与文艺》，收入许志英编《周作人早期散文选》，上海文艺出版社1984年版，第310页。

者眼前。

第五，与鲁迅的创作实践有关。乡土文学的首创者当推鲁迅。半生反对鲁迅的苏雪林对他的乡土小说评价却很高："我们应当知道鲁迅是我国最早的乡土文艺家。……自从他创造了这一派文学以后，表现'地方土彩，(Localcolor) 变成新文学界口头禅，乡土文学家也彬彬辈出，至今尚成为文坛一派势力。"[①] 新时期一些有影响的文学史和学者对鲁迅在乡土小说创作中的引领作用也做了充分的肯定："鲁迅是现代乡土小说开风气的大师。"[②] 鲁迅是所有现代文学史家都不可否认的"中国乡土小说之源"。[③] 因为祖父吃官司，导致家道中落，父亲的生病加快了衰败的速度，鲁迅在这些事件中，看透了世态炎凉。鲁迅的外婆家在乡下，他随母亲经常去走动，因而对农民的生活并不陌生。他说："我母亲的母家是农村，使我能够间或和许多农民相亲近，逐渐知道他们是毕生受着压迫，很多痛苦，和花鸟不一样了。"[④] 出国留学之后，他在日本阅读了大量西方的理论著作和文学作品，接受了达尔文的进化论、研究了叔本华的生命哲学，了解到西方近代文化的精神内核是弘扬个人主义精神，是个人生命的尽情表现，是自由、平等、博爱的人性解放思想。而他所在的古老中国，还是"存天理灭人欲"的社会，还是瞒和骗的吃人社会。中西文化的对比使他认识到几千年的封建文化对农民影响的根深蒂固，因而他以西方文化为参照系，反对中国的封建文化，重建我国现代文化的宫殿。他选择浙东农村和生活在这上面的农民为对象，因为这是中国传统文化最集中、最彻底的地方，有助于对封建文化作全面深刻的批判。

鲁迅早期创作的《孔乙已》、《风波》、《故乡》，取材于他的故乡绍兴

① 苏雪林：《〈阿Q正传〉及鲁迅创作的艺术》，原载《国闻周报》1934年11月5日，第11卷第44期。

② 钱理群、温儒敏、吴福辉：《中国现代文学三十年》(修订版)，北京大学出版社1998年版，第5页。

③ 丁帆：《中国乡土小说史论》，江苏文艺出版社1992年版，第3页。

④ 鲁迅：《集外集拾遗·英译本〈短篇小说选集〉自序》，《鲁迅全集》第7卷，人民文学出版社1981年版，第389页。

一带的农村和市镇，富有浙东的地域特色，开启了中国乡土小说的源头。后来的《祝福》、《阿Q正传》更把乡土文学推向高潮。鲁迅描写乡土社会，是站在激进的革命民主主义的立场上，重点是为了“改良人生”和“改造国民性”，实现其“挖出国民的劣根性，以引起疗救者的注意”的文学理想。出于这样的启蒙主义文化立场，他把笔端对着几千年的老中国乡土社会，在他笔下，乡村是破败的、荒凉的，作品的格调是悲剧性的，乡土人物大多是愚昧、麻木和可怜的，单四嫂子、祥林嫂、闰土、阿Q等社会底层人物都难逃被压迫、剥削的悲惨命运，乡村生活被打上了悲剧与拯救的主题印记，在当时的社会引起了强烈的反响。所以有人在评论鲁迅的《呐喊》时说，“他的作品熏着中国的土气，他可以说是眼前我们唯一的乡土艺术家”。在鲁迅的影响和感召下，20世纪20年代中期，兴起了以回忆故土为内容和题材的乡土文学，鲁迅在乡土文学的取材、主题、创作理念、艺术手法等方面的创造，成为众多文学青年竞相学习模仿的对象，徐玉诺、潘训、王鲁彦、许钦文、台静农、许杰、彭家煌、蹇先艾、黎锦明、王仁叔、冯文炳都是深受鲁迅影响而成长起来的一批乡土文学家。这些作家有的出身破落的封建家庭，极大部分人的童年是在农村度过的。成年后他们离开故乡到北京、上海去谋生，在都市接受了先进的文化之后再反顾家乡，发现了那里的贫穷与落后，乡人的愚昧与麻木。于是他们本着文学研究会“为人生”的宗旨，运用现代意识重新思考和观照故土的生活，他们怀着浓郁的乡情，用自己的笔写下了家乡民众在生活底层苦苦挣扎的悲惨生活，如许钦文的《石宕》、台静农的《新坟》、彭家煌的《陈四爹的牛》、许杰的《大白纸》、王鲁彦的《桥上》；他们也猛烈地抨击家乡的陈规陋俗，如蹇先艾的《水葬》、王鲁彦的《菊英的出嫁》、许杰的《惨雾》、彭家煌的《怂恿》等，这些作品用现实主义的手法揭露根深蒂固的封建势力，批判千百年来的种种陈规陋习，抨击旧的社会制度和传统思想所造成的种种弊端，对于被压迫、被损害的劳动者的不幸则寄以深切的人道主义的同情。同时大量描写了家乡的风俗民情和自然山水，具有强烈的地域文化特色。但是，他们也看到了都市人的势利和冷漠，所以，字里行间也流露出一些乡愁。鲁迅把这些作家的小说称之为乡土小说。“凡在北京用笔写出他的胸臆的人们，无论他自称为主观或客观，其实往往是乡土文学，从北京这方面说，则是侨寓文学的作者。但这又非勃兰兑斯所说的‘侨民文学’，侨寓的只是作者自己，却不是这作者写的文章，因此也只见隐现着乡愁，很难有异域情调来开拓读者的心胸，或者炫耀他的眼界。”①鲁迅的这段话概括了最初的乡土文学产生的社会历史背景和乡土作品的特征，后来成为中国现代文学史上对“乡土文学”的一个经典定义。不过这个概念后来有了发展，人们把城市扩展到上海，在上海的作家彭家煌、许杰等都归入到乡土作家的行列。但是鲁迅创作的小说，“由于思想的深邃，社会历史内涵的丰富，以及内容和形式的完美统一，成为新文学的奠基之作，已远远越出了一般乡土文学的范畴，所以人们并未将鲁迅归入乡土文学家之列。”②

王鲁彦的小说以反映宁波镇海大碶周边农村乡民的生活为主，这里属于城乡交接地区。那里的木板桥、轧米船、岩河、官河两旁的小街，不时出现于鲁彦的笔下，成为当地自然风光中不可或缺的背景，乡土气味特别浓厚。在他初期的创作中，“他抱着文艺应该为人生、为社会的信念严肃认真地进行创作和翻译”。③ 鸦片战争之后，帝国主义打开了封闭几千年的古老中国的大门，西方资本主义开始侵袭和冲击中国农村处于封闭状态的自然经济，民族资本主义工商业也受到了严重的压抑和摧残，中国从此沦为半封建半殖民地社会，这一点在沿海地区宁波尤为严重。到了 20 世纪 20 年代，由于军阀混战，国内一片混乱，而地主阶级、官僚士绅乘机加重了对农民的盘剥，因而造成了农村普遍的破败和农民的破产。王鲁彦在故

---

① 鲁迅：《〈中国新文学大系〉小说二集序》，《鲁迅全集·且介亭杂文二集》第 6 卷，人民文学出版社 1981 年版，第 247 页。

② 沈斯亨：《鲁彦的乡土小说探析》，《文学评论》1985 年第 5 期。

③ 刘增人、陈子善：《王鲁彦四十年祭——鲁彦夫人覃英访问记》，收入曾华鹏，蒋明玳编《王鲁彦研究资料》，江西人民出版社 1984 年版，第 130 页。

乡生活了18年，对小资产阶级及其农民大众异常贫苦的生活十分熟悉，这些成为他以后创作材料的主要来源和创作的动力之一。同时，由于他走上文学创作之前，曾经当过爱罗先珂的世界语助教，深受这位作家人道主义思想的影响，所以，他在进行文学创作时自然而然地灌注人道主义的思想。所以，笔者把前期的王鲁彦定位为一个人道主义者和信奉“文艺为人生”具有现实主义思想萌芽的文学研究会成员，这样再来看他前期的作品，对里面存在的一些不足和特色就能够理解和正确定位了。

王鲁彦在1925、1926年创作的小说中，《阿卓呆子》、《自立》、《菊英的出嫁》、《许是不至于吧》是反映作者故乡浙东农村的现实生活的，这些小说或叙写乡村小资产阶级的苦闷，或写嫉妒等原始欲望的可怕，或带有批判性地描绘富有浓郁地方色彩的风俗画。在对小说中的主人公抱有人道主义同情的同时，也对家乡民众的拜金主义、冷漠势利进行现实主义的批判，不过批判的力度是比较弱的，如果从阶级论的角度看，其立足点是值得商榷的，不过从大文化的角度，从文学作品必须真实地反映社会现实的角度来看，作者还是真实地反映了受资本主义侵蚀较早地区独特的社会现状，茅盾称之为：“他（指王鲁彦，笔者加）的是成了危疑扰乱的被物质欲支配着的人物（虽然也只是浅浅的痕迹），似乎正是工业文明打碎了乡村经济时应有的人们的心理状况。”①

2. 人道主义同情与文化批判的结合

王鲁彦虽然离开了家乡，也经受了大都市浓厚的商业文化的熏染和先进文化的洗礼，但他的思想一直在乡情与理性的冲突之中徘徊，处于一种进退维谷的两难境地：他既不满那种封闭落后的乡村生产方式和愚昧麻木势利的民众，向往都市的繁华和丰富多彩的文化生活，肯定机器工业的创造成果；同时，家乡的根已经牢牢扎在他的内心，18年所耳濡目染的家乡生活方式，所传承的固有的道德意识、价值观念已很难被都市文化所同

① 茅盾：《王鲁彦论》，收入覃英编《中国现代作家选集——鲁彦》，人民文学出版社1992年版，第237页，原载1928年1月10日《小说月报》第19卷第1期。

化。他身在都市但他的精神家园在家乡，对家乡的青山秀水和古朴民风十分眷念。这种留存在意念中的思乡的蛊惑，往往是乡土文学不可或缺的素质，甚至可以说是乡土文学中写得情深意浓，最充分地使人领受到美的愉悦的部分。因而在文学创作中，自然就出现了诸多叙写家乡的作品。

《自立》、《许是不至于罢》、《阿卓呆子》、《菊英的出嫁》四篇小说就是作者这种矛盾心态的产物。这些小说以描写浙东宁波家乡的民众生活和乡风民俗、家乡风景为主要内容，与1923、1924年的作品多以人道主义的同情和主观抒情为主不同，这些作品在对一些主人公尚有人道主义同情之外，对一些落后的观念和愚昧的思想开始进行文化批判，在手法上趋向客观写实。

(1)“令人同情”的乡村小资产阶级

《许是不至于吧》写的是乡村小有产者王阿虞在三儿子结婚之后被抢、以及民众对此反应冷淡的一段经历。这是茅盾最喜欢的小说之一，认为是“思想技术都好的”[①] 作品。故事发生的背景是1924年军阀战争频繁发生的时期，浙江是战争中心区之一，作者在作品中写道：“上海还在开战，从衢州退到宁波的军队说是要独立，不管他谁胜谁输，都是不得了的事!”“上海战争打得这样厉害，宁波独立的风声又紧，前几天镇海关外都说有四只兵舰示威，那里的人每天有不少搬到乡间来。”正在此时，王阿虞的第三个儿子要结婚了。王阿虞在王家桥是富甲一方的财主，拥有20万财产，在平时，无论贫富老幼，都很羡慕他，并争先恐后地巴结他。王阿虞虽然没有读过几年书，但一班有名的读书人也和他要好起来了。财主每天走出去，大家都争着与他打招呼，民间的纷争一般人说破天也没有用，王阿虞只要几句话就解决问题。财主的三儿子结婚的时候，全村人几乎都送了贺礼，甚至有些人加倍地送，但这样融洽的关系只是表面的。也有些人平时千方百计借财主的钱揩油，王阿虞财主不是十分计较，目的是维护与

① 茅盾：《王鲁彦论》，收入覃英编《中国现代作家选集——鲁彦》，人民文学出版社1992年版，第243页。

这些人之间的关系，希望在危难时刻有人出手相帮。但事实是当困难来临时，没人去帮助他。王阿虞独自担忧和操心儿子婚礼的安全，“他白天假装着镇静，在夜里睡不着觉。”特别是娶亲那天，财主担心路上的花轿被抢，晚上失眠通宵直至双眼肿胀，但是这一切其他人毫不关心。儿子的婚事总算平安地过去了，喜期后的一个晚上，王阿虞财主家遭了盗贼，尽管财主敲破了铜锣，却没有人来救援他们，周围的人选择了沉默，直到第二天才有人去虚伪地“慰问”一下。财主知道这是空头人情，但也要去答谢，而且他不敢怨恨他的同村人。“但是土财主却不是像大哲学家懂得‘谦逊’之必要，所以这般做的；所以使他谦逊的原因，就是金钱。财产成了负罪的记号，使他不得不格外谦虚了。”[①] 茅盾一针见血地指出了财主的本性。作者之所以写王阿虞财主对村里人这么小心翼翼，实际上是揭示王阿虞财主内心的一种负罪感，虽然比较含糊，但说明作者也意识到财主与农民之间的一种剥削与被剥削的关系，不像有评论家所说的那样，王鲁彦过分同情地主，没有揭示地主与农民之间的关系。这篇小说的结尾，鲁彦借新闻记者之口提出一个疑问：“本村人对于有钱可借的有势可靠的财主尚不肯帮助，对于无钱无势的人家一定要进一步而至于欺侮了。”又显示出另一个意义：即作者对这里人的势利冷漠也是十分痛恨的。可见这篇小说的内涵是很丰富的，外加人物塑造成功，难怪茅盾这么喜欢这篇小说。

这篇小说塑造的王阿虞财主形象比较成功，王阿虞的心理在当时那个帝国主义入侵和军阀战争频发的时代是很有典型性的，对当地人的拜金主义也揭示得很深刻。

(2) 嫉妒的可恶

《自立》故事发生的时间安排在很久以前，它不仅形式上有民间故事的痕迹，而且故事内容基本上也脱胎于民间故事，是作者的父亲给他兄妹俩讲述祖上兄弟二人因盖房子打官司的故事，这是典型的古老乡村中妒富

① 茅盾：《王鲁彦论》，收入覃英编《中国现代作家选集——鲁彦》，人民文学出版社 1992 年版，第 242 页。

轻义的故事。叙事者的太公买进了九十九亩田，还要造七间两弄、左右两轩、前后两进的大屋，中国人的观念一般都是一旦有钱就置田造屋。太公自以为占过卜，问过菩萨，请风水先生看过，就万事大吉了，殊不知妒富是一种普遍心理，如果他能懂得这个道理，就不会招致后面的灾难。

有一天，他的嫡亲兄弟“王大眼的太公”来了，发现大屋的墙脚放得太出来了，于是就问财主：“你把墙脚放得这样出来，请我吃一点什么东西”的时候，这位财主就开玩笑地回答他：“屎吃尿漱口”。对方笑着说：“我明天去告你一状。”那个财主根本没把兄弟的话放在心里，因为自己的话是玩笑，以为兄弟的话也只是玩笑而已。谁料第三天县里真的来提人了，于是这对嫡亲兄弟便一同往县里去了，一路上他们“仍和平时一样的谈着别的事情，在渡船里，他们都争出渡船钱”。此后，“官司审了一堂又一堂，县官只是不肯了结”，官司打到最后，土财主不仅卖完了九十九亩田，而且正在造的大屋的一半地基也卖掉了；但是“王大眼的太公”却一个破铜钱也没有到手，钱都落到县官的口袋里。竹篮打水一场空，兄弟阋墙，外人得益。为了一句玩笑，亲兄弟变成仇人，为了金钱出卖自己的人格，而且把对方搞得倾家荡产，这是何等的愚蠢和可笑。苏雪林在评论《自立》时说：“论者或者要说这梼杌蛇蝎一类的东西人间一定不会有，作者未免形容太过吧？不过我相信世上有这样人，也有这样事。要知道王大眼（实际上是王大眼的太公。——笔者注）之所为，是为了嫉妒，嫉妒的毒焰是可以烧毁情谊、恩爱和理性的呀！”① 而作为一县之长的县老爷胡乱判案，中饱私囊，为了多拿金钱故意延缓结案，暴露出统治阶级的一切法规都被金钱扭曲了的事实。小说的批判意图是很明显的，小说结尾：“兄弟背弃亦是‘自立’之道，现今人类皆崇尚‘自立’，能全世界都如此，倒是极可乐观呢！”此是反话正说，语含讽刺。意在告诉读者，在私有制社会里，贫富差距悬殊，阶级对立是必然现象，在这样的社会里，苛政如

① 苏雪林：《王鲁彦与许钦文》，《现代》1935年第5期。

虎，贪官如狼，一部分人又人格卑污，见利忘义。以这样的“自立”之道求人生之乐观，肯定以悲观而告终。作者写这篇小说的另一个目的是警戒读者：世界是复杂的，人心是多变的，有时为了一点私利会变得丑陋贪婪。

这篇小说以民间故事的方式，讲述这么一些人生道理，既朴素自然，又能引起读者的思考，不失为这篇小说的独特风格。

（3）又一个被金钱所害的男人

而在《阿卓呆子》这篇小说里，作者从另一个角度揭露金钱的罪恶。阿卓原为富家子弟，生活殷实，从父亲那里继承12万遗产。镇上的人看见他都点头弯腰：“叔”、“哥”、“先生”的称呼不绝，他“年少英俊，气盖一世，大有一掌打破此世界，重新创造之”的气概；他为人豪爽，有情有义，视金钱如粪土。娶妻之后，他挟着巨资，牵着佳人，携着美酒游遍名山大川，夫妻之间如胶似漆，恩爱异常。后来阿卓呆子在妻子家中邂逅妻妹，被妻妹的美貌和温柔贤惠所吸引，又与妻妹产生了一段缠绵悱恻的恋情。他爱妻子，但更爱妻妹，可是好景不长。不出几年，妻子和妻妹这两位可爱的女性先后染病离他而去，因为两心相通的真诚交往，他对妻子的去世并不感到异常的悲痛。但是，妻妹的去世对他的打击十分沉重。妻妹得急病去世的第二天，他“独自在紫云洞里里外外乱跑，从早到晚……没有吃过一点东西，身边也没有带去一个铜子，晚上八点钟回来时，两眼青肿了。问他吃饭不吃，但摇了一摇头，便到床上去睡了。”妻妹的死，使阿卓心中的情感宝塔轰然倒地，他的情绪一落千丈，感到生活毫无趣味可言，从此，他开始酗酒，出入于烟花柳巷，挥金如土，在挥霍中寻求刺激。酒醉过后，常常唱起“浮生若梦，为欢几何?”“已矣乎，寓形宇内复几时，易不委心任去留？胡为夫遑遑欲何之?”等语句，有时还唱“秋风起兮白云飞，草木黄落兮雁南归，兰有秀兮菊有芳，怀佳人兮不能忘”等骚体的词句。不出六年，他的财产被挥霍一空，田地房屋卖的卖了，押的押了，穷困潦倒，而且一再被人以“正义”的名义窃取经济利益。为物欲所控制的傅家镇人先是把他的狂态视为茶余饭后唯一可资娱乐的东西，更进一步地，他们开始捉弄、戏耍阿卓，或拳脚相加，或鞭笞棍打，或在他本已猪食不如的饭碗里拌上草灰逼他吃下去，或者寻找借口吞并他仅剩的财产，直至把阿卓逼上发疯的境地。可以说金钱成就了阿卓，曾经给他带来一段短暂而美好的情感生活。但是金钱又害了阿卓，如果没有钱，阿卓不可能如此浪漫（前期），也不可能如此放荡（后期），当然也不可能成为一些人窃取好处的对象。阿卓生活在只知拼命地追求金钱、把拥有财富等同于幸福的乡邻中间，没有人能够理解他，人们只是取笑他的行为，骂他为“疯子”、“败家子”、“呆子”。这篇小说抨击了旧社会金钱使人堕落，金钱侵蚀人性和良心，扭曲人类灵魂的罪恶。王鲁彦在《自立》、《阿卓呆子》这两篇早期的作品中，站在人道主义的立场上，深刻地揭露了金钱使兄弟失和、金钱扭曲人性，金钱使人不能了解真爱的罪恶。整篇小说以“笑”彰“泪”，以“欢”托“悲”，后期的阿卓呆子，无论人家怎么取笑他、捉弄他、打他、骂他，他都是以“大笑”、“狂笑”、“笑着”面对，但这种笑是含泪的笑，是听了令人心酸落泪的笑，它体现的不是人间的温暖，而是世道的冷酷。

（4）浙东风俗——冥婚

王鲁彦在这几个短篇里，除了批判金钱对人心的腐蚀和人情的淡薄、冷漠，还展示家乡独特的地方风情，《菊英的出嫁》最有代表性，叙写了一位母亲给已经死去十年的女儿寻找阴配对象，最后热闹阔绰地为女儿举办了一场冥婚的故事。

所谓“冥婚”，也叫阴婚、殇婚、死婚。旧时婚姻习俗的一种，即男女两家分别为死亡的未婚子女联姻。冥婚又分为几种：一种是定亲后双方亡故的，择日由童男童女抱牌位成亲，婚礼毕移棺合葬；一种是亡故的未婚男女双方本来不认识，家人托媒说合成婚，移棺合葬；一种是女方亡故，男方将牌位抬回家，另娶妻仍叫“填房”；再一种是男方亡故，女方与男方的牌位拜堂，与木主共寝，从一而终。这种习俗在周代民间已有流传。到了宋代，出现了专门替未婚早亡男女两家说合联姻以赚取财帛的人，称为“鬼媒人”。人们出于慰藉死者、保全生者的动机，因而形成此种迷信风俗。[①] 王鲁彦《菊英的出嫁》中写的冥婚与上述四种都不同，属于死前互不认识，死后才打听到，又经双方长辈同意后移棺合葬的一种。

这篇小说所写的冥婚场景，其实王鲁彦自己家里就搞过，这从王鲁彦的散文《母亲的时钟》中可以发现线索。王鲁彦上面有一个哥哥，一个姐姐，下面有一个妹妹，他的哥哥在王鲁彦出生之前就死了。这篇散文叙写王鲁彦的爸爸买给家里一只闹钟，母亲视若珍宝，而且常常按照钟点督促王鲁彦和他姐姐的学习和生活。但是过了几年，王鲁彦家里又多了一只闹钟，文章中这样写道：“那是我们阴配的嫂嫂的嫁妆。它比母亲的一架更新，更美观，声音更好听。”这句话就明确地告诉读者，王鲁彦的家里曾经为王鲁彦死去的哥哥举行过一场冥婚，难怪王鲁彦在《菊英的出嫁》中写得这么形象生动真实。

在《菊英的出嫁》中，作者换到女方的角度来写这场冥婚。菊英从小就听话乖巧、非常懂事，父亲常年不在家，母亲非常寂寞，她是母亲的精神安慰。可是菊英在八岁的时候得了白喉，因母亲迷信中医没有及时请西医诊断而死亡。十年以后，菊英的母亲依然怀着死后生存的原始信仰，认为女儿在阴间也已经长大了，到了婚配的年龄，于是她到处为女儿物色对象，终于为菊英找到一个十几年前死亡的男孩，她向男孩的家里提出了阴配的要求，男孩家里当即同意，而且拿出 400 元大洋作为聘礼。菊英的母亲拿了这笔钱之后，置办了比一般人家正常嫁女还要丰厚的嫁妆，举办了隆重的婚礼。

这篇小说对文学史的第一个贡献，是提供了一幅非常生动的地方风情画。如描写菊英的嫁妆：

---

① 赵亚宏：《现代文学作品中的冥婚现象背后——对〈菊英的出嫁〉和〈春阳〉的剖析》，《通化师范学院学报》2007 年第 1 期。

金簪二枚，银簪珠簪各一枚。金银发钗各两枚。挖耳，金的两个，银的一个。金的、银的和钻石的耳环各两副。金戒指四枚，又钻石的二枚。手镯三对，金的倒有两对。自内至外，四季衣服粗穿的俱备三套四套，细穿的各两套。凡丝罗缎如纺绸等衣服皆在粗穿之列。棉被八条，湖绉的占了四条。毯子四条，外国绒的占了两条。十字布乌贼枕六对，两面都挑出山水人物。大床一张，衣橱二个，方桌及琴桌各一个。椅、凳、茶几及各种木器，都用花梨木和其他上等的硬木做成，或雕刻，或嵌镶，都非常细致，全件漆上淡黄、金黄和淡红等各种颜色。玻璃的橱头箱中的银器光彩夺目。大小的蜡烛台六副，最大的每只重十二斤。其余日用的各种小件没有一件不精致，新奇，值钱。在种种不能详说（就是菊英的娘也不能一一记得清楚）的东西之外，还随去了良田十亩，每亩约计价一百二十元。

描写菊英的出嫁仪式：

最先走过的是两个送嫂[①]。她们的背上各斜披着一幅大红绫子，送嫂约过去有半里远近，队伍就到了。为首的是两盏红字的大灯笼。灯笼后八面旗子，八个吹手。随后便是一长排精制的、逼真的，各色纸童、纸婢、纸马、纸轿、纸桌、纸椅、纸箱、纸屋，以及许多纸做的器具。后面一顶鼓阁[②]两杠纸铺陈，两杠真铺陈。铺陈后一顶香亭，香亭后才是菊英的轿子。这轿子与平常花轿不同，不是红色，却是青色，四围结着彩。轿后十几个人抬着一口十分沉重的棺材，这就是菊英的灵柩。棺材在一套呆大的格子架中，架上盖着红色的绒毯，四面

---

① 送嫂专于婚丧时服侍女客，及平时与妇人绞面毛，其丈夫多为吹手或轿夫，或管庙祠。此处系用为至男家报喜及服侍新娘子之用。

② 鼓阁系一种轿子形式，内置乐器数种，以一人司之，与轿后数人之乐相和。

结着彩，后面跟送着两个坐轿的，和许多预备在中途折回的、步行的孩子。

仪式描写非常形象且富有特色，为此有人评价说："如将王鲁彦作品中那些展示风土人情，民间习俗的部分串连起来的话，将是一部十分形象的民俗史，或者说是一部十分生动的民俗学。"[①]

但作者是带着批判的眼光去写的，所以那铺排的程式写得越是煞有介事，越是显得荒唐可笑。但我们不得不承认，王鲁彦的感情是很复杂的，是怀着一种既恋乡又痛心的复杂情绪的，这种仪式表面上是"为鬼排解寂寞，实则是现世活着的人寂寞的一种宣泄"。这是对封建宗法社会传统婚俗的落后、愚昧、不合人道之处的一种批判，作者以充满悲剧氛围的笔调控诉传统礼教的吃人本质，并直指旧社会的黑暗腐朽，这种批判是激烈的、尖锐的，但在心底深处，王鲁彦与其他乡土作家一样，深情地眷恋着那生活过而今却又疏离了的故乡，所以，他以冥婚这一独特的民俗事象为载体，通过对冥婚场面的逼真阐述，表现了对古老农村落后、农民愚昧的不满，在理性批判的同时，小说中又表现出对女性不自知的悲剧命运的抑郁和感伤。

《菊英的出嫁》对文学史的第二个贡献是对母爱的颂扬。小说一开头，作者先介绍了母女俩的情况，"菊英离开她已有整整十年了"，菊英母亲一直沉浸在失去女儿的痛苦之中。接着写母亲对女儿的刻骨思念，人家的女儿无论远近、出嫁与否都能"阿姆阿姆"的喊，都有机会见面，唯有她的菊英十年没有见面了，菊英在那边好吗？于是母亲想到女儿到了找老公的年龄了。所以，"五六年前，一听见媒人来说某人要给儿子讨一个老婆，她便要冒风冒雨，跋山涉水的去打听。于今，她心满意足了，她找到了一个非常好的女婿。"做娘的可以安心地为女儿筹办嫁妆了。接着，写菊英

① 胡灵芝：《王鲁彦与乡土文学》，《文学评论》1986年第3期。

母亲不顾疲劳，购买了很多嫁妆，办了一场与活人一样隆重的婚礼。最后，死去的女儿是体面地出嫁了，但菊英的母亲连女儿的棺材也失去了，隆重之后是更深的悲哀，菊英母亲凄楚的痛哭，不仅仅是哭女儿，更是对自己此后晚境孤独凄凉的哀怨和悲泣。

这篇小说的第三个贡献是真幻合一，通过菊英母亲的意识流动和倒叙的手法来建构篇章。冥婚事件的始末是通过失去女儿的菊英母亲的意识之流渐次溢出。十年来，思念女儿的菊英母亲似乎一直与女儿在一起生活，“她进进出出总是看见菊英一脸的笑容。”当她知道女儿也已经在阴间长大，需要嫁人，并为她寻找到了阴配的对象之后，就嘱咐她：“‘你到他家去，做他的人去！让你日日夜夜跟着他。让他日日夜夜陪着你、抱着你！’……‘依从他，不要使他不高兴，欢欢喜喜的明年就给他生一个儿子！’……”是真是幻？如果不仔细看很容易搞混。对此，苏雪林很赞赏：“我们未读到仪仗中的菊英的棺材而先读这些描写时，谁又不被作者巧妙的笔所欺蒙呢？”① 茅盾先生也惊叹：“在这里，真与幻想混成了不可分的一片，我们看见母亲意念中有真实的菊英住着。我们也几乎看见真实的菊英躲躲闪闪在纸面上等候出嫁。像这样的描写真与幻的混一，不能不说是可以惊叹的作品。”② 小说前面部分用倒叙的手法，通过菊英母亲的意识流动来完成，后面部分才回到正常的叙述顺序，整篇小说情节曲折，富有吸引力。

综观王鲁彦早期的乡土小说，以家乡见闻和小有产者为描写对象，描写他们在特定的历史条件下和社会背景下的思想、心理和生活，表现了作者对家乡民众愚昧和落后的批判，鞭挞了官吏的卑污和社会的黑暗。同时对家乡的风俗民情也描绘得逼真传神。究其原因，首先，如前所提，王鲁彦前期接受的主要是人道主义和无政府主义思想的影响，还没有接受先进

① 苏雪林：《王鲁彦与许钦文》，《现代》1935 年第 5 期。

② 茅盾：《王鲁彦论》，收入覃英编《中国现代作家选集——鲁彦》，人民文学出版社 1992 年版，第 241 页原载《小说月报》1928 年 1 月 10 日第 19 卷第 1 号。署名方璧。

的无产阶级理论，所以，他只是站在人道主义的立场来观察分析当时的农村生活，即使对家乡农村的愚昧落后有所批判，但那也是温和的文化批判，现实主义的批判思想尚处于萌芽阶段，更不用说用阶级斗争的观点去观察分析现实生活，所以他还提不出解决问题的正确主张。其次，跟王鲁彦自己的家庭背景有关联，他的父亲就是一个常年外出做店员的，姐姐早早就出嫁了，平时基本上只有王鲁彦与他的母亲一起生活，王鲁彦从他父亲身上就了解了这些小商人谋生的艰辛以及家人、尤其是女性的孤独和寂寞，这点在他随后的小说《黄金》中的如史伯伯、《桥上》中的小商人如伊新叔身上，包括本篇《菊英的出嫁》中那个常年在外谋生的菊英父亲身上可以找到影子。同时菊英母亲的孤独寂寞也正是他自己母亲的写照，所以这些人物比较形象。因为这样的家庭出身，王鲁彦早期的小说中没有农民形象，他对于农民的理解有一定的偏差。

（三）本期的其他作品

在《柚子》集中，有两篇抒情散文《秋雨的诉苦》、《灯》，还有两篇抒情性较强的小说《柚子》、《美丽的头发》。《柚子》和《灯》前面已经分析过。

1. 思想模糊的小说

《美丽的头发》这篇小说范伯群、曾华鹏对它评价不高，他们认为：这篇小说“所表现的这种‘对专制不平，又想自由冷笑’的思想，虽然不能说完全没有揭露性的意义，但更多的却是消极的作用。它带给读者极不健康的情绪，它使惶惑者更加惶惑，给失望者以更多失望，让政治上的无知者产生对革命的误解。因此，《美丽的头发》这个出现在一九二五年大革命高潮到来的年代的作品，所宣传的思想是消极的，甚至是反动的。所以，虽然‘作者往往是以诙谐之笔出之的，但也因为太冷静了，就往往化为冷话，失掉了人间的诙谐。’在艺术上这篇作品也是相当粗劣的。从写法上看，它似乎只是《秋夜》式的梦幻手法和《狗》的写实手法的机械相加，读起来颇感不伦不类；从结构上看，作者只是硬将‘头发’为引线来贯穿一些事先想好的概念和场面，实际上‘头发’的形象在作品的后半部分已经不起作用了，但作者还是硬将它贯串到底，致使作品结构有很明显的人工痕迹。因此，《美丽的头发》是一篇在思想艺术方面都相当粗劣的作品”。[①]

这段评论非常正确，十分恰切地抓住了这篇作品思想和艺术手法上的不足之处。

茅盾说：“老实说，我实在看不出《美丽的头发》中间的中心思想是什么。”[②]

在王鲁彦前期的小说中，这篇小说是一个例外，应该说作者的出发点是好的，在小说里多用冷讽之笔来嘲讽时事，前面借辫子之事讽刺辛亥革命的不彻底：“……十二年前为了这个问题流了多少血。革命，剪辫子，剪辫子，革命，牺牲了无数的生命，一直到现在还是这样一个中国”[③] 这种认识是可取的，但是这种认识有局限性，因为他“没有看到辛亥革命在当时历史条件下所具有的进步意义”和辛亥革命失败的真正原因。而且后面对 20 年代的妇女解放运动加以否定以及对共产党领导的革命持异议态度，就不对了。第二段写“我”两年后回到原地，遇见 L 君和短发女子林振华，他们一个早已加入了共产党，一个是妇女运动首领之一，但“我”对他们很冷淡，因为“我的心还是和先前一样的厌烦那种革命不革命，入党不入党的询问。”但是有一次我终于被 L 君邀请去做客了，当“我”“问到他们共产党和女子运动的事情”时，L 夫人叹了一口气说：“中国没有三个人以上的团体，总是自己轧轹，我们都已退出了。”于是“我”交口赞誉这对夫妇的行动：“原可以不必，有了钱再讲共产，有了丈夫再讲女子运动这都是很危险的事，他们这种举动，正合我的意思。”这里王鲁彦对于共产党和中国革命的理解是错误的，“他盲目地把共产党与一切高挂革

① 范伯群，曾华鹏：《王鲁彦论》，上海文艺出版社 1980 年版，第 20 页。

② 茅盾：《王鲁彦论》，收入覃英编《中国现代作家选集——鲁彦》，人民文学出版社 1992 年版，第 241 页。

③ 王鲁彦：《美丽的头发》，《王鲁彦文集》（壹）（短篇小说），人民文学出版社 2009 年版，第 56 页。

命招牌，而目的是为了谋取私利的其他政党同等对待，他因辛亥革命的失败而对一切革命抱着怀疑的态度，甚至亵渎了党所领导的革命事业。”[①]

这篇小说产生于1926年3月，处于五四退潮之后和大革命到来之前的交叉点上，这是一个非常敏感的时期，许多知识分子彷徨四顾，茫然不知去处，有的甚至投入到反革命的阵营。王鲁彦作为一个年轻的不成熟的知识分子和人道主义思想的信奉者，对革命的前途没有正确的认识，对当时的社会现实也没有深刻的体认，个人的前途又很渺茫，因而产生一种迷茫、苦闷、盲目的情绪是可以理解的，并且把自己对革命的不理解用小说的形式表达出来，也不失为他的直率个性和当时现实的一种真实反映。好在，在前期的作品中，《美丽的头发》是绝无仅有的一篇。

2. 失去“天上乐园”的痛苦

《秋雨的诉苦》和《灯》是两篇抒情散文，《灯》前面已经分析过。王鲁彦的散文以简短而精美见长，也以描写故乡风物具有乡土特色而得到肯定，“举凡故乡的风土人情、习俗时尚、草木山川乃至日常的生活场景，都像工笔的图画、或者似电影的特写镜头一般展现在读者面前，鲜明生动，令人难忘。”[②] 这是当代学者的评价。

《秋雨的诉苦》通过“我”与秋雨的对话，对天国乐土和人间地狱作了形象的对比描写：天上高广、美丽、自由、博爱，充满欢乐；“我原是在高大的天上飘游着的，那里有许多为我所爱的朋友，他们的心系住了我的心，我的心混合了他们的心。我们由来的地方各不相同，但我们却和恋人般的共同生活着。我们中间向来没有发生过什么争斗，也没有谁知道争斗是什么。我们的父亲是统治天国的自由，他从不曾阻碍过我们。我们的母亲是美，她养育我们。”[③] “秋雨”对这样的天上乐园十分依恋。然而严

① 范伯群，曾华鹏：《王鲁彦论》，上海文艺出版社1980年版，第18页。

② 沈斯亨：《鲁彦散文选集·序言》，收入林呐，徐柏荣，郑法清主编《鲁彦散文选集》，百花文艺出版社2004年版，第4—5页。

③ 王鲁彦：《秋雨的诉苦》，收入覃英编《中国现代作家选集——鲁彦》，人民文学出版社1992年版，第179页。

寒把秋雨迫落到了地上。地上是怎样的呢？地上狭小、肮脏、黑暗、争斗，一片恶浊。秋雨诉苦了："地太小了，地太脏了，到处都黑暗，到处都讨厌。人人只知道爱金钱，不知道爱自由，也不知道美。你们人类中间没有一点亲爱，只有仇恨。你们人类，夜间像猪一样的甜甜蜜蜜的睡着，白天像狗一般的争斗着，厮打着……"[①] 作者借"秋雨"的嘴表达了对30年代黑暗现实的厌憎和对光明、理想的追求、向往。

王鲁彦对当时的现实是不满的，他试图反抗，但毕竟势单力薄，单凭个人的力量难以撼动当时社会的一根毫毛。王鲁彦变得消极了，他选择了逃避现实世界的道路，并借秋雨表达了当时的真实内心："这样的世界，我看得惯吗？我为什么不应该哭呢？在野蛮的世界上。让野兽们去生活吧，但是我不，我们不……唔，我现在要离开这个世界，到地底去了……"但是，王鲁彦真的能够离开这个时代吗？在当时军阀混战、民不聊生、社会无比黑暗、需要敢于推翻这个时代的勇士的时候，这样的理想只是被涂上了一层朦胧的色彩，是不现实的。

(四）早期小说思想和手法小结

1. 以人道主义思想为主的创作思想

王鲁彦的处女集《柚子》里所收的这些初期作品，在思想内容上体现出来的总体特色主要是人道主义思想，这种精神促使他去揭露军阀混战的野蛮与黑暗，同情在战争期间流离失所、无家可归以及被无故杀戮的人们，去抨击旧社会人与人之间的势利冷漠以及拜金主义，去展示家乡民众的愚昧落后，去批判家乡的一些陈规陋俗，在当时的社会是有进步意义的，这种人道主义影响了巴金等一批后代的作家。当然也有现实主义批判思想的萌芽。

王鲁彦的早期作品中流露出苦闷的心情，这些情绪有人认为是消极的。但是如果用历史主义的观点客观地分析，笔者认为王鲁彦作品中流露

---

① 王鲁彦：《秋雨的诉苦》，收入覃英编《中国现代作家选集——鲁彦》，人民文学出版社1992年版，第179页。

出来的情绪，是非常真实的。这是五四退潮之后，一些小资产阶级知识分子共有的特征，他们想上进，苦于找不到奋斗的方向，相抗争又势单力薄无法与强大的封建势力作斗争，所以只能借手中的笔，在文学作品中长吁短叹而已。这主要体现在《秋夜》和《柚子》、《秋雨的诉苦》、《灯》等作品中，作者有拯救人类的愿望，但又觉得无力去推翻这个黑暗的世界，只有叹气和苦恼；他憎恨军阀战争给人民带来的苦难，但又缺乏勇气与之抗争，只能借冷嘲排遣内心的愤懑，以玩世不恭的态度对待当时的现实；当现实的恶势力过于强大，他觉得实在难以抵挡的时候，就产生了一种厌世的思想或逃到地底下去生活的愿望，或者做个无“心”的人，这样面对黑暗的现实就不会痛苦了。正如茅盾所说：“然而有一种共通的情调，隐藏在这些作品内”，“这便是作者的敏锐感觉所发见的人生的矛盾和悲哀。作者的向善心，似乎是在常常鼓励他作为一个人类的战士，然而他又自疑没有那样的勇力。”[①] 他又说：“我好像看见作者的太赤热的心，在冷冰冰的空气里跳跃，它有很多要诅咒，有很多要共鸣，有很多要反抗，它焦灼地团团转，终于找不到心安的理想，些微的光明来。或者有人要说，像这样的焦灼的跳动的心，不是麻木的冷的死。”[②] 这些分析十分正确地切中了前期王鲁彦真实的思想状态。

在《许是不至于罢》、《阿卓呆子》等作品中，还是以人道主义思想为主，不过这些作品中很明显已经有现实主义批判的思想萌芽。作者揭示王阿虞财主和阿卓呆子在关键时刻人们对他们的冷淡，不伸出援助之手的现状，形象地展示了受资本主义影响较早的浙东沿海地区小资产阶级的生活和心理，在 20 世纪 20 年代乡土文学小说中很有特色，具有文化批判的内涵。但是他没有认识到在农村真正的剥削者是地主，财主和农民之间的关系永远是对立的，财主的财产是几代农民辛辛苦苦租田之后交租的产物。

① 茅盾：《王鲁彦论》，收入覃英编《中国现代作家选集——鲁彦》，人民文学出版社 1992 年版，第 238 页。

② 同上书，第 239 页。

王阿虞财主也不例外，因为长期盘剥农民，乡民心里有积怨，当王阿虞财主有困难时，就不去帮忙。也许因为王鲁彦出生于一个店员的家庭，不了解财主与农民之间的关系，所以很难用文字描述出来。

不过像王鲁彦这样的小资产阶级知识分子在当时的中国何止一个，作为一个爱国的具有人道主义思想的知识分子，看到民众的愚昧、社会的黑暗又无力拯救他们，心中充满痛苦和愤恨，并借助文学作品加以发泄，是十分真实的。相反，作者硬写自己不熟悉的生活，那才是可怕的。

对此，新时期一些学者说得比较中肯："早期创作所表现的伤感与愤激、迷惘与执著，在五四新文化运动落潮之后具有典型意义。如果想要了解那个时期的知识分子心态，他的早期作品也像郁达夫、王统照、庐隐、石评梅、丁玲的小说，戴望舒、徐志摩、闻一多、冯至的诗歌与鲁迅的《孤独者》、《在酒楼上》、《野草》一样，具有精神史的价值。"[①] 这个观点站在了更宏观的角度来看王鲁彦的早期创作，更为客观真实。

2. 多元的艺术特色

首先，王鲁彦的作品抒情性较强。他是以创作诗歌迈出文学创作第一步的，虽然正式发表的只有一首，但实际创作的数量有几十首。作为一个具有诗人气质的小说家，在创作小说的时候，很自然地会把诗歌的抒情技巧运用进去。《秋夜》、《柚子》、《灯》、《秋雨的诉苦》中有好多文字都是抒情色彩很浓的。一些景物描写很有诗意和意境："东一株柏树，西一株柏树，都离得很远，孤独的站着。在这寂寞的夜里，凄凉的坟墓中，我想起我生活的孤单与漂荡。禁不住悲伤起来，泪儿如雨的落下了。"[②] 苍白的月色，寂寞凄凉的坟场景色，很好地点染了小说的气氛。

其次，鲁彦在作品里喜欢采取一些梦幻的手法。《秋雨的诉苦》构思了一个梦幻般的天堂生活：恋人般的一起生活、从不发生争斗、用坚强的臂膀互相拥抱、用热烈的嘴唇互相亲吻、想到哪里就到哪里去、心中满是

① 秦弓：《王鲁彦的游子之心》，《人民日报》2004 年 11 月 9 日。

② 王鲁彦：《秋夜》，《王鲁彦文集》（壹）（小说），人民文学出版社 2009 年版，第 5 页。

欢乐、灵魂里毫无痛苦。在《灯》里，“我”可以溯着泪流走进母亲的眼帘，看见母亲枯萎的心；我甚至可以把自己的心挖出来还给母亲。这些动作在现实生活中是完全不可能的，可是在作品中作者用梦幻的手法创造了这些内容。

再次，《许是不至于罢》等几篇反映农村生活的作品，作者用现实主义的手法真实细腻地描写了家乡民众的生活，但由于它们焕发出浓重的浙东地域文化色彩，以及生动细腻的描写文字，使这些小说除了有现实主义思想的萌芽之外，还同样弥漫着一层浪漫主义的气氛。尤其是《阿卓呆子》中，阿卓这个人物的内在精神气质就具有浪漫主义色彩，轻财富，重感情，携美女游遍名山大川，几年之间花光财产，最后为情而疯。在当时众多为金钱而戚戚的人中间，是何等的超脱，何等的浪漫。以上三个方面构成王鲁彦初期创作的浪漫主义特色。

不过，鲁彦初期创作在艺术上也有着明显的缺点。首先是思想过于外露，不讲究含蓄。《柚子》这篇小说旨在抨击军阀混战给长沙城及周边人民生活带来的巨大创痛，作者借杀头这件事，用冷嘲热讽的语言表达自己的看法，故作玩世不恭之态，实际上是为了表达内心的愤懑之情。“你们要恶作剧，你们尽去作罢，你们的头生在你们的颈上，割了去不会痛到我的颈上来。”“我没有能力阻止你们恶作剧，我也不屑阻止你们这种卑贱的恶作剧，从自由论点出发，我还应该听你们自由的去恶作剧哩。”其次，王鲁彦在小说中不太注意塑造血肉丰满和鲜明性格的人物形象，除了《许是不至于罢》中的王阿虞财主和《柚子》里的“我”还比较生动之外，其他人物模糊一片，这就直接影响了其作品的艺术感染力。作者注重把自己的内在情感直接抒发出来，他的倾向性也经常采取“特别地说出的方法”，而不是让自己的思想通过人物的行动、情节的设计、场面的描绘自然地流露出来，从而使作品成为向读者说教的传声筒。作者自己也认识到了这一点，他说：“并非在写处女集《柚子》的那时候，不想写得好，实际是因为缺少经验，不懂得技术，而同时又为热情所驱使的缘故。”[①] 茅盾也明确地指出，在王鲁彦的早期作品中，有部分作品存在着浓厚的教训主义色彩，“我以为小说就是小说，不是一篇‘宣传大纲’，所以太浓重的教训主义的色彩，常常会无例外的成了一篇小说的 Menace 或累坠。”[②]

最后，我们用王鲁彦自己在 1933 年的评论来对他早期的小说集作个总结：“《柚子》是我的处女作，写那些文章时候，我的年纪还轻，所以特别来得热情，呼号、诅咒与讥嘲常常流露出来。现在看起来，觉得非常的幼稚，没有技巧，不成为小说。但是可爱的地方也就在这里，不能当它们为小说看，却能当我的年轻时代的生命的反映看。在那里有天真的孩子气，纯洁的灵魂与热烈的情感，文笔是直率的，有时也有一点诗思的美句。”[③] 这个自我评价从艺术的角度来看还是比较恰切的。

① 王鲁彦：《我怎样创作》，收入曾华鹏，蒋明玳编《王鲁彦研究资料》，江西人民出版社 1984 年版，第 43 页。

② 茅盾：《王鲁彦论》，收入覃英编《中国现代作家选集——鲁彦》，人民文学出版社 1992 年版，第 238 页。

③ 王鲁彦：《我怎样创作》，收入曾华鹏，蒋明玳编《王鲁彦研究资料》，江西人民出版社 1984 年版，第 41 页。

第三章

辗转谋生中创作渐入佳境(1927—1932)

第一节　武汉、上海、南京三地谋生

一　在武汉编报和教书

1926年7月间，广东革命政府出师北伐，进展顺利，9、10月间就打败吴佩孚，占领武汉。北伐军乘胜东下，革命形势迅猛发展，1927年的1、2月间先后收回汉口、九江的英租界。群众情绪高涨，但是蒋介石在攻下南昌之后，就积极进行反革命的阴谋活动，虽遭到共产党和国民党左派的有力反击，但并没有收敛，其他各种反动势力也蠢蠢欲动，形势十分复杂。

1927年4月3日至5日，蒋介石、汪精卫等在上海连续召开反共秘密会议，会议上制定了国民党右派发动反革命政变的纲领，并规定4月15日前“清党”，正式反共。蒋介石负责东南—上海方面的屠杀，古应芬到广东策划反革命政变，汪精卫去武汉进行反革命分裂活动。

1927 年 4 月 12 日，蒋介石在上海发动了震惊中外的“四一二”大屠杀，南京、广州也先后发生了血腥的大屠杀，无数共产党人被蒋介石手下的特务残杀，全国一片黑暗和血腥。

当时，王鲁彦还在长沙教书，之前的一个月，他刚刚编完根据世界语本重译的《显克微支小说集》，共收七篇，并为本书作一长序。这年的 5 月，王鲁彦应聘去武汉编辑《民国日报》副刊，同时在武汉军分校担任短期的教官。

《民国日报》又叫《汉口民国日报》，是当时武汉的两家大型报纸之一，另外一家是《中央日报》。“《汉口民国日报》名义上是国民党湖北省党部的机关报，但实际上是共产党在工作。这是因为报纸的实权掌握在共产党的手里：报社社长是董必武，总经理是毛泽民，总主笔是我，而编辑部的编辑，除了一个石信嘉是国民党左派，其他也都是共产党员；此外，报纸的编辑方针、宣传内容也是由中共中央宣传部确定的，我有问题，也是向中共中央宣传部请示。因此，也可以说，《汉口民国日报》是共产党办的第一张大型日报。”[①] 这是 1926 年北伐战争期间的情况，那时中共中央宣传部长是彭述之，他人在上海，武汉宣传工作是由瞿秋白分管的。《汉口民国日报》每天出十版，报社编辑部只有十几个人，“编辑部没有记者，消息的来源主要靠党政机关及工农青妇等群众团体供给，材料很丰富。”[②]

5 月份王鲁彦到武汉的时候，武汉城内卷起了一个个更大的漩涡，形势十分尖锐复杂。当时汪精卫还担任着武汉国民政府主席的职位，表面上还是以国民党左派的面目在活动，真正的面目还没有暴露。还在中央领导岗位上的陈独秀，他的右倾机会主义已发展成为投降主义。

王鲁彦在编《民国日报》副刊的时候，茅盾还是总主笔，在 1927 年 4 月 30 日至同年的 7 月 9 日这段时间内，茅盾撰写了三十多篇社论，很好地

① 沈雁冰：《我走过的道路（上）·一九二七年大革命》，人民文学出版社 1997 年版。
② 同上。

配合了党的中心工作。王鲁彦在这里只工作了两个多月，7月15日，汪精卫在武汉发动反革命武装政变之后，就离开武汉到上海去了。

武汉军分校全称中央军事政治学校武汉分校，校址在武昌文昌门、平湖门之间的两湖书院旧址。1926年7月，由当时的中央政治学校教育长方鼎英电请设立中央军事政治学校武汉分校。10月，在广州召开的国民党中央与各省区党部代表联席会议决议通过，蒋介石委派邓演达为主任委员负责筹备，由包惠僧做具体的筹备工作。三个月之后，1927年1月19日中央军事政治学校（黄埔军校）武汉分校正式成立。最初仍由北伐军总司令蒋介石任校长，汪精卫任党代表。但当时蒋介石远在江西南昌指挥战争，汪精卫在国外未归，便由在武汉的声望极高的邓演达出任代理校长，军校的实际工作由政治部总教官恽代英主持。1927年2月12日，举行了开学大典，宋庆龄、孙科、吴玉章、董必武等出席开学典礼。

武汉军校下设政治、炮兵、工兵三科，首次招生最后录取男生986人，女生195人，他们先成为入伍生，后成为黄埔六期的正式学员。未被录取的考生，多数进入设在武昌南湖的总司令部学兵团，少数女生被介绍进入设在汉口的妇女运动训练班。军校实行军事教育和政治教育并重的办学方针，开设大量的政治课。恽代英、茅盾都做过政治教官。

王鲁彦到武汉军事分校当教官教的是什么科目、教了多长时间，没有找到相关的文字记载。只有《鲁彦年表》中有一条记载："一九二七年，二十五岁，春，抵武汉，参加左派领导的汉口《民国日报》编辑工作，同时在武汉军分校担任短时期的教官"[①]。王鲁彦也没有直接参加北伐战争和革命活动。从5月到7月正是血雨腥风的时期，从"四一二"蒋介石在上海发动反革命政变，到7月15日，汪精卫控制的武汉国民党中央公开叛变，7月下旬，在武汉武力清除共产党，武汉的形势非常严峻。王鲁彦就是在这段时间离开武汉返回上海继续从事翻译工作的。

① 陈子善，刘增人：《鲁彦年表》，收入覃英编《中国现代作家选集——鲁彦》，人民文学出版社1992年版，第282页。

二　上海半年的著译生活

王鲁彦从武汉回到上海以后有一段小故事：

20世纪20年代末一个中秋，上海外滩，一个年轻人坐在石椅上，取下眼镜，静静等待巴金、胡愈之、索非等友人在此欢聚。旁边有几位洋人对这位近视眼品头论足，年轻人不屑理会，不动声色地从包里取出一份报纸阅览。洋人见状，不禁哄然大笑："连ABC都不懂，还看外文报，把报纸拿反了也不晓得。"等洋人笑够了，年轻人这才慢条斯理地以纯正的牛津标准英语自言："看洋报，要倒过来看，才有趣味哦。"几个洋人闻言大为惊讶，他们从未遇到过英语比洋人说得还地道的中国人。

这个年轻人就是王鲁彦。[①]

到上海之后王鲁彦继续著译活动。这年的7月，他中期最重要的短篇小说《黄金》在《小说月报》第18卷第7期上发表。小说《毒药》、《一个危险的人物》和随感《全世界庆祝的今年——世界语产生四十周年纪念》在《小说月报》第18卷第9、10期和《民铎杂志》上发表。

这年在翻译上收获也颇丰。他翻译的由俄国的马明·西皮尔雅克著的童话集《给海兰的童话》，1927年11月由上海光华书局出版，内收《序》、《长耳朵，斜视眼，短尾巴的大胆的兔子》、《小蚊子》、《最后的苍蝇》、《牛乳儿、麦粥儿和灰色的猫满尔克》，因为内容生动，可读性强，易于接受，很受儿童读者的欢迎，销售量很大。为此，1933年10月上海开明书店再版，赵特夫为之作画，并作为"世界少年文学丛刊"之一；1936年8月上海大光华书局再版。作者给《给海兰的童话》写了一则序，写得非常生动。其中的片段："呵，高高的月亮已经望到窗子里来了；呵，斜视眼的兔子扑扑颠颠的逃去了；呵，狼的眼睛像两颗黄色的火星亮起来了。一

① 龚成：《王鲁彦故居：斑驳老屋斑斓旧梦》，宁波《东南商报》2007年4月1日。

只老麻雀飞到窗上，嘴敲着玻璃问道：‘快了吗?’大家都在这里，统聚在一起了；大家等着给海兰的童话呢。”作者用拟人的手法，把月亮、斜视眼的兔子、狼、老麻雀写得很生动。由此可以推断，其正文也应该是非常生动形象的。

此外，他还翻译了小说《老仆人》、《访教父去》、《学生》、《月桂》，创作散文诗《黄叶》，分别在《小说月报》、《语丝》、《东方杂志》和《北新周刊》等刊物上发表。

三　在南京被撤职

作为一个小资产阶级知识分子，因为本身的软弱和思想局限，王鲁彦没有勇气直接参加反抗以蒋介石为首的国民党的斗争，但是这并不等于他没有是非标准和正义感。1928 年春，王鲁彦应作家荆有鳞之约到南京国民政府国际宣传科做世界语翻译，负责编写对波兰、芬兰等东、北欧国家的宣传小册子。主要是将孙中山的《三民主义》等内容翻译成世界语，向国外宣传。

1928 年 5 月 3 日，在山东济南发生了由侵华日军头目酒井隆一手策划和制造的“蔡公时惨案”。

1928 年春，蒋介石联合阎锡山、李宗仁、冯玉祥等军阀举行二期北伐，北上攻击当时控制北京政府的张作霖。张作霖是靠日本人的庇护而起家的，日本人希望通过扶持张作霖而牢牢控制东北，因而，当然不希望北伐军彻底消灭奉系军阀张作霖了。

1928 年 4 月，蒋介石所率领的北伐军节节胜利，很快就攻入了山东省。日本驻济南领事馆武官酒井隆，为了阻止北伐军继续北进，他立即以“山东局势混乱，保护日本侨民利益”为借口，写信给日本参谋总长，要求军部出兵山东，参谋本部根据酒井隆的报告和请求，借口保护侨民，于 4 月下旬，派遣日军第六师团五千余人从青岛登陆，入侵山东。第六师团在青岛成功登陆以后，酒井隆故意夸大事实，以局势极为混乱为由，擅自要求第六师团团长福田彦助率部火速赶往济南。福田彦助在酒井隆的一再催促之下，星夜兼程，终于在4月底到达济南城外。

5月1日，蒋介石所率北伐军开进济南城以后，酒井隆就唆使日军四处寻衅。日军不仅随意捕捉北伐军的士兵，还枪杀了北伐军的运输队长。

5月3日上午，日军强行解除了北伐军一部七千余人的武装。对日军的一再挑衅，蒋介石再三屈辱退让，命令北伐军各部“约束士兵，不准开枪还击”，而且准备“绕道北伐”，这更助长了日军的嚣张气焰。

5月4日晨，北伐军在济南抓获了13名走私鸦片的日本毒贩，按照中国法律将他们处死。酒井隆借机再次给陆军省和参谋本部拍电报，夸大事实，宣称日本无辜侨民被杀害并将数目扩大了20多倍。当天下午，酒井隆指使第六师团进行报复。第六师团用大炮和重机枪轰击济南城内居民稠密的地区和北伐军的驻防地，造成中国军民死伤一千多人。当晚11时，酒井隆还指使数十名日军士兵闯入国民党山东交涉公署，剪断电话线，将国民党战地政务委员会主任兼山东交涉员蔡公时及17名公署职员全部捆绑起来，并极其残忍地将蔡公时的眼、耳、鼻割剜下来，然后用机枪把蔡公时等18人全部杀害。

“蔡公时惨案”发生以后，酒井隆故意歪曲事实，谎称是中国军队率先挑衅的，并且请求日本政府增兵山东。

5月11日，日军侵占了济南城，在城内进行大规模的掳掠烧杀活动，杀害中国军民6123人，打伤1700余人，制造了震惊中外的“济南惨案”。“济南惨案”发生以后，引起了全国人民的愤怒和世界舆论对日本政府的强烈谴责。

身在国民党政治文化中心——南京的王鲁彦，对这一震惊全国的事件非常了解，他本着一个中国人最起码的良知，如实报道了日本的侵华行径，揭露蒋介石的投降政策，因而触怒了国民党当局而被撤职。之后，王鲁彦返回上海。

第二节　第三次婚姻

1929年初夏，国民党政府又通过反动文人王平陵等诱迫王鲁彦去书报检查机关任职，他拒不接受，他依稀知道这是一个摧残进步文化的特务组织。从这件事情上，可以看出王鲁彦内心还是有自己的为人准则的，对国民党的反动面目还是有所认识的，是富有正义感和爱国心的。此时的王鲁彦与刚刚走上文坛的受无政府主义和人道主义思想影响的他相比已经有了很大的进步，尽管与一些直接走上抗日前线的文艺工作者相比还有不足，但是他正在慢慢成熟，思想也在逐渐走向进步。

一　与两个女人的纠葛

王鲁彦拒绝国民党的工作安排之后，与中央大学的女学生覃英（谷兰）一起离开南京到上海结婚。加上前面的包办婚姻、与谭昭的婚姻，王鲁彦这一次是第三次结婚。覃英出身书香门第，不仅熟读四书五经、唐宋诗词，还精通各种外文与世界语，因此，她成了王鲁彦翻译世界语文学作品时的得力助手和第一读者。鲁彦与覃英女士的婚恋有几种说法，一是覃英自己的说法："我原来在长沙女子师范读书，但鲁彦来女师任教时我已经在毕业班，所以并不相识。我因为参加进步学生运动而被捕，出狱后在长沙待不下去，就到南京进伪中央大学中文系，这时才同鲁彦认识，他已经跟谭昭离婚。鲁彦从南京出走时，我又因参加进步学生运动在伪中央大学站不住脚，便相约到上海，在上海结婚。"[①] 另一种说法是周贻白的：

① 刘增人、陈子善：《鲁彦夫人覃英同志访问记》，收入曾华鹏、蒋明玳编《王鲁彦研究资料》，江西人民出版社1984年版，第131页。

“民国十九年，我到福建泉州师范教书，恰巧鲁彦也到了同安的集美师范。……这时候，他的夫人已换上了覃谷兰女士。覃为湖南宁乡人，父亲是当地某中学的地理教员，覃与鲁彦的相识，系与谭昭为同学，因随鲁彦习世界语，谭昭由疑而妒，致覃不可终所学。由是，鲁彦与谭昭情感愈趋恶劣，终至离婚。谷兰本已至南京考取中大，鲁彦既与谭昭判决，竟独身赴京访覃，期间几经周折，始得与覃结合。但覃的父亲，始终不赞成其事，当谷兰随鲁彦入闽时，大有‘不及黄泉，不相见也’之慨 。然而，谷兰与鲁彦，彼此都有一种知己之感，外来的阻力，是不足以使他们气馁的。故当我与鲁彦在泉州重晤时，谷兰的第一个孩子恩哥，就在这时出世了。”[①]

赵景深也说过很简略的一句话：“他的第一个妻子是谭昭，就是写小说的那位。谭昭以前还有一位罗女士。但由有言之谭而改为无言之覃，这中间的经过我已不太清楚，似乎是谭覃本为好友。”[②]

关于王鲁彦与谭昭的婚变，周贻白还有些叙述：

“谭昭女士连育二子一女。最小的女儿，名莲[③]儿。夫妻间的感情，渐不甚好，时常彼此口角。而谭昭的母亲（继母）也同住在一道，故每意见不洽时，鲁彦深感自己的孤立。以后他和谭昭之脱辐，大概种于次者为多。”[④] 这里周贻白关于谭昭与王鲁彦婚变的原因与赵景深提供的相似，但是关于谭昭与王鲁彦所生的小孩数目与覃英的说法有出入，覃英说是两个女儿，“鲁彦共生有子女七人。谭昭所生两个女儿都随母亲改姓。我膝下四子一女。”[⑤] 2010 年，我去北京顺义采访王鲁彦与谭昭的小女儿谭宁佑，

① 周贻白：《悼鲁彦》，收入曾华鹏、蒋明玳编《王鲁彦研究资料》，江西人民出版社 1984 年版，第 84 页。

② 赵景深：《记鲁彦》（节选），收入曾华鹏、蒋明玳编《王鲁彦研究资料》，江西人民出版社 1984 年版，第 80 页。

③ 据谭宁佑说，此“莲”应为“涟”，以纪念她出生在湖南湘乡，涟水之畔。

④ 周贻白：《悼鲁彦》，收入曾华鹏，蒋明玳编《鲁彦研究资料》，江西人民出版社 1984 年版，第 83—84 页 。

⑤ 刘增人，陈子善：《鲁彦夫人覃英同志访问记》，收入曾华鹏，蒋明玳编《王鲁彦研究资料》，江西人民出版社 1984 年，第 138 页。

她说他们是三兄妹，涟儿（涟佑）是老大，哥哥长佑是老二，她是老三。

这里还有一段张天翼的姐姐穆素的回忆，也有助于我们了解一点儿当时的情形：

“他太太照例是烧煮浆洗做完了，一得空就抱一个孩子，牵着一个孩子，挤在这一群里，用亲切的眼光看着他。这时她用一个溺爱的母亲斥责她的顽皮的孩子的态度说：‘看你！下次再这样领着孩子闹，叫姐姐先打你这个孩子头儿！’”

王鲁彦写文章的时候喜欢安静，所以当小孩吵闹的时候，他会声色俱厉地喊，叫小孩安静，如果是自己的孩子则不管三七二十一，用大巴掌打下去，结果闹得妻子哭小孩闹。

“照例在这样一场风波之后……他一定穿上长裤，衬衫……抱着儿子，牵着女儿，膀弯上吊着太太，笑嘻嘻的来邀我们去逛公园……”

“我们在公园里都是找空旷的草地，横七竖八的坐着的，躺着的，滚的，爬的，往往引起一些游客好奇地围着我们看。鲁彦似乎全看不见那些惊奇的眼光似的。他把冬青、松柏、苜蓿，野菊花，给他太太头上堆得像花冠一样，还不许她丢掉一点。太太假装着讨厌他的顽皮，蹙着眉头，而她的闪光的大黑眼睛已经明明告诉我们她感觉得如何幸福了。”

“七月里，我因为又到北平去，住了半年。等到回来时，鲁彦一家已经搬走了。后来听说就是在那房子里，他开始同现在这个太太闹恋爱的。这已经是十六年前的事了。”①

从穆素的回忆中可以看出谭昭与王鲁彦发生感情危机是在1928年下半年，而且就发生在南京，这一点笔者在谭宁佑那里也得到了证实，谭宁佑还说父母真正分手是在1929年5月，分手的时候，谭昭问王鲁彦三个孩子中他要哪一个，王鲁彦说要长佑，谭昭觉得王鲁彦重男轻女，因为王鲁彦

---

① 穆素：《忆鲁彦》，收入曾华鹏，蒋明玳编《王鲁彦研究资料》，江西人民出版社1984年版，第71页。

平时最喜欢涟儿，但最终却要长佑。一气之下，把三个孩子都带回了湖南湘乡，当时三个孩子分别为五岁、三岁和一岁，其实宁佑当时才一个多月，[①] 当时谭昭没有和王鲁彦办离婚手续。谭昭回到湘乡把三个孩子交给继母之后就外出工作，三个孩子是由谭昭的哥哥养大的。

后来，穆素问了谭昭恨不恨鲁彦，她说："有什么法子呢？他是这么一个重感情而不会克服自己的人。"

从这几段话中，可以得出这样一些信息，一是鲁彦与谭昭应该是一子二女，与周贻白提供的信息差不多；二是鲁彦与谭昭之前的感情还是不错的，至少从文字看得出来，谭昭是很爱鲁彦的。至于最终为什么发生婚变，只能参考周贻白和赵景深的意见了。

至于谭昭与王鲁彦解除婚约的事，周贻白写得很清楚：

"王鲁彦回沪之后（从陕西郃阳教书结束之后，应该是1934年夏天），我们的往来，又恢复了泉州时的亲密。有一天，我去访晤他，忽然看见一个十一二岁的女孩子，陪着他的恩哥和丽莎在一道玩耍着，谷兰笑着问我：'你认识她吗？'我仔细向那孩子看看，觉得她眉目之间，似乎有点和鲁彦相像，我猜是鲁彦的外甥。但是谷兰说：'不对，比外甥更要亲近点。'我怀疑地不知道说什么好，于是鲁彦说：'这是谭昭的莲儿，新近跟她母亲来到上海的。'谭昭和鲁彦的这段公案，我本来不曾怎么留意，但因莲儿之来，我才知道他们之间并没有经过正式的离婚手续，彼此仍以朋友的立场，互相来往着。我当时觉得他们这种态度很不错。可是，经过了两个星期，鲁彦跑来同我说：'谭昭来沪，目的是索取赡养费。'要我去替他向谭昭转圜一下。因此，我在其中颇费了一点唇舌，总算把谭昭打发走。平心而论，这时的谭昭，已经有了新对象，她来找鲁彦，不过是想结束一下以前的关系，藉以杜绝后患。鲁彦说她'过于刁滑'，但照我的看法，谭昭此举，明明是不懂得鲁彦的为人，即便不为谷兰而离开，迟早也

① 涟儿（学名叫涟佑）出生在1925年3月，长佑出生在1927年2月，宁佑出生在1929年3月28日。

是不能合作下去的。”①

对于鲁彦的婚变，史料记载很少，笔者把这些资料放在这里，并非有贬低当事人的意思，毕竟时间已经过去，历史上的是是非非，只能交付历史去评判了。不过这对于我们认识王鲁彦的人生历程还是有一定的意义的。

二 在上海的短暂生活

当时上海文艺界的斗争也十分激烈，以鲁迅为首的作家如冯雪峰、柔石、巴金、丁玲、胡也频、艾芜、沈从文、黄源等，一方面与国民党反动派的文化围剿作斗争，另一方面面临文艺阵容内部的分化。王鲁彦从南京一到上海就与冯雪峰一起去看望隐居在北四川路的鲁迅。由于长期远离上海，王鲁彦在思想上尚处于个人奋斗的小圈子里，因而他没有参加当时文艺界的论争。

王鲁彦夫妇在 1929 年 7 月份（农历 6 月 19 日）曾与郁达夫、楼适夷在舟山普陀一起去听潮。② 王鲁彦的夫人覃英在谈话录中说：“一九二九年到普陀山去，也不只是我们两个人一起去，同行的还有几个朋友，其中有楼适夷同志（按：适夷为楼建南笔名）。”这段话与《郁达夫诗词抄》所记载的完全相符。《听潮》是在 1934 年 9 月写成的，王鲁彦和他的夫人游普陀，是在写这篇文章的五年之前。郁达夫和楼适夷很快就离开了，而鲁彦与妻子留下来住了一段时间，散文《听潮》详细记写了他们在普陀的日日夜夜。

回到上海以后，王鲁彦本来打算与夫人覃英一起去日本留学，“当时

---

① 周贻白：《悼鲁彦》，见《鲁彦研究资料》，曾华鹏，蒋明玳，江西人民出版社 1984 年版，第 83—84 页。

② 《郁达夫诗词抄》（浙江人民出版社 1981 年版）第 128 页上记载：“（编者按）据天行的《梵岛一周日记》所记，作者（郁达夫）曾于一九二九年七月与王鲁彦、楼建南等同游普陀。”

任均先我们一年到日本，来信约我们也去，因申请不到公费而放弃。”对于这段生活，覃英回忆得非常清楚：

“这样，我们就在法租界萨坡赛路一条弄堂里赁屋住下来。很巧胡也频、丁玲夫妇也是我们的邻居，大家很快就熟悉起来。他们当时正在办《红黑》杂志。接着，我们又同巴金、沈从文、姚蓬子等文化人陆续结识。在上海这一阶段，我一度到刘海粟办的艺术学校学习音乐，鲁彦还是笔耕度日，继《柚子》之后，出版了他的第二本小说集《黄金》。”[①]

这期间，他继续参加上海世界语活动，与巴金一起参加《绿光》的编辑工作。对此施蛰存有一段详细记载：

“一九二九年我在上海闸北宝山路世界语学会绿光社，由姚蓬子的介绍认识了王鲁彦。当时我对他的情况毫无所知。只知道他是一位世界语学者，曾陪同盲诗人爱罗先珂工作过一段时间。他送了我一本《花束》，这是他从世界语译出的一本极有趣味的民俗学小书。”[②]

第三节　在福建的教学和编辑生涯

一　在厦门的教学与编报生活

1930年春节过后，王鲁彦到福建，先在集美中学任教，后又到《民钟日报》任编辑。关于王鲁彦去福建的时间有四种说法：一是鲁彦夫人覃英于1980年回忆：“1930年秋，由于生活所迫，我们从上海到了厦门，经巴

① 刘增人，陈子善：《鲁彦夫人覃英同志访问记》，收入曾华鹏，蒋明玳编《王鲁彦研究资料》，江西人民出版社1984年版，第131页。

② 施蛰存：《重印〈黄金〉题记》，《施蛰存短篇集》，上海文艺出版社1984年版，第156页。

金同志介绍，鲁彦为厦门华侨办的《民众日报》（系《民钟日报》之误——引者）编副刊。同时在厦大兼课，教授中国文学。后来又到集美教过短时期的书。”① 二是陈子善、刘增人两位撰写的《鲁彦年表》中说："1929年冬，鲁彦由巴金介绍，到厦门编辑《民钟日报》副刊，并在厦门大学兼课"，"1930年春到集美中学任教"。② 三是鲁彦夫人覃英于1992年说，鲁彦于"1930年初夏到厦门，初在厦门大学和集美中学教课，和吴文祺同事，随后在鼓浪屿担任侨办的《民钟日报》编辑。"③ 对于这三种说法，厦门大学中文系教授柯文溥进行了详细考证，他根据王鲁彦1930年3月20日在《民钟日报》副刊上连载根据世界语转译的果戈理中篇小说《肖像》推断，王鲁彦最迟在1930年3月20日以前，严格地说应该在1930年2月间就到福建了，因为一般学校开学都在这个时候。柯文溥还根据当时《民钟日报》编辑在王鲁彦译作《肖像》发表的前一天所加的编者按："鲁彦君在轨（晚）近文坛，甚负时誉，今兹来厦膺集美教职，将最近译著交本报发表，并允为本报撰述长短文艺创作，译述小品等项文字，编者除感谢王君外，敬向读者预告。"和原涵江中学（今莆田六中）校长何尚友先生的回忆可加以佐证，本书采用柯文溥的观点。

王鲁彦到了福建不久，上海文艺界就于3月3日召开"左联"的成立大会。

"左联"全称中国左翼作家联盟，是在中国共产党领导下，由创造社、太阳社成员、鲁迅以及其他革命的"同路人"联合成立的统一革命文学组织。"左联"于1930年3月2日在上海的中华艺术大学举行成立大会，出席会议的有鲁迅、冯雪峰等40余人，当时加盟的有50余人，郭沫若、郁

① 刘增人、陈子善：《鲁彦夫人覃英访问记》，收入曾华鹏、蒋明玳编《王鲁彦研究资料》，江西人民出版社1984年版，第132页。

② 刘增人、陈子善：《鲁彦年表》，收入覃英编《中国现代作家选集——鲁彦》，人民文学出版社1992年版，第284页。

③ 覃英：《鲁彦生平和创作简述》，《中国现代作家选集——鲁彦》，人民文学出版社1992年版，第258页。

达夫都加入了左联。会上通过的理论纲领宣告："我们的艺术是反封建阶级的，反资产阶级的，又反对'失掉了社会地位'的小资产阶级的倾向"，并且表明要"援助而且从事无产阶级艺术的产生"。大会选举了沈端先、冯乃超、钱杏邨、鲁迅、田汉、郑伯奇、洪灵飞等七人为常务委员。后来，茅盾、周扬相继从日本回国，也加入了左联。"左联"当时拥有一批发表园地：《拓荒者》（蒋光慈主编)、《萌芽》（鲁迅、冯雪峰主编)、《十字街头》（鲁迅主编)、《北斗》（丁玲主编)、《文学月报》和秘密发行的《文学导报》(创刊号名《前哨》)。这些刊物为"左联"作家发表作品提供了阵地，也为"左联"理论纲领的推广，工作的开展制造了声势。经过这些作家及文化工作者的努力，"左联"在继承五四文学革命的光荣传统、倡导无产阶级革命文学、介绍马克思主义文艺理论、抗击国民党反革命的文化"围剿"、批判各种反动文艺思潮、培养青年作家等方面做得非常出色。

"左联"还做了很多揭露国民党反动派罪行、宣传党的政策的事情。如由"左联"执委会决定，在鲁迅、冯雪峰、茅盾任编辑的机关刊物《前哨》上，发表了《中国左翼作家联盟为国民党屠杀大批革命作家宣言》、鲁迅的《中国无产阶级革命文学和前驱的血》等重量级的文章以及"左联"五烈士的遗作，有力地揭露蒋介石国民党大批屠杀革命作家的血腥罪行。又经史沫特莱传到国外，在当时引起很大反响。

尽管"左联"内部也有种种不足，但在当时的情况下，其正面的作用远远超过因其不足而产生的负面影响。

遗憾的是王鲁彦因为家庭拖累很重，年初就到福建教书去了，一直待到1932年11月才离开涵江回到上海。

1930年春，王鲁彦到厦门集美中学任教，不久就辞去教职到《民钟日报》做副刊编辑。"侨办《民钟日报》创刊于1916年，与《江声报》，《全闽新日报》并称'厦门三大报'"。1926年，鲁迅在厦大任教时所辅导的学生文艺团体鼓浪社，便是借《民钟日报》版面于1月间出版了《鼓浪周刊》。王鲁彦辞去集美中学教席后，于1930年夏进入该报接着编副刊。据厦门老画家顾一尘先生生前回忆，其时王鲁彦一家住在鼓浪屿，即今鼓浪路24号。《鲁彦选集》扉页有一帧王鲁彦全家合影，下注“1931年与家属摄于鼓浪屿”，当为这一时期留影。[①] 王鲁彦除了在《民钟日报》上发表译作《肖像》以外，还在上面发表过八篇译文，分别为：

《安慰》（斯洛伐克 Suetaozrhurbanv 司 ansky 原作）刊于4月29日。

《恋歌》（署俄国民歌）刊于4月3日。

《四泉源》（署俄国民歌）刊于5月7日。

《波浪》（瑞典 K. A. NKander 原作）刊于5月9日。

《人们说我是幸福的》（署乌克兰民歌）刊于5月9日。

《命运》（乌克兰 TavaSSeeven 原作）刊于5月1日。

《在狱中》（俄国契诃夫原作）刊于6月18日。

《难者之物》（犹太作品）刊于7月18日。[②]

这些作品基本上来源于弱小民族的文学创作和民间歌谣，这些译文有助于研究这一时期王鲁彦的文艺思想，因未辑入王鲁彦译文专集，当为佚文。

王鲁彦到厦门后不久，还把一个不相识的湖南学生的诗歌推荐给《民钟日报》副刊，并撰写附记，介绍作者莎弟是湖南长沙县立师范学生，《莎弟君小诗》“是作者用了精细而纯洁的心写出的，《民钟》副刊要我介绍稿子，我决心先把他的小诗介绍去发表了，并述数语以纪念这位不识的青年诗人。”[③] 该诗于1930年4月23日发表，这也显示出鲁彦对文学青年的爱护和扶植。1930年底，《民钟日报》被国民党通令查封。

二　在泉州的教学和世界语活动

1931年春，王鲁彦携家眷去泉州黎明高中任教（校址在中山公园附近

① 柯文溥：《鲁彦在厦门事迹考》，《南京师范大学学报》2007年第1期。

② 同上。

③ 同上。

的武庙)，并积极参与巴金等在泉州发起的世界语活动，覃英当时在华南女中教书。这一段时期，是泉州中学最兴旺的时期，当时有一批全国知名的文化人陆续来到该校任教，他们是戏剧家张庚、邵惟、周贻白；童话作家张晓骅；名教授黎曼支、夏之骅；音乐家吕骥等，随后巴金也来到这个学校。给这个学校带来了新的风气和学术氛围，在戏剧家的指导下，学校的话剧运动搞得轰轰烈烈。王鲁彦一方面从事教学，一方面帮助巴金在泉州乃至整个福建开展世界语运动，王鲁彦被选为泉州市的世界语学会会长，并创办了我国南方第一本世界语会刊《新声》，在《新声》第 3 期上，发表过《我学世界语的略史》一文。此文已转载于《老世界语者》杂志第 7 期。同时，开展世界语宣传培训活动，当时有好多泉州的热血青年跟着王鲁彦用世界语进行过进步活动。在泉州两年，他先后创作发表译作果戈理小说《肖像》，克罗地亚小说《忏悔》、《失掉的影子》等书。

“那时候的泉州黎明中学，可以说是人才荟萃。知名者如陈范予、杨人梗、丽尼、张庚、吕骥，都在那里当过教员。同时巴金因那方面朋友最多，也赶来作了一时期的客人。其初期的创作小说如《灭亡》、《新生》之类，好像便是在泉州完成的。”[①] 就在这年的夏天，巴金与王鲁彦在鼓浪屿一家滨海旅馆的二楼一间宽敞的房间里，曾经交谈过一个多小时，从此两个人成为了好朋友，不过相识应该在 1930 年冬天，在上海。“但是鲁彦在这样一个集团中，并不曾感到温暖，反之，他却时常离开自己的学校，悄悄地跑到我住的地方来。……因此，我们有一段时间，便相偕出游，常常十里二十里地，边谈边走，专找那些县志上载明的名胜地方游逛着。当时我们去得最多的地方，便是离开泉州二十里左右的万安桥。”“万安桥，一名洛阳桥，俗传蔡状元造桥，夏得海投文，便是这地方。这条桥，不仅在泉州，就是在福建，也算是名胜之区。全程约三华里，桥身全是用火成岩石凿成的长条铺成，每条约两三丈长，三四尺宽厚，并排五条为一段，桥

① 周贻白：《悼鲁彦》，收入曾华鹏，蒋明玳编《王鲁彦研究资料》，江西人民出版社 1984 年版，第 84 页。

基亦为极大岩石砌成，其上布满牡蛎壳，据说，如果桥基上没有这些牡蛎，就禁不住海水的冲激，因而这些牡蛎在法律上是禁止采捕的。然而，万安桥的新鲜牡蛎，在当地仍视为隽品，我和鲁彦时常到那里去，一方面固然是想看看那浩渺无涯的海面，一方面也有点务于饕餮，想吃一点新鲜牡蛎。”①

三　在涵江中学的教学与生活

但是王鲁彦在泉州中学只呆了一个学期，1932 年春，他带着妻子又到福建莆田的涵江中学任教。涵江镇是一个偏僻的闽中小镇，当时的王鲁彦也是小有名气的作家了，怎么会到那里去的呢？这是因为，“他秉性耿直，富有强烈的正义感，对统治阶级势力嫉恶如仇，所以每到一处，总为黑暗的环境所不容，住不上多久，就得愤然出走。”② 自 1930 年秋，鲁彦偕夫人来到闽南，就数次改换工作，“起初是在厦门集美中学任教，后又担任厦门侨办的《民钟日报》副刊编辑，并兼厦大中文系教职。次年夏天，又改换到泉州黎明高中任教，短短一年多，工作数易，都是不容于当地乌烟瘴气环境的缘故。”③

王鲁彦去涵江中学之前，因不满泉州的现实，生活正处在贫穷困厄之中。涵江中学的一位总务主任向校长推荐了他，校长何尚友是留美学生，思想开明，热衷于开办学校，为人热情，对此王鲁彦在《船中日记》中有文字记载：“此外，我将永久纪念而且感谢的便是尚友君和仙游（保姆）了。尚友君，一个忠厚而且坦白的人，在我的兰（覃谷兰）病得危急的时候，他曾给过最有益的大的援助。但在这样的社会中，忠厚是无用的别

① 周贻白：《悼鲁彦》，收入曾华鹏，蒋明玳编《王鲁彦研究资料》，江西人民出版社 1984 年版，第 84 页。

② 柯文溥：《鲁彦在莆田》，收入曾华鹏，蒋明玳编《王鲁彦研究资料》，江西人民出版社 1984 年版，第 141 页。

③ 同上。

名，坦白是傻子，我不能不代他忧虑。”[①] 在校长的聘请下，鲁彦携带家眷来到涵江。当校长接见他的时候，两人的对话很令人深思。校长很客气地说：“你是有名的文学家，到这个偏僻的小镇教书，未免太受委屈了。”鲁彦喟然长叹：“呵！是无情的生活把我赶来的。”[②] 短短一句话道出了鲁彦心中多少的心酸，这个一身正气，像堂·吉诃德一样举着长矛向有着几千年历史的封建社会这个风车搏斗的勇士，被风车沉重的惯性力狠狠地弹了回来，摔得浑身是伤，只得退到偏僻的闽南小镇上来短暂疗伤。

在涵江，王鲁彦一家住在清璜山涵江一中楼下，这里原来是教室，房间里的陈设很简单，只有木板床和几张普通的桌椅，何校长觉得过意不去，想方设法去弄一张大床给他，但被鲁彦婉言谢绝了。他说：“我已过惯了贫穷流浪的生活。”[③]

在教学之余，鲁彦还是抓紧时间研读世界语和翻译作品，他重新校订了果戈理中篇小说《肖像》的译文。这个译本是他 1930 年在厦门时根据世界语译本翻译的，曾在《民钟日报》上连载过，1933 年返回上海之后，由亚东图书馆排成单行本出版。

在这期间，1932 年，王鲁彦、杜承恩、范天均、沈一叶、黄金瑞、袁继烈和袁国钦发起成立晋江世界语学会。当时会员达数百人。

覃英也在涵江中学担任《世界史》的教师，后因流产住院。开始生活上的事都是他们自己处理，但因为不懂当地方言，所以，很不方便，就雇了一个叫游仙（仙游人）的保姆，由她照顾小孩兼干家务，夫妻俩的生活才轻松了一些。王鲁彦在《船中日记》里，详细记载了这个保姆的个性和身世：她的个性很忠实且很能干，但她的身世很凄惨：“她生了十几个孩子，死的死，活着的被土匪绑了去，几次赎回来又被绑去，倾家荡产终于

① 王鲁彦：《船中日记》，《王鲁彦文集》（叁）（散文），人民文学出版社 2009 年版，第 42 页。

② 柯文溥：《鲁彦在莆田》，收入曾华鹏，蒋明玳编《王鲁彦研究资料》，江西人民出版社 1984 年版，第 141 页。

③ 同上书，第 142 页。

无法赎回，现在只剩了从土匪窝里偷逃出来的最小的一个了，而他又是一个孤僻、倔强、患着肺病，不能工作的二十一岁的青年。”鲁彦对保姆的勤劳和忠诚很感激：“这半年来要是没有她的帮助，我们便像大海中无人驾驶的扁舟。”对她的处境很同情：“可怜的游仙，你将怎样的了你忧郁的残年呀？”鲁彦还解囊为她偿清债务，临行前又给她一些钱，叮咛她另找生路，游仙感动得掉下眼泪。由于收入有限，他们平时的生活很节俭，饭菜很简单。王鲁彦当时“穿的是一身褪色的西装，夏天也只有普通的衬衫，连棉被也打上补丁。但是鲁彦也有一笔财富，那就是书。走进他的书房最惹人注目的，就是到处堆着外文书”[①]。

涵江的自然风景很美，气候也很温润，植被很丰富，河网密布，所以，王鲁彦有空时常常驻足于河边，望着悠悠河水中的一只只篷船，遥想家乡的山水田野。

王鲁彦到了涵江中学之后，仙游、泉州、厦门的一些文学爱好者慕名而转学来到涵中。鲁彦在《船中日记》里写着：仙游的无际汉、集美的清辉、泉州的继业是“为了我在这个学校才转学而来的”。但是鲁彦从来不摆作家的架子，对那些文学爱好者总是热情相待。

鲁彦在涵江中学的教学中，大胆进行改革，他一反当时中学教学多以古文作为范文的做法，而是大胆引进五四新文学作家的作品，把鲁迅、茅盾、叶圣陶以及外国作家果戈理、显克微支等著名作家的作品作为重点推荐给学生，又把鲁迅《鸭的戏剧》、《明天》作为教材。“他讲课时纵横中外、援证古今，犹如和同学亲切谈心，他那丰富、生动的教学大大开拓了学生的眼界，丰富了他们的知识。在三十年代初期墨守成规的教学中，难得有他那样思路纵横，敢于创新的老师。”[②]

在作文教学中，鲁彦的指导也是与众不同的。他很少照本宣科，而是

① 柯文溥：《鲁彦在莆田》，收入曾华鹏，蒋明玳编《王鲁彦研究资料》，江西人民出版社1984年版，第142页。

② 同上书，第143页。

根据作文指导的需要介绍中外作家的创作经验、文学知识等。他非常重视记叙文和抒情文的训练，在训练过程中，他注重培养从学生熟悉的事物出发写作文，他鼓励学生走进生活，实地去码头观察苦力者的生活，多描写劳动人民的疾苦。有一次，“他和几位学生在青璜山之麓漫步，他指着附近苍茏的林木，远处碧绿的田畴说：‘写文章要讲究词语的选择，你们看看那树木、田野，要用什么词语形容才妥当?’这里鲁彦以习见的事物为例，启发学生注意观察。接着他又以自己在厦门所写的短篇小说《小小的心》为例，说明作品中的那个四五岁的阿品就是他细腻的观察了许多小孩子的性格、心理特征之后写成的。”①

王鲁彦也很重视培养后学，“在涵中任教时，他曾把青飞等人的文艺习作代荐寄给《民钟日报》发表……他也曾把自己的译作《忏悔》等赠送给同事方辉绳，还盖上‘王鲁彦之印’，他离开涵江后，仍同学生保持通讯联系，有时寄赠书刊，直到抗战爆发才终断了联系。”②

鲁彦对保姆游仙等下层人民十分同情，极尽所能给予帮助，但是，对于统治阶级，他从不肯低下高傲的头。对此巴金的概括十分恰切：“我知道，要是你肯屈服，肯让步、肯妥协，你一定会过得舒适安乐。然而你的性格不让你有片刻的安宁。”③ 这种性格在涵江中学教书时也有所表现。

第一件事，是拒绝加入国民党。据柯文溥回忆：“当时国民党采取集体登记的办法以引诱人们参加，还散布谣言说是‘参加了国民党，饭碗摔不破’。有些对国民党缺乏认识或抱有幻想的教师受了骗，但是鲁彦始终保持沉默。不久，就有个党棍来规劝鲁彦也去‘登记’，突然，鲁彦脸色严峻，双目炯炯，厉声怒色地说：‘我不干，四年前我在南京官办的国际

---

① 柯文溥：《鲁彦在莆田》，收入曾华鹏，蒋明玳编《王鲁彦研究资料》，江西人民出版社1984年版，第143页。

② 同上。

③ 巴金：《写给彦兄及附记》，收入曾华鹏，蒋明玳编《王鲁彦研究资料》，江西人民出版社1984年版，第150页。

宣传部工作，他们强拉我参加国民党，就是我不干，才跑了！’”[1]

第二件事，对当局官员不加奉承。有一次，当局派了一个督学之类的官员到涵中来“视察”，校长何尚友出于礼仪，对他招待得颇为殷勤、周到。王鲁彦对此却有自己的看法，他认为对这种人没必要招待得这么好，用他的原话就是：“哼，对这种人有什么好奉承！”[2]

从这几件事情中，我们可以看出，王鲁彦是一个爱憎分明，非常富有正义感的人。他同情劳动人民，反对国民党这样的腐败政府。这样的世界观、人生观，导致他最终成为一个坚定的抗日分子，用自己病弱的身躯，尽自己所能为党的抗日事业做出一份贡献。

在涵江近九个月的时间里，王鲁彦对于莆田一带的山水景物、风土人情、历史传说有了一定的了解。他把这些内容融入自己的创作中去，小说《兴化大炮》和散文《船中日记》的部分内容就取材于莆田。《兴化大炮》是以莆田龙眼栽培种植为题材，运用民间传说的形式写成的。

在福建的三年中，中国南北大地上都在发生令人震惊的变化，除上海文艺界成立了“中国左翼作家联盟”外，在东北，日本鬼子加快了侵略中国的步伐，在江西，共产党领导的红色根据地正在形成，而在福建，厦门的码头工人也掀起了一场反对帝国主义侵略的斗争，身在当地的王鲁彦虽然没有亲自参加斗争，但这场运动在他心目中留下了深刻的印象。然而，王鲁彦毕竟远离上海这个当时文艺界的斗争中心，又加上生活的压力，尽管有巴金等朋友在身边，他还是感到孤独，这在他 1932 年 11 月写的《船中日记》中表露得非常明显：“自从来到这里一年光景，我过去的好印象全抹掉了。……我不知道我再是一年半以后，将变成什么样子，‘在福建那么久，觉得还好吧？’上海的老朋友不将这样的问我吗？我将怎样的回

① 柯文溥：《鲁彦在莆田》，收入曾华鹏，蒋明玳编《王鲁彦研究资料》，江西人民出版社 1984 年版，第 144 页。

② 同上。

答他们呢？‘没有趣味’……不错，我见到了太多的社会，我增加了太多的经验了。”① 在涵江定居之后，对于当地污浊的社会越来越不满，也越来越感到苦闷，他说：“……这样的春之国可能产生热情与幻想？可能产生伟大的灵魂与思想？既没有热的刺激，也没有严酷的冷的压迫。在它这里只有淡淡的，平凡的光。而这光，既不能催动一切蓬勃地生长，又不能使一切颤抖的死。”② 鲁彦原本是一个性格很活泼的人，喜欢吹口琴、弹琵琶，但是当他一个人来到满是本地人的兴化，面对着自己不懂的兴化方言，感到无所适从，也无法与当地的人打成一片，所以，他变得沉默了，时常流露出被社会冷落的苦恼和寂寞。因而产生了回上海的强烈愿望。

四　阖家回上海

1932 年 11 月 19 日，鲁彦终于结束了在福建的教学生活，带着覃英与儿子恩珂在涵江的三江口乘上了回上海的轮船。经过一周的旅程，在舟山群岛还碰到了大雾天气和洋流，26 日顺利到达上海。动身之际，吴际汉为他买船票，定舱位，还送他到涵江车站。鲁彦认为“这算是我离开兴化前最好的印象了”。他称赞吴际汉是“平日所喜欢的，认为性格与学问都有可取的四五个学生”中之一。

当登上回上海的船只后，鲁彦的心情无比激动，再也抑制不住内心的情感，在《船中日记》中大声呼喊：“上海！我将投入你的怀抱中了。我需要你安慰，我的心里有无限的痛楚。我是从沙漠里出来的人，我是从深渊里出来的人，我是从黑夜里出来的人，我是从地窖里出来的人，我是从坟墓里出来的人……我孤独得太久了，我的心是寂寞而且凄凉的。说是离开你不过三年模样，然而岂止三年，三十年？你看见我时，将说我老了，

① 王鲁彦：《船中日记》，《王鲁彦文集》（叁）（散文），人民文学出版社 2009 年版，第 41 页。

② 同上。

是吗？不，并不是胡须留得长，皱纹生得多。老的是我的心，我的灵魂。它们辗转在寂寞而且凄凉的层叠下，不但老了，而且垂死了。呵！那层叠！我在底下一天，不就是一年吗？”[①] 其语气之热烈，心情之急迫，不但震荡了鲁彦自己的心，也震荡了读者的心。这是鲁彦离开福建重回上海时在船上写的日记，非常真实细腻地记述了自己在福建三年的寂寞心情，同时也表露了自己热切地盼望重新回到上海这个文艺斗争中心去的心情。“我踏上第一阶，就清醒了过来，吸到了新的充满着生命的力的空气。我感觉到过去的恶劣的梦闭幕了。太阳早已下沉，朦胧的光已笼罩下来；但我感觉到黎明开始了。光！我将看到辉耀的光。”“我，再生了。”[②] 虽然这是一篇散文，但是其情感热烈的程度不亚于郭沫若激情澎湃的诗，可见当时作者离开寂寞孤独的福建，向往文艺斗争中心上海的心情之迫切。

福建三年的经历在王鲁彦的一生中很重要。这一段时期，远离斗争中心，直接深入生活底层，使鲁彦对社会的黑暗有了更进一步的认识，社会经验更加丰富深刻了。

第四节　本期译作探胜

1927 年 7 月底从武汉回到上海之后，王鲁彦继续从事写作和翻译，他翻译了很多东欧弱小国家的文学作品。1928 年 3 月，译作《显克微支小说集》由上海北新书局出版，钱君匋作封面。内收序言和《泉边》、《宙斯的裁判》、《乐人杨珂》、《天使》、《光明在黑暗里》、《提奥克虏》、《老仆人》等多篇小说。

---

① 王鲁彦：《船中日记》，见《王鲁彦文集》（叁）（散文），人民文学出版社 2009 年版，第 42 页。

② 同上。

同月，翻译论文集《花束》，由上海光华书局出版，内收周作人序、自序和《沙库泰拉和印度的戏剧》、《希腊的朝山和奇迹地》、《睡美人和神仙故事》三篇论文。

8月，译作《世界短篇小说集》，由上海亚东图书馆出版。内收序言和《月桂》、《汉蒂额夷的天鹅》、《仅有的不如意》、《古尔达》、《对神的牺牲》、《小鹿》、《二金虫》、《丽西爱尔彩·爱丽莎白》、《访教父去》、《学生》、《海滨别墅》、《墓地》、《小人物和大人物》、《雏鸟》、《荒田》、《月光》等小说。

此外，翻译小说《古尔达》、《失了影子的人》、《披披和猢猢》在《小说月报》、《东方杂志》、《新生命》等刊物上发表。

严格来说，《显克微支小说集》、《花束》、《世界短篇小说集》这三部译作都是在1927年完成的，因为三部译作的序都在1927年完成了，如果作品尚未全部翻译完就写序，这是不可能的。但因为正式出版是在1928年，所以就放到1928年来阐述。

这些作品基本上是东北欧波兰、匈牙利和保加利亚等弱小国家的作品。王鲁彦之所以选择这些国家的作品，一方面是受鲁迅的影响，另一方面是受自己内心人道主义思想的影响，同时这些翻译作品中的人道主义激情又反过来促进王鲁彦创作思想的形成，其中显克微支小说对他的影响最大。对此，王鲁彦专门为《显克微支小说集》写了一篇序，详细介绍了显克微支的人生经历和创作成就，先重点介绍显克微支的三部长篇历史小说《火与剑》、《洪水》、《浮罗提约斯基先生》的内容和手法。王鲁彦认为显克微支的小说描写非常逼真，又处处加入丰富的想象，对主人公性格的刻画非常成功。王鲁彦认为显克微支之所以成为波兰唯一的、伟大的作家，并受全国人民喜爱的真正原因是这三部小说给当时处于灰色的、黑暗中的波兰人民和危机四伏的波兰国家以希望和鼓舞。接着又介绍了显克微支获得诺贝尔文学奖的长篇小说《你往何处去》，认为这“是过去一世纪里最伟大的作品之一”。同时谈了自己的感想：“读了显克微支的小说，我们可以知道他是最能探得人生的痛苦，烦闷，忧郁，悲哀——心的深处的；但他又能从绝巅转过来，使失望变为希望，悲观变为乐观，痛苦变为甜蜜。显克微支自己曾说过，他做小说原是要给人们以安慰。"① 这也是王鲁彦之所以要选择显克微支的小说作为翻译对象的真正原因，他也是想要给处于军阀混战、深受内乱之苦的人民以安慰。

《花束》是法国第戎大学教授查理斯·拉姆贝的讲演集，经其亲自译为世界语，于1908年在法国出版。这本书共有6篇论文，前3篇是关于文学的，后3篇是关于语言学的。王鲁彦译出了前面3篇。分别为《希腊的朝山和奇迹地》、《沙库泰拉和印度的戏剧》、《睡美人和神仙故事》。译者把它翻译成中文的目的是"只供献给非投机而研究文学真正想得到一点文学的培养，而又能细心阅读的人们。我相信他们读过后，必能得到几许文学上的兴趣"②。

《花束》译好之后，周作人专门为之写了一篇序，详细介绍了三篇论文的主要内容，第一篇《希腊的朝山和奇迹地》是讲古希腊人在天医庙求神治病的事情。古希腊每年有许多人到蔼比道洛斯地方的庙里去睡觉，等待医神亚斯克勒比阿斯在梦中来开方子或行手术，给他们医治疑难杂症。第二篇讲印度名剧《沙恭达罗》，沙恭达罗是印度先圣毗舍密多罗的女儿，美艳绝伦，后世的诗圣迦梨陀娑专门写了一部剧本，记载无能胜王与沙恭达罗之间的恋情。1789年，《沙恭达罗》被译成英语，后转译成世界语。周作人认为："作者把这个沙恭达罗介绍给我们，又论及印度的戏曲，这于我们素不留心亚洲文艺的人是很有益，也是很有意味的。"③ 第三篇是《林中睡美人》，睡美人的故事原来只在口头流传，17世纪法国的贝洛耳把

① 王鲁彦：《〈显克微支小说〉序》，收入曾华鹏，蒋明玳编《王鲁彦研究资料》，江西人民出版社1984年版，第29页。

② 王鲁彦：《〈花束〉序》，收入曾华鹏，蒋明玳编《王鲁彦研究资料》，江西人民出版社1984年版，第31—32页。

③ 周作人：《〈花束〉序》，收入曾华鹏，蒋明玳编《王鲁彦研究资料》，江西人民出版社1984年版，第32页。

这个故事写到《过去时光的故事》中，由此产生了安徒生的童话故事系列和格列姆派的民间故事，以及对这些故事的学术整理与解释，对欧洲文学产生了很大的影响。最后周作人谈了自己为什么要写这篇序的原因，一是王鲁彦的约请，二是向来人家翻译的都是小说或诗歌，王鲁彦第一次翻译了一本论文集，“使人家知道世界语所写的除小说诗歌以外还有很有兴味的论文，使人家更进一步去读这些论文，这与世界语运动很有关系，是极好的事。”①

《世界短篇小说集》共收集16篇小说，除了俄国的以外，都是版图很小的国家，或弱小而受压迫的民族的国家，包括波兰、保加利亚、芬兰、乌克兰、瑞士等。作者选择这些国家的作品是针对当时文坛上多介绍英、美、法、德等国，而很少涉及一些小国的现象的。他认为弱小民族的文学自有其独特的价值，在某些方面，它们更符合我们的国情，能够提供我们迫切需要的东西，与我们产生共鸣。作者在序中说：英、美、法、德“这几国的文艺原是值得惊异，值得介绍的。但因此忘记了世界上还有许多小国，甚至说在那里并没有开着鲜艳的文艺的花，那便错误了。它们一样的有生活，有人民，有文字，有痛苦和快乐，有呻吟和叫号，有科学与文学……一句话，无论如何弱小的国家都有他们自己的灵魂。或者，我们说，正因为他们弱小、受压迫，被损害，它们的灵魂愈加沉痛，愈加悲哀，而从这里所发出的呼声愈比大国的急切，真挚，伟大。文艺正是从灵魂中发出来的呼声，我因此特别爱弱小民族的文艺。在它们文艺的园地里，我常常看见有比大国的更好的鲜花。……因此我愿意做一个采花的仆人，采了来贡献给和我有同好的读者。”②

从这三篇序中可以看出王鲁彦有意选择弱小国家的作品进行翻译，是

① 周作人：《〈花束〉序》，收入曾华鹏，蒋明玳编《王鲁彦研究资料》，江西人民出版社1984年版，第32页。

② 王鲁彦：《〈世界短篇小说集〉序》，收入曾华鹏，蒋明玳编《王鲁彦研究资料》，江西人民出版社1984年版，第32页。

为了让国内的读者能够对这些国家的情况有所了解，同时也让读者知道在这些国家中也有像显克微支这样非常优秀的作家及作品。

在王鲁彦的人生历程中有两个人对他的人道主义思想形成起过重要作用，一个是俄国盲诗人爱罗先珂，一个就是波兰作家显克微支。作为一个伟大的文学家，显克微支的创作道路和思想对王鲁彦的启发是很大的。显克微支的童年是在农村度过的，对家乡的一草一木、山山水水甚为酷爱，在作品中，描写这方面的题材，占有很大一部分。同时他从小目睹了农民所遭受的残酷剥削和压迫，农民的悲惨命运引发了他的深切同情。他说："最早我从乡村生活和大自然得来的印象使我爱上了土地和人民。"[①] 早年的生活经历培养起显克微支的人道主义精神，这对他的创作产生了深刻影响。显克微支早期的中短篇小说，主要以农民的苦难生活和悲惨命运以及劳动者所受的不平等待遇等方面为内容，作品中流露出浓厚的人道主义思想，具有撼人心魄的艺术魅力，为显克微支赢得极大的声誉，也为他打开了通向艺术圣殿的大门。显克微支的6部长篇小说中有四部以波兰历史上几次伟大的战争为题材，歌颂战争中人民或主人公英勇抗敌的精神，来鼓舞处于苦难中的波兰人民。显克微支的成功启迪了王鲁彦，鲁彦从小也生活在农村，对家乡的一切，同样产生了强烈的爱和深厚的感情，他意识到童年生活经历是一笔宝贵的财富。显克微支在创作上显示出的非凡成就和独特风格，他的人道主义思想和创作手法，无形中为鲁彦崇拜和接纳，并从中吸取了思想和艺术的营养，逐步丰富和发展了自己的创作实践。应该说，如果没有显克微支的影响，王鲁彦是不会迅速地确立自己的艺术目标的。当然，在王鲁彦的创作道路上，对他产生影响的不仅仅是显克微支，王鲁彦在多个作家身上吸取适合于展示自己艺术才华的东西，发展融合，最后形成自己的风格。

另外，在艺术手法上，王鲁彦也从显克微支的小说那里学到了很多，

---

① 张复琮：《王鲁彦小说简论》，收入曾华鹏，蒋明玳编《王鲁彦研究资料》，江西人民出版社1984年版，第289页。

如重视描写人物的心理活动，善于运用多种手法揭示人物隐秘的内心世界等技巧，就是受到显克微支的小说的启发。他说："读了显克微支的小说，我们可以知道他是最能探得人生的痛苦、烦闷、忧郁、悲哀——心的深处的。他又能从绝巅转过来，使失望变为希望，悲观变为乐观，痛苦变为甜蜜。显克微支说过，他做小说原是要给人们以安慰。"[①] 当然，也有东北欧其他国家作家的影响。王鲁彦曾经称赞爱沙尼亚作家土革拉司对人物心理分析的精细，肯定保加利亚作家耐米罗夫是"一个写实主义者，心理分析者，也是一个深懂女人的灵魂的作家"[②]。不过主要还是来自于显克微支的影响。可以说，他以后的小说创作主要选择普通民众的苦难生活作为对象就是直接受北欧或东北欧作品尤其是波兰作家显克微支的影响所致。

如果说王鲁彦前期的创作已经初步显示出其选材的价值取向，在以后的创作中更加坚定地以反映自己熟悉的家乡普通民众的生活和命运为切入点，从中提炼出各种题材进行创作的决心。

1928年底，巴金从法国回国，同王鲁彦、索非、胡愈之、郭后觉等人一起参加了上海世界语学会的工作。

1929年1月15日，王鲁彦翻译的中篇小说《失了影子的人》，由上海光华书局出版单行本；6月，翻译出版了波兰作家先罗什伐斯基的长篇小说《苦海》，由上海亚东图书馆出版；翻译波兰作家耐米罗夫著的小说《笑》，于1929年12月2日在《语丝》第5卷第38期上发表。

《苦海》是一部反映波兰底层人民苦难生活的小说，用王鲁彦的话说："一切都是这样的忧郁，黑暗，悲痛而且绝望，我不能不为书中的每一个主人翁流下同情的泪来。当我读着，译着，或者想到的时候，它给了我这样沉重的压迫，我几乎完全透不过气来了。"但生活再困苦、压抑，人们

① 王鲁彦：《〈显克微支小说集〉序》，收入曾华鹏，蒋明玳编《王鲁彦研究资料》，江西人民出版社1984年版，第26页。

② 转引自陈改玲《"五四"翻译文学与小说创作的"互动"关系》，《中国比较文学》1996年第3期。

内心还是充满了生的渴望，“但它同时却又充满了这样强烈的生的呼声，它比任何的呼声都来得迫切……这些最不幸的人都有着热烈的希望和生的颤动，使我旅行在这最苦恼的国土中的时候，也微微嘘出了气来。”[①] 从波兰底层人民身上，王鲁彦看到了顽强的抗争意识和生存欲望。尤其是那个像魔鬼一样的被称为吃人的人的美尔干夷，她心中充满仇恨，是一个颠反着一切，毁灭着一切的魔王。但本书的作者先罗什伐斯基原谅了她，王鲁彦认为这样的人在中国也是急切地需要的，所以，把这部小说翻译过来。

1930 年 3 月，翻译短篇小说集《在世界的尽头》，由上海神州国光出版社出版。内收《在雅室里》、《最后的一个》、《新年》、《披披和瑚瑚》、《在世界的尽头》、《安特列奥》、《消夜会》、《笑》、《鹤》等篇小说。

同年，翻译小说《新年》、《消夜会》、《哈其该恩超》、《肖像》、《圣诞节夜》在《小说月报》、《新生命》、厦门《民钟日报》等刊上发表。

1931 年 6 月，根据世界语译本译完南斯拉夫女作家米卡尔·坡嘉奇次的《忏悔》，并作译者序，由上海亚东图书馆出版。作者在《序》中专门介绍了南斯拉夫这个国家的组成以及形成的过程，克罗地亚的独立要求和第一次闹独立失败的经过，女作家米卡尔·坡嘉奇次的基本情况，以及自己翻译这部小说的目的是：“得以介绍一册生疏而奇异的书，给沉闷的读者一点新鲜的趣味。这是我所最觉得欣幸的。”[②]

此外，翻译小说《在狱中》，独幕剧《翻译员欧根》，论文《珂苏库尔拍趣和美女芭扬——游牧民族启尔基兹的传说》在《小说月报》和《文艺月刊》上发表。

王鲁彦这一时期的翻译数量更多，不但有小说、诗歌、剧本，还有论文集。这一时期翻译的一个特点是中长篇小说多、小说集多。就翻译的内

---

① 王鲁彦：《〈苦海〉序》，收入曾华鹏、蒋明玳编《王鲁彦研究资料》，江西人民出版社 1984 年版，第 33 页。

② 王鲁彦：《〈忏悔〉译者序》，收入曾华鹏，蒋明玳编《王鲁彦研究资料》，江西人民出版社 1984 年版，第 40 页。

容而言，还是以东北欧弱小国家的作品为主。

第五节　中期创作管窥

一　创作情况综述

1927 年 7 月 10 日，小说《黄金》在《小说月报》第 18 卷第 7 号上发表。小说《毒药》、《一个危险的人物》和随感《全世界庆祝的今年——世界语产生四十周年纪念》在《小说月报》、《语丝》和《北新》周刊等刊物上发表。

1928 年 4 月至 5 月，小说《阿长贼骨头》在《新生命》第 1 卷第 4 号和第 5 号连载。7 月，小说集《黄金》，由上海人间书店出版，钱君匋作封面。内收《黄金》、《毒药》、《一个危险的人物》、《阿长贼骨头》、《微小的生物》等篇小说，1929 年 7 月改由上海新生命书店再版时加入《未曾写成之序》一篇。

同年，小说《微小的生物》、《最后的胜利》在《新月》和《新生命》发表。

1929 年 11 月 10 日，小说《童年的悲哀》在《小说月报》第 20 卷第 11 号上发表。

1930 年，小说《幸福的哀歌》、《祝福》、《宴会》，评论《莎弟君的小诗》在《小说月报》、《新生命》、厦门《民钟日报》等刊物上发表。

1931 年 4 月 10 日，小说《小小的心》在《小说月报》第 22 卷第 4 号上发表。

同年 6 月，小说集《童年的悲哀》，由上海亚东图书馆出版。内收《童年的悲哀》、《幸福的哀歌》、《祝福》、《宴会》等多篇小说。

同年，小说《他们恋爱了》、《一篇抄袭的恋爱故事》在《小说月报》发表。

1932年11月1日，小说《胖子》在《现代》第2卷第1期发表。

本时期最重要的作品是《黄金》、《阿长贼骨头》、《一个危险的人物》、《童年的悲哀》、《小小的心》等。

这个时期还有两部重要的小说集《黄金》和《童年的悲哀》。

小说集《黄金》在王鲁彦的创作生涯中具有很重要的意义，这是他走向成熟和抛弃前期感情泛滥弱点的标志。促使王鲁彦小说创作变化既有外在的原因，也有内在的原因。外在的原因是农村的土地革命运动在中国共产党的领导下如火如荼、此起彼伏地展开，农村生活发生了剧烈变动，很多作家的思想也随之发生变化，王鲁彦感受到了社会生活，尤其是古老的农村在发生大变动的气息。内在的原因王鲁彦自己作了很好的概括："此后我的年纪渐渐大了，热情也就渐渐有意无意的减少起来。《黄金》这一集子便代表了我那一时期的改变：其中一部分仍是带着热情写的，一部分是冷静地写的。"[①] 这一时期王鲁彦的生活态度是"倾向于体验一切坏的恶的一面"，创作思想开始转向对社会的批判。他已不像创作初期那样用大量的文字描绘乡土风俗，渲染令人窒息、原始落后的农村社会氛围，而是着眼于社会关系，尤其是经济关系的演变对社会生活以及人的命运与心理状态的影响。

在《黄金》集中，除了《微小的生物》、《未曾写成之序》，两篇评论界较少涉及之外，其余的四篇小说深得学术界人士的关注，最早关注这些小说的人物当推茅盾，1928年1月，茅盾在《小说月报》第19卷第1号上发表了署名为方璧的《王鲁彦论》，对于王鲁彦前中期的主要小说《小雀儿》、《毒药》、《秋夜》、《狗》、《美丽的头发》、《灯》、《阿卓呆子》、《许是不

① 王鲁彦：《我怎样创作》，收入曾华鹏，蒋明玳编《王鲁彦研究资料》，江西人民出版社1984年版，第41页。

至于吧》、《一个危险的人物》等作了详细的论述，其中，茅盾最看好的是《许是不至于罢》、《黄金》，并与鲁迅的小说、叶绍钧的小说进行了比较。

“我总觉得他们和鲁迅作品里的人物有些差别：后者是本色的老中国的儿女，而前者却是多少已经感受着外来工业文明的波动。或者这正是我的偏见，但是我总觉得两者的色味有点不同；有一些本色中国人的天经地义的人生观念，曾是强烈的表现在鲁迅的乡村生活描写里的，我们在王鲁彦的作品里就看见已经褪落了。原始的悲哀，和Humble生活着而仍又是极泰然自得的鲁迅的人物为我们所热忱地同情而又忍痛地憎恨着的。在王鲁彦的作品里是没有的。他的是成了危疑扰乱的被物质欲支配着的人物(虽然也只是浅淡的痕迹)，似乎正是工业文明打碎了乡村经济时应有的人们的心理状况。”[①] 茅盾认为鲁迅笔下的人物生活在铁屋子里而不知觉，而王鲁彦笔下的人物开始受外来文明的影响并被金钱物质所引诱而开始有所萌动，不再安于现状。

鲁迅的家乡绍兴与王鲁彦所在的家乡镇海大碶，相隔才100多里路，为什么两者笔下的人物会出现这样大的差距？如果从中国半殖民地社会的历史和人文地理两个角度去考察，就不难理解这个问题了。宁波是中国最早的五口通商口岸之一，资本主义经济入侵较绍兴要早得多。清朝的时候，交通不便，一般多用人工的轿子和木船做交通工具，运行的速度很慢，从宁波到绍兴得走两三天。20世纪初，上海与宁波之间通航之后，宁波开化的速度就更快了，信息传递的速度、宁波人走出去的速度都要快得多，宁波人只要在轮船上睡一个晚上就到了当时远东最繁华的大都市上海了。而绍兴人到上海去主要还是走陆路，车次少，车速慢，还有钱塘江这一天堑的阻拦。因而，绍兴就比宁波要闭塞、落后。反映到小说中就自然不同。

接着茅盾又把王鲁彦笔下乡村小资产阶级的现状与叶圣陶笔下城市小资产阶级进行比较，认为叶圣陶把“城市小资产阶级的没有社会意识，卑

① 茅盾：《王鲁彦论》，收入覃英编《中国现代作家选集——鲁彦》，人民文学出版社1992年版，第237页。

谦的利己主义，Precaution，琐屑，临虚惊而失色，暂苟安而又喜，等等心理，描写得很透彻”[1]。

茅盾在文章中重点剖析了《许是不至于罢》和《黄金》两篇小说，表示：“王鲁彦小说里最可爱的人物，在我看来，是一些乡村的小资产阶级，例如《黄金》里的主人公和《许是不至于罢》里的王阿虞财主。”茅盾认为《许是不至于罢》在揭示乡村小资产阶级的心理和他们的处世哲学方面很成功。而《黄金》在表现“乡村资产阶级心理，和乡村的原始式的冷酷方面，在现文坛上，似乎尚不多见。”此外，茅盾认为王鲁彦前中期小说“有一种共同的情调：这便是作者的敏锐感觉所发见的人生的矛盾和悲哀。”“在描写手腕方面，自然和朴素，是作者的卓特的面目。我们读这些故事，就好像倾听民间故事，好像它们从老妪嘴里吐泻出来的一样自然而朴素，同时又是深深抓住我们的心灵的。”[2] 同时，茅盾也指出了王鲁彦前中期小说的不足，认为“最大的毛病是人物的对话常常不合该人物身份似的太欧化了太通文了些。作者的几篇乡村生活描写，都免不了这个毛病。”而且茅盾认为“作者如果完全抛弃了时时有的教训主义的色彩，用他的敏锐的感觉去描写乡村小资产阶级，把他的 Canvas 扩展开来，那么，一定还有更好的成绩。”[3]

应该说，茅盾的这篇文章对王鲁彦前期小说论述得全面而且深刻，在1928年，尚无太多的人关注王鲁彦的时候，茅盾的这篇评论无疑是最有价值的。它对当时以及今后的读者进一步理解王鲁彦的作品起到了很好的指导作用，对于深入研究王鲁彦的作品也起到了引导作用。

茅盾是现代文学史上最早从事文学批评的作家兼理论家，也是最早提倡现实主义的人。他对文学、文学创作、文学的作用、文学批评都有自己

① 茅盾：《王鲁彦论》，收入覃英编《中国现代作家选集——鲁彦》，人民文学出版社 1992 年版，第 237 页。

② 同上书，第 240 页。

③ 同上。

独到的见解。王鲁彦刚刚走上文坛不久，就被茅盾发现并加以鼓励是很幸运的。

不过，在当时看来，这件事对鲁彦的影响不是很明显。这个事情苏雪林曾经注意过，周贻白还专门问过鲁彦："他说'我并不一定要人家说我的作品怎样好，我只是写出我所要写的就行了。'这意思，仿佛是'文章千古事，得失寸心知。'有人了解他固然好，但他绝不求人了解。"[①] 可见当时王鲁彦还不怎么领情，他愿意任着自己的性情写去。这一点他在《我怎样创作》中也曾经表示过："我有时很讲理性，有时一点也不讲；有时极其谦虚，有时极其骄傲；有时非常热烈，而有时又非常冷酷……我的作品倘能保持这种的不一致，我倒是喜欢的。……我不愿意受任何人的拘束和限制"。[②] 的确，鲁彦有一些作品，是任性发挥的产物。

但是随着鲁彦人生观、世界观的慢慢成熟，他开始理解和接受了茅盾的建议，在鲁彦以后的创作道路上，这种影响慢慢显示出来，鲁彦最终走上现实主义的道路，走上抗日的道路，都是这种影响的结果。

在《黄金》等前期小说得到茅盾的肯定和指引之后，再加上自己对现实生活的不断探索和追求，王鲁彦逐渐意识到过去那种梦幻式的抒发自己内心苦闷的方式是缺乏力量的，开始把耕耘的笔墨，转向现实生活之中，尤其是对已熟悉的农村生活，更是用心于笔力了。正如鲁彦自己所说："我的年纪渐渐大了，热情也就渐渐有意无意地减少起来。《黄金》这一集子，便代表了我那一时期的改变：其中一部分仍是带着热情写的，一部分是冷静地写的"。[③]

小说集《童年的悲哀》虽然收的只有四篇小说，但它标志着鲁彦开始注重深入生活，了解民生，思想从单纯到复杂，见识从浅陋到深

① 周贻白：《悼鲁彦》，收入曾华鹏，蒋明玳编《王鲁彦研究资料》，江西人民出版社 1984 年版，第 89 页。

② 王鲁彦：《我怎样创作》，收入曾华鹏，蒋明玳编《王鲁彦研究资料》，江西人民出版社 1984 年版，第 42 页。

③ 同上书，第 43 页。

刻了。看人看事不再单凭热情、意气用事，而是能够从现实中解剖人与人之间的不平等关系，比较清晰地意识到罪恶社会是人民无穷灾难的源头。

从处女集《柚子》开始，经过《黄金》到《童年的悲哀》这三个时期，王鲁彦的思想演变趋向深化、艺术技巧日趋完善。《柚子》时期，鲁彦主要是诅咒一切、攻击一切、讨厌一切坏的或恶的生活；《黄金》时期，鲁彦转向追求善的、美的生活；到了《童年的悲哀》时期，是进一步深入生活了解生活的时期。

二　作品内容剖析

这一时期作者共创作小说 14 篇，随笔一篇。把这些小说加以归类，可以分为三类：一类是反映家乡农村题材的作品，如《黄金》、《阿长贼骨头》、《危险的人物》；第二类是反映学校生活和知识分子题材的作品，如《毒药》、《幸福的哀歌》、《他们恋爱了》、《一篇抄袭的恋爱故事》；第三类是儿童题材的作品，如《童年的悲哀》、《小小的心》，还有一些特殊的题材，如写流落街头的退伍士兵的《祝福》、如写国民党特务机关的黑暗内幕的《宴会》、有讽刺不断追求又不断放弃现象的《胖子》。

（一）乡村生活题材小说

在这几类作品中，反映农村生活题材的作品成就最大。对此苏雪林评价很高："王鲁彦作品有《柚子》，《黄金》，《童年的悲哀》及未曾收集的短篇甚多。作品灰色感伤的气氛极为浓厚，但其善于描写乡村小资产阶级和农民的心理与生活，则使他天然成为鲁迅高足了。他是宁波人，写宁波民族气质的浇薄势利，极为深刻。"①

① 苏雪林：《王鲁彦与许钦文》，《现代》1935 年第 5 期。

1. 值得同情的如史伯伯

《黄金》是王鲁彦中期最重要的小说之一，这篇小说以陈四桥这个冷静偏僻的乡村为舞台，运用对照的方法，叙写了如史伯伯这户拥有几间房、十几亩田、家具器物都比别人家齐全的小康人家，仅仅因为儿子年前没有按时寄钱来，而受尽村人侮辱和捉弄的情景，揭示了主人公悲惨的命运。由于20世纪20年代末、30年代初社会的急剧变化，以及“黄金”的作祟，“农民原始性的纯朴正在瓦解。势利以及对个体利益的重视正在改变农民们固有的圆滑心态，人们价值观的趋利性越来越明显。人与人的关系正从土地农耕型的自然、朴实转向金钱把持的势利鄙薄。”① 如史伯伯深刻感受到世态的炎凉，再精明能干也摆脱不了覆灭破产的悲剧命运。

这篇小说对文学史的第一个贡献，是形象生动地揭示了陈四桥人的势利、冷漠。当如史伯伯的儿子不能及时寄钱来的消息传开之后，好戏就开场了：如史伯母去邻居阿彩婶家串门，被怀疑去借钱而受到冷落；如史伯伯去喝喜酒，本来应该他坐的上座被人抢走；祭奠长辈，虽然他们买来的米鱼比规定的支鱼更贵，还是被同族的晚辈奚落；他们的女儿在学校被老师无故辱骂，作文写得好，被认为是抄袭的；他们的狗被屠夫用刀砍得流出肚肠；甚至强讨饭阿水也来凑热闹；最后小偷也光顾他们家，他们还不能报案，因为村里人一定会说这是他们的计策，假装出来了贼，可以赖钱……春节临近，已经有好几个人坐在他们家里等待他们还债。一场接一场，非常精彩。作者通过村民们对如史伯伯一家前后态度的变化描写，十分辛辣地讽刺了这里人们的势利和拜金主义，对这些势利小人进行了道德上的批判。用如史伯伯大女儿的话来说：“你有钱了，他们都来了，对神似的恭敬你；你穷了，他们转过背去，冷笑你，诽谤你，尽力的欺侮你，没有一点人心。”② 这篇作品在反映乡村小资产阶级心理，暴露炎凉世态和

---

① 崔淑琴：《试论王鲁彦乡土小说中的经济意识》，《中山大学学报论丛》2006年第1期。

② 王鲁彦：《黄金》，《王鲁彦文集》（壹）（短篇小说），人民文学出版社2009年版，第96页。

人与人之间的冷酷关系方面，达到了一个新的高度。它揭示了“中国封建宗法思想统治的农村自然经济怎样被资本主义经济侵蚀，因之引起了人与人之间关系的深刻变化”[①]。因为当时中国的生产方式已经发生了变化，人与人之间的关系、人们的思想道德也都发生了变化。在封建宗法社会里，生产是自给自足的自然经济，人们过的是封闭的生活，封建文明讲究的是血缘关系、家族凝聚、礼教等级。存天理，灭人欲，扼杀个人，服从礼教，重农抑商，自给自足，“君子喻于义、小人喻于利。”[②] 钱财如粪土，志士不饮盗泉之水。但资本主义的文明力主张扬个性，天赋人权，主张满足个人灵与肉的需求。讲究优胜劣汰，弱肉强食，看重利益，金钱面前人人平等。交通和通信的发达，带来了商业的繁荣，资本成为发财致富的重要条件，经商成为致富的重要手段。正是在这种资本主义文明的冲击下，中国的乡村正在发生着急剧的变化——《黄金》的深刻意义就在于揭示了一种社会历史发展的必然，以及五四后十多年来农民被时代压扁扭曲失去了原有淳朴的人性悲剧。

这篇小说对文学史的第二个贡献，是塑造了一位乡村小资产阶级的形象：如史伯伯。如史伯伯在陈四桥只能算小有产者，他的财富不是很多，是靠他几十年外出做小店员、经商以及他的妻子精打细算才积累起来的。当初，他的父母遗留下来的只有一间破屋，一口破衣柜，一张旧床，几条板凳而已。两年前，自己年纪大了，腿脚和脑子都不灵了，就交给儿子伊明去做。原本想自己可以在家颐养天年了，可是儿子年轻，经验不够，所以赚钱就不多，这不，快过年了，还是没有钱寄来。如史伯伯很焦急，他很想再帮儿子几年。可是毕竟年龄不饶人。面对村里人的种种侮辱，如史伯伯只有叹气和暗中落泪的份。作者在批判陈四桥人的势利冷漠的同时，给以如史伯伯深深的同情。王鲁彦在 1933 年 5 月写的《我怎样创作》中

① 邹永常：《农业自然经济的挽歌 社会历史发展的必然——鲁彦小说〈黄金〉读解》，《兵团教育学院学报》2002 年第 4 期。

② 孔子：《论语·里仁篇》，《论语通译》，人民文学出版社 1997 年版。

说："譬如《黄金》这一篇，我冷酷地使小说中的主人公如史伯伯的压迫一天严厉一天，而结果却给了他一个圆满的梦。这虽然多半是技术方面的原因，但一方面也看出我对他的热烈的同情。虽然我写这梦的另一原因是想说明这样圆满的结果只有在梦中才能出现。"[①] 但是，历史前进的脚步已经决定了如史伯伯的命运，这个在封建宗法制的自然经济时代还是一个受到尊敬的中产阶级，在资本主义经济已经大规模侵蚀中国沿海城市的时期，在一切都以金钱作为衡量标准之后，没有及时转变自己的思想和生活方式的如史伯伯注定要被已经受到资本主义思想影响的人们所嘲弄和挖苦，作者虽然同情，但无法改变如史伯伯被人欺负的现状和命运。

这篇小说的第三个贡献，是对人物的心理活动刻画得非常细腻生动。作者较少对人物的心理作冗长的静态的描绘，而是把主人公的心理状态同日常生活中悲剧的进展结合起来描写，如写如史伯伯的心理是通过看到钱一天天少下去而儿子寄钱又无望的痛苦和悲哀、债主上门讨债无力还钱而丢失面子的苦恼、在酒场上被小辈抢去本属于他的尊位、祭奠祖宗的仪式上因没有买到规定的鱼类而用更贵的鱼类替代但仍然被讥笑的无可奈何、对强讨饭和被窃的束手无策等一系列事件中完成的。在用金钱衡量一切的陈四桥村，最不能让人家知道你穷了，因为"一家中等人家，如果给他们一点点，只要一点点穷的预兆，那么什么人都要欺负你了，比对于讨饭的，对于狗，还厉害！……"[②] 所以当如史伯母哭着说："又是我们穷了。""如史伯伯脸色渐渐青白了，他的心撞得这样的厉害：犹如雷雨狂至时，一个过路的客人用着全力急急地敲一家不相识者的门，恨不得立时冲进门去的一般"[③]。

作者还借助梦境来揭示人物心理：

① 王鲁彦：《我怎样创作》，收入曾华鹏，蒋明玳编《王鲁彦研究资料》，江西人民出版社1984年版，第41页。

② 王鲁彦：《黄金》，《王鲁彦文集》(壹)(短篇小说)，人民文学出版社2009年版，第92页。

③ 同上书，第94页。

刚出现经济危机时，如史伯母做了一个梦，梦见儿子带着五光十色的帽子，抬着沉重的棺材。“听了这个，如史伯伯的脸上也出现了一阵微笑，他相信这帽子确是官帽，棺材确是财。”这是不甘贫穷的心理反映。

但儿子不很如意的信很快就把如史伯伯嘴角的笑意一扫而空，忧郁又爬上了他的心头。在经历了一系列的侮辱和打击之后，这对老夫妻再次寄希望于梦境，如史伯母又做了一个梦，满身都是粪。这次如史伯伯将信将疑，因为上次的梦没有应验，“但想到梦书上写着‘梦粪染身，主得黄金’，确也有点相信了。”这是心境的慰藉和希冀。

可是随后的打击，使这梦“不过是一阵清爽的微风”，冷酷的现实使他觉得前途渺茫，“没有一线光明，没有一点希望。”在这绝望中，作者让昏睡过去的如史伯伯做了最后一个梦，他梦见儿子升了官，发了财，先汇上大洋两千元，还将亲解三十万元黄金来家，原来侮辱他们的人都上门来请罪。“呵！呵！……”如史伯伯欢喜的说不出话来了。这个黄金梦实际上是人物命运的总结，圆满的结果只能在梦中出现，预示着如史伯伯一家的未来更加严酷。

三个梦出现在破产历程中的三个阶段，说明作者烘云托月的功夫相当纯熟。就这样，作者通过梦境把乡村小资产阶级因为金钱的暂时困难而经历的种种遭遇，以及他把希望寄托在对金钱的幻想上，但又被冷酷的现实打碎的事实很好地结合起来，把他们的希望、失望和苦恼等复杂心理剖析得鞭辟入里。

甚至，作者连那条狗的心理，也写得生动凄楚。

茅盾对王鲁彦小说的这个特点也作了充分的肯定：“乡村小资产阶级的心理和乡村的原始式的冷酷，表现在这篇《黄金》里，在现文坛上，似乎尚不多见。作者的描写手腕和敏锐的感觉，至少就《黄金》而言，是值得赞赏的”[①]。

---

① 茅盾：《王鲁彦论》，收入覃英编《中国现代作家选集——王鲁彦》，人民文学出版社 1992 年版，第 235 页。

2. 令人厌恶的流氓无产者

《阿长贼骨头》在王鲁彦的短篇小说中，篇幅比较长，有两万多字，在这部作品中可以很明显看出作者受鲁迅《阿Q正传》的影响较深，作者为我们塑造了阿长这样一位乡村流氓无产者，不过模仿阿Q的痕迹比较重。

这篇小说对文学史的贡献是塑造了一个流氓无产者的形象。作者从阿长的出生溯源，阿长的父亲阿夏是一个捡破烂的，也小偷小摸。阿长的母亲年轻时不是一个很正经的女孩，所以阿长的来历就有一点不清不楚。

阿长五六岁养成了小偷小摸的习惯，到了十二三岁，他的这个习惯在周边村庄里小有名气了。“和他的父亲相比，人人说已青出于蓝了。他晓得把拿来的钱用破布裹起来，再加上一点字纸，塞在破蛋壳中，把蛋壳丢在偏僻的墙脚跟，或用泥土捻成一个小棺材，把钱裹在里面，放到阴沟上层的乱石中，空着手到处地走，显出坦然的容貌。随后他还帮着人家寻找，直找遍最偏僻的地方。”

长大之后的阿长变得更加可恶。

首先变得道德沦丧。有一次，他妈妈让他去陪一个堂嫂嫂，他居然想与堂嫂嫂干苟且之事，被堂嫂嫂斥骂，他就潜入堂嫂嫂家里偷走了一个锡瓶到当铺里去典当作为报复，被婶婶抓住责问、甚至绑起来打，他也死不承认，在阿长母亲的帮助下，把他挂在阳物上的六角钱以及当票找出来，才承认。由此别人给他起了个阿长贼骨头的绰号。这个绰号意味着阿长不仅是一个小偷而且是一个“什么卑贱的事都做得出的下流人”。

其次，变得鲜廉寡耻。这件事情之后，阿长有所觉悟，他学着做小生意，一年多的时间里倒也赚了一点小钱，可是，十六岁多的时候，他又蠢蠢欲动，终于又回到小偷小摸的老路上去了。在离村三里路的史家桥，他看到一个小孩身上套着一个亮晶晶的银项圈，就设法转移小孩的注意力，一面用力把银项圈拉大，然后迅速地把拿下来的银项圈塞到怀里，走了。但是很快被孩子的叔叔发现，他们拿回了项圈并被狠狠地打了阿长一顿。

小孩的母亲及几位妇女也追上来了，也都动手打起来，阿长为了从这个状况中摆脱出来，故意拉出了大小便，使打的人臭不可闻而停止打他。然后他乘这个空隙爬起来就跑得远远的。

再次，阿长变成了流氓。他卖油时看见女人就用油把对方泼湿，并趁机摸一把。他做船工就把心思时时用在女人身上，最后甚至把脑筋动到了堂妹身上。冬天来临，河水结冰，船都歇业，阿长改帮人家做点心，发现邻居阿瑞婶家非常殷实，又把一件女性的绒衣偷来了。

最后，变成冷血动物。母亲病重，眼看着就要归西，阿长为了逃避丧葬费用，故意装病、出逃，最后被他舅舅查出原因，狠狠地打了他一顿。

后来，阿长娶了老婆，原以为会变好，可是他居然跑到坟地里去偷死人的东西，而且把老婆也拉下了水。东窗事发后，老婆被抓，阿长也无法在此地生存下去，最终这个拥有一双“会掘地，会种菜，会砻谷，会舂米，会磨粉，会划船，会砍柴……”的手的阿长，不得不凄惶地离开了乡土远走他乡。

综观阿长的所作所为，可以发现这是一个没有任何道德良心、鲜廉寡耻、好吃懒做的流氓，他比鲁迅笔下的阿Q还要坏。

本小说，作者用调侃的语调写成，对于阿长这个人物带着一种恨铁不成钢的情感，既厌恶又同情，深得鲁迅《阿Q正传》的精髓。阿Q只是被生活所迫偶然偷窃，而阿长什么都偷，从偷东西偷活人发展到盗墓偷死人。虽然，阿Q与阿长同是罪恶社会的牺牲品，但阿Q还能引起读者的些许同情，而阿长则只能招致更多的厌恶。而且阿长的形象很单薄，不能像阿Q那样可以从纵横方面来概括历史和现实的深广内容。但苏雪林对这个人物很认可，她说：“作者写阿长这样机警奸诈之处甚多，而且无一不写得淋漓尽致，栩栩欲活，教我们亲眼看见一个小流氓的面影。这面影正是我们在各处社会可以遇着的。”“总而言之阿长是个天生的坏胚，永远改不好的下流种子，不过在鲁彦温厚同情的笔下，我们反觉他有些可爱，正如我们不大讨厌阿 Q 一样。”[①]

3. 扼杀生命的林家塘

《一个危险的人物》是王鲁彦于 1927 年汪精卫叛变、大革命失败后写成的，发表于 1927 年 10 月 10 日《小说月报》18 卷第 10 期。写的是在外求学和教书多年的知识分子林子平回到家乡林家塘之后的遭遇。

这篇小说对文学史的贡献是塑造了林家塘这样一个闭塞、落后、保守的可怕的乡村场所。离家多年的林子平忽然回家了，至于为什么要回家以及他是否是共产党作者没有交代，但是从小说的内容可以约略知道林子平是一个接触过共产党的读物，甚至直接接触过共产党人的知识分子，从他与叔父的对话中，我们知道他了解共产党的相关政策。而且根据小说的内容推测，林子平可能是来避难的，因为这篇小说成文的时候国共两党的矛盾已经到了你死我活、白热化的状态，大批共产党人被国民党杀害。林子平回来之后，也做了一件于这里的老百姓有益的事，他在县党部有同学，他们曾来看过他，他也跟他们一起去县党部住了三天，之后，县党部农民协会就来村里贴出了一张减租减息的告示，在当时严峻的形势下，敢于这么做，可以想见他身上有革命的勇气，某种程度上投射出 20 世纪 20 年代以开启民智为已任的知识分子的影子。

对于这部作品，范伯群、曾华鹏从阶级分析的角度认为：“作者对于大革命时期的革命知识分子是不熟悉的，不了解的，他根本看不到他们身上的革命性的真正所在，因而，作家就凭着自己的空想将子平写成一个极为神秘而奇怪的人物，他回乡以后，并没有深入地发动群众起来斗争，而是‘像闺阁姑娘似的躲着不出来’，他有时会莫名其妙地跑到山中去喝酒狂啸，有时却在大雨倾盆的时候独自去溪中洗澡，各种行动，都极为荒诞不经。由于作者对当时的革命者不了解，因此他无法塑造出真实的形象。”[②] 作者确实没有把这个人物写生动、写形象，其身份也很

① 苏雪林：《王鲁彦与许钦文》，《现代》1935 年第 5 期。

② 范伯群，曾华鹏：《王鲁彦论》，上海文艺出版社 1980 年版，第 48 页。

难把握。

但是，如果从文化批判的角度来看这部作品，就会发现其很有价值。因为作者将笔触伸向了一种民族集体无意识中那层层淤积起来的积习。在中国的传统文化中，每个人都有自上到下单向给定的角色，君臣、父子、夫妻都有独特的角色定位，各个职业也有自己的定位，这种观念代代相传，年长月久，就逐渐在人们的心目中成为一种既定的模式。凡事一旦模式化就会对异质文化和不同的生存方式产生一种天然排斥性和灭杀性。林子平回来的地方——林家塘，这里的人们长期处于封建思想的统治下，他们的思想和行为都是处于模式化的状态下。在他们的意念中读书人应该文质彬彬，他的衣着、语言、行为都要符合几千年来人们头脑中已经形成的标准：长袍马褂、满口之乎者也、只与上等人交往不与下等人交往。所以，当林子平穿着不扣纽扣的西装戴着礼帽出现的时候，无异于在这个死水潭里扔下了一块大石头，村里人就开始侧眼相看；当看到林子平家里挂着的与十几位男女同事的合影，更是觉得离谱，于是称他有十几个相好的；他鼓动县党部县农协的人贴出减租告示，村里人不但没有人响应，反而有不少人认为“这样好的年成，要他多管事”。林子平不与村里读书人、上等人交往，而是与县党部的人交往被村里人鄙视。他出去看人钓鱼，或独自一人去森林里喝酒、爬树、狂吼；在下雨天站在溪里让雨淋或清晨去林子里练剑等行为，都使林家塘人摇头，因为林子平的行为与他们心目中的读书人应该具有的行为相去甚远。于是他们由看不惯到排斥林子平，最后他的叔父惠明为了霸占子平父亲留下的家产，以共党嫌疑为名向县里告密。镇上的人知道这件事情之后，还自动地起来监视子平，不让他逃走。县里派来的警察将林子平打伤了，几天之后，林子平就死了。对于镇上的人来说除掉了一个格格不入的人，对于惠明来说拿到了侄儿的全部财产而且洗脱了窝藏共党的罪名。

子平的死可以说是林家塘古老乡村文化的封闭模式和可怕的强制性同

化功能的结果，他们顽固地坚持几千年形成的既定模式，抵制甚至扼杀具有现代意识的人。因此，严格地说，林子平的被出卖既是革命不彻底的牺牲品，也是僵化、顽固的封建文化排斥新时代背景下产生的具有现代思想意识的人的结果。尽管这篇小说在批判革命不彻底方面没有鲁迅的《药》鲜明，但是在批判国民的劣根性方面却是继承了鲁迅的传统，作者在小说中引出了一些乡村小人物，借用他们的眼来观看林子平，通过他们去评论林子平行为的对错，但是这些人既没有受过教育，也没有多少见识，他们的一些观念纯粹是几千年封建思想的产物，所以，表面上是这些人在评判林子平，实际上是作者在借机批判他们的"顺民意识"和落后、麻木。小说的结尾很有意思："几天之后，林家塘人的兴奋渐渐消失，又安心而且平静的作他们自己的事情。溪流仍点点滴滴的流着，树林巍然地站着，鸟儿啁啾地唱着快乐的歌，各色的野花天天开着，如往日一般。即如子平击倒那一处，也依然有蟋蟀和纺织娘歌唱着，蚱蜢跳跃着，粉蝶飞舞着，不复记得曾有一个青年凄惨的倒在那里流着鲜红的血……"这里作者表面上是在描写景物，实际上是在无声地控诉着乡民的愚昧保守与惠明的贪欲沆瀣一气戕害无辜的罪恶。由此也可以看到鲁迅批判国民性弱点对鲁彦小说创作产生的影响。

不过往深里思考，杀害林子平的真正凶手，是国民党反动派，林子平最后是死在县里派来的警察的枪弹下的，这是其一；其二，如果不是发生了蒋介石、汪精卫的反革命政变，国共不分裂的话，林子平的这种作为一个知识分子最正常的行为，也不会被认为是出格的行为，甚至被带上共党的色彩引来官军的捕杀。不过遗憾的是，作者写得比较含糊。对此，评论界都是采用批评的态度："《一个危险的人物》，在思想上和艺术上都存在着明显的弱点。从思想上说，它主要从经济上归结革命者被害的原因，没有把子平的遭遇同蒋介石的反革命大屠杀的政治背景联系起来，没有从革命与反革命的阶级大搏斗的角度加以揭示，因此使作品的思想锋芒显得短钝，甚至有某种消极因素，从而严重地削弱了作品的思想性和战斗作用。

从艺术上讲，子平这个形象，写得不真实，不丰满。”① “看起来，子平的死，主要应该归罪于他叔父的贪心和周围群众的落后，作者这样的结论是错误的，在当时，真正屠杀革命党人的罪魁是国民党反动派。作者将极为严肃的政治斗争当做一般的争夺财产来处理，这样，这个作品在当时就无法发挥其揭露反革命的真面目的战斗作用，相反的还转移人们寻找真正罪魁的视线；而大革命时期的中国农民被描写成麻木的看客或帮闲人物，也是极大的歪曲。”②

对于这两段评论的基本观点笔者是认可的，但是觉得有些措辞严厉了一点。这里有一点笔者以为不能忽视，即作者当时的状况：首先，王鲁彦不是一个真正的共产党员，他只是倾向于革命，还没有掌握马克思主义的理论武器；王鲁彦自己曾说过：“如一般人所说的，所谓‘意识’或‘观点’我简直怎样也弄不清楚；我极想多读一点那样的书，但往往读着读着就打瞌睡，或做起昏昏沉沉的梦来；有时拼着命把它读进去了，心里也颇为赞成，便想把它装进自己的作品里去，然而却怎么也装不进去!”③ 其次，在当时的状况下，好多人都处于一种迷蒙的状态，一些知识分子因为看不清形势搁笔了，甚至有一些共产党人变节叛变了，王鲁彦在那么短的时间内能够写涉及这方面内容的小说，其勇气是值得肯定的，虽然这篇小说如上所说有种种不足。

以上几篇反映乡村生活的小说是王鲁彦本时期最重要的作品，与前期作品相比无论是思想内涵还是写作技巧都有了很大的进步。当然，此时的王鲁彦还是一个人道主义者，他对社会的认识有所加深，但对社会整个的状况以及发展趋势的把握还是模糊的，而且因为生活的重压，他一直为谋生而奔波，没有参加革命斗争的行列，甚至连“中国左翼作家联盟”都没

① 张复琮：《鲁彦小说简论》，收入曾华鹏，蒋明玳编《王鲁彦研究资料》，江西人民出版社1984年版，第256页。

② 范伯群，曾华鹏：《王鲁彦论》，上海文艺出版社1980年版，第50页。

③ 王鲁彦：《〈我们的喇叭〉后记》，收入曾华鹏，蒋明玳编《王鲁彦研究资料》，江西人民出版社1984年版，第56页。

有参加，这在一定程度上影响了他的认识水平，同时也影响了作品的内容，他的作品基本上还是以人道主义的思想去同情劳动人民，还没有反映当时风起云涌的大革命风暴。

（二）知识分子或学校生活题材

1. 一个文字工作者的愤激

《毒药》通过“我”的经历详尽地叙述了“我”在发表作品与出版著作时所经历的种种遭遇，部分地反映了当时出版界、书报界的丑行。前面三篇小说写的是农村，这篇小说写的是城市。

这篇小说对文学史的贡献是真实地描写了出版界的黑幕。

首先，成名前的艰难。小说的主人公冯介先生因为多读了一些文艺作品，产生了写作的兴趣，于是向报社投稿，开始很顺利，投了三四篇都中了。可是因为抗拒与一个不相熟不相爱的女子结婚而被父亲断绝了经济供给，于是为了生存放弃写作去外地教书。一年多以后回到原地，生活仍然很贫困，只得再次拿起笔写稿，这次的他已由原来的纯粹因为爱文学而创作变成为稿费而创作了。编辑知道他的目的之后，就用种种理由推托他的稿子，而读者中也开始产生一些传言，说他的作品是受谁谁的影响或模仿谁谁的作品，“我”因此而搁笔两年。两年后偶尔碰到一个杂志的编辑，他要“我”再次写稿，并投到他编辑的杂志上去。第一篇文章还没有发，“我”就拿到了稿费，可是后来就没这么幸运了，杂志社一而再再而三的拖欠，使“我”欲罢不能，痛苦万分。

其次，成名后的艰难。几年之后，“我”写的小说已经有厚厚的三大本，拿到一个出版社去出版，第一次印刷量很少，卖掉的就更少，最后五百本书只卖掉二百多本，版税又很低，有一次我明明看见一个书商拿来一张销书的单子，自己的小说卖得很好，但是老板不承认。

王鲁彦深知出版界、发行界的黑幕，所以当一些青年文学爱好者和他的侄子向他请教如何写作的时候，他虽然也说了一些技巧，但是，他不为觉得后继有人而高兴，而是心情沉重：“他感觉到一种不堪言说的悲哀。

他觉得自己好像在不知不觉中已把这个青年拖到深黑的陷阱中，离开了美丽的安乐的世界；他觉得自己既用毒药戕害了自己的生命和无数的青年，而今天又戕害了自己年青的可爱的侄儿，且把这毒药授给了他，教唆他去戕害其他的青年的生命。”可见其内心受创痛之深，小说的题目《毒药》就出自这里。苏雪林也深知当时出版界的现状，她说：“我们假如略略知道过去八九年文艺界的情形，便知道作家发这种牢骚并不算什么过激。”①

这篇小说的第二个贡献，是更娴熟地运用了冷嘲热讽的手法。作者运用讽刺挖苦的技巧，对于当时出版界、发行界的种种丑行进行辛辣的嘲讽，使人读了以后哭笑不得，欲哭无泪。本来一个文字工作者写一点文章拿一点稿费是天经地义的事情，“但他却须对人家表示感激，乞丐似的伸出手去恳求，显出自己是一个穷迫可怜的动物。时时只听见人家恩惠的说，‘你穷，你可怜，我救你！……’同时又仿佛听见人家威吓似的说，‘你的生命就在我的手中！我要你活下去就活下去，要你死就死！……’即使是会计先生，收发课的人，或一个不重要的送信者，都可以昂然的对他表示这种骄傲，这种侮辱。”出版界之黑暗可想而知，文字工作者靠卖字生存之艰难也可想而知。其手法与《柚子》如出一辙。茅盾对这一点早就明察：“我好像看见作者的太赤热的心，在冰冷的空气里跳跃，它有很多要诅咒，有很多要共鸣，有很多要反抗，它焦灼地团团转，终于找不到心安的理想，些微的光明来。或者有人要说，像这样的焦灼跳动的心，是只有启人哀怜而没有积极的价值；但在我，却以为至少这是一颗热腾腾跳动的心，不是麻木的冷的死的。”②

这篇作品还有一点可取之处是结构精巧，起伏跌宕，尤其是主人公心理的变化写得非常真切：由当初刚走上文学道路时的欣喜，到中途被人揶揄而受挫时的痛苦，以至于最后产生报复心理漫天要价，都很符合主人公

① 苏雪林：《王鲁彦与许钦文》，《现代》1935年第5期。

② 茅盾：《王鲁彦论》，收入覃英编《中国现代作家选集——鲁彦》，人民文学出版社1992年版，第239页。

当时的处境及思想。

这篇小说所写的内容有作者自己的人生经历，所以看起来特别真实。也是对当时出版界和杂志界的一个批判。

2. 林子悲苦的一生

在第二类，知识分子题材和学校生活题材中，《幸福的哀歌》写得比较有特色。通过主人公林子一生寻求幸福却与幸福无缘的悲苦经历，得出一个哲理性的主题：幸福带来不易但失去很容易。这就是这篇小说的价值所在。

林子出生不久父亲就离他而去，父亲没有留下什么产业，专靠他母亲的针线活度日，母亲常常流泪，他也很少有高兴的时候。在艰难地进入大学的那一年，最亲爱的母亲也去世了，他昏厥了好几次，他的心破碎了。有一个时候，他的破碎的心，有过恢复健全的希望，他与一个姑娘相爱了，他的心从她身上得到了短暂的安慰，但是好景不长，她爱他，随后又丢弃了他，他被推入了更深的悲苦之中。从此他对人生完全绝望了，他觉得“人间并没有欢乐与幸福”，所谓的欢乐与幸福，“那是第一个编造字典的无聊的人私自加进去的字，想加厚他的字典罢了，地上并没有所谓的欢乐与幸福这一种事实。”他每天都想离开这个世界以便从现世的苦难中解脱出来，所以当他生病被送进医院的时候，他很高兴，因为“他知道自己将复活了，将离开这一个充满悲苦与不幸的世界，将走进他所热烈的渴望着的那一个世界了。”但是就在病魔将要夺去他生命的时候，一个名叫新芷的女同学经常来看望他，异性的关心融化了他内心想死的坚冰，他的心中又萌生出了“新的力，新的希望，新的生命”，一种渴望活下的意念又在他心里燃烧起来，“他现在愿意活下去，也希望能够活下去”。但是命运之神往往故意与人开玩笑，就在他想“把他那一只已经踏进了死的世界的脚拖回来”的时候，死神降临了。作者把小说命名为《幸福的哀歌》，实际就是在慨叹幸福来之不易和幸福的容易毁灭这样的主题。

3. 三篇恋爱小说

王鲁彦本时期的作品里，还有三篇作品描写了爱情，展示了不同的人对爱情的不同态度，表面上看起来似乎没有太大的社会意义，但细读之下还是能够挖掘出这两篇作品各自不同的价值的。

《一篇抄袭的恋爱故事》写的是一个16男孩对爱情的思考和尝试，他不懂爱情，又想尝试爱情，于是就照着小说中所写的程序，与一个女孩子演绎了一遍，互送玫瑰、接吻、拥抱、说情话、山盟海誓，最后分手，开始意味着结束。作者写这些内容，实际上是在批判一些小说对中学生所造成的不良影响。

《他们恋爱了》写的是南平中学的老师苏先生与一个姓康的女学生恋爱之后，在学生、老师中间引起的不同反应，以及一些人说的与做的完全不同的行径。

师生恋向来是学生非常敏感的话题，所以，当同学听说苏先生与姓康的女学生恋爱之后，引起了轰动。大家三五成群，议论纷纷，好奇、怀疑、忧郁、悲哀、怜悯、嫉恨、愤怒等各种各样的情绪出现在他们脸上，空气也骤然紧张起来。很多人对这件事是赞成还是反对拿不定主意，于是他们跑到南平中学最受学生敬仰的夏老师那里去请教。在那里大家认为两人年龄相差太大，而且有可能苏老师在家里已有妻室，康同学要掉人陷阱，所以一致反对苏老师与康同学的恋爱，并写了一份哀的美敦书，在场的同学都签了名。这个问题暂告完结之后，大家都很开心。但是，这些写哀的美敦书的人很快原形毕露，方同学与密斯彭恋爱了，曾经指责苏先生朝三暮四的有妇之夫夏老师，自己也搞起师生恋来了。

《恋爱进行》这篇小说发表的时间是1933年3月，比前面两篇稍晚，为了叙述的方便，笔者把它们放在一起。这篇小说写的是约生追求女学生曼丽，两个人前面相处得很不错，但是一谈到婚嫁，曼丽认为女人一结婚，就成为丈夫的妻子，妻子须听丈夫的话；又会不知不觉的生出小孩，还得喂奶、洗尿布、辛辛苦苦把孩子养大。而且，结了婚之后，要离开父母和弟弟，想到这些曼丽就拒绝了约生的爱情，后来当约生一家搬到外地去之后，他们之间就不了了之。

这三篇小说，作者都带着一种嘲讽的语调，《一篇抄袭的恋爱故事》讽刺一些爱情小说的公式化以及对中学生造成的不良影响。《他们恋爱了》讽刺教师队伍当中的伪君子和学生的无所事事。《恋爱进行》讽刺曼丽过分世俗的爱情观导致他们之间婚恋的失败。同时，作者在嘲讽的背后，是对生活的失望，前两篇小说都发表于 1931 年前后，后一篇小说发表于 1933 年。当时的社会形势非常严峻，军阀混战，日本帝国主义正加紧对东北的侵略，王鲁彦个人流浪到福建，远离鲁迅以及上海这个文艺发展的中心，所以，他的内心很孤独，情绪很低落，对周围的事物很消极，作为一个人道主义者，他希望所有的人们都像“恋人般的生活着”，但残酷的现实告诉他这是不可能的，作者绝望了，他把自己的情绪反映到小说里，这三篇小说表面上看起来写的是一些轻松的题材，里面主人公的行为也似乎很好笑，实际上，作者是想告诉读者：人间没有真爱。三篇小说中，夏老师本身卑劣的品质实际上是对美好爱情的玷污；两个 16 岁的中学生根本不懂什么是爱情，只是按照小说中所描写的那样依样画葫芦而已。曼丽的爱情观表面上看起来很现实，但实际上太过世俗，失去了爱情应有的美好。在这里，纯真美好的爱情被庸俗、卑劣、虚伪所玷污了。透过表面的轻松，我们感到的是沉重。

（三）童年生活题材

1. 与阿成哥的情谊

《童年的悲哀》是一篇自叙传小说。大革命失败之后，社会的黑暗、生存的艰难、精神的压抑，使得作者不得不到童年生活中去寻求一点安慰。作家以真挚的感情，娴熟的笔调，描写和塑造了自己童年时与阿成哥之间的一段忘年交。塑造了朴实、善良、正直而又多才多艺的粗人——雇工阿成的真实形象。整篇小说虽然带有浓郁的悲哀和感伤忧郁的色彩，在作品中，作者借里面的小主人公的口表达了这种意愿：“我愿意回到我可爱的童年时代，回到那梦幻的浮云的时代！”[①]

---

① 王鲁彦：《童年的悲哀》，《王鲁彦文集》（壹）（短篇小说），人民文学出版社 2009 年版，第 150 页。

这篇作品在王鲁彦的创作历程上具有非常重要的意义，在此之前，王鲁彦笔下的人物基本上是乡村小资产阶级：如阿卓、王阿虞财主、如史伯伯之流；或者是流氓无产者：贼骨头阿长；阿成是作者塑造的第一个农村雇工者形象，这是王鲁彦创作生涯上一个转折性的作品，标志着作者开始由前期的人道主义同情和主观抒情为主的浪漫手法转向客观写实为主的现实主义手法。虽然在揭露阶级关系方面还不是很尖锐，但在选材上已经体现出了作者一种变化，这是十分可喜的，而且作品中流露出的对未来美好前景的向往，在当时是很可贵的。

阿成哥这个形象没有阿Q身上的油滑习气，也不像阿长为了生存什么鸡鸣狗盗之事都能做得出来，这是一个乐观开朗、仗义正直、多才多艺、勤劳善良的农村青年。他很正直，为人仗义，从不欺负小孩，也不允许其他人欺负小孩，当生福欺负我们这些小孩时，他阻止了他，而且陪他打钱，让他输得心服口服。阿成干活麻利，干净利落，十分尽责。他还多才多艺，他爱好音乐，他的二胡演奏技术很高，“这只胡琴到了阿成哥手里便发出甜美的声音，有时像有什么在那声音里笑着跳着似的，有时又像有什么在那声音里哭泣着似的”，还会唱歌。阿成的游泳技术也很高超，能够顶着一只稻桶踩着水过河。

更主要的是，阿成与“我”建立了很深的友谊，虽然两人之间相差十几岁。他教“我”唱歌、拉二胡，又教“我”最起码的乐器知识和演奏技巧，带“我”进入了音乐的美妙世界。最后，“我”从迷恋音乐到自制胡琴。可以说，王鲁彦一生都热爱音乐，随身带着口琴与童年时候的这段经历有关。

可惜，阿成哥在结婚前几个月，被一只疯狗咬伤，得了狂犬病，在被咬伤后120天发作而死，残酷的命运之神给我的心灵造成了很大的创伤。它抽走了“我”童年生活的全部乐趣，破灭了“我”的童年的幸福，最后作者表露了对未来的失望。

因为作者是借助童年的“我”的眼光来看阿成哥，所以还没有带上太世俗的家庭成分之类的东西，他与阿成哥尽管一个是中产阶级，一个是穷人，但他们之间很少有隔阂，而且“我”对阿成哥的爱是由衷的。作者在这里为我们创造了一个较为真实的劳动者形象，这在王鲁彦前中期的小说形象中是独一无二的。

这篇小说对主人公“我”的心理描写非常细腻真切。“我”初次遇到阿成哥的懵懂，阿成哥的仗义行为令“我”产生的感动和崇拜之情；倾听阿成哥胡琴时的欣喜；得到阿成哥表扬时的狂喜；受阿成哥影响热爱胡琴的执著；失去阿成哥的伤心痛苦都写得很感人。

这篇小说的地域文化色彩很浓，作品中运用了较多的地名、方言，叙述人“我”叫“淅琴”正是鲁彦小名“燮成”的谐音。主人公阿成哥唱的小调：“西湖栏杆冷又冷，妹叹第一声：郎哥出门去，一路要小心！路上鲜花——郎呀少去采……”完全是甬东腔调。文中地名六次提到“大碶头”，在小说中这样用真实地名，增强了小说的地方色彩。

对于这篇小说的不足，有人认为：“在这篇小说里，对于阿成哥这个令人可亲的劳动者的悲剧的成因，对于撕毁“我”童年时期如梦一般幸福的真正力量的解释，是不能令人满意的，他以纯粹的偶然性——疯狗咬死阿成哥来作为回答，这显然是以自己狭隘的生活经验来代替了现实主义所要求的真实，作家以偶然代替了必然，以疯狗代替了吃人的社会制度，而将人物的不幸命运的原因完全归之于自然现象，他没有更深刻地从社会现象中去寻觅真正原因之所在，如果不是我们太苛求，那么可以作一人简单的推论：没有这该死的疯狗，‘我’的童年的悲哀该成为童年的欢乐了？因此，《童年的悲哀》放弃了控诉旧社会的惨绝人寰的吃人本质的权利。”[①]这个评价有一定的可取之处，这篇小说确实有一定的诗化和理想化的色彩，但是对一个作家的所有作品都用阶级斗争的标准去衡量，也不是十分恰当。对于尚处于前期主观抒情的浪漫派手法向现实主义手法转变的初期

① 范伯群、曾华鹏：《王鲁彦论》，人民文学出版社1980年版，第43页。

作者来说，也许这段生活确实是他童年时一段刻骨铭心的记忆，而且里面的主人公也确实是由于偶然的原因而死的呢？我们应该允许作者有这样的书写权利。写这部作品的时候，王鲁彦在外面走南闯北，经历了种种磨难和挣扎，这时候内心产生一种对童年、故乡的心灵渴望，故乡的山水、童年的趣事在内心产生一种温情并诉诸文字是很正常的。这种现象在文学史上也不是没有先例，萧红在《呼兰河传》中尽情地抒写对家乡呼兰城以及童年生活的种种回忆：祖父、祖母、有二伯、周围一些贫困的邻居的生活，表达自己寻找精神家园的强烈愿望，对此茅盾也专门写文章对萧红的这篇作品提出批评意见，但这并不影响萧红在散文和诗歌里抒发爱国和关注现实的情感。现在看起来，人们对于这个不足并不十分在意，反而对于里面那些很有东北黑土地文化特色的东西欣赏有加。同样，时间进入21世纪，对文学评价的标准开始多元化的时候，人们对于王鲁彦这篇小说的评价也出现了不同的声音，有个评论家把这篇小说作为现实主义的抒情小说来分析："作者回忆童年时代，因失去一位叫阿成哥的忘年之交而造成心灵创伤的一出悲剧，通篇浸透了欢乐与悲哀、甜蜜与痛苦的强烈感情，形成低回咏叹，难以割舍的抒情氛围，旨在表现他对人生真谛执著的追求，在求索中夹杂着浓重的郁悒、感伤和怅惘之情。"[①] 其论点笔者觉得也很可取。

2. 可怜的阿品

在这时期，还有一篇小说很重要，就是《小小的心》。

《小小的心》这篇小说叙写被人贩子贩卖到福建去的一个小男孩的悲惨命运，控诉了吃人的社会残酷的人口买卖的黑幕，以及作者对这些被贩卖的受尽折磨的小孩深切的同情。

这篇小说的第一个贡献，是以事实控诉了可恶的人口贩卖行为。

马克思在《资本论》中曾斥责西方殖民主义贩卖人口的奴隶贸易为

① 沈斯亨：《鲁彦小说的现实主义》，《广播电视大学学报》2005年第1期。

“丢掉了最后一点羞耻心和良心”，“资本积累手段的卑鄙行径”。西方殖民者也曾在旧中国的沿海捕掠华工（包括儿童）进行“猪仔贸易”，厦门即是出口地点之一。《小小的心》所写拐卖奴隶一事合乎历史真实，但鲁彦在小说中并未发表任何议论，也没有去挖掘这一悲剧得以产生的社会根源，只是说：“这是这里最流行的事。”

第二个贡献是塑造了一个感人的儿童形象。

作者在散文《厦门印象记》里面记录了一段遇见小说中人物原型的文字：

有一次，我的老朋友忽然带了一个六岁的小孩来，说是宁波人，要我和他用宁波话谈谈。我很奇怪，我的朋友居然会在这里（指厦门——引者）寻到别的宁波人，而且把他的孩子也带来了。……

于是我便说着宁波话，请他走近来。

但是他没有动，露着怯弱的眼光。

“你是那里人呢？”我仍用宁波话问他。

“咓载！”他说的是厦门话，意思是不晓得。

……

“你姓什么，小朋友？”我又问了。

“咓载！”他摇着头说。

“几岁呢？说吧，不要怕呵！”

“咓载！”又是一样的回答。

……

“到底是那里人呢？”我问我的朋友说。

“老实说，不清楚，只晓得宁波那边的人。”

“你从那里带来的呢？”

“一个朋友家里。他是从人贩子那里买来的。”

“不犯法吗？”

“在这里是官厅不禁止的。花了一二百元钱，就可买到一个。本地人几乎每家都要买一二个的。”

我给他说的吃惊了。这样的事情，我从来没有听说过。

“这孩子到这里快半年了”，我的朋友继续说。“他从来不说话，偶尔说了几句，也没有人听得懂。他只知道说：‘吒载’，无论他懂得或不懂得。仿佛白痴似的，据说他到这里的头一天，脱下衣服来，一身是青肿的。显然人贩子把他打得太厉害。他只会说‘吒载’，大约就是受了人贩子的极大的威迫的缘故了。这里是一个人口贩卖的倾销市场，也就是人口贩运的总机关。来源是上海，上海的每一只轮船到这里，没有一次没有贩卖人口。……”

我给这些话呆住了。

这段记载明确告诉我们，《小小的心》的素材来源于这个事件。

除了这篇小说，作者还写了一篇小说《贱人》，里面也写了一个类似于小小的被人贩子贩来的小孩，不过这一个是小女孩，她也只有六岁，来到潘老太太家的时候是北风狂鸣的冬天，即使厦门比较暖和，也开始飘起一些小雪花了。她身上只穿着一套又大又薄的单衣，而且背上有了破洞，袖子又剪去了一节，显露出红肿的肉来，瑟瑟地抖着。她的胸上背上，也满是紫色的鞭痕，有几处还结着血疤。她的眼神呆滞，“里面隐藏着的乌黑的眼珠像凝固的，不活动一般”。“几个月来，她像哑巴似的，没有说过一句话；也像聋子似的，听不懂别人的话。只有‘吒载’这两个字的本地话，她一进门就晓得说。无论谁问她什么，她全用‘吒载’回答着。”

“你姓什么？”

“吒载”，她回答说。

“你叫什么名字？”

“吒载。”

"你几岁了?"

"吒栽。"

"你来，你来!"

"吒栽。"

"去吧，去吧！到那边去!"

"吒栽。"

这段对话与作者在《厦门印象记》里的记载几乎一致。这个小女孩与《小小的心》里的阿品说话几乎一样。开始的时候这个小女孩还比较活泼，但是后来她不太讲话了，主人家就开始慢慢厌恶起她来，她就变得更加沉默了，开始是常常一天不讲话，后来发展到叫她干什么，她一声不响地给你做好了，有时叫她半天不来，可是一回头，她已经站在你的身后，使你防不胜防，吓得心惊肉跳。为此，老太太常常厌恶地骂她，少奶奶也拖着她的辫子打。

由于长期营养不良和劳累，她一个六岁的小孩要承担起一个女工干的活："扫地、抹桌、洗碗筷、倒痰盂马桶、给老奶奶少太太敲背、倒水、添饭、洗裤子……一天到晚很少休息"。外加受气，不是被骂得狗血喷头，就是被打得遍身青肿，而且挨饿。所以，她的身体日渐消瘦，而肚了却一点点大起来，这是身体过于消瘦之故。后来她开始反抗了，"少奶奶怎样骂她，她就怎样骂少奶奶。同时，她对于工作，渐渐偷懒了。少奶奶越打得她厉害，她越不肯做。有的时候，还故意打破一些东西。"于是，少奶奶就让她挨饿，她就开始偷东西吃了，只要闻到食物的气息，一眨眼，她就偷走了。少奶奶对她打得更凶了，但她就是不认错，也不号哭。有的时候她就捡拾一些食物的残片来吃。她变得越来越肮脏，身上有一股令人作呕的臭气，冬天来临，因为衣物单薄，不能御寒，她就躲在烂棉花与乱草堆着的床上，有一天晚上，她觉得饿了，可是少奶奶把食物藏得很好，她找不到一点可吃的东西，只得打开大门，走向田野，第二天有人发现她死在一个菜园里。

与《小小的心》的阿品相比较，阿品尽管在物质上要比阿智好一点，但是精神上两个人所受的压迫是一样的，他们都是远离家乡亲人，被人贩子贩来卖给当地人的女奴或所谓儿子。阿品在认识作者以前十个月被人从宁波贩卖来，因为他的养父母是知识分子，所以很少打骂他，只是把他丢到所谓的外婆那里。但是阿品很孤独，四五岁的小孩，眼神里已经没有欢乐，只有忧愁和悲伤，“在他的眼睛里，我看见了忧郁，悲哀”。“孩子的两个忧郁的眼睛立刻又显露在我的眼前，像在沉思，像在凝视着我。在他的眼光里，我听见了微弱的忧郁的失了母爱的诉苦。看见了一颗小小的悲哀的心……”作者第一次看见阿品就发现他忧郁的眼神，听见了他哀伤的诉苦，东晋画家顾恺之说过：“传神写照，尽在阿睹中”。一个人可以隐瞒自己的情绪，但眼神会暴露内心的秘密。作为一个才四五岁的小男孩，无论如何尚没有学会掩饰自己的情绪，所以，内心有什么，脸上、眼神一露无遗。所以“我”很疑惑，尽管从表面看起来这小孩不应有这样的忧郁，应该很幸福。后来“我”与阿品的感情随着接触的增加越来越深，“我”与阿品相处得很好，阿品在“我”这里很开心，“我”也经常抱他吻他，因为他的父母在外地，“我”几乎把他当成自己的儿子看待。两个月后，阿品的父母来了，但“我”发现阿品与父母很生疏，尤其是与母亲，他简直有点怕她。这期间，“我”的一个宁波同乡来看“我”，当我们用宁波话交谈的时候，开始阿品表情有点木讷，后来，只要我们一讲宁波话，他的嘴唇就开始翕动，眼球快速转动，他渐渐听得懂我们所讲的内容了。这令“我”和朋友非常奇怪，最后得出结论，他曾经懂得宁波话。当“我”把阿品听得懂宁波话这件事告诉他的父亲的时候，他父亲否定阿品是宁波人，第二天就让阿品走亲戚去了，一周之后阿品回来了，虽然还到“我”这儿来，但只是躲在屋隅里，漠然地望着“我”，好像心里就满足，就安慰了，不再像以前那样亲热和随意。仔细观察以后，“我”发现阿品不是真正与“我”疏远，通过他的眼神“我”发现他很想与“我”亲近，只是他每次到“我”房里来，背后都有人跟踪。正在这个时候我们的报纸停版了，“我”要到泉州一个学校去教书，“我”只得与阿品分别了。当“我”偷偷地离开阿品来到泉州，终于知道了阿品的身世，原来他真的是宁波人，只是十个月之前被人贩卖到这里。“我”更加挂念阿品了，可是当几个月之后，“我”再次回到厦门时，阿品已被养父母带到南洋去了。这篇小说写得非常感人，因为作者非常喜欢小孩，加上这个题材已经过沉淀和思考，所以特别具有一种触动内心的情感力量，虽然阿品非作者亲生，但里面的感情与一个父亲对亲生儿子的感情没什么区别。作者是含着眼泪在诉说，其感情之真挚炽热、怀念之深切是很感人的。

第三个贡献是运用典型化的手段塑造人物。

把小说的内容与原始素材相比较，可以发现作者已经做了很大的改动，阿品已经不是那个只能说“呒载”的宁波小孩了，阿品是在众多被拐卖的宁波小孩的基础上典型化的结果。他可爱、聪明，与“我”有感情但又命运可悲，是令人心生同情的具有一定的立体感的活生生的艺术形象。

王鲁彦在《我怎样创作》中，详尽地记述了阿品这个形象的产生过程。他说：这个材料保留了一年光景。“这里的主人公小孩子阿品，原是和我们同住着的。他的性格，我给他原样。有些事实是从我平日在许多小孩子身上选择过来的，因为合于阿品的性格和年龄。阿品的保护人管束他不让他和我们接近是事实，但那是因为别的缘故，并不是如我所写的。阿品并不是买来的孩子，确实是他的父母自己生的。我是一个最喜欢小孩的人，平时和小孩很接近。想写一篇关于小孩的天真可爱的生活的故事，这念头远在五六年以前。遇到了阿品，经过一些日子，我这念头又起了。不用说，倘使那时动了笔，决不是像后来所写的那样。然而我没有写。我想留到我更理会阿品的时候。于是过了一些时候，我又遇到了另一个小孩子。这个孩子才是真正的浙江人，被人家辗转贩卖到了福建。这时他的舌头才能生硬的说福建话，而同时对于故乡的话也正在若隐若现的趋向于忘却的时期。对于这个孩子，我想另写一篇。但也没有写。时间久了，看到人家买来的孩子愈多，同情心愈深，到了提笔的以前，终于把阿品和别的孩子并成了一个人，把他变成了被卖的孩子。这仿佛不是真的，原来的阿品的命运并没有这样惨。但我并不是给原来的阿品作传记，而是写更多的孩子。在福建，或是在别的地方，受着同一命运的孩子的确多得很，我用阿品作了代表，应该仍是很真实的，我以为。至于在技术和另一方面，这样写好不好乃是另一个问题。"

这篇创作心得很有价值，因为它说明了一个问题，与初期创作相比较王鲁彦在塑造人物形象的手法上明显进步了，他开始遵循现实主义的原则，有意识地用典型化的手法来塑造人物，鲁迅创造人物有两种方法，一是杂取各种人合成一个，另一种是以一个人为原型，再在其他人身上吸取有用的东西加到这个人身上去。王鲁彦采用的是第二种方法。

（四）其他题材的小说

1. 弱者不可欺

《微小的生物》很短，也没有故事情节，只是说在一个初冬的夜里，独坐小楼中的"我"看到蚊子一样的小动物，用手去捻，发现它没有血，很干，在书上，只留着两三颗微小的灰点。"我"往书上嘘了一口气，于是，连那灰一般的东西也不知道哪里去了，"我"感觉这东西太渺小了。接连两只都是这样。"我"正在疑惑，"难道那小东西连感觉也没有"的时候，第三只又来了，它刚落下来的时候，与前两只一样大，但是灵敏、活泼。而且，它渐渐变大了，它有发着闪光的眼睛，尖利的嘴，长而威凛的头颈，坚强的翅膀，粗大的腿——威严而且可怕。并且大声的说："不像你想象的那么微弱！""到了明年的夏天，我们又将起来，集合伴侣，攻击你们卑劣的人们！那时，我们将要吸尽你们的血液，带给你们疾病和死亡！……"说完，嗡的一声，飞到不知什么地方去了。

这是一篇寓言体小说，它是想借蚊子的口告诉读者一个道理：弱者不可欺。

2. 陈允才的祝福与诅咒

这个时期，还有一篇小说《祝福》，是反映一个因病离开前线，在后方医院治好病之后，想重返前线，只因手头没有买棉袄和补充营养的钱，想要临时在街头乞讨一点钱以解决目前的困难。他把自己的辉煌战绩以及这次乞讨的原因写在一张纸上，摆在地上，然后弯腰乞讨，可是行人根本不予理睬。一连几天，直到主人公饿晕在一个垃圾桶旁边，终于清醒地认识到人们的嘴脸，于是变乞讨为诅咒，才使人们改变态度，但是陈允才知道这是人们为了自保，并不是真正同情他，于是他诅咒得更加厉害，哪怕是年后第一天。他对人类已经由希望变得绝望，幸亏他碰到了一群天真烂漫的小孩，孩子的童真感染了他，使他给孩子献上了最真挚的祝福。

这篇小说的贡献，首先是选材比较奇特。主人公陈允才是一个曾经有辉煌战绩的人：参加过反对袁世凯的战争，经历过大小一百多场的战斗，在军队里，历任排长、连长、营副。本来这样的人应该成为国家的栋梁，只因他生性刚直，不善钻营，所以官职到营副就一直没有升上去。

现在这位英雄因病失业，流落街头，旧衣破物全部典当干净，他耻于乞讨，又迫于穷困，境况十分窘迫。

陈允才对人们所求并不多，只是希望能够有钱买一件棉袄，能够让他稍微有点钱吃上一点好的，然后恢复体力，再次奔赴前线参加战斗。可是人们不同情他、不相信他、漠视他，有些人有意避开他，有些人甚至认为他因嫖妓或赌博而花光巨额家财，才流落到乞讨的地步。大多数人一晃而过，即使施舍也是很少的一点钱。

一连几天，他得到的钱只能勉强的一饱，他的心渐渐阴沉了。天气变坏，行人减少，他只得上门求乞，人们还是不理睬他。他已经两天没有吃什么东西，“他的思想渐渐由悲伤转入了愤怒”，最后他冻饿得倒在里弄的垃圾桶旁边。陈允才开始清醒，他看透了人们的可恶嘴脸，并恶毒地诅咒着。人们为了过一个欢乐祥和的春节，才送给他一件棉袄，一碗剩饭。但这次他不再领情，也不再祝福，他知道人们这么做是为了自己。一连几天他大声地诅咒着。这时人们反而慷慨解囊了，但他厌恶这些卑贱的人们的金钱，而且，他的思想开始发生变化，原来急切地想要回部队去或自己打工挣钱的想法突然消退了，他在这个城里到处跑来跑去，靠诅咒生存。新年第一天，他诅咒得更加厉害。但是这一天下午，他被一群孩子围住了，陈允才看见天真纯洁、健康活泼、脸如红色苹果的孩子们，他那冰冻而又坚硬的心开始暖热而柔和了。于是他"开始用最虔诚的心，对孩子们热烈的祝福了……"祝福那寄托着未来的希望。

一个抗战英雄，因为生病而贫穷，想要通过乞讨买一件棉袄，补充一点营养，然后再上前线杀敌，这样一个美好的愿望被人们的冷漠、势利残酷地扼杀了，最后使这个英雄改变了想法，失去了斗志，实在令人痛心。作者用文笔尽情描绘这些人的嘴脸，并给予批判和痛斥。好在作者在结尾留给了读者一点希望，纯真的孩子唤醒了他原有的善良，他用最美好的祝词祝愿孩子们。否则这篇小说真的会令读者对那些冷漠势利的人痛恨之至。选择这样一个经历奇特的战斗英雄作为小说的主人公，在现代文学史上还是绝无仅有的，所以这篇小说的选材很有特点。

小说的结尾，陈允才又重新振作起来了，作者这样写一方面符合中国人的审美要求，同时更加衬托出那些只为自己的势利小人的嘴脸，也增强了小说的批判力度。这种把希望寄托在孩子身上的写法，颇似鲁迅小说《药》的结尾在夏瑜的坟上放上一只花圈。王鲁彦受鲁迅影响较深，鲁迅前期深受进化论的影响，鲁彦小说中也体现出进化论的思想。这篇小说从某种程度上讲，也是王鲁彦自己人生经历的写照，由初涉人生时的充满希望到经历多种打击以后的失望，到不甘沉沦顽强奋斗的坚执。不过主人公陈允才的性格缺少变化，比较平板。

3. 一个国民党特务的嘴脸

本时期王鲁彦还有一篇小说《宴会》，该小说写于 1931 年，是他离开南京之后写的。小说主要写国民党特务机关的黑暗内幕。对于这篇小说的主人公王鲁彦曾说："《宴会》里的主人公是一个最卑鄙龌龊的人。一直到现在，我仍是很厌恶他，怕在现实生活中遇到那样的人。但对于他的性格，我却很喜欢。因为拨开一切卑污，我看见了他坚强的性格。他在这里虽然几乎改变他的态度，都是在使用他的手段，想达到他的目的。目的虽是坏的，而他的坚强的性格是我喜悦甚至敬服的。"[①] 这篇小说应该是作者在南京时候生活经历的一个反映。

这篇小说的贡献是塑造了一个性格复杂的国民党特务的形象。

邹金山表面看起来确实是一个人才，他经历丰富，见多识广。很早就在香港的报馆工作，孙中山逝世时他就在北京的灵堂；他说得一口流利的英语，到过伦敦、柏林、巴黎、维也纳，在上海印务书馆里当过七八年的编辑，编辑过英文文学杂志，创办过函授学校。但实际上他是一个卑劣无耻的国民党特务，他自视甚高，自从知道邹军与他同姓之后，就在日常生活中轻视他；他没有同情心，他们科里一个女同志迟到十几分钟，他不分青红皂白，不问清缘由就填上该同志旷职几个字，即使稍后该同志请人带来了病假信，他还是坚持己见；他老奸巨猾，表面上待人很和气，实际上很有心计；他想做科长，想去掉头上的"代"字，想开除一些同事，就背着人说坏话，挑拨离间；他贪小，代买图书以旧书充当新书，从中赚取差价。邹金山就是这么一位自大、冷酷、老奸巨猾、善于欺骗和离间同事的品质恶劣之人。

邹金山的恶行激起了同事的愤怒，大家展开调查，原来他所谓的光荣历史都是伪造的。他们联名向部长呈文，希望部里开除邹金山。邹金山知道这个消息后，到各个同志那里去做工作，但没有成功。最后，邹金山被调离特别科，听候任用，倒邹运动终于成功。

这篇小说的结尾，有点令人费解，邹将要离开之前，那些同事们聚会庆祝倒邹的成功，可是邹金山主动来参加了这个聚会，并与每个人友好地道别。为什么要放这么一个结尾，恐怕与作者对他坚强性格的欣赏有关。

---

① 王鲁彦：《我怎样创作》，收入曾华鹏、蒋明玳编《王鲁彦研究资料》，江西人民出版社1984年版，第41页。

对这一点有人提出批评，认为这是王鲁彦“从人性论的观点出发，抛弃了人的性格的阶级内容和政治内容，将人的性格抽象化。……这种人性论的观点就严重限制了鲁彦对这一反动人物进行批判”①。这几句评语我觉得非常准确。

4. 得陇望蜀

《胖子》有点黑色幽默的味道，看了令人发笑。小说写的是一个有钱人家的大少爷，曾因一场长达半年的怪病而变得瘦骨伶仃，每天桂圆莲子、鱼翅鲍鱼、人参鱼油的吃就是不见胖，他为此很忧愁。可是后来他却悄悄地胖起来了，而且胖得令人吃惊。这时烦恼又来了，怕热、怕累、嗜睡，为了减肥，开始节食，只坚持了三天，又开始猛吃，而且吃得比以前的一倍还要多。又开始练武术，可是三五天之后，他又不干了，而且愈加爱睡，愈加爱吃东西了。他也曾经在报上看到南京有个地方可以打针减肥，可是出门不到十分钟就退回来了。从此，大少爷认可了自己肥胖的现状，不再烦恼了。

据说这篇小说发表以后还招来了误解。作者在《我怎样创作》中详尽地叙说了这件事：“我去年写的一篇《胖子》，据说有人以为是我在写我的一个朋友，而且是骂他的，而且我的故事中的老妈子即是这个朋友所用的女工，还另外造上一些谣言。想起来颇觉好笑。做小说骂人，不但从来不曾这样想过，即连把朋友的短处部分地采用到小说里去，我也不愿意。现在我知道人家所指的这个朋友的确很胖了，但在我写的时候，我毫不知道。胖子随便哪里都可遇到，我即使知道了，也用不着借用我的朋友。”其实作者写这篇小说的目的是为了批判一类人的脾气：“没有得到理想中的东西，忙得不得了，达到了目的，又想退了回来，最后没有办法了，就想到了一种聊以自慰的方法。这意义扩而大之，可以包括到许多，即连以真为假，以假为真，以是为非，以非为是，最后终于变成真真假假是是非

① 范伯群、曾华鹏：《王鲁彦论》，上海文艺出版社1980年版，第50页。

非的也在内。这种脾气并不是一二个人所独有的，似乎很普遍，我自己也免不了。我觉得这情形可笑也可怜，早想把它写了出来。”①

三　本时期创作综述

与前期的作品相比，本时期的作品现实主义的成分增强了。笔者把王鲁彦的一生归纳为三个时期，一是初涉社会，以人道主义的思想来观照社会人生，写作上以浪漫主义的手法为主，作品多写梦幻，抒情色彩较浓；二是由人道主义转向现实主义的时期，作品中写实的成分明显增加，就是本时期；第三个时期是完全转向现实主义，成为一个抗日战士。

本时期作品中如《黄金》、《阿长贼骨头》、《童年的悲哀》、《小小的心》、《祝福》、《宴会》从内容到手法都比前期成熟了许多。对此作者自己是这样概括的：“在《柚子》时期，我的热情使我诅咒一切，攻击一切，不愿意接近一切坏的恶的生活；在《黄金》时期这种倾向渐渐淡了，开始对我所厌恶的放松了，而去求另一方面的善的好的；在《童年的悲哀》时期又渐渐改变了，而倾向于体验一切坏的恶的一面，直至现在。这并非单是创作一方面如此，还是因为我对于实生活所取的态度的缘故。我的年纪虽然还不大，或许还可以说是一个青年，但因为历年的生活的经历，现在终于到了像是老年人所取的态度了。这应该是很足惋惜的。但所幸的年纪终于还不大，虽然有时像老了，有时还像小孩，有时笑有时是要哭的，有时是悲观有时是乐观的，有时是热烈的。这些，在自己的生活中，我最知道的清楚。因此在创作中也常常表现了这一面或那一面，或兼有了两面。这在别人看来也许觉得这是我的作品的毛病，但是实生活常常是这样，而我的脾气也几乎差不多：有时我很讲理性；有时极其谦虚，有时极其骄

① 王鲁彦：《我怎样创作》，收入曾华鹏、蒋明玳编《王鲁彦研究资料》，江西人民出版社1984年版，第44—45页。

傲；有时非常热烈，而有时又非常的冷酷。这种矛盾，说不定不是我一个人所独有，而是很多人所同有的吧。我的作品尚能保持着这种的不一致，我倒是喜欢的。就是作风，文体以及结构，我也希望能够这样。我不愿意受任何人为的拘束和限制，正如我对于生活的各方面都想尝味一下一样。"[①] 这里作者从自己的创作思想的转变、人生经历的丰富、个性的复杂多变几个方面来谈自己的创作前后期发生变化的原因，是很有说服力的。

四 艺术手法上的变化

就创作手法而言，这时期的作品出现了很大的变化。

首先，善于从一些平凡的事件和人物身上挖掘出内在的含义。《黄金》这类名篇就不用说了，就是像《恋爱进行》、《祝福》这些不是很有名的作品，也能从一些小事中抓取出一些意义。《一篇抄袭的恋爱故事》通过写一对 16 岁的男孩、女孩，模仿一些爱情小说谈恋爱，揭示当时一些恋爱小说对青少年产生的不良影响。《祝福》通过退伍士兵陈允才流落街头，只想通过乞讨解决一时的困难，但受尽世人种种白眼和漠视，陈允才由刚走上街头时的热情祝福，到后来因绝望而诅咒那些有钱人，最后，小孩的纯真、可爱融化了他内心的坚冰，揭露世人的冷漠和孩子的纯真。

其次，开始注意人物形象的塑造。王鲁彦塑造人物形象侧重于两点：一是挖掘人物的内心。王鲁彦是先进行世界语翻译，从俄罗斯和东北欧国家的文学中学习了一些创作手法，然后才开始文学创作的，所以他刚走上文学道路，就有意无意地把西方小说的一些创作手法如梦境、心理描写运用到自己的小说创作中。他对人性的体察细致入微，对人物的心理开掘很有深度。早期作品如《秋夜》、《秋雨的诉苦》、《柚子》中表现出来的浓郁

① 王鲁彦：《我怎样创作》，收入曾华鹏、蒋明玳编《王鲁彦研究资料》，江西人民出版社 1984 年版，第 42 页。

的感伤情调和愤世嫉俗的情感，对前途的迷茫但又执著追求的精神，体现了五四新文化运动落潮之后大部分知识分子的共同心态，因而具有典型意义。《菊英的出嫁》透过菊英娘热衷于为女儿举行冥婚这样的风俗，既表现出菊英娘对夭折女儿的刻骨铭心的思念，也暗示出她因为丈夫常年外出性生活得不到满足而流露出的渴求，另外，对当地民众不顾别人内心痛苦，只以外在场面是否隆重作为评判标准的集体心理剖析得更为犀利深刻。《柚子》勾勒出主人公“我”对于专制暴政无能为力，但又十分不满，只能用冷嘲热讽的办法、用表面上热衷于看热闹的“冷酷”心理来反衬自己内心的痛苦。《自立》则通过堂兄弟之间的一场官司，揭示出嫉妒这种心理的可怕和危害，作者意在告诉读者：在失控的原始欲望面前，亲情显得毫无力量。本期的《他们恋爱了》、《一个抄袭的恋爱故事》、《恋爱进行》等恋爱题材小说，虽然用笔有点戏谑、幽默的成分，但真实细腻地表现了青少年在恋爱时的不同阶段的心理特征。而《黄金》通过如史伯伯在暂时的经济困难面前，面对当地民众的种种非议和侮辱，内心种种细腻的变化，以及通过梦境写人物的潜意识。当年鲁迅在讲授《中国小说史》时，是以日本厨川白村的《苦闷的象征》作为辅助教材，厨川白村以柏格森的“精神能力”和弗洛伊德的精神分析学说来解释文学艺术问题，认为文学是苦闷的象征，是压抑的、变态的性升华。总之，这部理论著作的核心是：人的内在情感的压抑导致文学的产生，这个理论涉及心理与文学之间的关系。王鲁彦听课后自然会受影响，在以后的创作中，王鲁彦一直非常注重人物心理世界的开掘，从而使自己的小说有别于其他乡土文学作家的小说。

再次，运用一些富有宁波地方色彩的方言来突出人物个性。方言土语的运用能点染地方色彩，鲁迅很重视方言土语。他说：“方言土语里，很有些意味深长的话，我们那里叫‘炼话’，用起来是很有意思的，恰如文言的用古典，听者也觉得趣味津津。各就各处的方言，将语法和词汇更加提炼，使之发达上去的，就是专化。这于文学，是很有益处的，它可以做得比仅用泛泛的话头的文章更加有意思。”鲁迅在作品中能适当地运用绍兴的方言土语。如《阿Q正传》中的“打虫豸”，“老鹰不吃窝下食”，《故乡》中的“狗气杀”；《长明灯》中的民歌等等。

作为鲁迅高足的王鲁彦自然深知其中的奥秘。虽然前期的作品语言免不了有点欧化色彩，但后期作品无论从内容到语言开始走向现实主义，尤其在语言的运用上更加精练和富有文采，经常运用一些宁波土话来突出人物个性。如《屋顶下》写本德婆婆看到媳妇花钱买来新鲜黄鱼时咕哝道：“八月才上头，桂花黄鱼老虎屙。我当媳妇，一碗咸菜一碗盐，养大儿子，赎回屋子，哼，不从牙缝里省下来，怎有今天?”“当家如把舵，要精明，要懂得人情世故，要刻苦，要做得体面，一不小心，触到暗礁，便会闯下大祸，弄得家破人亡的。”

最后，作者非常注意叙述技巧的运用，因为这个时期尚处于由人道主义向现实主义转变的过程中，所以前期小说强烈的抒情色彩也多少有些流传下来，为了处理好这个问题，作者采用第一人称和第三人称交替使用的办法，当需要抒发感情、表达自己爱憎的时候，他就用第一人称，当需要描写现实、揭露社会的时候用第三人称。从而使这时期小说的抒情和叙事能够很好地结合起来，既有较好的抒情性又有流畅的叙述性。此外，作者在叙述空间的选择方面也很注重，王鲁彦一生短暂停留或生活过的地方很多：宁波、北京、上海、江苏、福建、南京、湖北、湖南、陕西都留下过他的足迹。可是除了在散文里部分反映了他的这些生活轨迹之外，在小说中，他所选取的叙事空间基本上是家乡浙东宁波大碶及周边的一些村庄村民的生活以及悲惨命运。当然个别作品例外，如《小小的心》、《兴化大炮》等。

当然，任何作家创作的作品都不是十全十美的，王鲁彦本时期的小说也存在着一些不足。有些作品的结构显得松散，有些作品不够深刻，没有从大的社会背景上来探讨深层次的原因，只是就表面现象进行演绎而已，这样无形中影响了小说的深度和感染力。最后，这时期小说创作的数量比较少，对此作者是这样说的："使我的创作少，最大的原因是觉得生活少。虽然从十七八岁起，我就踏入了紧张的生活的战场，尝尽了许许多多的滋味，看见了各式各样的人，遇到了各式各样的事，一直到现在还不曾有过片刻的休息，总觉得还不够，觉得入世不深。在日常生活中常常有许多足以写小说的好材料，创作的冲动也时常在激动着，杂志和报纸的编辑先生也时常催促着我写，但我还是提不起笔来。有很多好的材料，被我抛弃了，也有很多被我保存着。有时，小说的材料有了，怎样写也定了，却只是不动笔，一直搁上一二年的也有。"①

① 王鲁彦：《我怎样创作》，收入曾华鹏、蒋明玳编《王鲁彦研究资料》，江西人民出版社1984年版，第43页。

第四章

艺术成熟与创作鼎盛期(1933—1936)

第一节　游子还乡与老父诀别

一　探望病父及父子情深

1932年12月底，王鲁彦的父亲病了，当时他们刚从福建回到上海没几天，得知这一消息，王鲁彦马上就带着妻子和孩子回到镇海探望父亲。在镇海住了两个多月，1933年初，才返回上海。这一次家乡之行，对王鲁彦的影响十分重大，如果说，以前的王鲁彦对家乡的认识是感性的，只是凭着小时候留下的印象而形成一种既厌恶家乡又关心家乡的感情，他说："我对于家乡，历来有深的厌恶，但同时却也十分关心，详细的询问着一切。"[①] 但是这次回家乡，王鲁彦接触了家乡各种各样的人，了解了家乡的许多实际情况，使他对家乡的认识加深了。他对家乡的民众，家乡人的生

① 王鲁彦：《小小的心》，《王鲁彦文集》（壹）（短篇小说），人民文学出版社2009年版，第196页。

活现状有了更深刻的了解。在思想上及创作素材的积累上，都获得了比较大的收获。

一直作为王鲁彦精神和生活支撑的父亲突然病重，使这个一直在外面漂荡谋生的游子，开始对父亲产生一种内疚感和依恋感。这从他此后写的一些散文中流露出来的浓郁感情可以体会到。

王鲁彦的父亲很早就外出学生意，三年之后学徒生涯结束，就开始做正式的店员，有时也自己做点小生意。他常年不在家，只是在春节的时候才回家。“父亲向来是出远门的。他每年回家一次，每次约在家里住一个月，时期多在年底年初。”① “父亲的一生是劳碌的，他独自荷着家庭的重任，远离家乡，一直到七十岁为止。”② 王鲁彦家平时的生活费由父亲寄来，每年年底回来又带来许多东西：“肥皂、蜡烛、洋火、布匹、花生、豆油、粉干……都够一年的吃用。”③ 从小王鲁彦一直与母亲相伴生活。虽然与父亲在一起生活的时间不长，但是与父亲的感情很深。父亲也很爱小鲁彦，在他很小的时候买一些很贵的鹰牌奶粉给他吃，每次回来，还专门给他买帽子、衣料、玩具、纸笔、书籍……等王鲁彦长到十几岁，在灵山高等小学读书的时候，还经常邮寄小说给王鲁彦看，使王鲁彦愉快地度过了寂寞的童年，也使王鲁彦从小就培养起对文学的兴趣。王鲁彦后来走上文学创作的道路，他父亲功不可没。

而王鲁彦对父亲也特别爱戴和尊重，只要年底父亲回家来了，他的身上会出现种种变化：

> 我平日最喜欢和姊姊吵架，什么事情都不能安静，常常挨了母亲的打，也不肯屈服。但是父亲一进门，我就完全改变了，安静得仿佛天上的神到了我们家里，我的心里充满了畏惧，但又不像对神

① 王鲁彦：《旅人的心》，《王鲁彦文集》（叁）（散文），人民文学出版社 2009 年版，第 212 页。

② 同上书，第 217 页。

③ 同上书，第 212 页。

似的慑于他的权威，却是在畏惧中间藏着无限的喜悦，而这喜悦中间却又藏着说不出的亲切。我现在不再叫喊，甚至不大说话了；我不再跑跳，甚至连走路的脚步也十分轻了；什么事情该我做的，用不着母亲说，就自己去做好；什么事情我该对姊姊退让的，也全退让了。我简直换了一个人，连自己也觉得：聪明，诚实，和气，勤力。①

与父亲相处的日子是快活的，父亲从不责备鲁彦，他声音洪亮、态度庄重、脸色和善。父亲每餐都要喝一点酒，喝过酒之后本来皮肤很好的父亲脸色就显出一种可亲的红光。父亲喜欢讲故事给鲁彦听，尤其在喝酒的时候。但是这些故事都是父亲的亲身经历或见闻，每一个故事里都含着诚实、忠厚、勇敢、耐劳。父亲学过拳术，偶尔还会露几手给鲁彦看，但是父亲告诉鲁彦，学武术是为了防身用的，平时不可倚仗拳术锋芒毕露。父亲业余还研究医学，抄了很多方子，配了很多药，赠送给人家，来不及的时候，常常叫鲁彦帮忙。他们家的墙上贴满了方子，衣柜里抽屉里满是大大小小的药瓶。父亲喜欢静穆，喜怒哀乐不轻易流露，但他又非常达观，一生只有笑容，他忠实坦白、脚踏实地、处世谨慎，不肯虚张声势。父亲的这种诚实、内敛、勇敢、耐劳、乐于助人、处事实在的品质对王鲁彦的性格、人品的形成影响很大。成年后的王鲁彦正直、眼里揉不得沙子、热情、有责任感，很大程度上得益于他的父亲。

可是这样快乐的日子很短暂，一个月之后，父亲又要离家远行。父亲开始慢慢地整理行装，一样一样地和母亲商议着别后一年内的计划，家里笼罩着一股淡淡的哀愁。

等到走的那一刻“父亲和平日一样满脸笑容，他确信他这一年的事业将比往年更好。母亲和姊姊虽然眼眶里贮着惜别的眼泪，但为了这是一个

① 王鲁彦：《旅人的心》，《王鲁彦文集》（叁）（散文），人民文学出版社2009年版，第212—213页。

吉日，终于勉强地把眼泪忍住了。只有我大声啼哭着，牵着父亲的衣襟，跟到了大门外的埠头上”[①]。

18岁那年，王鲁彦去上海学生意，是他父亲亲自把他送到上海。王鲁彦成年之后，一直在外面奔波，无心顾家。是父亲外出赚钱养家，一直到70岁为止，去世前的几年中，他还在努力帮着母亲治理家务。

王鲁彦与父亲的感情很深，除了《旅人的心》以外，他在《父亲》和《父亲的玳瑁》两篇散文以及《夏天的蛙》和《开门炮》中的部分段落中以抒发了对父亲的一片挚爱之情。“父亲，世上唯一爱我的父亲！他不怕苦，不怕病，从我出世起，一直抚养着我。他的整个生命，他的一分一秒的努力，全是为的我这个儿子。他的呼吸，他的眼光，他的思念，没有一刻不集中在我身上。”[②] “我的父亲曾经为我苦了一生，把我养大，送我进学校，为我造了屋子，买了几亩田。六十岁那年，还到汉口去做生意，怕人家嫌他年老，只说五十几岁。大家劝他不要再出门，他偏背着包裹走了。”“‘让我再帮儿子几年！’他只是这样说。”“后来屋子被火烧掉了，他还想再做生意，把屋子造起来。”他死前不久，还对王鲁彦说：“早一点造起来吧，我可以给你监工。”但他终于没有看见屋子重新造起来就死了。这些文字朴实而感情真挚，表现了一个儿子对老父亲的一片愧疚和感激之情。

二　父亲与玳瑁的深厚友谊

在王鲁彦叙写父亲的几篇散文中，《父亲的玳瑁》写得最感人。有人评价道：“王鲁彦善于以诗一般的抒情笔调来描写日常生活和身边琐事，表现骨肉之情，亲子之爱，真切自然，委婉动人。”[③] 这篇散文叙写了父亲

① 王鲁彦：《旅人的心》，《王鲁彦文集》（叁）（散文），人民文学出版社2009年版，第213页。
② 王鲁彦：《夏天的蛙》，《王鲁彦文集》（叁）（散文），人民文学出版社2009年版，第77页。
③ 沈斯亨：《论王鲁彦散文的创作特色》，《文学评论丛刊》1982年2月第11辑。

与一只名叫玳瑁的猫之间的一段生活和感情。玳瑁是父亲老年寂寞生活的调剂品，他们之间配合默契，感情很深，从某种程度上说，达到相依为命的程度。

每当厨房的碗筷一搬动，父亲在后房餐桌边坐下的时候，玳瑁便在门外“咪咪”的叫了起来。这叫声是只有两三声，从不多叫的。它仿佛在问父亲，可不可以进来似的。

于是父亲就说了，完全像对什么人说话一样：

“玳瑁，这里来!”

我初到的几天，家里突然增多了四个人，玳瑁似乎感觉到热闹与生疏的恐惧，常不肯即刻进来。

“来吧，玳瑁!”父亲望着门外，不见它进来，又说了。

但是玳瑁只回答了两声“咪咪”，仍在门外徘徊。

“小孩一样，看见生疏的人，就怕进来了。”父亲笑着对我们说。

但是过了一会，玳瑁在大家的不注意中，已经跃上了父亲的膝上。

“哪，在这里了。”父亲说。

我们弯过头去看，它伏在父亲的膝上，睁着略带惧怯的眼望着我们，仿佛预备逃遁似的。

父亲立刻理会它的感觉，用手抚摩着它的颈背，说：“睏吧，玳瑁。”一面他又转过来对我们说：“不要多看它，它像姑娘一样的呢。”

……

父亲吃完饭，站起来的时候，玳瑁便先走出门外去，它知道父亲要到厨房里去给它预备饭了。那是真的，父亲从来不曾忘记过，他自己一吃完饭，便去添饭给玳瑁的。……

白天，玳瑁常在储藏东西的楼上，不常到楼下的房子里来。但每当父亲有什么事情将要出去的时候，玳瑁像是在楼上看着的样子，便溜到父亲的身边，绕着父亲的脚转了几下，一直跟父亲到门边。父亲回来的时候，它又像是在什么地方远远望着，静静地倾听着的样子，待父亲一跨进门限，它又在父亲的脚边了。它并不时时刻刻跟着父亲，但父亲的一举一动，父亲的进出，它似乎时刻在留心着。

晚上，玳瑁睡在父亲的脚后的被上，陪伴着父亲。

我们回家后……父亲睡到弄堂门外一间从来没有人去的房子里了。

玳瑁两夜没有找到父亲，它只在原地方走着，叫着……

……

但是第三天的夜里，父亲一觉醒来，玳瑁已在床上睡着了，静静的，“咕咕”念着猫经。

……半个月后，玳瑁对我也渐渐熟了。……但它从不走近我……也不肯走近她（母亲）。父亲呢，只要叫一声“玳瑁”，甚至咳嗽一声，它便不晓得从什么地方溜出来，而且绕着父亲的脚。

有两次玳瑁到邻居家游走，忘记了吃饭。……（父亲）他拿着玳瑁的饭碗走出门外，用筷子敲着，只喊了两声“玳瑁”，玳瑁便从很远的邻屋上走来了。

对于父亲与玳瑁的这份深厚友谊，我不由得感叹了：

对于寂寞地度着残年的老人，玳瑁所给与的是儿子和孙子的安慰，我觉得。

文章至此达到了顶峰，玳瑁与父亲的种种情况已经交代得一清二楚。尤其是这句点睛之语一下子深化了文章的主题。

这篇散文确实写得感人，作者把玳瑁与父亲之间的关系、情感写得很深、很真、很细腻、很感动。读这样情真意切的悲情散文，如果静下心来，一字一句地细读，心底就会波澜涌起，荡气回肠，久久不能平静。人们常说，人是有灵魂、智慧、情感的高级动物，而一般动物只有本能，没有感情和智慧。但在这篇散文里，动物的血肉之躯中同样闪烁着灵性和情感，玳瑁所表现出的对主人的感情比人还要深重。

《父亲》、《父亲的玳瑁》、《旅人的心》这三篇散文作者叙写父亲对他以及他对父亲之间的爱。父亲为他苦苦挣扎，哪怕 60 岁了还到汉口去做生意挣钱，目的是想再帮他几年。他对父亲十分感激，也非常爱他，在父亲病重时作者悲痛欲绝，但又无力拯救他。

王鲁彦在散文中没有对父亲的容貌展开描写，这恐怕是现代作家写亲情类散文的共同特点，朱自清的《背影》中除了侧面告知他的父亲很胖以外，也没有描写其父亲的容貌。不过，根据散文中的相关内容，我们发现，在小说《黄金》中的如史伯伯身上可以找到王鲁彦父亲的影子。如史伯伯把养家挣钱的重担交给儿子伊明，没想到儿子因为年轻，挣钱能力不是很强，不到两年，眼见着连家里维持日常生活的钱都不够了，如史伯伯就想要是能再出去做几年事，帮帮儿子就好了，这种心理与王鲁彦的父亲很相似。另外，两个人的经历也很相似：同样是早年外出学生意，后来长期在外经商谋生，养家餬口。还有，两个人的性格为人也很像：待人和善，善于忍耐，为人处世非常谨慎。“我的父亲最相信静穆，他有什么快乐，向来不肯轻易的露出来，也正像什么忧愁不肯露出来一样。这样说，并非说他是一个居心叵测的人，他实在是世界上最忠实坦白的，他也并非冷着面孔的人，他一生只有笑容，因为他非常达观。人家的父亲是严父，我的父亲是慈父。他相信静穆，一半是因为他对神的敬虔，一半是因为他脚踏实地，处世谨慎，不肯虚张声势。”① 这些都是早年学徒生活历练所致。联系到王鲁彦曾经说过“对于家乡，我历来有深的厌恶”来看，也有可能如史伯伯一家的遭遇他们家也经历过。

① 王鲁彦：《开门炮》，《王鲁彦文集》（叁）（散文），人民文学出版社 2009 年版，第 96 页。

透过王鲁彦写父亲的散文，可以看出父亲在王鲁彦心目中的分量，以及父亲的为人、品格对王鲁彦影响之深刻。几篇散文都有很强的感染力，是写亲情类散文的成功之作，在王鲁彦的散文创作中占据很重的分量。

在阅读相关资料时，有一个细节，令笔者很感动。当王鲁彦赶到家里，父亲已到弥留之际，他身边没有多少钱，于是向朋友汪馥泉写信：

> 馥泉兄：
>
> 今晨抵舍，家严病已加剧。请西医注射，据云无希望，恐难支持三日。弟已拍电与谷兰，大约明日动身，后日可到。托交之件，如未送到，烦再去一次，交十八号袁志伊或徐汗卫收。因一星期后，北平有四十元退回，可叫其取出寄来也。乡间无戚友，经济穷困，虽已预备后事，尚不知如何也。[①]

从这封信中，可以看出王鲁彦当时的生活状况。

第二节　上海一年的著译生活

1933 年 2 月，王鲁彦从镇海携家眷又到了上海。先在江湾立达学园任教，住在江湾，因为教书的收入太微薄，无法维持全家的生活，只得离职专门从事著译，但还是无法养活全家。这期间，赵景深和黎锦明曾专门去看过他，“他已经成为儿女绕膝的爸爸了，他和他的太太招呼我们喝茶吃西瓜，一面还要忙着给小孩喂奶粉，扶了这个，那个又哭了；抱了这个，

---

① 王鲁彦：《致汪馥泉信两封》，收入曾华鹏，蒋明玳编《王鲁彦研究资料》，江西人民出版社 1984 年版，第 51—52 页。

那个又跌倒了。”[①] 这段话很形象地说明了王鲁彦当时境况之窘迫。

而此时的上海，国民党统治区文化战线正在开展激烈而尖锐的“围剿”和反“围剿”的斗争。在这场复杂而剧烈的斗争中，每个作家都自觉或不自觉地表露出自己的基本观点和态度。鲁彦虽然没有参加“左联”，但他同情和支持革命，所以他愿意和要求向左翼力量靠拢，希望看到革命取得胜利的场面。鲁彦声称“我将年轻起来”。鲁彦知道作为一个作家最主要的是写出好作品，为时代服务。因此必须不断总结创作经验和教训，思索和探讨创作的前景和规律。于是在 1933 年 6 月，写下了《我怎样创作》一文，对自己十多年来的创作生活，进行了认真的总结。他把自己此前的创作分为三个时期：“在《柚子》时期，我的热情使我诅咒一切，攻击一切，不愿意接近一切坏的恶的生活；在《黄金》时期这种倾向渐渐淡了，开始对我所厌恶的放松了，而去求另一方面的善的好的；在《童年的悲哀》时期又渐渐改变了，而又倾向于体验一切坏的恶的一面，直至现在。”[②] 同时，他认为，作为一位作家，对社会要有敏锐的洞察能力，要有深厚的生活根基，要追求多样化，因为生活是多样的，人的感情也是多样的，不要拘泥于一种手法或文体及结构，这样，才能写出既有意义又感染读者的作品。鲁彦在文章中谦逊地说：“我的创作不多的原因，第一当然是自己缺乏才能，写不出来；此外是忙于生活，懒惰，不高兴或不愿意写东西给人家看，缺乏了以前的热情，而最后则是想多多体验生活。”[③] 可见，王鲁彦对自己创作的理想定得很高，对目前的自己还是不满意的。这篇文章既是对他自己创作道路和情况的分析总结，也是对文学青年一次很好的创作指导。

1933 年，他们家又添人口了。10 月 30 日，即农历九月十二，覃谷兰

---

① 赵景深：《记鲁彦》（节选），收入曾华鹏、蒋明玳编《王鲁彦研究资料》，江西人民出版社 1984 年版，第 82 页。原载 1946 年 7 月 1 日《文艺复兴》第 1 卷第 6 期。

② 王鲁彦：《我怎样创作》，收入曾华鹏，蒋明玳编《王鲁彦研究资料》，江西人民出版社 1984 年版，第 42 页。

③ 同上书，第 43 页。

在上海的一家医院要生孩子了，王鲁彦陪在医院的走廊里，下午6时，王鲁彦一生最钟爱的女儿王莉莎终于出生了。孩子长得非常可爱、漂亮，高鼻子、大眼睛，长方形的面孔，头发很黑。11月2日，王鲁彦把大儿子恩哥带到医院去看他妹妹，恩哥非常喜欢小妹妹，他伸出手指轻轻摸着她的脸部和头发，他摸了又摸，看了又看，一面不停地叫着："小小的！小小的！"他向来喜欢小的，无论吃的玩的东西。

女儿的出生符合覃谷兰和王鲁彦想要一个女儿的心愿，但是家庭的负担无疑又加重了，覃谷兰住院的钱还是借的，现在又添了一张嘴，其经济上捉襟见肘的情形可以想见。而孩子刚满月的时候，又发现孩子的手有点畸形，去医院得要很多钱，可是家里偏偏没钱，只得用土办法把孩子的手加以矫正。家里租的房子很简陋不隔音，又没有暖气设备，所以孩子睡得很不安宁，常常要吵闹。1933年12月15日那天，覃谷兰想要给王鲁彦买几个好菜，以感谢他在女儿出生这一阶段的辛苦，同时还想陪他去看由显克微支长篇小说《你往何处去》改变的电影《罗宫春色》，但是王鲁彦却把所有的钱用来装了一个火炉，为的是让女儿能够生活在一个暖和的房间里。炉子装好，一算账，所有的钱付完还差一块多。下午把一张书店的支票兑了几元钱，才去电影院看了场电影。1933年11月以后，王鲁彦就这样一方面照顾妻儿，一方面翻译写作，有的时候要忙到后半夜一点多甚至通宵不睡，但生活还是很窘迫。

第三节　陕西两年的教书和创作生活

一　忍痛离家

1934年2月26日，为了养家，王鲁彦离开上海到陕西郃阳县立中学去教书。关于王鲁彦去陕西教书的时间，有几种说法：一是陈子善、刘增人的《鲁彦年表》中如是说："1934 年 2 月上旬，离开上海到陕西郃阳县立中学去教书"①。二是曾华鹏、蒋明玳的《鲁彦生平和文学活动年表》中如是说："1934 年初，离上海赴陕西，先后在郃阳县立中学、西安高中任教"②。而确切的时间是 2 月 26 日，这是根据王鲁彦和覃英合写的《婴儿日记》确定的，因为日记是逐日记录的，出现错误的可能性很小。

这次远离妻子和母亲，王鲁彦的心情是沉重的。

在《西行杂记》中，作者通过与被包的对话表达自己这种复杂的感情：

> "我要把你捆起来，我要把你带到别一个地方去。"我对着被包说。
>
> 于是，被包就毫不反抗的任我捆缚，让我带着走了。
>
> 它的命运完全在我的手中。
>
> 然而我自己的命运呢，却在另一个不识者的手中。
>
> "我要把你捆起来，我要把你带到别一个地方去！"那个对我伸着手的人说。于是我被牵着走了。
>
> 每次每次，都是这样。这次也依然如此。被包将经过一些什么样的路程呢？将被放在什么样的地方呢？——它并不知道。
>
> "我呢，我也不知道，将遇到一些什么，见到一些什么，将过一些什么样的生活，将是欢乐或悲哀，将是生或是死。"
>
> 而且我的家人也跟我一样，不知道在我离开的时候将遇到什么。

① 刘增人、陈子善：《鲁彦年表》，收入覃英编《中国现代作家选集——鲁彦》，人民文学出版社 1992 年版，第 286 页。

② 曾华鹏、蒋明玳：《鲁彦生平和文学活动年表》，《王鲁彦研究资料》，江西人民出版社 1984 年版，第 12 页。

为了谋生，多年来，王鲁彦居无定所，四处奔波。但这一次与以往不同，父亲刚刚去世，母亲需要照顾，女儿出生才几个月，妻子产后身体虚弱，要离开她们确实需要勇气。王鲁彦以前也到处去教书，可从没像这次这样伤感、对前途如此茫然。

可再怎么伤感还是得出发，王鲁彦是和老叶、荣在2月26日深夜一起乘火车走的。老叶只是到南京，而且比王鲁彦年轻十岁，所以在车上，他不断地把自己写的诗歌读给王鲁彦听，两人还一起讨论城市里的教育对孩子的利弊问题。车上很挤，因为一些先上车的人占据了凳子在睡觉，甚至有两个茶房也占据了两条长凳和短凳子在睡觉。王鲁彦只是打了一会盹儿，老叶在南京下车了，荣又不爱说话，所以南京之后的旅途变得寂寞难耐。王鲁彦在无聊之中唱起了儿子恩哥的歌，自然撩起了思乡之情，反而增添了一些愁闷。

火车上人员很杂，什么样的事情都会发生，茶房占旅客的凳子睡觉，茶房偷卖小吃者的碗和汤匙等等。

火车到镇江，过长江时，坐的是渡轮，虽然人可以不下车，也可以省一点行李的挑资，但是花费的时间比以往多了很多，共花了三个多小时。

来到长江以北，只见广袤的平原上只有黄土和麦苗，没有其他的景色。车到徐州时候，夜已经很深了，王鲁彦在这里有几个朋友，但也不能下车去看他们。到这里，似乎进入了真正的中国腹地，车里的乘客完全换了一副相貌，皮肤黑而且老，衣服是黑色或灰色的，衬着青铜色的脸色。男的女的，都紧扎着裤脚，车厢中偶然可以闻到刺鼻的蒜气，看不见一点洋气和风流。徐州以北，外面的景色以沙原为主，但车过郑州，沙原不见了，取而代之的是低地、涧沟，铁路两旁多是高而且直的白杨树，慢慢地两边的山冈逐渐高了，涧沟逐渐深了，上下左右一个一个的洞穴，这是当地人的住屋。对这些劳动人民，王鲁彦是很同情的，在文章中不忘插上一句表同情的话：“穿着破烂的衣服，吃着黑面馍，而劳动所得，还须供给官儿的水门汀、丝绸、西餐、汽车和一切奢侈品。”①

路愈来愈难走，车子时常倾斜着，铁轨旁边不时出现几十丈深的涧沟。司机开得十分小心翼翼，拖过了一大半车厢又突然开着快车，生怕后面的车厢落下坑去。车子呜呜地叫着，轰隆隆地进了黑暗的山洞，从郑州到洛阳一共过了11个山洞。

过了洛阳之后，看见了白马寺、汉献帝的墓、一块块高的墓碑和一堆堆家墓，以及只有面盆大的葬着老百姓的土堆。对这些墓，王鲁彦没有产生崇拜心理，而是认为几十年之后无论是帝王的墓还是老百姓的墓，都会被大自然风化为平地。从洛阳到潼关又过了十四五个山洞，令他遗憾的是一路上看到的全是一毛不长的土山，几乎连一块小石也不容易看见，而且那颜色，既不是红黄的，也不是黑的，是没有生气的黄不黄、白不白的土。

从小生活在桃红柳绿、草长莺飞的江南水乡的王鲁彦，第一次来到北方，看到长江以北广袤的土地，陇海线两旁荒凉的景色，其感受肯定是很深刻的。但这才刚刚开始。

二　潼关见闻

1934年2月28日深夜，车子进了潼关，王鲁彦终于踏上了关中的土地。在历史上，关中是中国古文明的发源地之一，长安又是几个朝代的京都所在，可谓心脏地带。四面被函谷关、散关、武关、萧关所包围，无论哪个方向都要进出关口。几千年前，江南是蛮夷之地，是关外，但是随着时代的发展，江南的发展速度远远超过了这里，这里反倒成了关外。王鲁彦在潼关下车之后，在这里待了四天。

① 王鲁彦：《西行杂记》，《王鲁彦文集》（叁）（散文），人民文学出版社2009年版，第121页。

当天晚上，王鲁彦看到潼关的夜冷静而且黑暗，商业萧条，旅客稀少，街上没有路灯，城门关得很早。

第二天早上，他看到潼关人为庆祝正月十六而举行的踩高跷活动，这是当地的风俗，非常热闹，城里的居民都会来看热闹。也有几家店铺大白天在煎熬鸦片，在这里鸦片买卖是公开的。这说明国民党政府的腐败，鸦片对人民身体的损害是众所皆知的，世界上所有国家都是禁止鸦片的制作和销售的，但是，在国民党统治下的潼关，居然有人大白天熬制鸦片却没有人去禁止。

下午，王鲁彦去东街看了一株大槐树，据说是当年马超刺曹操留下的古迹，这棵树一半长在药店里，一半长在布店里，五六个人还抱不住。当年马超刺曹操留下的那个洞，如今已离地一丈多高，三角形，直径有一尺多，里面分成两个小洞。为了参观者的方便，当地人专门在树上特设了一个梯子。

接着，王鲁彦还游览了豫陕分界的第一关金陡关，站在关上，北行一二十步，底下是黄河，对面是春秋战国时伯夷和叔齐饿死在那里的首阳山，对面的河边有一个风陵渡，从前这里有个女娲墓，女娲姓风，所以叫做风陵。潼关是进出长安的一个要道，黄河沿着南北行的首阳山从北而来，到这里与西来的渭水相合，潼关正对着两水汇合的口子，水势很大。潼关的名字源于《水经注》中的一句话：“河在关内，南流撞击关山，因谓之潼关。”潼关城的后面是华山山脉，东面是崤山，山势险要，但山上没有草木和石头，都是灰白的黏土，一层层的平台是种麦子的，一个个洞，是住人的。潼关没有特别的出产，只是一个交通要道，在王鲁彦的印象中，现在的潼关只是一个古旧、冷落、衰败的地方而已，除了军事上有价值以外，没有任何吸引人的地方。

三　去郃阳的艰辛及当地简况

1934 年 3 月 2 日，王鲁彦坐着人力车，踏上了去郃阳的道路，从潼关到郃阳有170里路，中间要在朝邑县过一晚。朝邑在潼关西北60里的地方，去的路上，王鲁彦看到了筑着土堡的村落，经过了平行流淌的狭窄的渭河与洛河，这两条河上面都没有桥，只有渡船。朝邑县城在黄河滩上，地势很低，背后有三个高高的土堡。

3月3日清晨，王鲁彦改坐一辆骡车前去郃阳，朝邑到郃阳有110里路，而且一路都是上坡路，还要翻沟，所以得早起。当地人帮他雇了一辆有两匹骡子拉的快车，虽然王鲁彦起得很早，但车夫一直到7点半才到，所谓快车也只能一个小时走10里路，不比一个骡子拉的车快多少。因为是初次坐，所以王鲁彦坐也不是，睡也不是，头老是碰着车棚，而且道路崎岖不平，车辆晃动很大，王鲁彦的心快要被摇出来，肠子也快要被震断了，可见路途之艰辛。

一路往北，村落越来越稀少，五里一个，十里一个，小的村庄只有二三十户人家，没有店铺，没有街市，只有到了市镇才有吃的可以买到。路上经过了朝邑的两女镇、郃阳的露井镇、翻过非常难翻的金水沟，终于到达郃阳县城。从朝邑到郃阳沿路也没有山水草木，地上全是灰白的黏土，找不到一块石子，荒凉寥落得如同在沙漠里一般。这次旅途十分劳顿，因为不习惯坐这样的车，王鲁彦的中饭一直到下午两点半才吃。外出谋生确实艰难，如果他的妻子当时在现场，肯定会落泪的。

作为一个出生在山清水秀的江南水乡，又在灯红酒绿的繁华大都市上海生活过的王鲁彦，如果不是生活所迫，是不会到这么偏僻、落后、荒凉的地方来谋生的，可见当时作者内心的凄苦和被生活所迫的无奈。

王鲁彦在郃阳进入正常的教学生活之后，经常利用业余时间去外面走访，所以对郃阳的历史沿革、风俗民情、自然景物有了深入了解，然后用形象生动的语言进行叙述和描写。透过王鲁彦的散文，我们知道了关于郃阳的相关情况。

郃阳只是一个小县城，面积很小，南北不到一里，东西也只有一里半。但历史悠久，历史上曾经出现一个叫有莘国的国家，与鲧、夏启、伊尹、周太姒都有关系。现在，郃阳的东北区尚有伊尹墓，东区有太姒墓、帝喾墓。这里有很多文物古迹，有明万历年间出土的汉碑中最完全的曹全碑；有隋开皇四年所造的观音佛像一个，其制作的石头纯净如玉，敲上去铮铮有声，面貌和装饰颇似印度人。

但是郃阳的自然环境很差。首先，很干旱，没有水，挖井要挖到七八十丈深，有的地方甚至吃沼中的污水。井水很浑浊，茶水里全是灰土，白的衣服愈洗愈黑，做出的豆腐是黄色的。其次，郃阳很少有绿色蔬菜，只有离郃阳 30 里的夏阳镇，因为在黄河滩上，又有地下水，才种了一些蔬菜。郃阳人一年到头习惯了不吃蔬菜的生活，只要有醋、盐、蒜、辣椒和馍，无论冷的硬的都吃得津津有味。其实郃阳的猪肉很便宜，一元钱可买 6 斤，鸭子也很便宜，但郃阳人不常吃，夏阳的地下水出鱼，郃阳人又不敢吃，怕有毒。鸽子成群结队地栖宿在每家的屋梁上，也没人捉来吃，甚至连鸽子蛋也没人吃。

郃阳的工业不发达，几乎没有工厂，当然也没有工业品，一些布、帽子之类的轻工业品几乎都是从山西来的，只有羊毛毡是它的特产，但因为制作粗疏，质量不高而没有竞争力。

郃阳的房子结构是三间朝南的祖堂，两边是朝东朝西的厢房，中间有一个很大的天井，人都住在厢房里，每一个房里有一个大土炕。

郃阳地广人稀，人口不旺，所以都早婚，男子十六岁，女子十三岁，便可结婚。

郃阳妇女多病，原因有二：一是冬天里，女人们都坐在烧着火的土炕上做女红，因为长期坐着血脉不和，又加上下身特别热，光线空气又不佳。二是因为早婚及缺乏卫生常识，有些女子没有发育成熟就结婚了，这里的妇女多坐在肮脏的灰堆上生小孩，得病就不用说了，甚至有些产妇因此而丧命。

但是这个地方读书人的地位很高，因为读书人历来是做官、做绅士的。学生出门，学校里写一张护照，学生拿着这张护照，就可以通行无阻，不接受检查盘问了。在中学里毕了业，就有人送捷报到他家里，贴在他家门口，要各地政府把这个学生作为小学教师及普通文官任用。

四　郃阳的四大风俗

王鲁彦擅长于写风俗，所以每到一个地方，他都非常注意当地的风俗。在郃阳半年的生活中，王鲁彦对当地的四大风俗了解得非常清楚：

一、送穷鬼。每年的正月初五是郃阳人送穷鬼的时候，家家户户天不亮大家就起来争先恐后地放鞭炮，目的是把穷鬼吓出去，同时要进行大扫除，要把房内的尘土全部扫到门外去。平常扫地都是从外面扫进来，把尘土当作了财宝；这一天把尘土当作了可怕的穷鬼，所以往外扫。还要把窗户的破洞补好，地上如有洞，也要补好，怕穷鬼从这些窟窿里钻出来；还要吃馄饨，统称为塞穷窟窿。

风俗之二：招魂。正月初七，旧称人日，郃阳人就要开始招魂了。

凡出门在近处的人，这一天都须回家过夜。大家吃一顿馄饨，叫做吃寿星馄饨。天将黑的时候，在土地神像前点上一对长烛，房内也燃蜡烛，好让魂魄回来时，容易辨别门径，就寝前，家长在门口喊着家里的人的名字，叫他回来，房内有一个人代替着大家回答着“来啦”。

王鲁彦的家乡镇海也有招魂的风俗，但与郃阳的有所不同，故乡的招魂并没有一定的日子，而是谁生了病，以为吓走了魂魄而举行的。招魂的时间也在晚上，但在灶神的前面点着香烛，请灶神帮忙。灶上取去了镬子，放一米筛，一碗清水，一只空碗上覆盖着一张皮纸。一个人喊一次某人回来，用小指钩一滴清水到覆纸的碗上，一个人在灶洞口回答着“来啦，待纸上的水越滴越多，纸将破未破时，纸上显出一二颗晶莹的圆滑的水珠，以为那就是魂魄了，便端着这碗，一路喊着走到病人身边，把纸捏成团，用它拍拍病人的额，再将碗内的水给他喝一二口，就以为魂魄回到病人的身上了。”[①]

而在郃阳无论有病没病，都须在正月初七日招魂的。

风俗之三：逐雀儿。每年的正月十一，郃阳人都有逐雀儿的风俗，那天天一亮就在房内燃放起鞭炮，另一个人乱挥着鞭子赶打着，把雀儿从房里赶到天井再赶到门口，又从门口赶到土堡外的晒场上，最后从晒场上赶出去。当地人认为这样做，雀儿在一年里就不害农事了。

风俗之四：老鼠嫁女。郃阳的农家为了减少老鼠的危害而想出这么一个老鼠嫁女的办法，后来相沿成俗。老鼠危害很大，繁殖力又很强，人无法消灭它，就只好客客气气地把它送出去。

正月十二那一天，郃阳人把磨支了起来，让老鼠们去吃磨内剩留的麦粉之类的东西，给它们做喜酒。大家又煮了一锅杏仁，预备正月十五吃，十二那一天先把它煮熟，捻下杏仁衣，撒在地上。杏仁衣是有点红色的，给新娘子戴在头上做凤冠。到了晚上，大家在天将黑时就睡觉，不点灯，让老鼠们大胆地出来吃喜酒，嫁女儿。到了半夜，姑娘们常蹑着足走到磨边，耳朵凑在磨中的洞口，倾听老鼠嫁女的消息。据说可以听到老鼠们的脚步声、说话声、嬉笑声。

虽然宁波没有老鼠嫁女的风俗，但王鲁彦还是把这个风俗写到了自己的一篇小说《鼠牙》里面去了，这篇小说发表于 1935 年。

五　郃阳周边的景物

王鲁彦在课余以及结束一个学期的教学生活回南方的时候，顺路游览了一些地方，领略了当地的山水风物。当然有些地方只是远观而没有亲历，如华山。

① 王鲁彦：《关中琐记》，《王鲁彦文集》（叁）（散文），人民文学出版社 2009 年版，第 130 页。

第一，夏阳的春天。

郃阳本地很穷，没有什么风景。郃阳的春天除了整日整夜漫天刮风以外，就是“在灰尘中模糊地露着哭丧的脸，失了魂魄似的忽隐忽现的荡漾着”的白日。作者形容那里的风是“像有森林在叫，火车在叫，汽车在狂驰。扯着纸窗，飞着瓦片，袭击着人的眼目，推动着人的脚步。”[①] 这风之猛烈、狂野可见一斑。郃阳没有春天，冬天一过，夏天就来了。

但是几十公里外在黄河滩上的夏阳，春天却从冬天里逃出来了。清明节前后两天，王鲁彦特意骑马去看了那里的春天。一路上还是冬天的景象，麦子只长出了几寸长，野草尚未长出来，偶然看见树木，也还未萌芽。但是在夏阳却是春光明媚，“从高坡上望去，夏阳的绿色一直蔓延到视线的尽处，沿着黄河滩上南行，春天占据了半里宽几十里长的土地。”“三步一株五步一株的柳树榆树，全发了芽，间夹着的杏花桃花已经落红满地。”“那树木，那田地，那水沟，都非常的整齐而清洁。到处都非常幽静、新鲜。我仿佛回到了南方似的。一样一样的菜蔬都长得高大而肥美。”[②] 为什么夏阳能够春色满园呢？因为这里有一种叫“瀵”的地下泉水，涝不溢，旱不涸。

第二，险峻的华山。

年初，王鲁彦去郃阳的那一天，因为天气关系以及行走的方向相悖，没有看清华山的全貌。春去夏来，天气渐渐清朗，慢慢的看见了青色的天。当王鲁彦快要离开郃阳时，忽然有一天看见了远处一带隐约的远山，才得知那是华山。王鲁彦在郃阳中学教了一个学期书以后，7 月初要回南方了，在离开郃阳的时候，王鲁彦刚好面对着华山前进，“两天里，从早到晚，华山的顶上始终浮着银白色的光辉的云，那云仿佛凝结在一团，没有动弹过。”“最高的一个峰像一朵半开的花，顶是平的，没有峰尖，而是

---

① 王鲁彦：《关中琐记》，《王鲁彦文集》（叁）（散文），人民文学出版社 2009 年版，第 132、133 页。

② 同上。

方的。我相信华山的名字就是因这个峰的形状而来的了。”“中峰西边的峰像一个鬼怪，他秃着尖头，尖着下巴，墨一样黑的脸上露着一副歪曲的嘴脸。眼睛、鼻子、嘴巴，是几点白色的小孔，仿佛已经破烂了似的。中峰东边的山峰，像一个未脱童子气的人的面孔。方头粗额，浓眉，高鼻，阔嘴，两只眼睛大而深，像一个外国人。他仰着头朝北侧着面，躺着，像熟睡了一样。”在中峰东南的山峰像一个女鞑靼人的模样。“她侧着面微微俯视着，高鼻深眼，阴沉严肃地在沉思着，她的黑色的头巾一直披到了肩上，显出她已经是一个上年纪的美人。”① 山峰的形状随着“我”的车轮的转动而变化。华山的胜迹在哪里呢？华山的胜迹在险峻，“那一条上中峰的路，……沿着峭壁，一直上去，没有转弯休息的平地，确实是一条最奇特最险峻的路。”②

第三，金钱龟的传说。

金钱龟是一个民间传说，是王鲁彦从潼关西往长安的时候，车上一个同伴说的。在明末清初的时候，一个名叫李凤山的富翁，非常富有，但他十分吝啬，非常刻薄，而且做了许多恶事，甚至自夸：“干了黄河塌了天，穷不了华州李凤山。”他的罪恶和自夸激怒了上天，天神发怒了，就派了一个神到华州山脚下的寺院里来做和尚，这个和尚到李凤山门前去化缘，不但没有讨到钱，反而被打了一顿，赶了出去。他家里一个善心的丫头，偷了两个馍给他。和尚告知了丫头一个秘密，哪一天门口石狮子的眼睛红了，就赶快逃，而且跑得越快越好，不然，性命难保。过了一段日子，狮子的眼睛果真红了，丫头立刻拼命逃了。就在这一天，华州的少华山崩塌了，滚滚而来的岩石把李凤山一家人全压在了石头下面。从此，华州出了一种特别的动物叫金钱龟，和铜钱一样大，饿上十天不会饿死，人们相信这是李凤山一家人变的。这虽然只是一个传说，但很有生活的哲理。

---

① 王鲁彦：《关中琐记》，《王鲁彦文集》(叁)(散文)，人民文学出版社 2009 年版，第 135 页。
② 同上书，第 136 页。

第四，临潼的温泉。

王鲁彦从华州到赤水，再到渭南，从渭南经颓垣残壁的新丰县，再到项羽会刘邦的鸿门，骊山愈走愈近，过一人工似的小山，即到秦始皇冢。骊山为一黄土的山，很矮，上有周幽王烽火台遗址。临潼在骊山最北峰下面，山脚下出温泉。民间传说这是神女为秦始皇疗疮而辟。这里还有唐朝华清宫旧址，杨贵妃洗浴的地方。临潼的温泉水很热，非常的清，白居易诗云："温泉水滑洗凝脂"，这水长期洗的确能够使皮肤变得白皙润滑。水从一个洞里涌出来，从另一个洞里流出去。别的地方的温泉有硫黄的气息，这里却一点也没有。

第五，长安古城。

王鲁彦南归时游览的最后一站是长安。在这里，王鲁彦看到了伟大雄壮坚固的城墙，像北平的城墙。街道、店铺、住屋、饮食，以及许多生活方式都像北平。骡车、人力车、水车，也像北平。街上土的颜色，土的气息，也像是北平的。

但是王鲁彦也发现了北平与长安的不同。北平有雄壮的京调，长安有凄厉激昂的秦腔。但长安"南城的碑林，集合了几千个历代的碑，有伟大的《十三经》全碑，有最高大、碑石最好、雕刻最精的玄宗的《孝经》碑，有和书坊中摹印出来不同的名家的真迹。中国字的艺术，全保存在这里了，不但北京没有，走遍天下也没有的。"① 长安还有终南山，大雁塔，也是独有的。不过，王鲁彦也发现了长安落后的地方，经商的技巧不够高，文化水平较低，虽然有七八个报馆，但没有什么杂志，好的印刷机也没有，整个陕西只在长安城里有一个高级中学，还没有大学。没有电灯，没有自来水，根本没有夜生活，居民仍然喝着苦井里的水。最后，王鲁彦意识到开发西北的不容易，于是把希望寄托在西北人民身上，他们是和自然斗争惯了的，他们有着坚强的意志和体格。

① 王鲁彦：《关中琐记》，《王鲁彦文集》（叁）（散文），人民文学出版社 2009 年版，第 139 页。

游完长安古城之后，王鲁彦暂时结束了在陕西上半年的教学，于 7 月 9 日回到上海。

六　暂回上海

在王鲁彦在陕西郃阳县立中学教书期间，因为江湾离上海城里有一个多小时车程，小孩看病、检查多有不便，加上王鲁彦的母亲从乡下来上海，所以覃英在周贻白的帮助下开始找房子，在找房子的过程中，还遇到了一件惊险的事："记得好像是在贝勒路的永吉里吧，我们刚走进一所房子里去找房东说话，忽然隔壁发生盗案，房东把我们推出来，而手持武器的强盗，竟直冲我们而来，追捕者的枪弹却拿了我们做目标，幸亏我们赶快贴近墙壁，不曾受伤，否则难免'殃及池鱼'了。"①

"觅屋的结果，她们不久就搬到霞飞路嵩山路附近一家藤器店楼上。"②

具体搬家的时间是 5 月 2 日，覃英在《婴儿日记》里记载得很清楚。但城里的房子很小、很脏，周边很吵。

王鲁彦回到上海过暑假，与家人一起享受天伦之乐，当时王鲁彦的母亲还在上海。这时候，女儿丽莎已经 9 个月，开始牙牙学语，懂得认人和玩耍了，正是最可爱的时候。儿子恩哥已经上幼儿园，开始懂事。王鲁彦有空总是逗他们两个玩，尤其是女儿，王鲁彦"每天总有一两次要把丽莎举得高高的，一手托住她的两足，一手握住她的身子……"③ 同时叫"高高、高高"。又教丽莎做各种手的动作：两手挥动，或前后，或左右，或在上或平侧……④有时教丽莎学语言，他"叫她一声'丽莎'随后教她

---

① 周贻白：《悼鲁彦》，收入曾华鹏、蒋明玳编《王鲁彦研究资料》，江西人民出版社 1984 年版，第 86 页。

② 同上。

③ 王鲁彦、覃英：《婴儿日记》，《王鲁彦文集》（肆）（中篇小说），人民文学出版社 2009 年版，第 248 页。

④ 同上书，第 249 页。

‘a—’应一声，几次教过，她便会应了。”[①] 有时小孩半夜发高烧了，王鲁彦要抱着孩子来回地走动，直到她睡着了，才可以休息。有的时候，小孩实在哭闹得厉害，王鲁彦也会生气，也会打骂孩子。不过这只是偶尔为之，大部分时间还是很喜欢这个小女儿，只要有空就抱抱她，或者教她做这做那。

七 再次去陕西

在家待了一个多月，到8月下旬，王鲁彦和覃英商定再次去陕西教书，而且全家都去。8月22日，在上海家里的家具让王鲁彦的母亲带到宁波乡下去。8月23日下午3点，在朋友的告别声里，王鲁彦带着妻女、儿子坐了小汽车到火车站，4点钟坐上了去陕西的火车。8月25日，火车到潼关，下车后全家住在中国旅行社。从潼关到西安的公路因为山洪暴发冲坏了，所以8月26日早上7点，王鲁彦全家从潼关搭上了去渭南的火车，这火车很简陋，没有椅子，他们只能坐在被包和箱子上面，因为路况不是很好，火车一直到中午11点钟才开。开车不久天就开始下雨，下午4点到达渭南，下车后既雇不到洋车，又雇不到货车载行李。他们又没有带雨伞，便站在雨底下，让雨淋得一身透湿。覃英只得紧紧抱住女儿，并把王鲁彦的一顶草帽戴在她的头上。后来鲁彦雇到了两辆载行李的推车，全家人就步行跟在后面向城里走去，但是雨天路滑，行走困难，全家人东倒西歪的一步一步走了半个小时，才走过一个斜坡。这时前面来了一辆空的洋车，覃英便抱了孩子坐上去，女儿蜷伏着不动，儿子恩哥冷得直叫唤，向覃英诉说这地方苦、路坏。好不容易到了城里，但是所有的旅馆已经住满了人，覃英只得到汽车站去等王鲁彦，过了一会儿，王鲁彦来了，告诉覃英已经联系好了城外离汽车站不远的一个小学校，去暂住一下，于是全家又坐车

① 王鲁彦、覃英：《婴儿日记》，《王鲁彦文集》（肆）（中篇小说），人民文学出版社2009年版，第256页。

回到城外，在这个小学校住了两夜。王鲁彦每天和一位叶先生一起到西关去看有没有汽车，但每次都是失望而归，天是晴了，可公路什么时候通车不得而知。两个小孩因为住地宽敞，倒反而比住旅馆要玩得好，但是就在那一段时间，覃英出去晒衣服，把丽莎放在床上，结果，丽莎摔了下来，两颊和额际都碰成青紫的了。

8月28日，王鲁彦全家搬到教育局去，预备第二天一早搭车去西安，因为房间紧张，这天晚上，覃英带着女儿睡在距离不到半里远的女子小学校。

8月29日，王鲁彦全家终于搭上了去西安的汽车，道路出奇地崎岖不平，在快到西安的时候，汽车走到泥泞低洼之处陷了下去，几乎倾倒，覃英的头在铁窗棂上碰了一下，当时竟有些眩晕。下午3点，汽车停在西安东城门口，王鲁彦被聘的陕西省立高级中学已经派工人在那里接待了。据说学校教员房子不够，不能住家眷了，王鲁彦全家只能暂时住到旅舍去。

八　在西安的生活与见闻

9月1日下午，王鲁彦全家搬到西安省立高级中学来了，因为一时找不到合适的房子，只好将就着暂时住在狭小的两间教员房子里。虽然狭小，但比住在旅馆里便当得多了。可是两个孩子因为新到一个地方水土不服，连拉了十来天的肚子，恩哥还好一点，丽莎瘦得不成样子。

除了这些小波折之外，王鲁彦的生活基本上进入正常，他教的还是文学课。课余他会高兴地吹吹口琴，带带孩子，教孩子做动作、学语言、认字。孩子免不了生病，所以，有时也手忙脚乱，但毕竟全家人在一起，没有了在郃阳时的孤独寂寞，再忙再苦心情还是愉快的。只要有空，王鲁彦会带着全家一起去看电影、看戏或者去郊外游玩。有一次他们全家和吴先生全家一起到大雁塔和宋家花园去玩，玩得很开心。当然，大量的课余时间还是写作。

王鲁彦在西北的生活偶尔也会有一些小插曲，有一次一个朋友骑着一头黑色的毛驴来看他，王鲁彦觉得好玩就想骑它，但毛驴不肯，经过一番斗智斗勇，王鲁彦终于骑上去了，在去城外的路上，却经历了一系列的斗争。这是一头强悍的叫驴，它会去掀面食摊的纱布，看见母驴就想着要与它亲热，它认识来时的路，要沿旧路回去。王鲁彦费了九牛二虎之力，才把它往回去的路上赶，最后还是被这头驴从背上掀下来，并差点被它踩到。后来他和朋友乘着骡车去旅行，拉扯的骡子是一头老实的牲口，它拉着七八百斤的重物，一路上疲乏、饥饿，但它仍不能喘气，拖着重负跑着。它的眼前晃着鞭子，耳边响着叱咤的声音，它的脚步稍一迟缓，鞭子就落在它的身上了。生命不属于它自己，那是它主人的。看到骡子这么可怜，王鲁彦埋怨起自己来，是自己的旅行和沉重的行李才给骡子带来的劳顿。然后作者以骡子自比，语气充满悲凉："我原来是为的生活，我的肩上套着一个轭，这轭紧系着两条车杠，后面车篷内外有着沉重的负载。我拖着这重负走入了荒凉的旅途。""我愿意卸脱这重负，我需要休息，我渴望着明媚的山水，愿意休息在那里。""然而生活拿着鞭子在我的眼前晃着，在我的耳边叱咤着。我不能迟缓我的脚步。"[①] 现实生活中的王鲁彦确实也是这样，从那时候起，直到他离开人世，一直没有得到很好的休息，家庭的重担，生存的压力一直无情地鞭打着他，使他不能停下前进的脚步休息一下。

在西安省立高级中学教书的一年半时间里，王鲁彦有空就去西安城里走走，对这个城市有了较为深入的了解。西安是历史古城，这里曾是多个王朝的故都，历史非常悠久，文化积累很丰厚。但是在1934年，外有日寇占领东北，内有国共两党在江西激战的情况下，古都的面貌也黯然失色。肮脏、混乱、污浊是其主基调。街上到处都是泥泞，天空中飞着黑压压的几百只、上千只乌鸦，黑云似的在大家的头上盖了过去。傍晚，天开始朦

① 王鲁彦：《驴子和骡子》，《王鲁彦文集》（叁）（散文），人民文学出版社2009年版，第149页。

胧的时候，成群结队的乌鸦又回来了，从大家头上刷过去。这些乌鸦常年住在西安城里，在这里生长，在这里老死。乌鸦在南方人看来是一种不吉祥的动物，但在西安人却是一种吉祥的鸟儿。据说民国十九年，西安的乌鸦曾经绝了迹，于是当年的西安就遭了大难，被军队围困了九个月之久。30 年代，西安被指定为国民政府的陪都了，所以乌鸦一年比一年多起来。

西安的乌鸦最多的地方是“文武官吏到此下马”的城南隅孔圣人的庙里以及他后面的碑林里；其次是城北隅的“绥靖公寓”；再次，是在西安高中和西安师范学校。当时王鲁彦就在西安高中教书，每天都能看到这样的景象，所以印象特别深刻。因为这些学校或政府办公部门的空地特别多，所以成为乌鸦晚上栖息的地方，它们不会自己筑巢，只是蹲在树梢间、草地上、屋檐下、阶石上。秋冬时节，树叶落尽了，乌鸦便都躲到屋檐下，但是太多了，挤不胜挤，有的只好站在赤裸的树上，下起雪来，也还在那里过夜。然而在白天，乌鸦和人很亲近，“它们常在满是行人的最热闹的街道上出现。跳着，立着，走着，有时在贩子的担子旁望着，贩子们看它们站得久了，便喃喃地丢给它们一些食物。”[①] 这种情形有点像现在西欧一些国家，因为注意环保，动物与人能够和谐相处，一些和平鸽在广场上、大街上与行人一起步行，行人喂东西给它们吃。而且这里的乌鸦与守城的卫兵建立了很好的友谊，久而久之，形成一种奇观，城门不开它们是不出城的，而它们不飞回来，卫兵们是不关闭城门的。

王鲁彦在课余经常到西安的街头去巡礼，他发现西安东大街的口子那一带，新筑的宽阔的马路与西边巍峨的钟楼以及东边高大的城门相组合，气魄宏大。马路上汽车嘟嘟奔跑，还有叮叮当当的上海包车式的人力车，两旁辘辘地搅起一阵阵烟尘的骡车，以及宽阔的砖阶上来来往往的行人，很像十年前王鲁彦在北京紫禁城旁边所看到的景象。对于当时西安的社会现状，王鲁彦是不满意的，官员腐败，吸食鸦片成风。西安的东大街是最

① 王鲁彦：《西安印象记》，《王鲁彦文集》（叁）（散文），人民文学出版社 2009 年版，第 164 页。

热闹的地方，两旁开满了各色各样的店铺，连店铺外面的人行道上也摆满了摊子。上面摆满了人们日常所需的水果、食物、布匹、杂货以及古董。其中，最多的是各种材料做的比酒杯小，比茶杯大的瓶子和盅子，还有各种挑针，弯形的剔刀和圆头的槌子，还有三四寸高的油灯，一寸多高的铜的或木的盘子。街上到处是官邸，许多出售鸦片的小店、也有很多吸食鸦片的馆子。鸦片烟的气息从这些小店里流出来，弥漫着整个街道。而车站这些地方表面上又检查得十分严格，层层设卡。更可笑的是，在当地的报纸上登载了一则新闻，说一户人家因女主人外出办事，几天之后回来，发现家里的猫已饿得奄奄一息，给它吃什么都吃不进了，女主人很悲伤，烧起烟枪解闷，几分钟之后，猫居然活过来了。可见当时的西安吸鸦片已严重到何等程度。

西安乌鸦多苍蝇也多。1935 年 1 月，铁路通到了西安，给西安城市的发展带来了契机，旅馆饭店、洋房子大商店、电影场、妓院都建起来了，各主要马路也迅速修筑起来了。各个地方的人都跑到西安来了，半年之后，西安城里人满了，于是苍蝇也多了。西安的苍蝇之多，简直令人无法忍受。

> 嗡嗡嗡，嗡嗡嗡嗡嗡……
>
> 飞进了窗子，飞进了门户，坐在凳子上，伏在桌子上，躺在床铺上，挂在墙壁上，你来了它走了，你走了它来了，喝你的茶，吃你的饭，随后粘在你衣上，站在你头上，扯你的耳朵，拍你的眉毛，摸你的鼻子，吻你的嘴唇……最先是灰黑色的小的，随后是芝麻模样起斑点的大的，最后是红头绿背的肥胖的……或则长襟短袖，卷发蓬松，像年青的舞女，或则西装革履，轻柔活泼，像摩登的男子，或则长袍马褂，严词厉色，像年老的政客……或作婀娜的媚态，或作纵跳的姿势，或作危坐的模样……有些突着臀部，有些挺着腰背，有些翘着胡髭……

嗡嗡嗡，嗡嗡嗡嗡嗡……

自外而内，自内而外，自上而下，自下而上，自左而右，自右而左，前后络绎，往来交织，纷忙杂乱，叫嚣喧哗……忽作散兵形，忽作密集队，忽从天花板上掷下炸弹，忽从痰盂中哄起地雷，一眨眼间，到处都是枪弹的痕迹……①

大家都嚷："活不成啦，活不成啦！"

于是王鲁彦买来了纱窗、门帘、臭药水、苍蝇拍，然后把门窗关好，全家总动员打苍蝇，苍蝇被打死了一堆又一堆，血肉模糊，尸积如山，打扫完成之后，房内稍微安静一会，但不久，成群结队的苍蝇又开始袭击人们的房间，从破洞里，门缝里，钻进来，被人带进来。于是王鲁彦他们又打，第二次、第三次……但是西安城太大了，到处都是滋生苍蝇的地方，打不胜打。因为苍蝇有传播细菌的作用，王鲁彦家里的大人小孩拉肚子、呕吐、发热成为经常性的情况。不得不去寻找苍蝇滋生的大本营，原来厕所里的大粪已经堆积如山，挑粪夫已经有半个月没有来挑粪了。加上院里住的人随地倾倒小便，致使院子里到处流淌着黄色的尿液，人都无法行走。

因为囤积大粪的地方搬到离城里更远的南门去了，挑粪进城又有时间限制，所以，近来挑粪工人就来得少了，加上人数少，就更加来得少了。王鲁彦他们所租的房子的大房东、二房东又不管这件事，所以，王鲁彦一家只得自己轮流站在路口，等待挑粪夫的来临。

等了两天没有等到挑粪夫，第三天却等来了两个检查卫生的警察。政府正在举行清洁运动，警察穿着雪白的制服，领子上钉着金黄灿烂的铜牌，上面刻着"清洁检查"四个字，他们上门来检查卫生，只是例行公事地命令王鲁彦他们把门口的灰土打扫干净就可以了，而对于王鲁彦所在院子里面厕所被淤堵之事不闻不问。当王鲁彦提出请清道夫来清理厕所时，

① 王鲁彦：《西安印象记》，《王鲁彦文集》（叁）（散文），人民文学出版社 2009 年版，第 169 页。

他们不予支持，而且语言转为愤怒，当王鲁彦要求警察帮忙清理粪便时，另一个警察竟然愤怒地写下门牌号，然后召请小学生过来打扫卫生。这时大房东出来了，他拿出一张自己的名片，说明自己是省政府的参议之后，警察马上即改变态度，下午两点以后，挑粪夫来把厕所清理完了。王鲁彦他们赶紧把一些煤油、臭药水、煤灰放到厕所里，苍蝇仿佛少了一点，但两天之后，苍蝇又多了起来，因为陕西人和山西人都有随地大便的习惯，导致粪便遍地，从而成为苍蝇的滋生地。而且周围的邻居都是这样，人们不但随地大便，而且把隔夜的小便也随便泼在巷子里，天晴的时候与泥土混在一起，雨天则到处是一潭潭小便与雨水混合的橙黄色的发着刺鼻气味的脏水。

在西安，王鲁彦还看到一些使他吃惊的事，在日寇入侵，版图变色，亡国灭种之祸迫在眉睫之时，“国民政府”的特派大员不是千方百计寻求救国之策，而是千里迢迢跑到陕西的中部县去祭奠黄帝之灵，把救国的希望寄托于古代的帝王，一路上道路崎岖、无水无粮，还需重兵步步开路，最后虽然克服了艰险，祭了灵，但这种劳民伤财的行为十分可笑。但是王鲁彦在这里也看到了中国的希望：那就是一些年轻的学生抱着保家卫国的理念，刻苦学习，努力锻炼，他们比一些官员更深明大义，他们有很强的忍耐性和吃苦精神，对未来抱着很大的希望，以最大的决心祈求永久的和平，卧薪尝胆，为自己和祖国的前途而努力奋斗。与那些腐败的官员相比孰是孰非就昭然若揭了。

1935年底，王鲁彦一家从陕西回到了上海。

第四节　勤勉写作带来的创作鼎盛

1933年到1935年，是王鲁彦著译收获最为丰硕的几年。

一　三年著译总述

1933 年，除年初很短的时间内在立达学院任教之外，剩下的时间以著译为主。

创作上，6 月，小说散文集《小小的心》由上海天马书店出版，内收《小小的心》、《一篇抄袭的恋爱故事》、《他们恋爱了》、《胖子》、《兴化大炮》、《恋爱进行》、《夜》。这是王鲁彦的第四个集子，与前面三个集子不同，这次是小说散文合集。这个集子主要收集的是 1931 年到 1933 年的部分作品。

另外，单篇作品也发表不少：10 月 1 日，小说《屋顶下》在《文学》第 1 卷第 4 号上发表，11 月 1 日，《李妈》在《文艺月刊》第 4 卷第 5 期上发表。此外小说《恋爱进行》、《岔路》、《伴侣》、《胡髭》、《屋顶下》、《贱人》、《病》、《安舍》、《〇〇五一二八》在《良友图书杂志》、《文艺月刊》、《现代》、《文学》上发表。

散文《船中日记》、《雪》、《兴化大炮》、《夜》、《我们的太平洋》、《生的痕迹》、《父亲的玳瑁》、《夏天的蛙》分别在《东方杂志》、《文艺月刊》、《文学》、《青年界》上发表。

这一年，还有一篇文章至关重要：《关于我的创作》（也有的资料称为《我怎样创作》），载 1933 年 6 月上海天马书店版《创作的经验》，这是王鲁彦唯一一篇专门总结自己创作经验的文章。

在翻译方面，王鲁彦这一年翻译了中篇小说《肖像》，由上海亚东图书馆出版。此外，翻译的剧本《唐裘安》、《王后之侍者》、《阿尔台美斯》；小说《仆人的日记》、《最后的幽会》；论文《比利时佛兰德人的民歌》、《比利时的文学》在《文艺月刊》、《东方杂志》、《矛盾月刊》上发表。

1934 年，王鲁彦创作成果更多。

这一年 3 月他出了第五本小说集《屋顶下》，由上海书局出版社出版，收了序言和《岔路》、《屋顶下》、《伴侣》、《安舍》、《病》、《胡髭》、《李妈》等小说。

12月，散文集《驴子和骡子》由上海生活书店出版社出版。收有《雪》、《父亲的玳瑁》、《开门炮》、《寂寞》、《四岁》、《我们的太平洋》、《听潮的故事》、《驴子和骡子》、《船中日记》、《厦门印象记》、《西行杂记》、《关中琐记》等篇散文。

单篇小说：《惠泽公公》于3月1日在《现代》第4卷第5期上发表。此外小说《车中》、《桥上》、《鼠牙》、《枪》、《婴儿日记》等；分别在《矛盾月刊》、《文学》、《文学季刊》、《东方杂志》上发表。

散文《新年试笔》、《厦门〈地方印象记〉》、《谈骷髅选》（又提《巫士的打油诗》）、《父亲》、《寂寞》、《四岁》、《幸福的幻影》、《听潮的故事》、《关中琐记》、《驴子与骡子》等，分别在《文学》、《中学生》、《申报·自由谈》、《春光》、《青年界》、《文学》上发表。

1935年12月，出版了第六本小说集《雀鼠集》，也是由上海文化生活出版社出版，内收《惠泽公公》、《亚猛》、《车中》、《桥上》、《枪》、《鼠牙》等小说。

5月，中篇小说《婴儿日记》由上海生活书店出版。

单篇散文《汽笛》、《故乡的杨梅》、《清明》，分别在西安《西京日报》和《文学》上发表。还有《译诗三首》在《新文学》上发表。

其中《屋顶下》、《李妈》、《岔路》、《桥上》是这一时期小说的代表作；《雪》、《父亲的玳瑁》、《听潮的故事》、《故乡的杨梅》是散文的代表作。

在短短的三年之内，出版了三本小说集：《小小的心》、《屋顶下》、《雀鼠集》，一本散文集《驴子与骡子》，一个中篇小说《婴儿日记》，可见王鲁彦创作之努力，同时它也预示着王鲁彦创作巅峰的来临，此前与此后再也没有出现这种情况。

把王鲁彦这三年的作品在内容上加以归类，可以分为几类：一是写资本主义经济的侵入导致本土经济破产的，如《桥上》；二是揭示家乡民众愚昧落后的，如《岔路》；三是写两种教育观的，如《惠泽公公》；四是专门写妇女命运的，如《屋顶下》、《李妈》、《鼠牙》、《安舍》；五是涉及童年题材的，如短篇《伴侣》，中篇《婴儿日记》；还有题材特殊的两篇小说，一是描述国民党军队的杨连长在去执行战斗任务的途中因吸食鸦片而被匪徒打死的《枪》，一是描写在公交车上的一段奇遇的《车中》。

虽然王鲁彦远在外地教书或著译，家乡永远是他魂牵梦萦的地方，家乡落后的风俗，家乡人愚昧的观念，时刻出现在他的脑海中，他无时无刻不在想着改变这种现状。此时的王鲁彦，走南闯北，大都市、小乡村都去过了，经历丰富了，眼界开阔了，对家乡的认识也进一步加深了，所以，他一方面继续写一些小说批判家乡的落后愚昧，一方面开始剖析导致家乡贫穷落后的另一个原因：即资本主义经济的入侵，他把这些内容写入小说，通过小说让读者认识到这一点。

二　本期小说评析

1. 必然破产的伊新叔

《桥上》是王鲁彦小说的重要作品，这篇小说揭示了沿海的本土经济如何被资本主义经济所侵吞，以及原本淳朴的农民其心理如何被金钱所扭曲的事实。“工业文明打碎了乡村经济时应有的人们的心埋状况。”[①] 这在20世纪30年代的乡土小说中是很独特的，虽然鲁迅的家乡绍兴离宁波只有一百多里路，那里也属于浙东地区，也靠海，但与宁波相比，那里还比较闭塞，所以鲁迅笔下除了描写老中国穷苦、老实巴交的农民之外，最多也是带有点流氓习气的贫苦雇农阿Q了。而巴人出生在同属宁波地区的奉化，他除了为读者奉献了一个吃苦耐劳，宁可饿死也不偷吃田间萝卜的运

① 茅盾：《王鲁彦论》，收入覃英编《中国现代作家选集——鲁彦》，人民文学出版社1992年版，第237页。

秧驼背以外，就是莽秀才了。至于同时生长于绍兴的许钦文、生长于台州的许杰，也因地域的闭塞而缺少这类题材，而生长于贵州的蹇先艾、湖南的彭家煌、安徽的台静农，因为地域更加偏远，他们笔下的人物更加封建保守。唯有处于全国五口通商口岸之一宁波的王鲁彦，才写出了资本主义侵入乡村挤垮乡村经济时一些悲剧性的、又带有历史必然性的人物。伊新叔就是代表。

这篇小说对文学史的第一个贡献，是塑造了一个精明能干但必然失败的小商人形象。伊新叔是昌祥南货店的老板，他精明勤劳，二十多年来，他的生意越做越大，除了南货以外，还代卖酱油、老酒等副食品，随后代卖香烟，兑换铜板，代做大米生意，最后还做起了“称手”生意，他做买卖全凭信用二字。应该说伊新叔是一个诚实守信的乡村小商人，如果不是资本主义势力的入侵，他是不会倒下的。但是，伊新叔太相信自己在村民中的信用了，所以当以林吉康为代表的资本主义大工业侵入这偏僻的乡村时，一开始他并没有把它放在心上，仍然相信“薛家村里的人几乎每一家都和他有相当交情”，乡亲们会照顾他的。但拥有雄厚资本的林吉康利用一般人贪小便宜的心理，采取轮番降价销售的伎俩，把伊新叔所有的经营门路一个接一个地摧毁，最终导致伊新叔陷入破产境地，离家远走他乡。

伊新叔的失败首先在于他没有看清社会发展的大势，盲目乐观；其次，他过于相信所谓的老关系、老交情，不知道人类永远是一种追逐利润的动物；再次，他对于对手的实力了解得不够清楚，盲目降价，导致自己的实力受到损害，尤其是后面的亏本降价，更使他造成损失巨大，失去了做生意的资本。

伊新叔这个人物形象，在中国现代文学史上比较独特，与茅盾笔下《林家铺子》里的人物有一定的相似性。

这篇小说的第二个贡献，是形象地描绘了资本主义势力侵入浙东沿海、掠夺此地财富的卑劣行径。林吉康仗着背后有雄厚的资本主义经济实力撑腰，所以，他无所顾忌，为了挤垮伊新叔，他一次又一次地降价，甚至亏本出售，以此先把伊新叔的米生意挤垮。接着林吉康利用放假消息控制老酒、酱油价格的手段，让伊新叔负债经营，导致当地人对伊新叔失去信任，有的把存在他这里的钱要走，有的让他卖新屋，有的让他卖店面，最后伊新叔被逼得离家出走。

这篇小说形象地描绘了本土经济被外来经济所挤压最后被打垮的事实，伊新叔是一个悲剧性的人物，他虽然作了反抗，但作为个人是无法与有资本主义势力撑腰的林吉康相抗衡的，他的失败是必然的，是时代使然。

2. 愚昧的械斗

《岔路》这篇小说发表在1934年，但创作是1933年在福建的时候。这篇小说写吴家村和袁家庄的村民为了驱除鼠疫，请虎头谷关帝庙里的关公出巡，把关公抬出来之后，两个村庄因为关公到村的先后问题发生冲突，导致了一场比鼠疫伤人更严重的械斗。作者对村民这种愚蠢的行为十分伤心和痛苦。

这篇小说对文学史的第一个贡献是形象地展示了关公出巡这样的风俗。

吴家村和袁家庄所在的地方，每年从春末夏初一直到夏末，都会发生鼠疫，许多人因此丧命。面对这样可怕的瘟疫，村民们用尽了所有的办法仍然无济于事，医疗条件十分落后的袁、吴村民只有求助于一些迷信的手段。两村的村长经过商议决定去请关公出巡。在经过一系列准备之后，两支浩浩荡荡的队伍往虎头谷关帝庙出发了，在天明时到达那里，然后袁、吴两村的村长在关公像前下跪，又把一袭新袍加在神像上，几个人把神像连坐椅扛出神龛，安置在神轿里，然后袁总管挥一下手，迎神队伍又往来时的路上行进了。当时的场面非常壮观：

为头的是大旗，号角，鞭炮，香亭，彩担，锣鼓，旗帜，花篮，乐队，随后又是各色的旗帜，彩担，松柏扎成的龙虎和各种动物，锣鼓，鞭炮，香亭，各种各样草扎的人，木牌，灯笼……随后捧着香的吴大毕，袁筱头，关爷的神轿……二三十个打扮着各色人物骑马的男童，百余个新旧古装的骑骡的童女……队伍在山谷和大道上蜿蜒着，呼号着，鞭炮声鼓声震撼着两旁的树木，烟雾像龙蛇似的跟着队伍一路行进。

这样独特的风俗通过作者的形象描绘，给读者留下了深刻的印象。

这篇小说的第二个贡献，是再次深刻地揭示了乡民的愚昧。

本来，碰到鼠疫请关公出巡就是一件劳民伤财的事情，但是在死尸遍野的时候做一下，对于冲淡老百姓内心的痛苦也许会起到一点作用。可是，两村人却为了谁做总管，谁做副总管闹起了矛盾，引起了一场血淋淋的械斗，谁也不管鼠疫正在继续蔓延。被抬来驱灾的关公也被砸断了手脚、伤了眼睛，他坐的神轿和椅子全被拆得粉碎，做了武器。本来鼠疫已经夺去了很多人的性命，这一次打斗，又使更多的人丧命。“仇恨毁灭了生的希望”。可见，有时人为的灾祸比鼠疫更加可怕，他们的封建迷信行为原本就已经非常令人痛心，而为了所谓宗族面子和规矩厮杀流血，岂不是更加愚蠢可笑吗？作者在看似冷静的叙述里，满含着对这些无知民众麻木灵魂的“哀其不幸，怒其不争”。与此相同，许杰的《惨雾》也记述了一场血肉横飞的械斗。作者说：“实在说一句，因为现在的大多数的‘两脚动物’，还没有觉悟到是沉浮在灰色的人生中，听大力的命运的支配而受苦呢！这便是无灵魂的人生。”[①] 这就是这篇小说的创作意图。要画出国民“无灵魂”的生存状态来，是包括王鲁彦、许杰等乡土文学作家们共同致力的方向。乡土文学的始作俑者鲁迅自称他进行创作的目的是“揭出病苦，以引起疗救者的注意”[②]，他塑造了阿Q、祥林嫂等一系列不幸又不争的民众形

① 许杰：《漂浮·自序》，启智书局1935年版。

② 鲁迅：《我怎么做起小说来》，《鲁迅全集·南腔北调集》第4卷，人民文学出版社1981年版，第512页。

象，暴露了他们的愚昧麻木，进而揭示了深藏在中华民族骨髓中的陈疾垢病。虽然鲁彦的作品在这个层面还不够厚重，不够成熟，但是我们不能否认，他也用自己特有的方式，为我们展示了几千年封建迷信落后思想束缚下的麻木与无知，并毫不留情地予以了否定和鞭挞。

3. 几道女性的风景线

在这个时期的小说中，王鲁彦对于妇女的命运特别关注，在本期不多的十几篇小说中，竟有四篇小说涉及妇女题材。说明作者的创作思想越来越成熟，对社会人生的认识越来越深刻，关注的面越来越广。

《鼠牙》这篇小说讽刺阿长嫂和阿德嫂在处理老鼠偷稻谷事件上的愚昧可笑。

阿长嫂和阿德哥家是邻居，两家共用祖堂的后堂做谷仓，可是有一天，阿长嫂和阿德哥同时发现自己家的谷仓里少谷了。还发现在两家谷仓之间的地上，散落了很多的谷子。于是阿长嫂与阿德嫂之间开展了一场斗智斗勇的斗争，她们先是各自挖洞监视对方，然后半夜里去现场捉贼，结果在祖堂门口，两个人打了起来。后来又各自养猫，阿德家养的是小猫，阿长家养的是老猫，小猫还不会捉老鼠，老猫就把老鼠全部赶到阿德家来了，不但如此，阿长家干脆不给老猫喂食，这老猫就跑到阿德家来偷食，把他家搞得鸡犬不宁，阿德嫂设计把老猫捉住并杀死，两天以后，阿长家也把阿德家的小猫抓住杀掉。最后双方借老鼠嫁女儿这样的风俗，把老鼠赶来赶去。在这篇小说中，作者似乎把残酷的社会现实推向了远方，其实，阿长嫂三年前失去了丈夫，一个人带着一个十几岁的男孩过活，生活肯定不轻松；阿德嫂家里也是一般的农民，阿德哥每天在田里辛苦劳作，照理说，两位女性应该考虑如何改善自己的生活状况，而不应该把智慧运用在这些无聊的小事上，而且无休无止地斗下去。作者在诙谐、幽默的笔调下面，揭示了这两位女性在心理、行为、思想上的愚昧无知、粗俗浅薄和可悲可叹。

《屋顶下》描写的是婆媳之间因为生活小事上的误会，导致最后不能在同一个屋檐下共同生活的悲剧故事。

本德婆婆是一个勤俭刻苦、管家理财的好手，“她一生唯一的职务是以生命的双手将一个‘赤贫之神’撑拒在家门之外。”[①] 这个早年丧夫的坚强女性，为了把一对儿女拉扯大，45 岁之前，挑担、砻谷、舂米、磨粉、种菜，干着和男人一样的事情。但三年前的一场大病，使她出乎意料地衰弱下来，本德婆婆又不愿意花钱调养。幸亏儿子孝顺，自己在船上干活，但每次回家都嘱咐妻子要买一些好东西给母亲补补身体。媳妇依照丈夫的吩咐，买来新鲜黄鱼、猪肉、鸭蛋孝敬婆婆，但本德婆婆因为心疼钱而不肯下筷。阿芝婶又去买来新鲜的芋艿烧给本德婆婆吃，本德婆婆觉得儿媳妇又浪费钱了，心里更加不高兴。媳妇又去买了红枣等补品，这下婆婆郁积的火气终于爆发出来，难听的话也骂出来了。媳妇知道婆婆误会了自己，但为了家庭和睦强忍下这口气。这件事情之后阿芝婶凡事请教婆婆，这样本德婆婆心里又很烦，觉得媳妇没有主见。第二天，阿芝婶不小心打碎了一只调羹，本德婆婆又骂了。阿芝婶终于忍不住了，一边哭一边回骂，矛盾开始升级，儿子从中调和也没有用。最后阿芝婶发狠了：“不吃你的饭，生下儿子，我来养！说什么她空手起家，我也会做给你们看看！”“你的钱，统统给她寄去，我管我的！带我出去，给我找一份人家做工。……”婆媳之间由互相体贴到相互猜疑和辱骂，直到不能在一个屋顶下生活。

其实这一对婆媳都是善良的勤劳的好人，婆婆处处省吃俭用，为后代着想，媳妇贤惠谨勤，克己持家，她们之间的不睦固然是由于观念的不同，但根子是当时的中国农村的极端贫困所致，在社会动荡，收入极其低微的情况下，人们随时准备着抵挡灾难和破产的袭击，所以即使是亲人之间的关爱，一旦涉及金钱、物质等基本生存的需要，也会成为诱发冲突的导火线。“那‘苦恼而阴暗的屋顶’所象征的不是别的，正是黑

① 崔淑琴：《试论王鲁彦乡土小说中的经济意识》，《中山大学学报论丛》第 26 卷第 1 期，2006 年。

暗中国那座社会穹庐。”[①] 这一家庭悲剧不过是不合理社会制造的大悲剧中的一个折子戏而已。

与许钦文《疯妇》中的双喜妻相比，《屋顶下》的阿芝婶更具有反抗意识。双喜妻因思念进城的丈夫，在淘米时被猫叼走了鲞头，她去追赶猫，米箩又被河水冲走。她希望婆婆责罚自己，但婆婆却黑着脸出去，向乡里邻里宣传她的不好。她心情憋闷，终于疯了，不吃不睡，不到一个月就死了。在陈规陋俗深重的乡村中，妇女的价值不及一个鲞头，一只米箩。而在资本主义侵入的社会之中，人们则更相信“金钱万能”的幻觉。虽然绍兴与宁波相隔才一百多里，但就受资本主义侵袭的程度而言，宁波要比绍兴深，资本主义进入中国不只是一件坏事，给中国社会带来了动荡，对中国的财富进行了掠夺；也对中国传统家庭带来了冲击，给女性的独立带来了一丝空间。这一点在王鲁彦的《屋顶下》就有很好的体现，阿芝婶不再像古代的焦仲卿妻子兰芝那样无奈地听任婆婆的驱逐，而是主动进城去打工，与丈夫携手寻求幸福之路。应该说阿芝婶已经更为明确地意识到自己独立人格的重要，具有更强的自主独立意识。这两个受尽生活磨难，性格倔强的婆媳最终分道扬镳，在某种程度上预示着女性意识或多或少的与传统思想的决裂。有些学者认为阿芝婶出去打工只会做第二个李妈，笔者以为不一定，因为阿芝婶是与丈夫一起出去打工的，与李妈孤身一人去打上海打拼还是不同。

《李妈》写的是淳朴善良的农村妇女李妈，因为丈夫两年前被官兵拉去当挑夫之后音信全无，又遭遇天灾，在乡村无法生存，只得跟着信客去了上海。在一位远方亲戚的帮助下，给她找到一家铺保，才进了丁老荐头行的门。刚开始做娘姨时，她勤快、诚实，干活非常卖力，但是因为初到生人家里，一切都不熟悉，反应未免有点迟钝，那家主人就开始骂她，有时甚至全家出口骂她，这触动了李妈的自尊，在第一家只干了

① 张复琮：《王鲁彦小说简论》，收入曾华鹏、蒋明玳编《王鲁彦研究资料》，江西人民出版社1984年版，第264页。

三天，工钱也没有拿就走了。到了第二家，主人态度很和善，李妈心情也很愉快，但是家里有个小孩，活计很多，李妈很卖力，但干得多吃得也多，主人家开始不信任李妈了，最后上升到辱骂的程度，而且骂得很尖刻，最终李妈终于醒悟，天下乌鸦一般黑。于是开始反抗，能偷则偷，能懒则懒，以恶抗恶，最后成为一个泼辣、能干的“老上海”。

这篇小说对文学史的贡献，是塑造了一个“另类”的女性。为什么在另类上加上引号呢？因为，作者在创作这篇小说、塑造这个人物的时候，其实是带有一点批判的成分的，一般评论者对这个人物也是否定的，认为她后来的反抗手段不道德，有点流氓习气了，但是笔者对这个人物是肯定和否定各占一半。

李妈来上海之前是一个没有多少见识的淳朴的乡村妇女，到上海之后，在第一家、第二家做娘姨的时候，都有其他娘姨暗示她可以少买多报，但是她不屑于这样做，她干活非常勤快，希望通过自己的劳动得到主人的认可，可是她的善良、勤快不但得不到认可，反而动辄得咎，一天到晚被人痛骂，其心理不变化才怪呢。

所以，李妈在经过这两次挫折之后，想找一个比前两家东家好一点的，可是，在近半个月的时间里，她又一连试做了三次，终于完全绝望了。她开始转变自己的想法，她得出一个结论“天下老鸦一般黑”，没有一个东家不怕娘姨偷东西，也没有一个东家不骂娘姨偷懒的。没有一家会做得长久，所有的娘姨都是这样。“到底也是人！到底也是爹娘养的！”李妈想着就生气了。后来她观察其他娘姨也都是不到一个月就回到荐头行的，她们从不想长期在一户人家做下去，所以她们只要有机会就揩油，然后被东家辞退，又找新的东家。李妈原先对他们这样做看不惯，觉得不正当，但是在碰了很多次壁之后，她也开始反抗了，什么事情都理直气壮，态度比主人还恶，脾气比主人还大，动不动以走人相要挟，结果东家不敢辞她；也学会揩油，被发现不但不脸红，还振振有词地进行反驳；也故意偷懒，对主人的小孩不再肯被他们踢打，而是睁着凶恶的眼睛，走近去打他们了。再次被主人辞退后，又神气十足地坐在荐头行门口，摆出一副“老上海”的派头，终于成为既泼辣又能干的保姆。其他保姆同她要好了，丁老荐头也对她特别看重起来。

作者真实地展示了李妈性格的转变的原因以及转变的过程，车尔尼雪夫斯基曾经说过“性格是环境的产物”，巴尔扎克在《纽沁根银行》中也曾借人物之口说：“大自然仅仅把我们造成无聊的动物，而我们之所以变成傻瓜，其责任在于人为的环境。”李妈本是一个淳朴善良的农家妇女，长期生活在农村，从未见过大世面，是天灾人祸逼得她家破人亡，为了养家糊口，不得不流浪到城市谋生，进入旧上海这个“冒险家的乐园”、欲望泛滥的十里洋场。但是和大批流入城市的劳动力一样，李妈摆脱了封建经济的剥削，却遭到了更残酷的经济压榨和精神上的摧残。同时，作品通过展示城市失业大军的剧增，说明根本原因是农村的衰败、农民的破产直接导致的，从而揭示李妈悲惨生活经历所含的深刻的社会意义。李妈由一个淳朴的农村妇女转变为一个刁钻、泼辣的“老上海”，完全是环境使然。

《安舍》的主要贡献在于非常形象地写出了一个守寡25年的妇女，面对24岁的过继儿子毕清那种既渴望他的亲热，但又碍于辈分及年龄的限制不敢接受他的亲热的矛盾心理。安舍自从25年前丈夫死亡之后，一直大门不出二门不迈，不与任何男人接触。自从过继儿子毕清来到家里之后，长期阴冷的家里出现了男性的气息，安舍的心情出现变化。多年失去丈夫依靠的安舍，希望能守着毕清，尽管不是亲生儿子，其实她内心的感情既是母性的，也有对异性的渴求，所以，与儿子之间动作很亲热；但另一方面，碍于道德、辈分她又不能接受毕清的亲热。所以只要毕清想表示一点亲热，她就哭着把他推开了。后来毕清被他的女同学带到外面吃饭去了，意味着毕清有被其他女性夺走的可能，她想守着儿子终老的想法又要泡汤，所以安舍的“心里起了强烈的痛楚。她的眼前黑了下去，她不能再支持，急忙走到自己的房里，躲进她的床上。她还想使自己镇定下来，但眼前已经全黑了。天和地在旋转着。她没有一点力气，不得不倒了下去。”“过了许久，在黑暗与静寂的包围之中，她哼出一声悲凉的，绝望的，充满着爱与憎的沉重的叹息。”好一声沉重的叹息，这一声叹息能深入读者内心深处，这一生叹息里发出了多少像安舍这样的女性人生的凄惨和痛苦。

王鲁彦这些关注女性命运的小说，体现了一种与众不同的女性观。在《屋顶下》、《李妈》这两篇小说中，女性已经不再是出气筒或被压迫者，她们开始懂得反抗，阿芝婶在与婆婆关系恶化之后，毅然冲出家门，外出做工，用自己的双手养活自己。李妈在受尽辱骂、刁难之后，也懂得了用种种手段去对付那些恶主人。

4. 两种教育观

在这时期的作品中，《惠泽公公》是一篇特殊的小说，作者通过惠泽公公与儿子英华在教育孙子阿毛这件事上的不同观点，体现新旧教育观的冲突。

这篇小说的贡献是提出了一种儿童教育观。英华与惠泽公公是一对父子，他们共同面临七岁的阿毛的教育问题。英华因为受过现代教育，所以对阿毛主张以新式教育为主，而惠泽公公觉得还是私塾更好。在平常的生活中，包括饮食、衣着、体育活动，父子俩都有不同的观点。

英华希望阿毛行为端正、身体健康、少吃零食，而惠泽公公觉得一个小孩在成长过程中，吃一点零食、吃几颗糖，烂掉几颗牙齿、生几次蛔虫都是无可厚非的。对阿毛的学校教育，惠泽公公与英华又有不同看法，惠泽公公为了阿毛第一天去上学体面一点，就叮嘱媳妇给阿毛做一件好一点的府绸长衫，而英华认为小孩子上学不必穿得这么好，就去扯了几尺自由布来，叫裁缝做一套短的。把阿毛送到学校之后，惠泽公公看到学校里的浪桥、铁杠、秋千，很担心，生怕阿毛摔伤，他认为一个学生只要把书读好、学问高深就够了，不需要把身体练成钢筋铁骨。可是英华认为时代不同了，现在的时代要求学生学习、身体都要好。为此父子俩争得面红耳赤，幸亏英华的妻子比较贤惠，她希望英华体谅和顺从父亲一点。后来为了阿毛的接送问题，阿毛玩器具跌伤的问题，阿毛赌博的问题，阿毛晚上跟谁睡的问题，父子俩还是有争执。惠泽公公老是把英华小时候的情况与现在的阿毛比较，所以只要一开讲就有一大堆的话，为此英华老是觉得烦、觉得跟他父亲说不清楚。而惠泽公公呢，又觉得儿子开始嫌弃他老了糊涂了等，所以，心情慢慢变坏，精神也开始不济了，家里的事情也不愿再管了。随着冬天的到来，惠泽公公病了，在一个下雪的晚上，惠泽公公低声对英华说："我看见你的祖父来啦！……我今晚上要走啦！"临终前，他把阿毛叫到近前，把手放在他的头上，说："好宝宝，过了年就大了一岁啦……听爹娘的话……"惠泽公公临终时对阿毛的话，表明他离世前终于认识到新的教育方式的正确，同时也表明随着时代的发展新的教育方式终将成为孩子教育的主要方式。

5. 真诚的玩伴

除了这篇涉及儿童教育的小说，王鲁彦还创作了直接描写儿童和育儿生活的两篇小说，一篇是《伴侣》，一篇是《婴儿日记》。

《伴侣》写的是1932年冬天，王鲁彦携妻带子从上海回镇海老家住了两个多月，两岁半的儿子唐哥与王鲁彦姐姐的小女儿玲玲一起生活的一段时光。

这篇小说的贡献，是十分真切地写出了两个小孩在一起时真实的心态、感情与行为。唐哥虽然足岁只有两岁半，但他非常好动，精力旺盛，一会儿爬上桌子椅子，一会儿溜出大门到河边去扔石子。看见一只狗，一只鸡，他便拖了棍子或扫帚追了出去。他的心越玩越野，他逐渐往田边或河边去寻找趣味，大人们都为他担心，最后决定叫王鲁彦的姊姊把她的小女儿玲玲带来，与唐哥一起做玩伴。两个小家伙刚开始还比较陌生，可是一会儿就熟了，调皮的唐哥故意把姐姐逗哭，又为买什么颜色的糖而开始争执、打闹。可是过了一会儿两个小孩子又玩在一起了。就这样，两个小家伙一会儿好，一会儿闹，有的时候小打小闹，有的时候闹得天翻地覆，完了之后，又和好如初。

母亲烦了，希望姐姐回去，临走时，我把唐哥的绿球藏在网篮里送给玲玲，但是被唐哥发现，两个人为了抢这个球又开始打架。可是当玲玲真的要走的时候，唐哥又舍不得了，他把红绿球都送给了玲玲，而且和王鲁彦一起坐在船上送玲玲回家，两个人在船上又玩在了一起。分开的时候，玲玲坐在轿上找唐哥，唐哥坐在回来的船上找玲玲。第二天还到玲玲床边去找她。

这就是小孩之间的真实生活，他们为了玩具或者大人的宠爱而哭、闹、打，可是当一方真的离开了，就会互相寻找。童年就是这样，感情真挚，毫不隐瞒。作者在这篇小说里对于唐哥和玲玲的动作、语言、神态描写得很生动。

6. 婴儿生活的生动记录

《婴儿日记》是王鲁彦夫妇第二个小孩王莉莎出生之后，夫妻两个人共同记下的抚养日记，学界把它称为日记体小说。就体例而言，在王鲁彦的作品里是绝无仅有的。里面的内容第一个月和第二个月的前十日是王鲁彦写的，以后的内容基本上是覃英写的。这篇小说很详细地记写了王莉莎出生后12个月内每天的生长情况，从妻子兰进医院到生出女儿开始，从小孩的眼神、微笑、动作以及每天的喂养、生长情况，偶尔的生病，她身上发生的细微变化，都记载得十分细腻生动。请看孩子出生第二天的记载片段："我请看护妇把孩子抱了来。孩子已经晓得听音了。我嘴里发出'的的'的声音，她的眼珠子就移向我这边望着我。兰喊她，她的眼珠就移到那边去了。"多么可爱的小生命，在以后的日记中，王鲁彦和覃英每天都抓住小孩身上的细微变化进行叙写，如第四日写小孩子的睡和第五日写小孩子的哭都很生动。"孩子睡得很好。在睡乡里，露出一点轻微的笑在口角边。""孩子自己醒了过来，哭了。那声音是和缓的，不像恩哥的急。她哭了一会，自己停了哭，开着眼睛望着，过了一会儿又哭了起来，随后又停止了。她不像恩哥似的会一直哭到喘不过气来，还不肯自动停止。她的性情显然是平静而且温和的。”类似这样的细节随着孩子一天天的长大，几乎每天都有，小说看起来平常琐碎，但是点点滴滴记载孩子的成长情况，也是很不容易的。这是一部形象的婴儿成长史，里面倾注了父母的心血和深爱，也体现出父母养育的辛劳。任何一位读者看了这样的文字之后，都会感激父母的养育之恩，这恐怕也是这篇小说起到的另一个作用吧。

7. 三篇题材独特的小说

在王鲁彦的小说中，有两篇小说比较特殊，一篇是《车中》，一篇是《枪》，这两篇小说的选材与以往小说主要选取家乡题材完全不同，前者取材于上海一辆公共汽车上发生的事情，后者取材于军旅题材。

《车中》采用倒叙的手法，叙写“我”乘坐一路汽车去宝山路口，在车上坐在一位女孩子身边，身体产生了微妙感觉、心理也发生了变化。接着，“我”对之后坐在女孩身边的大兵、老人、工人、年轻人的心理进行猜测和设想。王鲁彦从东北欧的世界语作品中学到了很多创作手法，心理描写也是其中之一，作者在小说中对于老人、士兵、年轻人面对美丽姑娘时的心理、神情状写得非常生动。读者被他真实的描写一路吸引着，直到汽车到达宝山路口“我”被售票员从梦中推醒，才知又是一个梦。其结构与《菊英的出嫁》如出一辙，只不过《车上》是梦境与真实的结合，《菊英的出嫁》是真实与臆想的结合。

这篇小说最大的特色就是通过“我”对公共汽车上坐在漂亮女孩身边的人，以及女孩对面的各种人物心理的猜测和想象来组织情节。其手法比较独特，这篇小说的手法后来在张爱玲的《封锁》中也部分地采用过。但是这篇小说在思想上不是太有现实意义，表达了怜香惜玉、门当户对等思想。所以，在现代文学史上，这篇小说很少提及，恐怕跟其思想上不够深刻有关。

小说《枪》揭露了国民党军队中官兵吸食鸦片成风，导致部队战斗力下降的现状。

上级派一个连的军队去剿匪，两个钟头以前，田连副已经带着部队先到金陡沟去布置。此时，杨连长带着两个副兵上前线了，可是走到一半，杨连长烟瘾发作，从马上掉了下来，他的副兵把他背到了一个窑洞里面，在里面烧起烟泡，才使杨连长起死回生。杨连长的烟瘾很大，他必须得吸足了才有力气打仗。可是没等他吸完最后一盅，土匪就上来了，随着一声枪响，杨连长在吸烟的满足中倒在了枪弹下。这篇小说揭示了旧军队管理的松弛，军人素质低下的现状。

《兴化大炮》是一篇寓言体小说。作品运用中国传统话本小说的一些手法，交代了龙眼树被发现的经过：古代兴化有一个名叫朝云恩的砍柴人，偶然在兴化谷看到一棵小小的奇树，上面结满累累的果实，他毫不爱惜地把它砍下来，夹杂在乱柴中间，晒在义利村自家屋前的操场上。第二天他发现小儿子抱着一大包东西，嘴里也含着什么，从外面跳进来，朝云恩一把抓住他，“又偷什么东西吃了?!”发现是自己昨天砍来的那棵树上的果实，朝恩云紧张了，一边打骂，一边把他按在地上，小儿子连忙说是哥哥先吃的。朝云恩走到外面，发现不只自己的大儿子、大女儿，周围邻居小孩在吃，连他的老婆以及其他几个妇女都在吃。朝云恩生怕他们中毒，拼命地阻止他们吃，但是他的老婆剥了一个硬塞到他的嘴里面，他发现这果实果真甜美无比。晚上朝云恩做了一个梦，屋子周围长满了这种树，他的白胡子父亲对他说：“看啊！天赐奇果，我们从此要富了！”朝云恩就跑到他头天砍柴的地方，把那棵奇树的根挖来，栽到自己的屋前，又把果核在屋前屋后种了个遍。朝云恩辛勤伺弄，到了第五年，奇树终于开花了，全家人都很高兴。就在果实初成时，朝云恩生病了，病得很重，几天之后就瘦得皮包骨头。大家正在担心他的身体的时候，顽皮的小儿子不知怎样从树上偷了几枚大的仙果来。母亲从他的手中夺下来拿给朝云恩吃，朝云恩的身体奇迹般地复原了。邻近的人知道这个消息之后，也来买仙果吃。这种仙果的样子像龙的眼睛，所以称为“龙眼”。这是龙眼被发现及被命名的经过。

因为能够“祛热除寒、健脾、补身、壮筋骨、活血脉”，所以，其声名远播。也产生了一定的经济利益，为此在朝云恩死了之后，他的子孙为了争夺这棵龙眼树，闹得四分五裂，甚至达到刀枪相斗、流血烧屋、你死我活的程度。后来一个广东商人发明了嫁接的办法，云恩的子孙也学会了这一技术。兴化的龙眼树越来越多，但龙眼一多就销不出去，朝家子孙就把龙眼晒成干，销往外地，销得最多的地方是浙江宁波。王鲁彦在《船中日记》里写道：“龙眼，……福建许多地方都有出产，唯兴化的最有名。就因为它出了名，有利可图，所以兴化人到处种起龙眼来。”这段话可以看作是对《兴化大炮》的注释。

这篇小说情节安排起伏跌宕，语言诙谐幽默，有较强的可读性，通过一个寓言故事，寄予了作者对社会人生的深刻认识。与他以往的小说相比，故事性明显增强了。对此周立波曾经有过中肯的评论：“《兴化大炮》却是一篇不同的作品，这是运用民间传说的体裁写出来的故事性较强的小说。在这篇作品里，鲁彦虽然没有展露他所擅长的对于日常生活的细致的描写，但这种有头有尾的故事性较强的结构也颇引人入胜的。”[①] 另外，在这篇小说中，作者采用了讽刺的手法，对那些金钱唯上的投机商人、对当时社会中人与人之间冷酷的金钱关系进行了无情的嘲讽，把矛头指向了私有制的黑暗社会。就这一点而言，与鲁彦以前的创作思想又对接起来了。

王鲁彦这两年的小说虽然数目不是很多，但创作思想却开始发生了可喜的变化。前期的王鲁彦主要采用人道主义思想，在对家乡的民风民俗以及家乡民众的愚昧落后、势利冷漠进行文化批判的同时，也报以人道主义的同情，如对如史伯伯、菊英母亲、王阿如财主、阿卓呆子、伊新叔都是这样。随着作者对社会、人生认识的深化，他创作思想中人道主义同情的成分在减弱，对现实批判的力度在加大，视角也开始拓宽。《桥上》尤为典型，作者对资本主义经济凭借强大的实力对于本土经济不择手段的挤压

---

① 周立波：《鲁彦选集·序》，收入覃英编《中国现代作家选集——鲁彦》，人民文学出版社1992年版，第247页。

非常愤怒，对于伊新叔这样的悲剧人物给以深深的同情。另外，本期小说中涉及女性命运的篇目增多了，说明王鲁彦对妇女命运的关注也加强了。所以从思想内容上来看，本期小说在王鲁彦的创作生涯和人生历程上都是一个不可缺少的重要环节。

第五节　散文寄托的乡情乡恋

这两年，王鲁彦创作另一个重要的收获就是散文，共18篇，可以说鲁彦散文中的重要作品大部分在这里了。王鲁彦的散文学界评价很高：唐弢认为“平淡中带着回荡，很有个人风格”[①]。而沈斯亨认为：王鲁彦的散文“感情真挚热烈，笔调优美细腻，风格朴素自然，洋溢着诗情画意，恰似江南风景，清朗秀丽，内中不乏词简味深，言约意远，动人遥思的佳作”[②]。林非认为：“鲁彦的散文也是这样，吟味人世，感叹甚深，很有一些哲理的意味，可以当作散文诗来读。”[③] 新时期的学人认为：王鲁彦的“散文大多以回忆故乡生活为素材，带着一缕缕如丝如绵若断若续的乡愁，吹奏出一支支深情而哀婉的牧歌，述说着故乡的山川风物，追溯着自己寂寞而美丽的童年”[④]。

王鲁彦的散文按内容分：有回忆故乡亲人的记人、记事散文，如《父亲》、《父亲的玳瑁》；有追叙自己童年和青少年时代在乡村生活的叙事散文，如《听潮的故事》、《清明》；有记叙故乡习俗风物的写景状物散文，

① 唐弢：《唐弢杂文集·晦庵书话·乡土文学》，生活·读书·新知三联书店1980年版，第33页。

② 沈斯亨：《〈鲁彦散文选集〉序》，收入林呐、徐柏荣、郑法清主编《鲁彦散文选集》，百花文艺出版社1982年版，第4页。

③ 林非：《论鲁彦的散文》，收入曾华鹏、蒋明玳编《王鲁彦研究资料》，江西人民出版社1984年版，第241页。

④ 陈一辉：《父子情与哲理诗——王鲁彦的〈旅人的心〉》，《扬州师院学报》1987年第1期。

如《雪》、《故乡的杨梅》；还有记叙自己羁旅生活的经历和描述地方风土人情的游记散文，如《西行杂记》、《西安印象记》、《关中琐记》、《兴化大炮》、《船上日记》等。

一　对亲人的深情回忆

记人散文首推《父亲》，作者用饱含感情的文笔，记述了父亲的为人、对子女的关爱，以及为了减轻儿子肩上的负担，花甲之年还外出赚钱的行为，十分感人。散文一开篇由朋友的一段话引出自己的父亲。父亲辛苦一辈子，把王鲁彦养大，供他读书，为他造屋买田。甚至60岁那年还到汉口去做生意，怕人家嫌他老，故意说只有五十几岁。父亲的理由很简单，只是想再帮儿子几年。后来家里遭了火灾，几间房子烧掉了，父亲还想再做生意，把房子造起来。父亲的一生是为鲁彦而活的，弥留的时候，父亲叹息和呻吟，那是因为他还没有完成自己的愿望。与王鲁彦自己对小孩的态度比起来，更加觉得父亲对他的爱之深厚，鲁彦常常觉得孩子碍手碍脚，总想把他们送掉。而父亲帮孩子一直帮到老，到死也帮不足。这篇散文字数不多，但情感浓郁，对父亲的感激之情和愧疚之情溢于字里行间。

在叙写对父亲的情感方面《父亲的玳瑁》有过之而无不及，这篇文章前面已经分析过。

二　心潮与海潮的交涌

除了记人散文以外，王鲁彦的叙事散文也很出色，如《听潮的故事》曾经吸引很多读者。1929年，王鲁彦与妻子覃英、朋友郁达夫、楼适夷一起到普陀山去度假。回来以后，郁达夫写一首诗歌："山谷幽深杖策寻，归来日色已西沉。雪涛怒击玲珑石，洗尽人间丝竹清。"王鲁彦则写下了这篇散文，文章叙写的是他们在普陀山遇到一个势利的寺僧，对他们前倨后恭的人生悲喜剧。

这篇散文创作的缘由有两个，一是王鲁彦偕佳人在海边观海浪、听海潮，确实被大自然的壮美所震撼；二是寺里那个和尚趋炎附势、见钱眼开的行径震怒了王鲁彦。这两种潮水在王鲁彦胸中怒涛翻滚，促使他拿起笔来，写了这篇听潮的故事。王尔龄曾经就《听潮的故事》在 1982 年 10 月采访过覃谷兰，其中第四个问题就是询问王鲁彦写作这篇散文的缘由："这篇散文，虽然题目是听潮，但是引动他写作的还是那个寺僧的炎凉变化心态，不知是否如此?"覃谷兰回答说："是的，这两种潮引起了他的心潮，因此才有这篇散文的写作，非写不可了。""鲁彦就是这样一个人，只要碰到不合理的事，尽管他明天的吃饭还没有着落，也会辞职，卷起铺盖离开。这样的情形不止一次。"[①] 王鲁彦的个性十分耿直，看不惯那些低三下四的势利小人，因为被和尚的行为所激怒，所以，王鲁彦在这篇散文中有些语言比较冷峻，但是在冷语下面包藏着强烈的爱憎。

另外，鲁彦带覃谷兰回家结婚是在从南京辞职之后，鲁彦在散文的开头是这样写的："一年夏天，趁着刚离开厌烦的军队的职务，我和妻坐着海轮，到了一个有名的岛上。"覃谷兰解释说："他在军队里是文职，属于南京的国际宣传科；1929 年，要调他到图书杂志审查机构去，他不愿当审查官，就辞职了。"另外，在散文中写到为了对付势利的和尚，"我""从箱子里取出了军队里的制服，穿在身上，把那方绫的符号和银质的徽章特别露挂在外面。"这套衣服当然不是王鲁彦的，因为他已经辞职离开了军队，而是朋友章铁民寄放在他们那里的，没想到临时还起到了作用，让那个和尚表演了一次前倨后恭的丑态。

覃英证实关于这篇散文里所写的事实都是真实的，只是作了适当剪裁而已。

---

① 王尔龄：《关于鲁彦〈听潮〉的访谈——访鲁彦夫人覃英》，上海虹口图书馆《绿土报·书文漫话》第 48 期，2008 年 4 月。

虽然这是一篇叙事散文，但全文情感浓烈，语言优美，基调高昂，韵律壮美，同时寄予了作者的人生理想，这是一篇融叙事、写景、抒情、议论于一体的不可多得的散文。作者领略大海的美，独具情趣，描绘美的大海，妙笔独运。海岛倚楼，谛听潮声，文章的神韵全在一个“听”上。文章在交代完了他们来到这里旅游休闲以及岛上的基本情况之后，就开始写景。全文突出了“听潮”的“听”字，听得细，品得深，作者生动完整地写了海潮来去的过程：潮前、潮起，潮满，潮退。海潮兴起之前，大海“在我们的脚下，波浪轻轻的吻着岩石，睡眠了似的。……月光闪闪地颤动着，银鳞一般。远处灯塔上的红光镶在黑暗的空间，像是宝玉。”这时的海充满着一种“幽静的和平的愉悦的神秘”；“海在我们脚下沉吟着，诗人一般。那声音像是朦胧的月光和玫瑰花间的晨雾那样的温柔，像是情人的蜜语那样的甜美。低低地，轻轻地，像微风拂过琴弦，像花飘落到水上。”“海睡熟了。大小的岛屿拥抱着，也静静的仿佛进入了梦乡。”甜美、温柔、朦胧——平静状态下的海是这样的静谧恬淡柔美，作者也情不自禁地进入了这美妙的境界，“我俩也像入睡了似的，停止了一切思念和情绪。”

当海水醒来的时候，又是另一番情趣。它“渐渐向我们脚下的岩石推了过来，发出哺哺的声音，仿佛谁在海里吐着气。”“它转侧着，打着呵欠，伸着腰和脚，抹着眼睛。因为岛屿挡住了它的转动，它在用脚踢着，用手拍着，用牙咬着。它一刻比一刻兴奋，一刻比一刻用力。岩石渐渐起了战栗，发出抵抗的叫声，打碎了海的鳞片。”至此，作者运用拟人、比喻等多种修辞手法形象地写出了“海睡”、“海醒”时的特点，兴奋、晃动、奏鸣、用劲——海潮初起时分，波欢海跳，一派生机。作者的愉悦之情，也在字里行间、从连缀的拟人设喻中流露出来。而描状大海的静景，则是反复设喻，采用了多层次的淡笔，以动写静，引人遐思；表现大海的动景，则用墨似泼，尽情挥洒，写得如痴如醉。

以上描写海潮醒来和初起时的情状还只是侧面用力，衬托之笔。作者真正用力之处是写“海怒”的时刻，作者充分运用听觉优势，辅之以视觉、嗅觉、味觉、触觉，张开想象的翅膀，挥起如椽大笔，作了淋漓尽致的多层次的立体的描写，可谓惊心动魄，气象万千。

> 海受了创伤，愤怒了。
>
> 它叫吼着，猛烈地往岸边袭击了过来……
>
> 声音越来越大了。战鼓声，金锣声，枪炮声，呐喊声，叫号声，哭泣声，马蹄声，车轮声，飞机的机翼声，火车的汽笛声，都掺杂在一起，千军万马混战了起来。

这里作者联想大胆新奇，连用十种巨大而嘈杂的声音来描状大海轰鸣震耳的音响，真是壮观至极，撼人心魄！这是“伟大的声音，海的美就在这里”。

总之，作者通过对潮汐一涨一消过程的捕捉，视听完美结合，果戈理曾说：“绘画引起静谧的欢乐与幻想，音乐引起灵魂的激情与骚动。”作者就是紧紧抓住海的动静变化，调动读者的视觉和听觉，描绘出大海变幻神奇、雄伟壮阔的奇观。

文章后半部分以叙事为主，记写了最后十天和尚因为来了几个外国游客愿意多出一些钱而把他们赶来赶去，且百般刁难，临走的那天作者拿出军队的衣服穿在身上，把那方绫的符号和银质的徽章特别的露挂在外面，往客厅里走去。和尚看见这样的装束，知道作者的身份非同一般，于是态度开始一百八十度转弯。虽然妻子偷偷地发笑，但作者知道对付这些势利小人就该用这样的办法，以恶对恶，社会的现实就是如此。在如此美好的大自然面前，生存着这样的一些金钱唯上的人，不免令人感到遗憾。

这篇散文所写的事情发生于1929年大革命失败之后的中国，对当时死气沉沉、夜色茫茫的情状，作为现实主义作家，对祖国和人民怀有深厚之情的王鲁彦，心中早就愤愤不平，再加上作者因为不愿意在国民党的书报检查委员会做事，愤然辞职回到家乡，其内心之愤慨可想而知。本来想利用新婚蜜月之际到海岛上去排遣一下郁闷的心情，没想到佛国净地也有势利的和尚，心里的气愤更加难平，于是借写海潮来发泄内心的不满情绪。作者借有形状无形、借自然寓社会、借现在写未来，希望大革命的风潮如大海雄奇的潮头一样滚滚而来，把一切黑暗势力、反动派扫除干净。

这篇散文在修辞上采用博喻的手法，博喻就是连用多个喻体来描绘本体，使本体的形象更加逼真、生动。

如“看见空际细雨似的，朝雾似的，暮烟似的飞沫升落。”“细雨”、“朝雾”、“暮烟”三个喻体连用，引起人们的丰富想象：是细如牛毛的春雨，抑或是刚被旭日穿透的朝雾，还是令断肠人落泪的暮烟？三个比喻造成一种似梦似幻的感觉。

再如“海在我们脚下沉吟着，诗人一般。那声音仿佛是朦胧的月光和玫瑰的晨雾那样温柔；又像是情人的蜜语那样芳醇；低低的，轻轻的，像微风拂过琴弦；像落花漂在水上。”

把大海的沉吟比喻为诗人低声的吟哦，这还是很浅显的比喻，接下来把这种沉吟比喻为温柔的月光和玫瑰的晨雾、恋人的蜜语、像落花飘在水上的声音，就别出心裁、棋高一着了。这种层层叠叠的多角度的设喻，富有画面感地把落潮时大海的柔美、静谧刻画了出来。

王鲁彦是艺术描写的高手，“在描写手腕方面，自然和朴素，是作者的卓特的面目”[①] 他有多副笔墨，浓淡相间，疏密有致，描绘了一个个情景交融的艺术画面，给人以如见其物，如入其境的美感享受。

三　可爱的雪精灵

王鲁彦状物绘景，体察入微，刻画细致，采用了多层次的淡笔，以动

① 茅盾：《王鲁彦论》，收入覃英编《中国现代作家选集——鲁彦》，人民文学出版社 1992 年版，第 239 页。

写静，引人入胜，具有独特的形象美和意境美。《雪》和《故乡的杨梅》都是这方面的代表作。

《雪》作者采用对比的手法，把上海的雪与福建的雪加以对比，把北京的雪与南京的雪进行对比，把现在的雪与童年的雪加以对比，在层层否定中得出“抓住现实，只有现实是最宝贵的”主题。

在写上海的雪之前，先写福建的雪：它是“灰色的”，“像是雨点”，只是偶然的随雨点洒下来几颗，“也未尝跳跃，未尝发出窸窣的声音”。上海的飞雪可不同，它漫天飞舞，它是“‘雪白’的白色”，“比空气还轻”，“像是活的生物”，那声音使人想起“千百万人马的呼号和脚步声……”。作者极力从颜色、重量、数量、声音等方面进行对比，突出了上海雪花美好的色彩、轻盈的姿态、与众不同的活力、不寻常的声响。接着作者写北京的雪，北京下雪的时候，天很冷，作者曾经一个人看守一间永远不会有人或电话来访的房子，孤单、寂寞、乏味。而南京的雪虽然落得很厚，盖满田野，但天气并不冷，作者和爱人走在雪地上好像走在花园里，路是平坦的，而且是柔软的。然而作者记忆最深刻的当然是故乡的雪，下雪的早晨，躺在床上，唱着欢迎雪的歌：“雪落啦白洋洋，老虎拖娘娘……”以及把雪团成团，捧着，丢着，堆雪和尚。把雪当作糖，放在口里。在雪地上打滚，翻筋斗，和雪融成一体的情状。

作者在这篇散文中运用多种修辞手法。

有比喻：“花一样的美丽”，“像夏天黄昏时候的成群的蚊蚋，像春天采蜜时候的蜜蜂。”把无生命的雪花比喻为有生命的“蚊蚋”、“蜜蜂”，非常逼真。

有想象和夸张：“似乎听见了千百万人马的呼号和脚步声，大海汹涌的涛声，森林的狂吼声，有时又似乎听见了情人的切切蜜语声，礼拜堂的平静的晚祷声，花园里的欢乐的鸟歌声。”下雪的声音一般是细小的，可是作者在这里用人马的呼号声、大海汹涌的波涛声、森林的狂吼声来形容，是用了一种扩大夸张。至于用情人间的切切蜜语、礼拜堂平静的晚祷声、欢乐的鸟歌声则比较贴近下雪的声音。这种写法实在是奇妙至极。

有博喻:“在它飞舞的姿态中,我们看见了慈祥的母亲,柔和的情人,活泼的孩子,微笑的花,温暖的太阳,静默的晚霞……”

有通感:“当它扑到我们面上的时候,我们似乎闻到了旷野间鲜洁的空气的气息,花园里浓郁的兰花的气息,清淡的茉莉花的气息……”

这些修辞手法的运用,把雪写活了,使雪有了生命。也使读者能够尽情地品味和遐思,充分领略到美的诗情画意,有很强的艺术魅力。

但是作者写这篇文章是为了歌颂在雪天里仍在保卫祖国的抗日战士。全文用层层否定的办法,用上海雪天的生活否定福建雪天的生活,用南京雪天的生活否定北京雪天的生活,最后用童年故乡的雪天生活把前面所有成人的雪天生活都否定。文章到此还不够,进一步加以开掘,以一个穿着破衣、站在屋角发抖的或竟至于僵死在雪地上的穷人否定我童年雪天的快乐。又以一个零度以下的长城脚下,捧着冻结了的机关枪,即将被炮弹打成雪片似的士兵否定那个死无完肤的穷人。这种层层否定的办法凸显出了文章的主题:“抓住现实。只有现实是最宝贵的。眼前雪花飞舞着的世界,就是最现实的现实。”这种平静的生活是抗日战士用自己青春和生命、用热血换来的。

四 果中珍品——杨梅

《故乡的杨梅》写于1935年。1934年初,王鲁彦在生活的重压之下,不得不离开客居不到二年的上海,长途跋涉到陕西的郃阳教书。1934年下半年,王鲁彦又带着妻子、一对儿女来到陕西省立高中西安中学教书,一直到1935年底。物质生活的贫困,卫生状况的可怕,身心的疲惫,几乎使他心力交瘁,终于发出了“我愿意卸脱这重负,我需要休息”的呼号。当时又处于西安事变前夕,蒋介石政府正在推行“攘外必先安内”的不抵抗政策。西安中学的校长为了迎合蒋介石政府的需要,让学生停课进行军事训练，为国民党反动派的军事围剿作准备。王鲁彦对他们置日军侵华而不顾，却妄图扼杀革命武装力量的行径深恶痛绝，曾多次和学生一起，同他们作斗争，以致被迫引退辞职。一家人的生活又陷入困顿，今后的路在哪里？困守西北的王鲁彦当时身体欠佳，又碰上西北难得的雨天，于是故乡的天，故乡的雨，故乡的山河、田野，故乡的一草一木，“还有那蔚蓝中衬着整齐的金黄的菜花的春天，藤黄的稻穗带着可爱的气息的夏天，蟋蟀和纺织娘们在濡湿的草中唱着诗的秋天，小船吱吱的触着沉默的薄冰的冬天……还有那熟识的道路，还有那亲密的故居”都亲切地浮现在眼前。这些景物都是情感的寄托，都是寂寞心灵的慰藉。这就是《故乡的杨梅》写作的背景。作者从对故乡杨梅的回忆中，找回了那么多失去的欢乐。

人们在遭遇挫折、前途迷茫的时候，常常会寻找过去、寻找精神家园。东北女作家萧红就是一个很好的例子，当她在远离东北的香港，又面临夫妻情感不睦的时候，她开始回望家乡，写下了散文体长篇小说《呼兰河传》。王鲁彦此时的心境与萧红十分相近，正如他在文中慨叹的：“尤其是这躯壳内的这一颗心。它历年可是铁一样的。对着眼前的艰苦，它不会畏缩；对着未来的憧憬，它不肯绝望；对着过去的痛苦，它不愿回忆的啊！然而现在，它却尽管凄凉地往复的想了。”因此，王鲁彦也像萧红一样，拿起笔，把自己对遥远家乡凄恻悠长的情思，借助杨梅全部诉诸这篇散文中去了。

作者首先从杨梅的外形写起：“它是圆的，和龙眼一样大小，遍身生着刺，但成熟之后，这刺就变得柔软。”其次写它的色：“最先是淡红的，像娇嫩的婴儿的面颊，随后变成了深红，像是处女的害羞，最后黑红了——不，我们说它是黑的。其实它不是黑，而是太红了，所以像是黑的。”再次，写它的味：“没有十分成熟是酸中带甜，成熟了便单是甜，这种甜不使人讨厌，爱吃甜的与不爱吃甜的人都会越吃越爱吃。它是甜的，但它依然是酸的，这酸味，须待吃饱了杨梅之后，再吃别的东西的时候，才会领会得到。那时才知道自己的牙齿酸了、软了，连豆腐也咬不动了。”

再接着写“我”对杨梅的喜爱：“每当杨梅上市，我们就买一大篮，拼命地吃，母亲细心关照‘生了虫呢……蛇吃过了呢’提醒我们注意清洗。”但作者并不管这些。“待肚子胀上加胀，胀上加胀，眼看着一脸盆杨梅吃得一颗不留，这才呆笨地挺着肚子，走了开去，叹气似的嘘出一声‘咳’来……”其稚气、贪吃、任性的憨态栩栩如生地呈现在读者眼前，字里行间充溢着温馨的亲情和童年的乐趣。正是这一份质朴感人的故乡亲情，使寂寞愁苦的作者暂时摆脱了现实阴影的笼罩而陶醉在故乡童年那难以忘怀的情感境界中了。

故乡的山水，故乡的四季，故乡的亲情，童年的欢乐，像一幅图画永远地镌刻在作者的心中，这是任何其他地方的人文景物无可替代的。就是杨梅，异地的也“比故乡的小，比故乡的酸，颜色又不及故乡的红”，“我只尝了一两颗，便再也吃不下去了”。

王鲁彦不愧为描写高手，小小一颗杨梅，居然被他写得如此神奇引人，令读者读之口舌生津。也许在远离家乡的西北黄土高原，每天面对干燥黄色的高原，脑子中想象的脚步就跑得更远吧。

关于《故乡的杨梅》之诱人，2001年山东莱州市西由中心小学的徐伟丽老师就写过一篇《情不自禁又何妨》的文章，其中写到她在课堂上讲解王鲁彦《故乡的杨梅》时，学生的一些反应：“学此文时，我先为学生进行范读。读到第二自然段时，我突然发现有几个学生噘着嘴作‘吮吸’状，然后张开双臂作‘伸展’状，同时面带微笑，哦，他们把自己当成春天的一株杨梅树了。”“当我读到‘你轻轻的咬开它，就可以看见那新鲜红嫩的果肉，嘴唇上舌头上同时染满了鲜红的汁水’时，同学们开始用舌尖舔嘴唇，简直馋涎欲滴。而当听到‘没有熟透的杨梅又酸又甜，熟透了的就甜津津的，叫人越吃越爱吃’时，学生更是欷歔不已，连口水都流出来了。”[①] 从这一件事情中，可以看出王鲁彦在《故乡的杨梅》中手法之高

① 徐伟丽：《情不自禁又何妨》，《山东教育》2001年第28期。

超、描写之生动。

五 清明上坟的乐趣

除了描写故乡的水果之外，还回忆自己童年的生活片段，《清明》就是这一类的散文，这篇文章写的是少年的作者与族人一起清明去嘉溪山给祖坟上坟的生活片段。因为路途较远，需要几户人家一起去，还需要乘船去。所以一般采取集体行动，以敲锣为号，第一遍是通知大家做饔饭，第二遍是让大家到埠头等待开船。第三遍，是上坟去的船要开了。清明时节正是万物萌生的时候，草是绿的，水是碧的，雨像雾一样，闷了一个冬天的王鲁彦和小伙伴们其心情是愉快的，所以当船驶到河道尽头，船头一冲上沙滩，王鲁彦就和小伙伴们，脱掉鞋袜，不走山路，却从沁人的清凉的溪水里走向山上去，一面跳着叫着。在山上，爬上松树去采松粉，听见爆竹和锣声又冲下山去吃午饭，大人们视为隆重庄严的扫墓典礼，在王鲁彦他们只是游玩的机会。回家的锣又响了，他们欢乐地回到了泊船地河滩上。

这篇散文写得很有情趣，“我”的紧张快乐，母亲的担心关切、春天的景色、小伙伴们的疯狂雀跃都写得真切朴实。

故乡是如此令人怀念，可是远离故乡的作者却回不去了，即使身体可以回去，精神、心灵也回不去了，其实这是近现代远离家乡、外出求学的知识分子共同的心态。“不，不，我不想这些，我现在不能回去，而且是病着，我得让我的心平静；恢复我过去的铁一般的坚硬，告诉自己，这雨是落在西北，不是故乡的雨。”（《故乡的杨梅》）王鲁彦和一批年轻的乡土作家一样，在动荡、充满艰险的世界里，经历了各种各样的磨难和挣扎，但现实并没有像他们刚刚冲出家庭时所想象的那么美好，残酷的生存竞争，险恶的社会环境，消耗了他们的美好年华，夺走了他们健康的体魄，也消磨了他们雄心勃勃的理想。他们不愿意自己落魄潦倒地带着一颗破碎流血的心去见故乡的父老乡亲，宁愿在漂泊流浪中独自疗伤，直到能够荣归故里才重新去体味家乡的一山一水、一草一木。所以，目前的他们只能和故乡相会在梦境之中，相会在感伤而温馨的回忆中。即使真的回去了，故乡已经变得陌生甚至有些地方变得面目全非了。所以，王鲁彦慨叹："唉，故乡离开我愈远了，我们中间横着许多鸿沟。那不是千万里的山河的阻隔，那是……""不以人的意志为转移的岁月流逝和物换星移的客观规律所带给人的困惑以及必要的失落。"①

此外，王鲁彦在这两年间还写一些旅游随笔，如《船中日记》、《西行杂记》、《关中琐记》、《西安印象记》、《驴子与骡子》。

在《船中日记》这篇散文中，作者一方面表达了自己急于离开远离政治中心、孤独寂寞的福建，奔向自己朝思暮想的上海的心情，同时还不忘抒发自己对兴化的独特感受。当时莆田的社会很黑暗，人事倾轧，人心险恶，他们排斥外地人，鲁彦对此很不满，就借龙眼说事："兴化人才之多，也许是智果（即龙眼）吃出来的吧？不看见大学生、留学生之多，弄得学校里全是本地人，外来人还有法安插吗？"同时作者对那里的人情淡漠也很不以为然："兴化茶房招呼客人的功夫太不及了，他们每天只给客人倒三次开水，一次脸水。此外，你要问他们一句话，他们都回答你不知道，甚至船停在那里，他们也回说不知道。"另外，对于那些精神麻木、浑浑噩噩的人们，作者曾感叹："不看见生长在这里的人物，老的少的，新的旧的，可有几分热情或理智？那些面孔，是怎样的生成的呢？我不明白，总是那样冷清清的对着人，笑容也没有，寒暄也没有，连头也懒得抬起来——不，不，遇到人时愈加低下去了……天呵！天呵！你给了人们生命，难道不给人们灵魂和心吗？你为什么让人们这个模样呢？"进而借兴化淡而无味的饭菜加以比喻："每次吃饭的时候，我总要想到兴化的饭菜。……四碟照样的荤不荤，素不素的不曾盖满碟底的菜。那味道，

① 刘慧贞：《温馨的回忆，感伤的叹息——简评鲁彦小说〈故乡的杨梅〉》，《江海学刊》1996年第3、4期。

既不苦也不甜，没有辣也没有酸。有人问我兴化人的脾气怎样，我愿意请他去吃一餐兴化饭。兴化的一切都在这里了。”作者虽然没有明言，但讽刺之意尽在其中了。

《西行散记》、《关中琐记》、《西安印象记》、《驴子与骡子》。这些散文详细记写了作者在陕西两年教书生涯中所经历的事情、所了解的风俗民情、所看到的自然景色。

作者确实是观察和写景高手，在西北不长的时间内，就很快抓住了这里的特色，并且诉诸文字。在《关中琐记》中，作者写了夏阳镇的春天，华山的雄姿、华州的金钱龟，华清池、长安的风物以及郃阳众多的风俗。在写这些景物的时候，作者采用了多种手法，写夏阳镇的春天时采用比较的手法，把夏阳镇的春天与江南的春天比较。写华山时，运用想象的手法，因为作者在看华山时，是坐在流动的车里的，驱车眺望，由远而近。所以，华山的山峰一会儿变成鲜花；一会变成“浓眉、高鼻、阔嘴”的外国人；一会儿又变成一个披着黑头巾，高鼻深眼的美人；不久又变成两个打坐的和尚，他们的姿势一会儿又变成了跪的姿态。华山的险峰怪石，移步换形，在作者的笔下，化静为动，变幻多姿，真正画出了西岳“横看成岭侧成峰，远近高低各不同”的奇特雄姿。对华州的金钱龟采用了民间传说的方式；写临潼的华清池采用今昔对比的手法，引进白居易的诗句，探究了温泉的历史，从而增强了这篇文章的文化内涵。写长安也采用对比的手法，把长安的城墙与北京的城墙比较，把秦腔与京剧、北京的古物与长安的古物加以比较。

在《西安印象记》中，对西安城里的肮脏、西安人卫生习惯之差；西安一些官员不顾大敌当前，带领大部队开山劈岭去祭拜黄帝陵的迷信和官僚作风；表面上在车站等公共场所对鸦片检查很严，实际上却公开出售和熬制的现象进行了详尽的叙写。因为对当时的现状作者不能实说，只能采用梦境的手法加以揭示。

总之，这两年的散文作品，在王鲁彦的创作生涯中非常重要。这些散文涉及的内容很广，有自己童年生活的、有亲人生活的、有自己婚后生活的，有自己外出谋生之后的感观等，不一而足。而且叙事、写景、抒情散文都有，每一种散文都有优秀作品，这对于一个作家来说是非常难得的。就手法而言，叙事清晰，情感浓郁，描写生动，画面感强，修辞手法多样，比喻、拟人、联想、想象运用得非常娴熟，增强了文章的艺术感染力。现在，王鲁彦的散文越来越受到学术界的重视，他的《雪》、《父亲的玳瑁》被选入中学语文课本中。

第六节　与鲁迅的深厚师生情谊

鲁彦与鲁迅的结识是在1921年的北大课堂，正式开始交往在1925年5月14日由台静农带着去鲁迅家里拜访之后，这些内容在前面的章节中已有所涉及，这里主要从鲁迅对王鲁彦的创作影响这个角度加以展开。

1925年之后，王鲁彦与鲁迅一直保持联系。据鲁迅在日记中记载，从1925年5月4日到1928年11月30日，王鲁彦去拜访鲁迅、或与其通信共达35次。只要一回上海，就去看望鲁迅，一直支持或参加鲁迅发起的活动，如1930年3月3日成立的“左联”，鲁彦虽然没有参加成立大会，但是他一直很支持左联的活动和行动纲领。1936年6月份鲁迅领衔的旨在反对日本帝国主义侵略的《文艺工作者宣言》发表，王鲁彦在上面签了名。

1936年10月，鲁迅逝世的时候，除了治丧委员会以外，还组成一个“治丧办事处”，有办事人员三十人，鲁彦就是其中之一员，最后还是扶棺者八人中之一人。之后，王鲁彦写了一篇悼念鲁迅的文章《活在人类的心里》，表达了对鲁迅深切的怀念之情：“没有谁的死曾经激动过这样广大的群众的哀伤；而同时，也没有谁活的时候曾经激动过这样广大的群众的欢笑。”“只有鲁迅先生。”并用朴实的语言表达对鲁迅的无限崇敬和高度评价："还没有见过谁将自己的一生献给全人类，作者刺穿现实的黑暗和显示未来的伟大的工作，使广大群众欢笑又使广大群众哀伤。""只有鲁迅先生。""他将永久活在现在和未来的人类的心灵里。"[①]

综观王鲁彦的人生道路以及文学创作，鲁迅对他的影响是很深刻的。

第一，鲁迅走上文学道路之前的准备对王鲁彦的影响。鲁迅在走上文学创作道路之前，不但有坚实的古典文学的基础，而且阅读了大量的外国文学作品和外国文学理论书籍。鲁迅在《我怎么做起小说来》中说："但我来做小说……大约所仰仗的全在先前看过的百来篇外国作品和一点医学上的知识，此外的准备，一点也没有。"[②] 因此，在鲁迅的小说《呐喊》和《彷徨》和著名论文《摩罗诗力说》中都可以看到外国文学和理论影响的痕迹。鲁迅自己也说，这些是他创作小说的准备，要"别求新声于异邦"。鲁迅不但阅读外国文学，而且翻译外国文学作品，在翻译的过程中，鲁迅对于外国文学的内蕴理解更深刻，也开阔了自己的思维和眼界，不知不觉中提高了自己的文学感悟能力和写作能力。鲁迅在1926年前主要翻译了凡尔纳的科幻小说《月界旅行》、《地底旅行》、德译本《工人绥惠略夫》、《现代小说译丛》、《爱罗先珂童话集》，与周作人合译了《域外小说集》和《现代日本小说集》。

王鲁彦自从在北大旁听鲁迅的"中国小说史"之后，开始对文学感兴趣，同时他又参加世界语学习班，在初步掌握世界语之后，王鲁彦开始"到图书馆里去阅读书籍，孜孜不倦地研读了好几年，终使他在文学上树立了一个很深的基础。"[③] 其间，他尝试通过世界语转译俄罗斯民间故事，发表在1922年的《晨报副镌》上，又翻译了保加利亚作家斯太马妥夫、匈

① 王鲁彦：《活在人类的心里》，《王鲁彦文集》（叁）（散文），人民文学出版社2009年版，第218—219页。

② 鲁迅：《我怎么做起小说来》，《鲁迅全集·南腔北调集》第四卷，人民文学出版社1981年版，第512页。

③ 周贻白：《悼鲁彦》，收入曾华鹏，蒋明玳编《王鲁彦研究资料》，江西人民出版社1984年版，第83页。

牙利作家摩尔奈、芬兰作家斯配尔，犹太作家夏罗姆·阿莱汉姆，以及波兰作家显克微支的作品，在对这些作家作品翻译的过程中，王鲁彦的创作思想和创作技巧都得到了很大的提高，并对其后来的文学创作产生了深刻的影响。

自1922年到1935年，是王鲁彦通过世界语转译的外国文学作品最集中的十几年，翻译了与其创作数量几乎相等的作品，翻译的集子有：《犹太小说集》①、《给海兰的童话》②、《苦海》③、《显克微支小说集》④、《世界短篇小说集》⑤、《失了影子的人》⑥、《花束》⑦、《敏捷的译者》⑧、《在世界的尽头》⑨，以及很多散篇的译文等。

从这些国家的作品中学习写作技巧，为自己的创作做准备。与鲁迅走的是同一条路。

第二，鲁迅的创作思想（包括启蒙思想和人道主义）对王鲁彦的影响。鲁迅弃医从文，走上文学创作的路子，是为了通过文学影响人们的思想以改良人生。因而他在谈到自己创作小说的动机时说过："自然，做起小说来，总不免有些主见。例如，说到'为什么'做小说罢，我仍抱着十多年前的启蒙主义，以为必须是'为人生，而且要改良这人生。'"⑩ 此外，鲁迅还提出了救世先"救人"，立国先"立人"的博大精深的立人思想，并提出要向西方学习先进的科学和文明的主张。

这种启蒙主义思想不仅体现在鲁迅的创作中，而且体现在鲁迅的翻译工作中。在译介时，鲁迅侧重引进俄国及东欧国家的文学，他认为，介绍

① 鲁彦译：《犹太小说集》，开明书店1926年版。
② ［俄］马明·西皮尔雅克著，鲁彦译：《给海兰的童话》，光华书店1927年版。
③ ［波兰］先罗什伐斯基著，鲁彦译：《苦海》，亚东图书馆1929年版。
④ ［波兰］显克微支著，鲁彦译：《显克微支小说集》，北新书局1928年版。
⑤ ［克罗地亚］波加奇次著，鲁彦译：《世界短篇小说集》，亚东图书馆1928年版。
⑥ ［德］嘉米琐著，鲁彦译：《失了影子的人》，光华书局1929年版。
⑦ ［法］查理斯·拉姆贝著，鲁彦译：《花束》，光华书局1928年版。
⑧ 鲁迅：《敏捷的译者〈附记〉》，《莽原周刊》1925年第8期。
⑨ 鲁彦译：《在世界的尽头》，上海神州国光社1930年版。
⑩ 鲁迅：《我怎么做起小说来》，《鲁迅全集》第4卷，人民文学出版社1981年版，第512页。

这些国家的文学，可以帮助中国人从这些国家人民的被压迫地位和悲惨的现状中认识自己的奴隶地位，从而觉醒起来，最后产生摆脱压迫和奴役、争取自由和解放的强烈愿望。很显然，鲁迅的这一价值取向影响了王鲁彦，他翻译的时候也多选择东北欧弱小国家的作家作品，王鲁彦对鲁迅的追随和理解使其深感欣慰。因此，在给王鲁彦的译作《敏捷的译者》写“附记”时，亲切而幽默地称其为“吾家彦弟”。[①]

不过，王鲁彦“为人生”的启蒙思想也受到文学研究会的影响，文学研究会的宣言声称：“我们相信文学是一种工作，而且又是于人生很切要的一种工作。”认为“把文艺当作高兴时的游戏或失意时的消遣的时代已经过去了”[②]。王鲁彦在 1923 年就在长沙加入了文学研究会，对于研究会的宗旨自然是支持而且身体力行的。“他坚持文艺为人生、为社会的主张而认真严肃地对待创作和翻译。和同时代的忠于人民的作家一样，鲁彦的创作是力求真实地反映现实和深刻地发掘人生意义的。”[③] 在为人生、启蒙人生这一点上鲁彦和鲁迅完全一致，既是王鲁彦坚持文学研究会创作宗旨的结果，也是受鲁迅影响的产物。

鲁迅的人道主义思想来源于尼采、叔本华及托尔斯泰的人本学说和人道思想。本着这种思想，鲁迅批判几千年封建社会吃人的历史和蒙蔽人的封建礼教，揭露社会黑暗和人心冷漠。救赎病态人生，褒扬拜伦援助弱小民族希腊的人道主义精神，称拜伦“贵力而尚强，尊己而好战，其战复不如野兽，为独立自由人道也”。[④] 鲁迅主张以被压迫、被侵略的弱小民族为本位，关心东北欧等弱小国家的不幸命运，同情并支持他们为反对侵略、争取解放而进行的斗争。鲁迅是中国有史以来，真正将底层劳动者连同着他们褴褛的衣着、哀戚的面容、痛苦的灵魂请进高贵而神圣的文学殿堂的

① 鲁迅：《敏捷的译者〈附记〉》，《莽原周刊》1925 年第 8 期。

② 《文学研究会宣言》，载 1921 年 1 月 10 日《小说月报》第 12 卷第 1 号。

③ 覃英：《〈鲁彦散文集〉前记》，收入曾华鹏、蒋明玳编《王鲁彦研究资料》，江西人民出版社 1984 年版，第 182 页。

④ 鲁迅：《摩罗诗力说》，《鲁迅全集》第 1 卷，人民文学出版社 1981 年版，第 81 页。

第一人。

受鲁迅人道主义思想的影响，王鲁彦也深切地同情弱小民族和被压迫民族，对这些民族的文学格外关注。他说："无论如何弱小的国家都有它们自己的灵魂。人类的灵魂的历史，每一件事态的甚至是人心的重重叠叠的外套都给他连根撕掉了。或者，我们可以说，正因为它们弱小，受压迫，被损害，它们的灵魂愈加沉痛，愈加悲哀，而从这里所发出的呼声愈急切、真挚、伟大。文艺正是从灵魂中发出来的呼声，我因此特别爱弱小民族的文艺。在它们文艺的园地里，我常常看见有比大国的更好的鲜花。"① 他翻译的《世界短篇小说集》，名曰"世界"，实际只收了俄国及东欧国家的作品。

鲁迅的人道主义不仅体现在译介上，而且贯穿在文学创作中。他致力于民众的启蒙和探究宗法文化，通过小说鞭挞争当看客的病态心理，批判冷漠自私甚至玩味别人痛苦的麻木心态，鲁迅的人道主义是博大深广的。《祝福》中祥林嫂丧夫、失子之哀并未引起众人的同情，反而成为村人逗笑取乐材料的境况；单四嫂子"夫死从子"，但守子和子死之时，却是蓝皮阿五们过嘴瘾和拣取便宜之时的情状；被岁月磨去精神的闰土把改变命运的希望寄托在烛台香炉上的麻木；年老混沌的九斤老太每日"一代不如一代"的梦呓；阿Q临到砍头还惟恐圈画不圆的愚昧；以及《狂人日记》对"食人民族"的警示而身处其中的人们却"知者尚寥寥"的现状，都牵动着鲁迅精神的焦虑与哀怒。于是鲁迅带着"揭出病痛，以引起疗救者的注意"的意图，以及"哀其不幸，怒其不争"的态度，来表现老中国人民愚昧麻木的现状，体现他忧愤深广的人道主义思想。

王鲁彦作品中也流露出浓浓的人道主义思想，在秉承了鲁迅小说启蒙精神的基础上，把人道主义关怀的重点放在揭示人物的精神和心理上。因为受外国文学的影响，王鲁彦擅长于体察人性和开掘心理，早期作品《秋

① 王鲁彦：《世界短篇小说集·序》，收入曾华鹏、蒋明玳编《王鲁彦研究资料》，江西人民出版社1984年版，第32页。

夜》、《秋雨的诉苦》、《灯》、《柚子》中知识分子所表现的伤感与迷惘、愤激与执著的心态，与鲁迅的《孤独者》、《在酒楼上》、《野草》一样，不但在五四新文化运动退潮之后具有典型意义，而且具有精神史的价值。这一特点很早就被茅盾捕捉到了："乡村小资产阶级的心理，和乡村的原始式的冷酷，表现在这篇《黄金》里的，在文坛上，似乎尚不多见。"[①]

第三，在创作方法上鲁迅对王鲁彦的影响。王鲁彦早期受鲁迅、爱罗先珂、显克微支的影响，主要是用人道主义的思想去观照人生，反映社会，多采用主观抒情的浪漫手法，其中也有一些现实主义的成分。中期以后，鲁彦的创作思想由人道主义转向关注现实的文化批判，创作手法也转向客观写实的现实主义。1933 年，鲁彦在总结自己的创作经验时，主要是缺少经验和生活，因此希望"多多体验实生活"[②]。可见王鲁彦已经意识到现实生活的重要性，不再像前期的某些小说，基本上是依靠梦境或想象来完成。当然真实地反映现实生活，并不等于照搬现实生活，而是需要通过作家的提炼、加工和典型化。鲁彦对此深有体会，他说："有些人，常常以为这篇小说在写谁，那篇小说在写谁。这是错误的。当我要写的时候，虽然必须有见过或者深深地知道的人做我的人物的基本，但可并不想专门给这个人做褒或贬的传记。倘使我借用了他的眼睛或嘴巴，思想，行动或性格的一部分，乃是想给我的故事中的人物更逼真些，更实在些。即使故事中事实也如此。"[③] 这和鲁迅强调"作者写出创作来，对于其中的事情，虽然不必亲历过，最好是经历过"[④] 和"杂取种种人，合成一个"[⑤] 的典型化方法是一样的。所以周立波说："鲁彦的作品，有一

① 茅盾：《王鲁彦论》，收入覃英编《中国现代作家选集——鲁彦》，人民文学出版社 1992 年版，第 242 页。

② 王鲁彦：《我怎样创作》，收入曾华鹏、蒋明玳编《王鲁彦研究资料》，江西人民出版社 1984 年版，第 43 页。

③ 同上书，第 44 页。

④ 鲁迅：《叶紫作〈丰收〉序》，《鲁迅全集》第 6 卷，人民文学出版社 1981 年版，第 219 页。

⑤ 鲁迅：《且介亭杂文末编、〈出关〉的"关"》，《鲁迅全集》第 6 卷，人民文学出版社 1981 年版，第 519 页。

些受着鲁迅的影响，特别是对于现实的忠实描写这一点，他是受了鲁迅的现实主义熏陶的。”[①]

第四，在选材上鲁迅对王鲁彦的影响。鲁迅小说基本上以描写农民和知识分子生活题材为主。鲁迅的外婆家在离绍兴城几十里路的安桥头，鲁迅小时候经常随母亲到外婆家去，有机会接触农民。对此，鲁迅说：“我母亲的母家是农村，使我能够间或和许多农民相亲近，逐渐知道他们是毕生受着压迫，很多痛苦，和花鸟不一样了。……而历来所见的农村之类的景况，也更加分明地再现于我的眼前。……我便将所谓上流社会的堕落和下层社会的不幸，陆续用短篇小说的形式发表出来了。”[②] 鲁迅的《阿Q正传》、《祝福》、《故乡》、《社戏》、《风波》、《离婚》等小说多是以旧中国浙东农村生活为题材，阿Q、祥林嫂、闰土、爱姑等贫苦农民典型形象的原型也来自于农村。

鲁迅还有许多以描写知识分子生活为题材的小说，如《孔乙己》、《狂人日记》、《药》、《在酒楼上》、《肥皂》和《高老夫子》等，这些作品大都也是以故乡浙东为背景。这类作品呈现给读者不同类型的人物典型：有封建统治势力维护者，如四铭、高尔础之类；有封建教育制度的牺牲品，如孔乙己、陈士成等；更多的是小资产阶级知识分子，如子君、涓生、魏连殳和吕纬甫等。

受鲁迅的影响，王鲁彦的许多小说，也选取浙东镇海大碶的农村生活为题材，中短篇有《许是不至于罢》、《菊英出嫁》、《阿长贼骨头》、《童年的悲哀》、《屋顶下》、《黄金》等等，长篇有《愤怒的乡村》。其中《阿长贼骨头》是模仿鲁迅的《阿Q正传》。在这些小说中，王鲁彦叙写了受资本主义侵袭比较早的宁波地区农村特有的情状，描写了具有迷信色彩的地

① 周立波：《〈鲁彦选集〉序》，收入曾华鹏、蒋明玳编《王鲁彦研究资料》，江西人民出版社1984年版，第177页。

② 鲁迅：《集外集拾遗·英译本〈短篇小说选集〉自序》，《鲁迅全集》第7卷，人民文学出版社1981年版，第389页。

方风俗“冥婚”；塑造了像如史伯伯、王阿虞财主、小偷阿长等非常富有特色和个性的人物。

王鲁彦也写了一些反映知识分子题材的小说，如《一篇抄袭的恋爱故事》、《他们恋爱了》、《恋爱进行》等。这些小说不受鲁迅的影响，因为鲁迅小说中写恋爱是不多的，而王鲁彦这类作品不少是写恋爱的。

不过，鲁迅笔下的乡村人物和王鲁彦笔下的乡村人物还是有差异的。这方面，茅盾早就指出：“王鲁彦小说里最可爱的人物，在我看来，是一些乡村的小资产阶级，例如《黄金》里的主人公，和《许是不至于罢》里的王阿虞财主。我总觉得他们和鲁迅作品的人物有些差别：后者是本色的老中国的儿女，而前者多少已经感受着外来工业文明的波动。或者这正是我的偏见，但是我总觉得两者的色味有点不同；有一些本色中国人的天经地义的人生观念，曾是强烈的表现在鲁迅的乡村生活描写里的，我们在王鲁彦的作品里就看见已经褪落了。原始的悲哀，和 Humble 生活着而仍又是极泰然自得的鲁迅的人物为我们所热忱地同情而又忍痛地憎恶着的。在王鲁彦的作品里是没有的。他的是成了危疑扰乱的被物质欲支配着的人物（虽然也只是浅淡的痕迹），似乎正是工业文明打碎了乡村经济时应有的人们的心理状况。”[①] 这一分析很中肯。由于作家的经历和选择的时期不同，即使同样选择浙东农村生活的题材，也会造成人物上的某些差异。鲁迅选择的是“本色的老中国的儿女”，王鲁彦选择的是“工业文明打碎了乡村经济时”“成了危疑扰乱的被物质欲支配着的人物”[②]。写入作品，就会体现出不同的特色。

第五，在艺术特色上鲁迅对王鲁彦的影响。首先，鲁迅小说有较浓厚的抒情性。尤其是五四前夕和高潮时写的收在《呐喊》集里的小说，有着火一般战斗的热情。如《祝福》、《故乡》、《社戏》等作品中作者感情的抒

① 茅盾：《王鲁彦论》，收入覃英编《中国现代作家选集——鲁彦》，人民文学出版社 1992 年版，第 237 页。

② 同上。

发和诗意的流露特别明显。王鲁彦也如此，他第一篇发表的作品是诗歌，具有诗人气质的王鲁彦，写起小说来，抒情色彩也特别浓。《秋夜》、《柚子》、《秋雨的诉苦》三篇作品“有时也有一点诗似的美句”。从某种程度上说，这几篇小说吸引读者的不是里面的人物，而是作者强烈的抒情。所以，王鲁彦说：“《柚子》是我的处女作，写那些文章的时候，我的年纪还轻，所以特别显得热情，呼号，咒诅与讥嘲常常流露出来。”[1] 鲁迅到了写《彷徨》时，已寓热情于冷静的描写中，是外冷内热。王鲁彦到了写《黄金》时，也不再那么热情外露了。当然，小说毕竟不是诗歌与散文，可以直接抒情；在小说中，作者是把感情融于客观的描写中，或者说是通过人物形象的塑造抒发出来的。当然这一切，不能完全归结于受鲁迅影响的结果，但在一定程度上受了鲁迅的影响，还是说得过去的。其次，鲁迅和王鲁彦的小说都体现出朴素、自然的艺术特色，这是作家具有真正的艺术才能和高超的艺术造诣的体现。正如别林斯基所说：“一篇引起读者注意的中篇小说，内容越是平淡无奇，就越显出作者才能过人。”[2] 鲁迅笔下既无叱咤风云的人物、紧张热烈的场面，也无离奇曲折的情节，他描写的是日常生活的事，平常的人，朴实无华，没有丝毫的做作，在描写上往往采用白描手法。王鲁彦的作品描写的也是普通人的日常生活，故事性不强，情节也简单，追求自然朴素的美，虽然没有达到鲁迅的境界，但已经相当不错。所以茅盾就称赞王鲁彦的自然和朴素，“是作者的卓特的面目。”[3] 这一方面固然是受显克微支等东北欧小说家的影响，另一方面与鲁迅的影响不无关系。再次，鲁迅在作品中体现出来的浓郁的乡土色彩对鲁彦也产生了影响。鲁迅的小说大部分是以浙东绍兴的农村和城镇为背景，如《社戏》里一半在水里的戏台；《祝福》中过年祝福的场景；《阿 Q 正传》里阿

---

① 王鲁彦：《我怎样创作》，收入曾华鹏、蒋明玳编《王鲁彦研究资料》，江西人民出版社 1984 年版，第 41 页。

② 《别林斯基选集》第 1 卷，上海译文出版社 1979 年版，第 182 页。

③ 茅盾：《王鲁彦论》，收入覃英编《中国现代作家选集——鲁彦》，人民文学出版社 1992 年版，第 237 页。

Q舂米砻谷的劳动场面；《风波》中在河边的乌桕树下吃晚饭的场景，都是具有非常浓郁的浙东色彩的风景画和风俗画。王鲁彦的作品，大部分也是以浙东镇海农村为背景，《黄金》中的陈四桥；《愤怒的乡村》中的傅家桥；《岔路》中的械斗、《菊英的出嫁》中的冥婚，也都具有十分强烈的浙东宁波的乡土色彩。

而且鲁迅和王鲁彦笔下的人物都具有乡土习性。鲁迅笔下的人物，像阿Q、祥林嫂、爱姑、七斤等，就是十十足足的绍兴人。而且作品中的人物关系和社会气氛所体现的迷信、封建、冷漠，明显带有浙东绍兴的特色。王鲁彦作品中的人物，如《黄金》中的如史伯伯，《许是不至于罢》中的王阿虞财主，精明、富有经济头脑，就带有宁波人的某些气息。

综上所述，鲁迅对王鲁彦影响不但深刻而且广泛，从做人到为文都有着十分密切的联系。

第七节　1936——创作的巅峰年

1936年春初，王鲁彦“他们又搬家了，新居的住址是曹家渡信义邨，一所一上一下的假三层楼房。前面有院子，后面有天井，一个人数不多的家庭住着这点屋子，在上海来说，是宽舒有余了。于是他的姊姊带了外甥也来上海省亲，而鲁彦则埋首于这个幽静的环境中，努力写他的小说。他的唯一的长篇《野火》，就是在这一时期写成的。但是很不幸，他的七十多岁高龄的母亲，就在这一年的夏天去世。”[①]

① 周贻白：《悼鲁彦》，收入曾华鹏、蒋明玳编《王鲁彦研究资料》，江西人民出版社1984年版，第87页。

一　创作成果总述

这一年也是王鲁彦创作的巅峰期，由于30年代中期农村革命形势的发展变化，使时刻关注社会革命形势变化的左翼作家或倾向于左翼的作家开始把目光投向农村，他们有的下农村调查，有的以家乡为原型进行创作，最后出现了蒋光慈的《咆哮了的土地》、丘东平的《通讯员》、沙汀的《法律外的航线》、茅盾的“农村三部曲”、吴组缃的《一千八百担》和叶紫的《丰收》等一大批乡土小说，这些小说从不同的侧面和角度，以不同的手法，再现了广阔的中华大地上，农民或者在党领导下进行轰轰烈烈的革命斗争或者进行自发的暴动。一直把目光放在家乡民众身上又受“左联”影响的王鲁彦，也追随这些左翼作家，创作了中篇《乡下》和长篇《野火》两部以浙东农村尖锐激烈的阶级斗争为题材，展现农村生活的作品。

他的中篇小说《乡下》在1936年2月1日的《文学》第6卷第2号发表，同年7月由上海文学出版社出版单行本。

长篇小说《野火》在1936年6月1日的《文学季刊》第1卷第1期起连载，至12月1日第2卷第1期刊完。这是王鲁彦计划撰写的长篇三部曲的第一部。1937年5月由上海良友图书印刷公司出版单行本，这个版本由于战争销量不多。1944年11月在重庆独立出版社再行印刷时，“由于《野火》暴露了统治阶级的狰狞面目，反映了农民的反抗情绪，以至遭到国民党文化特务机关的检查，被删节了最后农民群起而斗争的情节。”[①] 因此，印刷出来只有32开416页。到1948年10月上海中兴出版社重印时，由其妻覃英改为《愤怒的乡村》，并写了后记，介绍了该书的写作经过：“一九三三年，鲁彦回到了离别多年的故乡——浙江镇海县乡

① 覃英：《愤怒的乡村·后记》，收入曾华鹏、蒋明玳编《王鲁彦研究资料》，江西人民出版社1984年版，第180页。

下，他在家乡住了一个时期，认识了农村各色各样的人物：有男女农民们，进步的农村青年，小学教师，也有地主兼商人的老板，乡长和乡长的狗腿子一流人。他感到封建统治的恶势力压迫的深重，他热烈地同情农民中的反抗精神，对当时现实生活产生了强烈的恨和爱。因此，他开始想要写一部以农民反抗统治阶级为主题的长篇小说。他计划用三部有连续性的长篇来完成它：第一部题为《野火》，取‘野火烧不尽’之意，以象征农民群众反抗的开始，第二部题为《春草》，以‘春风吹又生’来象征斗争的发展和人民力量的壮大；第三部题为《疾风》，是用‘疾风知动草’来象征在斗争的风暴中坚贞不屈的人民英雄。”[①] 但是，王鲁彦没有完成后面的两部，其中《春草》写出过一部分，在桂林的《文艺杂志》上连载过，但是，残酷的战争使作者全身心地投入到抗日救亡的行列中去，动乱的环境和颠沛流离的生活，使作者没有时间和精力来完成这个任务。

6 月 15 日，小说《河边》在《作家》第 1 卷第 3 号上发表。

7 月，小说《银变》在上海开明书店版《十年》一书中发表。

11 月 5 日，悼念鲁迅的《活在人类的心里》在《中流》第 1 卷第 5 期上发表。

12 月 1 日，《一只拖鞋》在《文学季刊》第 2 卷第 1 期上发表。

这一年，王鲁彦把自己前中期的主要作品积累起来，交由上海开明书店，出版了一个短篇小说集《鲁彦短篇小说集》，内收序言、《我的创作经验》和《狗》、《秋雨的诉苦》、《灯》、《微笑的生物》、《童年的悲哀》、《幸福的哀歌》、《小雀儿》、《毒药》、《一篇抄袭的恋爱故事》、《他们恋爱了》、《恋爱进行》、《胖子》、《胡髭》、《病》、《出嫁》、《黄金》、《阿长贼骨头》、《祝福》、《李妈》、《枪》、《桥上》、《小小的心》、《伴侣》、《安舍》、《岔路》、《屋顶下》、《鼠牙》、《惠泽公公》等 29 篇小说。

① 覃英：《愤怒的乡村·后记》，收入曾华鹏、蒋明玳编《王鲁彦研究资料》，江西人民出版社 1984 年版，第 179 页。

此外，短篇小说《中人》，1936年6月1日在《文学》第6卷第6期上发表；散文《西安印象记》、《钓鱼——故乡随笔》、《我们的学校》、《孩子的马车》、《战场》、《旅人的心》，两则书简《紫竹林小札》、《致汪馥泉函二通（封）》。分别在《文学》、《作家》、《文季月刊》、《中流》、汉口《人间世》和《现代作家书简》等刊物上发表。

两篇翻译小说《画家在乡村里》、《在暗礁间》，分别在《天津·大公报》、《译文》上发表。

其中小说《河边》、《一只拖鞋》和散文《钓鱼——故乡随笔》、《旅人的心》是代表作。

二　本期小说评析

1. 一只拖鞋的命运

《一只拖鞋》写偏僻乡下的农民李国良送侄子到上海，到了嫡堂阿哥李国材家里，看到客堂间美丽高贵、光滑细致得玉一样的红漆地板，不敢往里跨，被侄子骗进客厅，遭到当差阿二的蔑视。后来国良到街上去买了一双皮拖鞋，在回来的路上，因不合蒋介石提倡的“新生活运动”而一只拖鞋被没收；另一只拖鞋国良哥想要带回家做个纪念，又在火车上被兵痞搜走并割得七零八落。小说选材很小，但立意很高。

作者通过一个平凡的乡下的老头买拖鞋所遇到种种遭遇，讽刺蒋介石的“新生活运动”，抨击国民党反动统治的黑暗，主题富有政治意义，“‘新生活运动’是蒋介石在一九三三年二月十九日[①]提出来的，是为了加强他的独裁统治，配合他的军事‘围剿’，鼓吹‘发扬四维八德’，对人民进行蒙蔽和欺骗。蒋介石还自任‘新生活运动促进会’的会长，让大小党棍以及宪兵、警察一齐出动，分布街头，强迫民众‘依照准则，切

① 荣孟源著的《蒋家王朝》和知识出版社出的《中国近现代史大事记》等书中都说是1933年2月19日，李新等人编的《中国新民主主义革命时期通史》中说是1934年2月19日。

实施行'，其内容之杂范围之广，是闻所未闻的，如在一些人民日常生活方面的，所谓禁烟、禁赌、禁婚妓，以及广告标语要贴在一定的地方，取缔奇装异服，纽扣要扣好，不许行人当街吸烟等等。”[①] 以蒋介石为代表的国民党政府本身就是非常腐败、荒淫、反动、无耻，由他们提出所谓的“新生活运动”只会得到广大人民的唾弃，也成了历史上的笑柄。当时好多作家写了讽刺国民党“新生活运动”的小说、杂文，王鲁彦的《一只拖鞋》是其中的佼佼者。

另外，王鲁彦写作技巧十分娴熟，对人物心理描写得非常细致，如描写国良叔怕进客堂到被阿宝拖进客堂，最后被阿二锋利的目光逼出客堂，中间他的情绪变化就非常大：先是发愣，后是羞惭，又是惊叹，又是高兴；一会儿得意，一会儿恐慌，作者把他的这种像刘姥姥逛大观园似的复杂的内心变化，刻画得惟妙惟肖，十分真实可信。对拖鞋被“收”采用层层铺垫的手法来写，使小说取得了一种奇妙的艺术效果。

这篇小说最初发表在1936年12月1日，由巴金、靳以编辑的《文季月刊》第2卷第1期上。后收入1937年1月10日上海良友图书印刷公司出版的小说集《河边》中。但新中国成立后，1951年7月北京开明书店出版的《鲁彦选集》和1954年12月人民文学出版社出版的《鲁彦选集》里，却都未收入，《中国新文学大系·小说集》第二个十年选入此文，使小说重放光彩。

2. 明达婆婆的转变

《河边》叙述了病中的明达婆婆名义上向菩萨求医实际是为儿子求福的故事。明达婆婆的儿子涵子离家多年之后回家了，涵子是一位接受过先进文化和科学知识洗礼的青年，当他得知母亲有病时，就极力恳求母亲去医院看病。但母亲却坚持要去向菩萨求医，涵子无奈，只好随母亲到寺院

① 丁言昭：《诙谐中透出辛辣——读王鲁彦的〈一只拖鞋〉》，《宁波师院学报》1984年第4期。

里去拜见菩萨。但出乎涵子的预料，也出乎读者的想象，母亲来到寺院，来到菩萨面前，并没有为自己求医，而是虔诚地为儿子祝福。小说在结构上的突转，使小说别开生面，也令读者耳目一新。在那样落后、封闭的环境中，母亲无力佑护儿子，也只有求助于冥冥之中的神灵罢了。

王鲁彦在小说中叙写乡民们向菩萨求医、冥婚、邻里争执等陋习，不仅仅是为了批判，也在于以此揭示精神上的无助、物质上的贫困对乡民排斥现代文明的深刻影响。因为，在苦难无助看不到希望的生活与封闭落后的环境中，没有受过文化教育的乡民们无法借助科学的知识解除自身精神上的痛苦，只有借助于迷信的力量，在虚幻麻木中寻求安慰，在盲目迷信中寻找归宿。这篇小说中作者同情多于批判。而且，作者也使我们看到了一点微弱的希望：明达婆婆虽然没有完全摆脱迷信观念，但在儿子的请求下，她最终同意随儿子一道去医院看病，一定程度上摆脱了迷信思想的控制。明达婆婆的改变虽然在某种程度上有亲情的作用，而且也只是局部的改变，“但它毕竟是愚昧、落后的乡民迈向现代文明的第一步，是一个可喜的开端。”①

3. 可怕的腐败

《银变》写的是钱庄老板赵道生破产的故事。赵道生用勾结官府、欺压百姓、放高利贷、偷运现银卖给日本人等卑鄙和不正当的手段聚敛财富，最后成为一个拥有30万财产的财主。但是社会动荡，土匪横行，赵道生派去偷运现银的儿子被土匪头子独眼龙抓去，并提出要赵老板拿出三百担白米去赎回儿子，还让赵道生的儿子带信给他，让他改头换面做人，不然就会打到毕家碶来。但是真正使赵道生破产的还不是独眼龙，而是官厅。当有人控告赵老板偷运现银卖给日本人的罪行之后，官厅并不是抓住赵老板进行严正审理，而是以此作为把柄，乘机向赵老板进行多方的敲诈、勒索。县长、科长、侦缉队长、报馆，甚至赵老板的换帖兄弟公安派

① 赵新顺：《现代意识观照下的乡民精神世界——王鲁彦小说乡土意识论》，《殷都学刊》2004年第3期。

出所所长，都乘机向赵老板伸手，有的五千、有的六千、有的八千，赵老板家里的钱哗哗地往外流。最后赵老板甚至产生一种幻觉："他的屋前停满了银色的大汽车，几千万人纷忙地杂乱地从他的屋内搬出一箱一箱的现银和钞票，装满了汽车。疾驶的驶了出去。随后那些人运来了一架很大的起重机，把他的屋子像吊箱子似的吊了起来，也用汽车拖着……"赵老板破产了，作者在揭露他的罪行的同时更批判了官厅的黑暗、可耻，锋芒直指统治阶级的心脏——政权的腐败。

以上三篇短篇小说是王鲁彦在 1936 年献给读者的，还有一篇《中人》也是同年发表的。这三篇小说在题材的选择、主题开掘、人物塑造方面都比前期小说有明显进步，作者已经开始完全用现实主义的创作手法来塑造人物、揭示主题、建构情节。在揭示社会黑暗、描绘人物活动的社会背景方面有了明显的进步。

在散文方面，《钓鱼》和《旅人的心》是代表作。这两篇散文一写自己童年、少年时期钓鱼、钓虾的生活，一写自己的亲人父亲和自己去上海做学徒离开家乡的那一段生活。都是叙事散文，但自然景物也写得非常美。《钓鱼》中前面大部分文字写自己童年和少年时期夏天钓虾、钓鱼的生活，其中有两段文字是如何钓虾、如何辨别不同鱼类以及如何钓河鲫鱼的经验，写得非常详细，可操作性很强。后期写到离家五六年之后，再次回到故乡，虽然在一个叔叔的帮助下，在他家的旁边再次体验了一次钓鱼的生活，但世事变幻，人事沧桑，作者再也不像小时候那么有心情了。再过三年回家，叔叔已经吐血死了，此后，自己常年在外奔波，生活的重担压得他抬不起头来，就再也没有钓鱼的兴趣了。

《旅人的心》是一篇诉说父子之情的感人之作，作者在离家外出做学徒、北上求学，在北京、江苏、湖南辗转生活了七八年，体会到谋生的艰辛之后，才深深感到父亲当年外出赚钱养家的不容易，于是心中充满了对父亲的一片怀念之情。文章借母亲的口写小时候父亲对自己的爱，以及自己对父亲的尊敬，每当父亲年底回来，鲁彦就会变成另外一个人，由调皮捣蛋的人变成听话、老实的人，每当父亲再次出门的时候，鲁彦总会拉着父亲的衣襟哭着送到船埠头。17岁的时候，鲁彦也要到上海去做学徒了，当时的鲁彦是非常高兴的，觉得自己要飞了。可是生活并不像鲁彦想象的那么简单轻松，等到自己成家之后，沉重的家庭负担，使得他“几乎没有一年不捆被包，有几次一年中还捆了三、四回。”[①] 流浪漂泊的生活，远离亲人的奋斗，使作者这颗孤寂的旅人的心与故乡的亲人越贴越近，感情也越来越深，不由得对当初自己离家时满怀着憧憬与希望步入人生，而今却过着紊乱、匆忙的不安定生活有一种苍凉的感慨和叹息。这篇散文内涵丰富，有对宽厚善良、独自承担家庭重担走完自己人生旅途的父亲的崇敬，有对自己大半生贫穷、不安定生活的失望，有对黑暗社会的控诉，也有茫然前途的叹息。这篇散文在艺术上已经达到炉火纯青的地步，叙事、写景、抒情融为一体，散文内在的抒情诗意与深刻的哲理思索很好地结合在一起，产生了一种永久的艺术魅力。

第八节 痛诉小人物的悲剧命运

如前所述，王鲁彦在1932年11月26日从福建回上海之后，12月就回到镇海探望病中的父亲，在家乡一直待到1933年初才返回上海。1933年6月上旬，因父亲病重，王鲁彦再次返回镇海，父亲去世后于月底奉母亲之命回上海。这两次家乡之旅，对王鲁彦进一步加深对家乡的认识起到了至关重要的作用。前期的王鲁彦因为受到爱罗先珂、显克微支等人的人道主义思想影响，和鲁迅“揭出国民的劣根性，以引起疗救者的注意”创作宗旨的指导，对于家乡的落后、闭塞，家乡民众的愚昧、势利深怀不

① 王鲁彦:《西行杂记》,《王鲁彦文集》(叁)(散文),人民文学出版社2009年版,第116页。

满，恨铁不成钢，以至于拿起笔来进行文化批判，但是这种批判是比较温和的。到了1936年，在国内尖锐的民族矛盾和激烈的阶级斗争形势下，作者的思想已经发生根本的变化，开始尝试运用阶级斗争的观点来重新观照乡村中的矛盾和斗争，走上了现实主义的创作道路。1936年出版的中篇小说《乡下》、长篇小说《野火》紧紧围绕农村里农民与地主、乡长之间的斗争展开情节，塑造的人物形象也与前期的作品判然有别，由乡村小资产阶级转向农民。

中篇小说《乡下》通过叙写陈家村三个亲如兄弟的村民：阿毛、三品、阿利与当地乡绅及恶吏进行斗争以及被他们迫害致死的悲惨事件，揭示乡村恶势力的猖獗和农民生存的艰难。

这三位兄弟从事三种职业，阿毛是撑船的，三品是种田的，阿利是开店做小生意的。三个人的个性有很大的不同，阿毛的反抗性特别强，是作者重点塑造的对象，三品比较保守，一切讲究忍耐，在黑暗势力十分强大的时候，对于一个弱小者来说，也是一种生存的策略。阿利曾经是一个商人，而且一度也做得比较大，所以，他的性格很矛盾，一方面他很怀念过去，另一方面对于现实也是很不满的，既害怕阿毛性格冲动带来不必要的麻烦，自己也有满肚子苦水要倒。但是这三个人最终都没有逃过反动势力的魔爪，阿毛的反抗敌不过整个反动政权的迫害；三品、阿利的忍让只是招来更加严厉的剥削，最后被榨干而死。

整篇小说以交淘河捐为起因，写了阿毛、三品、阿利与乡长强生、小学校长金生、杀猪屠阿坤之间进行的一场斗争，虽然阿毛浑身肌肉，在周边村庄以力气大著名，三品、阿利跟阿毛的关系也很铁，但是，反动政权和地方恶霸的力量太强大了，阿毛他们根本不是反动势力的对手。阿毛明明是拿斧子去砍自家的渡船，可是乡长先是派人把阿毛的渡船挖几个洞，后把阿毛和三品抓起来，并与反动的司法机关狼狈为奸，用刑讯逼供的办法，强迫阿毛承认拿着斧头是去刺杀乡长，阿毛受不过刑罚就承认了，结果被判了三年徒刑，三品作为帮凶被判了六个月。在监狱里又给以非人的待遇，不出三个月，原本有一身铁一样坚硬肌肉的阿毛被折磨得人不人、鬼不鬼，变得瘦弱不堪，连与反动派斗争的最起码的体力也被折磨完了。三品的性格本来就比较软弱，在监狱里关了六个月之后，就变得更加胆小怕事、忍气吞声，遇事一味忍让，不敢反抗，但地方恶绅并没有放过他，在儿子美生结婚和迁坟、拆屋事件中被活活气死。阿利的性格与三品一样软弱，而且他具有一点商人的多变性，虽然没有被抓进监狱，但在三品出狱之前10天感染瘟疫而死。在强大的反动势力面前，阿毛、三品和阿利被完全击垮，这跟阿毛他们与反动势力单打独斗也有关系，在那样的黑暗社会，个人的力量是无法与之抗衡的。

这篇小说对文学史的第一个贡献是塑造了几个农民形象，尤其是阿毛这个形象，具有很强的反抗性。

这篇小说在王鲁彦小说创作的历史上具有转折性的意义，王鲁彦前期小说中除了《童年的悲哀》中的阿成哥是一个农民佣工以外，其他人物或者是乡村小资产阶级，如史伯伯，王阿虞财主，伊新叔、阿卓，或者是抒情主人公自己，如《秋夜》、《柚子》、《小小的心》中的“我”。而在这篇小说中，作者选取了乡村小人物作为主人公，阿毛哥是撑渡船的、三品哥是种田的、阿利哥是做小生意的，这三位人物处于社会的最底层，没有权势、没有后台，没有财产，靠自己的双手生存。显示他的创作思想从前期以关注乡村小资产阶级为主转向关注农村小人物的生活。不久之后创作的长篇小说《愤怒的乡村》中的华生、葛生、阿波都是农民形象，是在《乡下》的人物形象基础上的发展。

这篇小说的第二个贡献，是对人物心理的描写很细腻生动。如对阿毛在狱中的复仇与悔恨心理；对阿林思念父亲的内心活动、受到欺负时的仇恨心理、被怜悯时的悲伤心理，最后认准强生乡长、金生校长、阿坤杀猪屠时的复仇心理；美生对于强生乡长、金生校长、阿坤杀猪屠的故意捉弄、虚与委蛇的心理都写得真实细腻。

当然，这部小说也有它的不足之处，过分强调个人单打独斗式的反抗，没有看到广大农民的力量，更没有组织起来与反动阶级进行斗争。所以，小说最终只能以弱小者的失败而告终，至于农民的出路何在？作者不知道，读者也茫然。至于几个人物形象，阿毛是蛮勇有余，智慧不足；三品和阿利除了忍耐还是忍耐，几乎没有反抗性。

第九节　抒写浙东农村的血雨腥风

如果说，王鲁彦的中篇小说《乡下》在人物性格的塑造上还有某些不足，那么在长篇小说《野火》（1948 年被覃英改为《愤怒的乡村》）中，华生这个人物形象相对来说就比较成熟了。

这部小说是 1936 年王鲁彦在上海的时候写的。应该说，王鲁彦创作这部长篇小说的愿望，与当时农村的现状有很大关系。30 年代的农村中国共产党的力量已经很强，党正在领导农民进行反剥削和压迫的斗争，这一场斗争的规模空前，无论是北方的敌占区、游击区还是江南封建势力比较强的地区，如王鲁彦故乡，这样的斗争都在轰轰烈烈地开展。这时候，反剥削和压迫的斗争已经发展到非常尖锐激烈的程度，而且它要求每一个人明确地表明自己的立场和态度。王鲁彦明确表示自己是站在被压迫民众这一边的，为了证明自己的态度，他拿出了实际行动，就是写反映当时现实的长篇小说。如前所述，此时的王鲁彦就思想上而言已经从一个人道主义者变成了一个具有阶级意识的现实主义作家。但是一个人思想的转变往往不是一蹴而就的，需要时间的保证。

1936 年，王鲁彦的第一部长篇小说终于完成，6 月 1 日开始在巴金和靳以主编的《文学季刊》第 1 卷第 1、2、4、5、6 号及第 2 卷第 1 号上连载。至十四章时，因杂志中辍而停顿，后于抗战时期在重庆出版单行本。

这部小说与中篇《乡下》相比，其人物形象和作品主题已经有了明显的进步，在《愤怒的乡村》中，作者摒弃了单枪匹马的斗争方式和退缩忍让的处世哲学，而是塑造了华生这个青年农民的形象，他具有很强的反抗性，又具有一定的组织能力，能够联络几十个青年农民与乡长傅青山为代表的恶势力进行斗争，并在几次斗争中取得了一定的胜利。与阿毛相比，这个人物在思想上要进步得多，在形象上也要丰满得多。作者的笔调较以往有很大的突破，故事情节跌宕起伏且合情合理，作品的整个艺术画面一改以往作品的灰暗色调，变得鲜明、富有色彩，叙事清晰流畅，完全具备优秀长篇小说的相关要素。这部作品的结局虽然是悲剧，华生、阿波等主要人物为了摆脱身上的枷锁，自发起来与统治者进行英勇斗争，结果被傅青山乡长勾结军队设计把他们全部抓了起来。但此时的作者已经能够冷静地面对现实，比较清醒地认清了形势，对前途充满希望，所以，整个作品没有颓伤的情绪和黯淡、悲伤的色调。

这部小说在《文学季刊》上发表之后，“得到了文艺界的好评，认为这是鲁彦创作过程中的一个跃进。虽然作品中的青年农民华生，还不够成为一个新型农民的典型，但是比他的短篇《童年的悲哀》里的阿成哥进步多了。”① 这部作品不仅没有了《童年的悲哀》的“哀怨情调”，而且华生等人物对反动统治阶级敢于怒目而视和对抗，作者完全同情笔下的人物，因此遭到国民党文化出版机构的刁难。“由于《野火》暴露了统治阶级的狰狞面目，反映了农民的反抗情绪，在重庆出版单行本的时候遭到国民党文化特务机关的检查，删改了最后农民群众起而斗争的情节，原稿也被没收了。因此第一次出版的《野火》是有些残缺不全的。”“一九四六年，为了纪念鲁彦逝世三周年②，我和上海一家出版社接洽出版这部长篇小说，改名《愤怒的乡村》，我的意思是：一则使读者不把它和国民党特务删改的《野火》混同，一则觉得这个标题更能表明作者的主

① 覃英：《〈愤怒的乡村〉后记》，收入曾华鹏，蒋明玳编《王鲁彦研究资料》，江西人民出版社1984年版，第18页。

② 鲁彦逝世是1944年8月20日，应该是两周年，而不是三周年，此处系作者误记。

题思想。”[①] 从这篇小说出版过程的曲折，可以看出这部小说的思想内容已经对反动派产生震慑作用。

小说以位于太甲山对面最中心的傅家桥为故事发生的地点，以华生、阿波、秋琴和傅青山乡长、阿如老板、孟生校长为对立的阵营，双方进行了针锋相对的较量。

通过这几场较量，地主阶级、乡镇恶吏与华生、阿波为代表的农民之间的矛盾日益加深，斗争也越来越激烈，华生这个形象也越来越成熟和丰满。

这部小说的价值所在，在于塑造了华生这样一位青年农民的形象。

第一，华生血气方刚，有强烈的正义感和是非观。小说从几件事情上来展示华生这方面的性格。第一件，小说开头，在晒场上，当听到阿品、阿生、阿浩等老头怀念满清王朝，鼓吹那时候的生活比现在的生活好，认为老百姓不管在哪个朝代都是种田吃饭而已，甚至认为日本来了亡了国也只不过是换一批人做官而已的谬论时，华生很生气，他站起来说：“灭了种，到哪里去做老百姓呀？哼！老百姓，老百姓！……”“先把你们铲除！”阿品叔被华生的正气和爱国心吓得落荒而逃。第二件，葛生常常被阿如老板无偿地使唤来使唤去，因此搞得筋疲力尽，甚至连家里的事也无暇顾及，葛生从不反抗，低三下四，自甘屈辱。华生对这件事很生气，他与哥哥争吵，希望哥哥不要老是为阿如老板去无偿卖命。在与哥哥的争吵中，他明确地说：“我——是人”，又拍着胸脯说：“我——不做人家的牛马。”

第二，有强烈的反抗精神。小说从与阿如老板的斗争，与乡长的对抗，把调戏妇女的黑麻子温觉元捆起来，在水井事件中与阿如老板的斗争，以及最后与乡长傅青山他们算总账等事件中，来展示华生强烈的反抗精神，从而使主人公逐渐由一个毛头小伙子、由一个只知用拳头拼命的年轻人成长为一个根据形势和需要学会忍耐、学会等待机会和掌握斗争策略

① 覃英：《〈愤怒的乡村〉后记》，收入曾华鹏，蒋明玳编《王鲁彦研究资料》，江西人民出版社1984年版，第180页。

的越来越成熟的年轻人。

第三，开始具有较强的团结和组织能力。这是他与阿毛最不同的地方，也是最具光彩的地方，这是一种进步。中国几千年的封建社会，统治机构十分健全，官僚之间、地主与官僚之间、恶霸与官僚之间都是互相勾结，层层欺压百姓，如果单靠一个人单打独斗是注定要失败的。华生在阿波哥、秋琴等人的劝告和引导下，开始学会了忍耐，学会等待时机，学会团结周围的青年农民并组织他们一起行动。这在挖井事件和后来的跟阿如老板、乡长他们算总账这件事上都明显地体现出来。

第四，由冲动变为忍耐、由稚嫩趋向成熟。

第五，心地善良和乐于助人。这部作品塑造的华生形象由刚开始的时候的好冲动，看问题简单，对反动阶级的认识不够深刻，遇事常常用拳头说话等等，到后来随着斗争经验的增加越来越成熟。这样的人物形象，在乡土文学中也是不多见的。这是王鲁彦思想进步之后，创作思想由人道主义的同情转向现实主义的批判之后带给读者的礼物。

在这本小说中，葛生嫂这个形象迄今为止评论者很少，其实这是一个充满反抗精神，没有妥协、没有屈膝，性格刚烈的难能可贵的女性。我以为也是现代女性形象中较具特色的一个，笔者曾在一篇论文中论述过她。这是一个刚柔并济，爱憎分明，对亲人很关心体贴，对反动阶级疾恶如仇的人。在乡土文学作家中，王鲁彦的女性观是比较进步的，他在《屋顶下》塑造了一个敢于冲出家庭，与丈夫一起去打工的女性阿芝婶，尽管出走之后的结局如何作者没有交代，但阿芝婶的这种勇气是十分可嘉的，而且她是与丈夫牵手而去，有丈夫的扶持，应该比那些独自出门求生存的女性多了一层依靠。葛生嫂从一开始就具有很强的反抗性，当阿如老板与华生发生冲突之后，华生被乡长派来的人带走了，葛生很害怕，葛生嫂就大声责备葛生："你怎么呀……你怎么让华生给保卫队捉去呀！……你这没用的人!"葛生从乡长那里回来之后，夫妻俩人的对话也颇能显示出不同的个性：葛生想的是怎样把这件事平安了结，而葛生嫂认为应该"要乡长傅青山立一个石碑，说那个埠头是傅家桥人都有份的！要阿如老板消我们的气!”

在以后的挖井事件、两次抗税事件以及最后华生被反动军队抓走的事件中，葛生嫂始终态度鲜明，立场坚定，坚决站在华生一边，对地主恶吏决不服软。这个女性形象与许杰《放田水》中的阿元嫂十分接近，阿元嫂因为丈夫被人打伤，她半夜里接替丈夫去放田水，路上遇到流氓的调戏，遇到地主儿子的威胁，阿元嫂一点儿也没有屈服，而是抱着对地主阶级的仇恨，抱着要坚强的活下去的信念，与流氓、地主的儿子进行了坚决的斗争。其个性也是十分坚强、富有反抗性的。

在这部小说中，反面人物傅青山乡长、阿如老板、孟生校长、温觉元黑麻子已经不是像中篇《乡下》那样躲在幕后，而是直接跳出来与华生他们对着干，傅青山老奸巨猾，诡计多端，会玩弄手腕；阿如老板穷凶极恶，手段残忍；孟生校长是个帮凶，黑麻子温觉元是个打手。这批人包括一批反动军队构成了强大的阵营，他们为了自己的利益，随时随地关注着周边发生的事情，只要有一丁点儿对他们不利的因素冒出来，他们都会采用一切手段镇压之。

其中傅青山这个人物形象较为成功，他是无数个反动阶级基层统治者形象的代表。作者在塑造这个人物时，主要通过两件事情，第一件是在处理阿如老板与华生的冲突时，第二件是处理阿曼叔被阿如老板在收租时打死，华生他们乘机组织一大批农民兄弟在祠堂对质时。傅青山在小说中虽然出场的机会不多，但是王鲁彦紧紧抓住这个人见风使舵、阴险狡诈、富有权谋，外表和内心完全两副面孔的特色，把他刻画得入木三分。“他有时可以装出一副和蔼可亲、断事公正的面孔，但一眨眼，又会把脸一沉，用威胁、镇压的手段将被统治者置于死地。”[①] 这确实是统治阶级反动基层官吏的一个较为典型的形象。

① 范伯群，曾华鹏：《王鲁彦论》，上海文艺出版社1980年版，第91页。

在这篇小说中，除了人害还有天灾，干旱、瘟疫这两大自然灾害，夺去了许多人的性命。在萧红的小说中人的生产与动物的生产一样，人是那么的低贱；而在王鲁彦笔下，那些被自然灾害夺去生命的人何尝不是这样，一天之内死掉几十个是很正常的。其实这种景象在整个中国大地上不是每天在发生吗？天灾人祸外加战争，用“水深火热”四个字来形容当时的人民生活是最恰切不过的了。

不过，在这篇小说中，作者也写了一些颇具浙东民俗特色的场景，比如“捉大阵”，就写得生动感人。河水将要干涸，村里一些精于游泳的人就组织成一个小队，又根据各人的特长分成若干小组，前后拉开距离捉鱼，岸上是无数看热闹的村民，每当捉到一条大鱼，岸上、水中齐欢乐。

在艺术手法上，与中篇《乡下》相比，有了一些新的变化。首先，《乡下》基本上以叙述为主，有对话但不多，《愤怒的乡村》对话明显多起来了。其次，场景描写也增加了，除前面所提到的“捉大阵”，还有祈雨的场面，写得也非常的壮观。再次，作者在作品中有意识地引进当地的方言土语，使作品增加了地域文化色彩。在作品一开头就以当地的一些民谣来渲染氛围，使人感受到农村的淳朴，但是作者又以瞎子的说唱，告诉读者日本鬼子已经占领了东北，现在的平静下面暗伏着危机。

这时的王鲁彦经过十几年的文学创作，对小说的技巧已经非常纯熟，所以在这篇小说中，叙述和对话间杂，场景描写和故事叙述交错，人物的行动和心理有序展开，整篇小说已经完全具备长篇小说的功能，是一篇比较成功的作品。

这部小说因为预计是三部，所以，这部小说的主人公结局如何，作者没有做交代。但是与作者的其他小说相比，这部小说是一部里程碑式的作品。刚走上文学道路时的作者，因为受无政府主义和人道主义的影响，而且因为作者本身的小商人家庭出身，还有家乡所处的浙东沿海属开放较早地区，这些因素决定他早中期的小说选取的对象主要是乡村小资产阶级，他们或者因为儿子没有及时寄钱来而受尽侮辱和难堪（黄金），或者因为兵匪作乱而导致家庭遭窃（《许是不至于罢》），或者因为外来资本的排挤而无法生存（《桥上》）。或者是写乡村民众或恶吏为了金钱而不择手段互相倾轧，以至于把对方搞得倾家荡产（《自立》）、（《银变》）。或者是一些妇女为了一点小事而互相算计、争执，搞得鸡犬不宁（《鼠牙》）。或者是揭露乡村中的陋俗（《菊英的出嫁》）、（《岔路》）。这些作品中很少有真正的农民形象，只有在《童年的悲哀》中出现了阿成哥这个形象，但是在那篇小说里，阿成哥与主人之间的关系很温和，没有尖锐的矛盾冲突。而在《愤怒的乡村》这部小说里，以华生、阿波哥为代表的农民阶级与以乡长傅青山、阿如老板为代表的统治阶级产生了尖锐的矛盾，甚至达到了你死我活的程度。从作者的创作思想而言，作者从一个人道主义的信奉者，已经变成了一个中国革命的支持者，共产党的支持者。所以在这部小说里，作者已经完全站到了农民阶级一边，对于华生、阿波哥、秋琴的行为持完全支持和赞赏的态度。华生是作者重点塑造的形象，血气方刚，是非分明，疾恶如仇，又有一颗善良的心，乐于帮助贫苦的乡邻，其家庭出身又是纯粹的农民。

在整部小说中，作者采取的时间刚好是20年代至30年代，正是中国农村多灾多难的时期，军阀混战、国共分裂、自然灾害，老百姓生活在水深火热当中，农村的地痞流氓、地主恶吏乘机敲诈勒索，巧设名目收取各种各样的税款，把老百姓逼得走投无路，或外出谋生，或在本地受地主的苦苦折磨，最后忍无可忍奋起反抗。华生一家的经历就很好地说明了这个问题。

不过，当时国内阶级斗争风起云涌，中国共产党的成立和开展的各项活动，已逐渐影响到了全国各地，包括王鲁彦的故乡，虽然作者在小说中没有指明谁是共产党，但是秋琴在一些进步书籍里学到的一些知识，对于启发华生、阿波哥等农民还是起到了一定的作用。

虽然这次斗争失败了，但20年代末、30年代初中国大地上风起云涌的阶级斗争、民族斗争，对于一般民众起到了很好的启示和鼓舞作用。作者留下了一个没有结果的结尾。因为预计还要写两部小说，后来因为时局、身体的原因，没有完成，所以，华生他们最终会是怎样，只能让读者自己去猜测了。

这部作品的结尾很有意思：

天气突然冷下来了。……铅一般的天气像要沉重地落到地上来。太甲山的最高峰露出了白顶，仿佛它突然老了……现在正是冬天。但，正如前人所说，冬天既已降临，春天离我们也就不远了！

虽然前面几句写到天气变冷，天仿佛老了，但结尾两句显露出无限生机，他借用雪莱“冬天来了，春天还会远吗?”诗句的意思，表明黑暗、痛苦的时代即将过去，春天即将来临。可见，在时代斗争的潮流冲击、影响下，王鲁彦对人生和现实有了新的见地，体现在作品中，则是思想和艺术修养更为成熟了。

第五章

抗战洪流中的坚强战士(1937—1944)

第一节　融入抗战洪流中

1937年，是中国历史上永难忘怀的一年，7月7日，日本鬼子在北京郊外的卢沟桥制造事变，开始了侵略华北的行动，这一事件震惊全世界。对于日本帝国主义的侵略行径，全国人民义愤填膺，奋起反抗，各条战线、各个党派，国共两党，面对共同的民族敌人，都纷纷采取行动，建立抗日民族统一战线。

这一年对于王鲁彦来说，也是一个经历动荡，但又不放弃写作的一年。1937年上半年，王鲁彦曾到沪江大学教过一学期的国文课。在这一年上半年的某一天还与巴金一起做了一件“英雄救美”的事情：

1937年的美丽西湖上，一条急行的小船上坐着几个焦虑的男子，他们是三位作家：巴金、王鲁彦、靳以。此行不是为了欣赏美景，而是为营救一个姑娘。

几天前，巴金在上海收到姑娘的来信。信中说，她和后娘关系不好，受巴金的《家》的影响，离开了家外出工作，因为失恋她来到杭州准备自杀。在杭州，她遇到一位远亲，便改变了主意，到一座庙里带发修行。她渐渐发现，远亲与庙中的和尚有关系，而和尚对她存心不良，她为自己的命运担忧。

收信后巴金立即邀上两位好友，前往西湖，去搭救那位素不相识的姑娘。他冒充这位姑娘的舅舅，替她付清八十多元的房钱，交给她一张车票，让她到上海去找自己的舅舅。那位姑娘最终逃离了陷阱。巴金用他的热心和关爱挽救了一个年轻的生命。①

王鲁彦也是这一行动的参与者，从中也可以看出王鲁彦热心助人的一面。

八一三事变的时候，“鲁彦仍住在信义邨，因为那一带接近铁路区，不时有榴弹和飞机轰炸。于是鲁彦便把他的书籍和笨重家具，分寄在几个朋友家，我的家因住在法租界，他也搬了一些东西寄存在我那里，匆匆忙忙地在我家里住了一夜，同谷兰带着两个孩子，乘着一艘拥挤不堪的宁波轮船回到镇海去。我记得我们分手时，是深秋的一个早晨，天好像还没十分亮，满天的重雾，冷风吹扑到面上，引起一阵阵的寒噤，我送他们走出大门，他俩一人抱着一个孩子，可爱的丽莎还沉沉地睡着未醒，鲁彦只向我说了一句：‘再会了！’他的面上虽然装出笑容，可是和周遭的空气全不相称。因为那时不知道那方面开始进攻了，隆隆的炮声，夹杂着可可可可的机枪声，正向我们耳边传来，不由使人意识到在这种环境下生命如同草芥。我们的相别，真不免‘别时容易见时难’了！故当我把他们送上黄包车转过头来时，不期然有点凄惶了。”② 关于王鲁彦在八一三之后何时离开上海的有几种说法，刘增人、陈子善的《鲁彦年

① 杨元林：《让我做一块术柴吧——向巴金学写作：襟怀浩然》，《当代电大：追梦》2006年第3期。

② 周贻白：《悼鲁彦》，收入曾华鹏、蒋明玳编《王鲁彦研究资料》，江西人民出版社1984年版，第88页。

表》中，认为鲁彦离开上海是八月中旬："八月中旬，因日军发动'八一三'侵略战争，被迫离沪。"[①] 这种说法与周贻白的比较接近。覃英说是在1937年年底离开的："一九三七年冬鲁彦离开上海和家人一起到长沙。"[②] 曾华鹏、蒋明玳编著的《王鲁彦研究资料》，也认为是八一三事变之后离开上海的。

王鲁彦带着家人离开上海，先到家乡镇海住了一段时间，10月，偕全家到达了湖南醴陵。颠沛流离的逃难生活，无辜百姓死于日军的枪口和炮火，早已激起了王鲁彦心中的一腔爱国热情。10月，他的散文《今年的双十节》在《烽火》第6期上发表。"……二十六年来，内乱和外患交织着，民穷财尽一年甚于一年。""今年是开国以来从未遇到过的双十节……心中充塞着无量的快乐和希望。""抗战，抗战，这呼声已经布满在整个的中国，壮烈的勇士们已经从各方面涌到了华北和华南，两个月来，炮声已经震动天地了。事实给我们证明了没有一个人不愿意用自己的血肉去争取中华民族的独立和自由。"这一段话既是当时全国上下抗日现状的一个形象反映，也表达了作者对于抗战的积极态度。此后，作者完全融入抗日战争中去了，直至最后病贫交加死于战乱中的桂林。这也是划分作者创作阶段的很好的分界线，此后作者的作品完全与时代紧密结合，也成为了一个抗日的战士。

一　编辑《抗战日报》副刊

1937年11月，田汉从上海回到长沙，与廖沫沙一起积极筹办宣传抗日救亡的《抗战日报》，得到了徐特立和周恩来的资助，顺利解决了办报

① 陈子善，刘增人：《鲁彦年表》，收入覃英编《中国现代作家选集——鲁彦》，人民文学出版社1992年版，第279页。

② 覃英：《鲁彦生平和创作简述》，《中国现代作家选集——鲁彦》，人民文学出版社1992年版，第260页。

经费。《抗战日报》是一张四开的小报，内容和形式都与郭沫若、夏衍办的《救亡日报》一样。该报主编在《代发刊词》中声明：它与郭沫若主办的《救亡日报》是“姊妹刊”，它们都是在中国共产党领导下的人民抗日统一战线宣传抗日救亡运动的报纸，所以这张报纸在当时的销量很好。报馆的社址设在一家叫做远东影戏院与咖啡馆的旁边。正在湖南醴陵的王鲁彦被邀编辑这张报纸的副刊，“主要是宣传抗战救国，提倡文艺大众化。”1938 年 3 月，许杰在这家报社的编辑部找到了王鲁彦，两个人曾经对当时的时事有过一番畅谈：“谈到抗战的形势，谈到国际时事，谈到文化界的形势，也谈到所谓文化界内幕的暗礁。”那时长沙已经被日机轰炸过好几次，大家对于警报都相当的慌张，“但是王鲁彦呢，他却相当的镇定，也相当的深入。而尤其使我特别佩服的，是他那沉着的工作的精神。”① 从这件事可见王鲁彦对于抗日事业的热心。

1938 年，陈世德、杭立等同志到长沙，1 月 28 日，同郑旦等人发起，成立长沙世界语者协会（Cangsa - a Esperantista Ligo），王鲁彦、钟宪民、陈世德、杭立、易绍培、顾成熙、欧阳晶等参与了活动，并都担任世协理事。协会开办过世界语班，学员达数百人。

当时郭沫若也在长沙。郭沫若 1937 年 7 月 25 日刚从日本流亡十年回国，回国后在上海新结识了小他二十多岁的于立群，8 月在上海主办《救亡日报》。1938 年 1 月 6 日郭沫若正要去南洋筹措资金办报或搞文化工作，在途中接到了国民党将领陈诚从武汉发来的电报，1 月 9 日，郭沫若从广州到达武汉。“第二天郭沫若与位于汉口太和街 26 号的新四军军部通了电话，找到时任军长的叶挺。与叶挺交谈后，方知道陈诚来电的意图。原来，蒋介石想在第二次国共合作上恢复大革命时期北伐军中的政治部……由陈诚任部长，周恩来、黄琪翔任副部长。政治部下辖四个厅，即总务厅、第一厅、第二厅和第三厅。……周恩来起先不愿出任政治部

① 许杰：《我与鲁彦》，《许杰散文选集》，上海文艺出版社 1981 年版，第 276 页。

副部长之职，认为做该部副部长可能引起两党摩擦。但蒋介石、陈诚等一再要周出任；后经中共中央同意，认为周参与政治部工作能表示共产党人的通力合作，可推动军队政治工作，改造部队，扩大我党影响，周恩来这才出任了中将衔的政治部副部长。然而这第三厅，蒋介石则想请刚从日本回来在文化界深孚众望的郭沫若当厅长。其用意是昭然的，那就是借以延揽大批文化、学术、文学艺术界著名人士，既装潢了门面，又抬高了自己。”①

得知蒋介石、陈诚的用意后，郭沫若就向周恩来表示，不愿当这个厅长。周恩来动员郭沫若接受这个工作，并要他把重点放到教育方面去。

这时的郭沫若还在犹豫，后来政治部召开了一次部务会议，国民党方面没有邀请周恩来参加，郭沫若生气地躲到长沙去了。

在日本就与郭沫若认识并建立了良好友谊的田汉热诚欢迎郭沫若的到来，从2月7日之后的20多天里，田汉几乎天天陪着郭沫若，一方面陪同郭沫若参加座谈、演讲、参观、游览、凭吊、听戏、讨论等活动；一方面经常与郭沫若讨论改编传统戏为抗敌宣传服务的问题，同时，利用一切机会劝慰郭沫若去担任第三厅厅长的职务。这时周恩来再次发出邀请，并派于立群带着他的口信去长沙，郭沫若最终同意了。王鲁彦就是在这个时候认识郭沫若的。

2月28日，在田汉的陪同下，郭沫若、于立群、张曙乘车离开长沙，去了武汉。郭沫若也邀约在长沙的一批文化界人士，包括王鲁彦在内一起去武汉，《抗战日报》副刊交由周立波接编。

二　参加“文协”

1937年11月12日上海沦陷后，国民政府决定西移重庆，武汉成为西

① 王谦：《郭沫若与国民政府三厅》，《文史精华》2004年第4期。

移途中最重要的中转城市，国民党要员、工厂、学校都聚集在武汉。茅盾、张天翼、柳湜、黄源、朱雯、罗洪、夏衍、钱君匋等文人也纷纷来到武汉，[①] 共同商讨成立抗敌协会的事情。

1938年3月27日，中华全国文艺界抗敌协会（简称“文协”）在武汉成立。发起人包括各方面的代表97人，选出周恩来、孙科、陈立夫为名誉理事。理事45人，其中有：郭沫若、茅盾、冯乃超、夏衍、胡风、田汉、丁玲、老舍、巴金、郑振铎、朱自清、郁达夫、朱光潜、张道藩、姚蓬子、陈西滢、王平陵等等。由老舍主持“文协”的日常工作。“文协”在成都、昆明、桂林、贵阳、宜昌、襄樊、香港等地建立了数十个分会，出版了会刊《抗战文艺》。……‘文协’的成立，标志着30年代无产阶级革命文学、自由主义文学，以及国民党民族主义文学等几种文学运动的汇流，组成了文学界的抗日民族统一战线，是现代文学史上第一次，也是唯一的一次包括国共两党作家在内的大联合。”[②]“文协”的成立是一件大事，表明全国文艺界联合起来坚决反对日寇侵略的态度。

王鲁彦作为一般成员出席了这个会议，并加入了“中华全国文艺界抗敌协会”，被选为长沙文协通讯处的成员。

4月1日，国民党军事委员会政治部第三厅成立，周恩来为政治部副主任，郭沫若为第三厅厅长，田汉为第六处处长，掌管艺术宣传工作，鲁彦在第三厅宣传科工作。[③]

这样，王鲁彦与其他作家一起站到了抗日战争的前列。

---

① 王谦：《郭沫若与国民政府三厅》，《文史精华》2004年第4期。

② 钱理群、温儒敏、吴福辉主编的《中国现代文学三十年》，北京大学出版社1997年版，第446页。

③ 王谦：《郭沫若与国民政府三厅》，《文史精华》2004年第4期。

第二节　战时桂林的相关情况

一　武汉失守

1938年10月25日，武汉失守。“武汉撤退时机，最初定在八月底，后改为九・一八，又改为九月底，双十节，仍未最后决定”。[①] 但到10月14日，武汉保卫战已开展4个多月，歼灭了大量日军，沿海沿江工厂及武汉本地工厂业已内迁，武汉大批难民和大部分人口已经疏散；并且武汉北方战略要地信阳业已失陷，日军在广东大亚湾登陆，威胁粤汉路南端。蒋介石遂召集军事会议，决定实行撤退即放弃武汉。他在致第五、第九战区的电报中命令，应“于一星期以内变更现在态势”，并重新部署两战区各部队。[②]

武汉失守以后，文化人纷纷撤离，一部分文化界人士去重庆，一部分去桂林。王鲁彦和张志让、覃必陶去桂林。

二　敌后文化城——桂林

1. 独特政治格局的产物

“桂林是反蒋巨头李宗仁、白崇禧、黄旭初等人的地盘，蒋氏政权有些鞭长莫及。李宗仁同意在桂林开设八路军驻桂办事处，允许以《救亡日报》为首的许多左翼据点存在，并在反共高潮之中极力庇护之。李宗仁还

① 《陈诚私人回忆资料（1935—1944）》下，《民国档案》1987年第2期。

② 转引自《李宗仁致蒋介石电》1938年10月16日。

亲自担任广西建设研究会会长，该会是文化界的统一战线组织，吸收了许多左翼和无党派文化界人士，为他们提供研究、出版的场所。尽管随着反共高潮的迭起，重庆势力的增强，桂林也不可避免地出现杂志禁发、共产党员的文化人避难这类事情，但由于桂林的保护力量也很大，作为文化的中心，仍可与重庆并重。"①桂林"文化城"就是这种独特政治格局的产物。从1938年10月武汉、广州沦陷起，到1944年9月湘桂大撤退止，前后达6年之久。

桂林文化城的出现，与国民党左派的宽容、共产党的高度重视也有关。

共产党派遣李克农任八路军驻桂林办事处的领导人，中共南方局又先后派来胡愈之、邵荃麟、张锡昌、狄超白参与和领导桂林的文化运动。国民党左派李济深、李任仁、陈劭先、陈此生等对此也非常重视。最后在广大群众的支持下，桂林城开展了轰轰烈烈的抗日救国斗争和各种文化艺术活动。

2. 大批文化人云集桂林

1938年10月25日武汉失守，10月21日日军占领广州之后，大批文化人和许多印刷厂及职工先后来到桂林。1941年年底太平洋战争爆发后，又有一批文化人从陷落的香港来到桂林。当时来自全国各地的专家、学者、作家和文化工作者，据不完全统计有上千人、著名者不下200人。专家学者有郭沫若、千家驹、金仲华等。出版工作者有胡愈之、范长江、赵家璧、张静庐等。文艺家有田汉、茅盾、巴金、夏衍、邵荃麟、欧阳予倩、胡风、司马文森、聂绀弩、艾青、周钢鸣、艾芜、王鲁彦、骆宾基、端木蕻良、王西彦、黄药眠、陈残云等。

3. 文协桂林分会的成立

(1) 文协桂林分会成立经过

文协桂林分会全称中华全国文艺界抗敌协会桂林分会，是中国共产党

① [日] 杉本达夫，李家平摘译:《文协分会》,《中国现代文学研究丛刊》1989年第4期。

领导的桂林文艺界统一战线的组织。

1938 年 11 月，继全国文协在武汉成立之后，中共中央代表、全国文协名誉理事周恩来通过八路军桂林办事处主任李克农，指示在桂林从事宣传和统战工作的夏衍做建立桂林文艺界统一战线团体的筹备工作。1938 年 11 月 30 日，巴金、艾青、李辉英、夏衍、王鲁彦等二十余人在月牙山倚虹楼召开了关于成立文协桂林分会的座谈会，决定成立分会，会议推举巴金、夏衍、盛成为筹备委员。1939 年 7 月 4 日，正式成立了文协桂林分会筹备组，筹委会由夏衍、田汉、艾芜、王鲁彦、艾青等 23 人组成。1939 年 10 月 2 日，文协桂林分会举行成立大会，宣告正式成立。

大会共选出理事、候补理事 40 人，王鲁彦、欧阳予倩、艾芜、胡愈之、司马文森、夏衍等 25 人为理事；芦荻、杨晦、冯培澜、向培良等 15 人为候补理事。《救亡日报》为“文协”桂林分会成立出版纪念专刊，发表了王鲁彦、夏衍、黄药眠、孙陵、李文创、谷斯范等人撰写的文章。

在这个筹备过程中，王鲁彦作出了很大的努力，从 1939 年 7 月至 9 月一直在参加筹备工作，负责筹委会出版事务。

在以后四届理事会的选举中，除了第二届、第五届王鲁彦被选为候补理事，三四两届都是常务理事。

从历届理事、候补理事名单可以看出，文协桂林分会领导成员的构成，主要是中共文艺工作者和进步文化人。这就保证了文协桂林分会在共产党的领导下，为巩固桂林文艺界统一战线和促进桂林抗战文艺运动的发展做出了积极的贡献。

文协桂林分会成立以后，没有机关刊物，不过当时桂林还有很多文艺杂志和报刊为会员们提供发表场所，从 1940 年 12 月起，借助《广西日报》版面，分会推出《文协旬刊》，但出到何时没有记载。

(2) 开展各种各样的文化活动

首先，举办各种专题报告会、系列讲座。

文学艺术方面的专题报告会，主讲人为文学、戏剧、美术、音乐等领域的名家，有邵荃麟、巴金、艾芜、王鲁彦、黄药眠、周钢鸣、李文钊、司马文森、聂绀弩、欧阳予倩、洪深、焦菊隐、田汉、熊佛西、徐悲鸿、黄新波、陈华柏等。

系列讲座共组织了两次：一是1940年8月与全国木刻界抗敌协会联合举办的“暑期文艺写作研究班”，每周三次，共14个专题；二是同年11月举办的“文艺讲习班”，每周一讲，听讲学员100人，共22个专题，有周钢鸣讲《艺术的概括》，夏衍讲《剧作偶谈》，欧阳予倩讲《旧剧改良问题》等。

举办了两期文艺讲习班，第一期文艺讲习班结束后，紧接着，1941年5月又开办了第二期“文艺讲习班”，报名听讲的超过200人。

其次，成立“文艺习作指导组”。

文协桂林分会除主办“文艺讲习班”、“暑期文艺写作研究班”外，还成立了“文艺习作指导组”，对爱好文艺创作的青年进行具体指导及习作评阅。“文艺习作指导组”收录了60名青年文艺爱好者为固定学员，由夏衍、林林、艾芜、陈闲、司马文森、周钢鸣、王鲁彦、舒群、黄药眠等22名著名作家分工进行具体指导，指导组在评阅文艺习作时，如果发现好稿或优秀作品，主动向当时的文艺刊物推荐。通过这一系列讲座和习作指导，培养了文艺骨干和新生力量，促进了抗战时期桂林文化城的文艺创作和繁荣。

当时这种讲座和报告是桂林抗战文化的重要组成部分，也是抗战文化面向社会、面向大众并为人民大众服务的重要实践活动。而且这些活动有自己的特色：(一) 讲座也好，报告会也好，不是一家独办，而是多渠道，大家来办，既有政府主办，也有学校主办，而更多的是文化团体和社团主办，也有联合起来举办。而且这些单位的行动，都是“自发的”和自觉地奉献。参与的听众也很踊跃，少的百来人，多的上千人，体现了群众性特点。(二) 这些讲座和报告会，绝大部分是免费的，仅文协桂林分会主办的文艺讲习班，因为是系列讲座，每周一次，持续时间近半年，为保证学员的稳定性和持续性，采取了自愿报名的办法，一次性缴国币三元（按：1941年桂林市中白米每斤0.659元），文协会员还可半价优惠。其他的单项讲座和报告会，听者自愿，一律免费，充分体现了这项文化活动的公益性。

4. 空前繁荣的文学创作

抗战时期，各地作家云集桂林，在中国共产党的领导和文协桂林分会的推动下，桂林的文学创作出现了一个空前繁荣的局面。文学刊物有如雨后春笋，主要有《抗战文艺》、《野草》、《半月文艺》、《半月新诗》、《文艺杂志》、《文学创作》、《大千》、《当代文艺》等多种。特别是1942年，新创刊了9种文学刊物，而且都有一定的分量，加上原有的共有14种文学刊物，堪称为"文艺年"，这也是当时桂林文学创作空前活跃的一种表现。此外，一些综合性的刊物，如《文化杂志》、《自学》、《十日文萃》、《半月文萃》、《中学生》等都辟有文艺专栏；一些报纸，如《救亡日报》、《广西日报》、《力报》、《大公报》分别开辟了文艺副刊，发表了大量的文艺作品。

杂文、散文是当时文艺工作者进行救亡宣传的重要武器。除杂文月刊《野草》和一些刊物登载杂文作品外，文献出版社出版了一套《野草丛书》，结集了夏衍、聂绀弩、孟超、宋云彬、秦似、林林等人所写的杂文作品。其他出版社也出过一些杂文的结集。散文，除报刊登载外，出版了不少集子，主要有巴金的《旅途通讯》和《从广州出来》；黄药眠的《美丽的黑海》；艾芜的《遥远的后方》；聂绀弩的《婵娟》；王西彦的《一段旅程》；司马文森的《天才的悲剧》等。

诗歌运动也十分活跃。当时桂林经常出版街头诗、诗传单、诗壁报、诗歌朗诵会等活动，桂林变成了"诗城"。各报刊都把发表新诗当作一个重点，登载了大量诗歌作品，有的报纸副刊还出版了诗特辑。这一时期，影响较大的诗歌作品有郭沫若的《过桂林咏》和《罪恶的金字塔》；萧三的《礼物》；艾青的《死难者的画像》、《他死在第二次》和《吹号者》；朝鲜诗人李斗山的《放歌》；穆木天的《赠朝鲜战友李斗山先生》等。这些热情奔放的诗歌，曾经激励着千万人的抗战斗志。

小说的繁荣比杂文和散文要晚。抗战初期，作家的主要任务是投入伟大的抗日民族战争，迅速反映现实生活，直接为抗战服务，所以通讯报告、诗歌、散文、杂文等运用得比较多。抗战后期，文学刊物比前期增多，小说就开始大量涌现，有短篇也有长篇。茅盾的《霜叶红似二月花》，巴金的《火》、《还魂草》，艾芜的《故乡》，骆宾基的《吴非有》，王鲁彦的《伤兵旅馆》、《杨连副》等都是优秀的作品。

桂林虽然在国民党统治区，但桂林文化界的领导权掌握在中国共产党的手里。这些作家都是受共产党的领导和影响的，他们的作品，除了直接反映抗战现实以外，也对国民党的反动统治和腐朽黑暗的一面进行了揭露和控诉，作品总的思想倾向是进步的，因而，对于推动人民群众走向团结和争取抗日战争的胜利，起了积极的作用。

5. 兴旺发达的进步出版业

作为一个文化城，单有一些文化活动还不能称之为真正的文化城，必须有大量的出版社和出版物以及群众高涨的阅读热情。“桂林是全国两大文化城之一，它拥有广大的出版机构，集中了全国文化人的三分之一”①，“每天平均出版新书，期刊 20 种以上，刊物的普通销量近一万份，一本专谈新诗的月刊可销 7000 本，销量最大的刊物可印 2 万份，单行本的印数，初版以 5000 为单位。”“抗战期间的精神食粮——书，有 80%是由它出产供给的，所以说桂林是文化城，不如说它是出版城更来得适当。”② 当时桂西路两旁全是书店，成了名副其实的“书店街”。此外中南路、太平路、环湖北路也有不少书店，而且书店大量往外地发行书。

据资料记载，1937—1944 年期间，桂林有大小出版社和书局书店 224 家、大小印刷厂及辅助工厂 109 家，出版报纸 15 种、期刊近 300 种，出版图书 2200 余种。实际数目可能在 3000 种左右，因为还有一些大中小学的

① 司马文森：《扩大宣传周之后建议成立西南文抗》，桂林《大公报》1944 年 6 月 21 日。
② 赵家璧：《忆桂林——战时的“出版城”》，上海《大公报》1947 年 5 月 18 日。

教材没有统计进去。

战时桂林的出版物：有宣传抗日的中共与中国各派领导人物的著作，如毛泽东的著作；有介绍马列主义及哲学的著作，如《共产党宣言》、《列宁选集》等；有大批现代进步作家的作品，如鲁迅的《鲁迅全集》，郭沫若的《甲申三百年祭》，茅盾的《幻灭》、《子夜》等……还有王鲁彦、司马文森等许多作家的作品，以及大量的外国文学作品。刊物主要是宣传抗日进步刊物，如《国民公论》、《全面抗战》、《文艺生活》等。

桂林文化城出版高潮的出现是抗日战争的产物。在民族生死存亡的紧急关头，中华民族，广大群众和士兵，需要振聋发聩、激励斗志的文艺作品，需要懂得战胜凶恶敌人的策略、战略和方法，……书刊和报纸是当时最主要的传媒。

桂林进步出版业的繁荣兴旺引起国民党反动政府的仇视，1940 年 8 月派"中央图书审查委员"来"视察"后认定"桂林真是延安第二"，命令查封了生活书店及其他不少进步书籍、杂志。这虽然使桂林出版业暂时陷入低潮，却使人们认清了国民党反动派的真面目。①

以上五个方面的因素，使一个星光灿烂、活动频繁、出版物众多的抗战后方"文化城"出现了。

第三节　在桂林的艰难文艺活动

王鲁彦在桂林的生活，可以概括为两个阶段，1938 年底到 1942 年主要为文协桂林分会工作，从事教学和创作。1942 年之后主要为编辑《文艺杂志》及其与疾病进行斗争。

① 参看胡德刚《一座民族文化的丰碑——〈广西通志·出版志〉读后》，《广西地方志》1999 年第 6 期。

一　筹备文协桂林分会、参加相关的活动

1. 参加文协桂林分会的筹备

王鲁彦从武汉撤退来到桂林之后，在桂林中学教书，同时在“在胡愈之主办的‘文化供应社’任编辑，也有说在桂林国际通讯社工作”①。随后艾芜、穆木天和彭慧、舒群、周钢鸣、曾敏之、黄新波等先后来到，1939年7—9月，参与文协桂林分会的筹备工作，负责筹委会出版事务。

文协桂林分会于1939年10月2日召开成立大会，王鲁彦出席大会，大家都拥护他担任负责人，王鲁彦被选为第一届理事会理事。“在分会成立前，艾芜把分会负责人的候选名单送请李克农审查，他表示同意。艾芜在后来写的回忆录中说：‘桂林文艺界团结得好，一致抗战，王鲁彦是有一份功劳的。’”② 10月4日，王鲁彦当选为文协桂林分会第一届常务理事，负责分会组织工作。10月19日，主持文协桂林分会纪念鲁迅逝世三周年大会。10月28日，主持文协桂林分会召集的“文艺上的中国化和大众化”讨论会并讲话。11月，参加文协桂林分会文艺习作指导组工作。

据周贻白回忆，“民国二十八年夏天（1939年），覃英同她的妹妹，忽然由桂林转香港到了上海，把他们寄存在我家里的家具之类取去，在榆林路租了一间房子住下。这时谷兰又生了一个男孩，取名恩弟，也带到上海来了。谁知住了两三个月，鲁彦在桂林来信，又催她们回去，同时写信给我，要我设法帮助她们动身。我又为她们忙了一阵，好不容易买着香港船票，谷兰又带着孩子重上征途。从此以后，我就再也没有接到过他们的来信。”③

---

① 曾华鹏，蒋明玳：《王鲁彦生平和文学活动年表》，《王鲁彦研究资料》，江西人民出版社1984年版，第6页。

② 范泉：《记艾芜——一个苦了一辈子，写了一辈子的作家》，《新文学史料》1995年第4期。

③ 周贻白：《悼鲁彦》，收入曾华鹏、蒋明玳编《王鲁彦研究资料》，江西人民出版社1984年版，第88页。

在覃谷兰她们到上海期间，王鲁彦在桂林行营政治部工作，同好多单身的同事住在寄宿宿舍里。那次艾芜去看他，“当时是晚间，他穿着短裤木拖鞋，立刻带我到三层楼上的晒台上去纳凉。”[①] 他还用望远镜研究天上的星星，当时艾芜觉得在国难当头时刻王鲁彦的兴趣未免太高雅了一点儿，对王鲁彦的行为有点儿不太理解。后来艾芜同王鲁彦“住在施家园一个院子里面，偶然碰见他打开箱子，翻译的社会科学如普列汉诺夫的《社会科学的基本问题》，莫斯科出版的《政治经济学》，高尔基的文艺论集等书籍，都打眼底现了出来。我拿起来翻翻，里面却有用红铅笔写的一个草体字‘彦’”[②]。这件事使艾芜先前对王鲁彦的不理解彻底消除了。后来，王鲁彦还赊账买过一本马克思的《资本论》，可是在“日本兵从湖南长沙向衡阳进攻的时候，鲁彦抱病由茶陵逃到粤汉路上，因行李无法多带，装那本巨书和稿子的箱子，已给一个学生带到湖南耒阳的乡下去了”[③]。从艾芜的记述中可以看出，王鲁彦在偷偷地研读马列著作，由此知道后期的王鲁彦为什么能够这么坚定地站在抗日民众的一边，拖着病体为抗战做着贡献，以及为什么他后期的小说完全转向抗日，关注后方民众的抗日态度和遭受战争危害老百姓的苦难生活的原因所在了。

2. 文学创作活动

1938年12月1日，长篇小说《春草》开始在《广西日报》副刊《漓水》（由陈芦荻主编）上连载，至1939年2月18日止，连载至第七章，未完。这是王鲁彦计划创作三部长篇小说中的第二部。

这一年，鲁彦还在《国民公论》、《中学生战时半月刊》、桂林的《救亡日报》上发表《长沙火灾的前后》、《新的枝叶》、《两年前》、《我的希望》、《假使鲁迅先生还活着》等多篇散文，以及小说《我们的小喇叭》、

① 艾芜：《关于鲁彦的回忆琐记》，收入曾华鹏、蒋明玳编《王鲁彦研究资料》，江西人民出版社1984年版，第96—97页。

② 同上书，第97—98页。

③ 同上书，第98页。

《雷雨声中》等。

1940年，王鲁彦继续参与文协桂林分会的各项工作，忙碌之余仍然创作小说，1月5日，小说《杨连副》在《笔部队》创刊号上发表。4月6日，在重庆《新华日报》上发表《呃，"和平"》，声讨汪精卫的卖国罪行。

3. 参与文协组织的活动

8月，文协桂林分会和全国木刻协会联合会举办暑期文艺写作研究班，鲁彦在这个班上主讲"短篇小说研究"一章。对此湘渠在《鲁彦琐记》中有一段生动的回忆：

> 那时，桂林文协分会主办一个暑期文艺讲习班，邀请在桂林的作家担任讲解专题。参加讲习班的有爱好文艺的青年一百余人。鲁彦先生担任《怎样写短篇小说》一题，他演讲的那天，我去听讲，这是我第一次认识他。
>
> 他举了莫泊桑的短篇小说《项链》来分析短篇小说的特点……他讲得很详细和有条理。他先讲解一个作者必须从生活中积累大量的创作的素材，而又要在很多的素材中吸取题材。他讲到作品开头的重要和困难，一个作者需要有很大毅力克服这个困难。他特别要大家注意小说中场面变化和发展情况，着重指出创作人物的典型性格的重要。他又说，一篇好的小说，需要有一个最能激动人心的"顶点"，作者应该把自己的力量在这个"顶点"上表现出来，使主题达到充分深刻。他说，文学是语言的艺术，作者必须斟酌每一个用字，只有不断锻炼字句，才能使作品达到优美而精练。他告诉我们，福罗贝尔如何教导莫泊桑用字，要做到"一字致人以力"——鲁彦先生把这句话重复了好几遍。①

① 湘渠：《鲁彦琐记》，收入曾华鹏、蒋明玳编《王鲁彦研究资料》，江西人民出版社1984年版，第93页。

王鲁彦在这次培训班上讲课非常认真，他的课也得到了学生的认可，在一个月以后的文艺讲习班结束联欢会上，当黄药眠先生征求学员的意见时，大家一致公认鲁彦先生的课讲得好，用一篇作品来具体分析，使人易懂且便于记忆。

二　编辑《文艺杂志》

（一）关于《文艺杂志》的相关情况

1.《文艺杂志》的创刊时间

《文艺杂志》到底创办于什么时间有几种说法：

第一种是鲁彦夫人覃英的："到了一九四〇年秋天，桂林遭到敌机的轰炸，鲁彦的身体更差了，我们就迁居柳州附近的丹江县，在柳庆师范教书餬口。次年夏天，鲁彦在那里染上了瘴气，高烧几十天不退，又无医无药，我们只得重返桂林。当时，桂林文化名人云集，巴金、艾芜、张天翼、黄鑫波均在那里，大家都深感应该办一个像样的刊物来宣传团结抗日，反对分裂投降。巴金同志看到鲁彦有病在身，又拖着一堆孩子，实在是病贫交加。为我们的生计着想，他便主张鲁彦编辑刊物，由我以三户书店的名义出面做发行人（实际上是生活书店发行），大家共同支持。这就是后来于一九四二年初创刊的《文艺杂志》。"① 当时王鲁彦经济上确实很困难，他的第五个孩子已经出生，只得把第四个孩子王恩恺送到一户小地主家里去抚养②。

① 刘增人、陈子善：《鲁彦夫人覃英同志访问记》，收入曾华鹏、蒋明玳编《王鲁彦研究资料》，江西人民出版社1984年版，第127页。

② 笔者曾在2010年5月4日电话采访过王恩恺，据他介绍：他是不到两岁的时候被送到当地的一户周姓的破落户地主家里的，到四五岁的时候，就给地主放牛、养猪、种菜，做小长工。1953年，不小心从树上掉下来，一只手受伤，因为当地根本没有医院，只吃了一点草药，所以这只手一直伤着，无法劳动。一直到1955年，覃英经过多方打听才找到他，把他接回上海。之后通过手术，才基本康复，但还是留下了残疾。

第二种说法是鲁彦生前好友王西彦的，王西彦在1946年在《文艺春秋》第2卷第6期上，发表了一篇题为《一个朋友的病和死》的文章，后改为《在魑魅的追逐下——记鲁彦的病和死》，在这篇文章里，王西彦很详细地回顾了他与鲁彦围绕《文艺杂志》的征稿、用稿，到最后王西彦接编这个杂志，以及两个人友谊逐渐加深的过程。在文章中，王西彦说，在1941年9月初，收到王鲁彦的第一封信，“说他创办了一个《文艺杂志》要我给他寄稿子”。王西彦因为急于去湖南，没有寄稿子，只回了一封短信。11月3日，王鲁彦又给王西彦写了一份快信，告诉他第一期年底要出来，要王西彦赶紧写小说，争取在第二期上发排。这里把相关的文字摘录如下：

> 我和鲁彦的交往，说来历史很短暂。一九四一年秋天，那时我在福建战时“临时省会”永安，正准备摆脱《现代文艺》的编务，离开去湖南；九月初，接到鲁彦从桂林寄来的快信。在这之前，我只是他的读者，从他作品给我的以及朋友们谈话中得到的印象，知道他是一个诚恳质朴的人，所以对他的创办杂志，心里十分高兴；不过当时心绪不很好，加上行前匆促，没有给他寄稿子去，只写了一封简短的信，说明原委，请他原谅。离开永安，到湖南东部一处乡间住下以后，竟把这件事淡忘了。到十一月初，又突然接到他一封快信：
>
> 前得复书，知即将来湘，现在想早在那里住了很久了。我因病在医院住了将近二月，开刀数次，现始渐见痊愈，不日当可出院。杂志事因此耽误了很久，到最近始能发排第一期。又因印刷迟缓，出版恐在年底，就索性把它当作一月号了。你的稿子希早日赐下，以便在十二月初将第二稿发排。……
>
> 这信是三日写的。过了几天，又接到他九日寄的信，大意是说，

第二期快发稿了，我的稿子要从速寄去。①

第三种说法是云仙、敏之等的：“《文艺杂志》的创刊号是在1941年11月发排的，到年底才问世（但却把它当做1942年1月号）。”②

第四种说法是傅彬然的：“十一二月间武汉会战，局势紧张，鲁彦也就从湖南带着他的夫人和孩子们来到了桂林。民国二十九年秋天，才离开桂林，带着家人一道到柳州北面长安丹州新创办的省立柳庆师范学校去任教。在那里，他常常患着恶性疟疾，接着又患痔疮，后来才知道是肛门结核。本来经济状况已经要不得，这么一来，就深深地陷入病贫交迫的苦境里。第二年夏天，带着病回桂林来，就在那时候，创办了《文艺杂志》。”③

根据这四种说法，《文艺杂志》创刊的时间是比较统一的，是在1941年底，创刊号是1942年1月发行的，至于创办的时间稍微有所不同，有说是夏天的，有说是秋天的。

2.《文艺杂志》的办刊宗旨

“《文艺杂志》是抗战时期在大后方出版的进步刊物之一，1942年1月在桂林创刊，前1、2、3期由王鲁彦主编（艾芜、王西彦、端木蕻良等都先后参与过该刊的编辑工作），共出了15期。计1卷6期（1942年1月—10月），2卷6期（1942年12月—1943年11月），3卷3期（1943年12月—1944年3月）。鲁彦病逝和桂林失守后，迁重庆出版了新1卷，由邵荃麟接编。新1卷从1945年5月到9月共出了3期，封面上印有‘王鲁彦创办，荃麟编辑’等字样。”

“《文艺杂志》为当时国内最大型的纯文艺刊物，16开本，一般内文有90面，创刊号及2卷2、3、4期增大号都增加到112面至118面，每期发

① 王西彦：《在魑魅的追逐下——记鲁彦的病和死》，收入曾华鹏、蒋明玳编《王鲁彦研究资料》，江西人民出版社1984年版，第100—101页。

② 云仙、敏之、定与：《王鲁彦与〈文艺杂志〉》，《西华师范大学学报》1984年第1期。

③ 傅彬然：《忆鲁彦》，收入曾华鹏、蒋明玳编《王鲁彦研究资料》，江西人民出版社1984年版，第76页。

稿20万字左右。"[①]

《文艺杂志》的办刊宗旨是"宣传抗日，反对投降"。王鲁彦则把它作为揭露黑暗、抨击现实，团结一批进步文艺工作者，自觉地为民族的解放斗争和人民利益服务的阵地。在《给读者》这篇文章中鲁彦首先强调："文艺作品里所反映的黑暗面常常多于光明面，就是证明我们弄文艺的人并不聋盲。"他又说："抗战以来，我们文艺工作者和千千万万的同胞在一起，无论前方后方，都受着敌人大炮飞机的威胁。在这样不宁静的生活中，我们不但没有畏缩，却愈加奋励、只想以国民的身份，多对国家尽一点责任，有助于抗战，多用自己的笔，忠于自己所从事的工作。"[②] 对此，王西彦也说过："他说他的创办《文艺杂志》，乃是对当时某种风气的反抗。"[③] 在王鲁彦的坚持和努力下，《文艺杂志》发表了大量反映当时现实的有影响的作品和众多优秀作家的作品，其刊登的作品质量之高、涉及的作者数量之多在当时的大后方是少见的。为此，《文艺杂志》成为抗战期间在大后方最具质量和最有影响力的期刊。

3.《文艺杂志》刊登情况

在王鲁彦任编辑期间，刊登了中长篇小说4部：艾芜的《故乡》、沙汀的《奈何天》、骆宾基的《少年》、端木蕻良的《科尔沁旗草原》（第二部）；长篇童话一部：张天翼的《金鸭帝国》；中篇小说四部：巴金的《还魂草》、王西彦的《风雪》、易巩的《杉寮村》、胡明树的《娜娜河》；多幕剧五部：老舍的《大地龙蛇》、李健吾的《草莽》、袁俊的《美国总统号》、以群的《姊妹》、陈瑞麟改编的《晚宴》。至于短篇小说、诗歌、散文更是不计其数。这些作品给战时的大后方文坛起到了积极的推动作用，他们对当时残酷黑暗的现实进行严厉的抨击，同时，对于光大《文艺杂志》的办

① 云仙、敏之、定与：《王鲁彦与〈文艺杂志〉》，《西华师范大学学报》1984年第1期。

② 王鲁彦：《给读者》，《王鲁彦文集》（叁）（散文），人民文学出版社2009年版，第256页。

③ 王西彦：《在魑魅的追逐下——记鲁彦的病和死》，收入曾华鹏、蒋明玳编《王鲁彦研究资料》，江西人民出版社1984年版，第104页。

刊宗旨、宣传党的抗日政策、对青年文学爱好者也起到了很好的宣传和教育作用。

另外，该刊物还刊登过当时国内著名作家的作品，如郭沫若的文章《伟大的战士，安息吧》（新 1 期）；茅盾的小说《闪击之下》（1 卷 2 期）、《过封锁线》（2 卷 1 期）；许广平投寄的鲁迅遗著《势所必至，理所固然》（新 1 卷 2 期）。此外，靳以、缪崇群、芦焚、鲁彦、赛先艾、方敬、任钧、刘北把、邹荻帆、李广田、王亚平、臧克家、许幸之、周立波、刘白羽、冯雪峰、邵荃麟、欧阳山、葛琴、周而复、蔡楚生、冯乃超、丰村、田涛、蒋收良等都在这里发表过作品，真可谓是群英荟萃。这些作家的作品其内容多为激励抗战到底、要求民主自由和揭露国民党反动统治，从而为《文艺杂志》完成历史任务起到了一定的作用，也扩大了在大后方的影响，对鼓舞民众、激励士气也有不可低估的作用。《文艺杂志》除了刊登小说、诗歌、戏剧、散文创作作品以外，还刊登了一些重要的理论文章和译作，其中比较重要的文章有虹飞的《鲁迅地语言》、陈烟桥的《鲁迅与木刻》等研究鲁迅的文章。翻译作品中有代表性的是王统照译的拜伦的《西班牙怀古诗》、曹靖华译的《苏联作家战地报告》、《苏联民间故事选》等。

《文艺杂志》的版面分为创作、理论和翻译三大块。创作占大部分，包括小说、戏剧、散文和诗歌。

理论文章虽然不多，但涉及面很广，有些文章写得很有特色，如张天翼的《谈〈哈姆莱特〉》、《读〈儒林外史〉》就写得平易近人又鞭辟入里，发人深省。文章在分析《儒林外史》进步意义的同时能联系当时国统区的实际，手到擒来，涉笔成趣，尖锐泼辣。而前面研究鲁迅的文章，一篇全面地阐述了鲁迅在倡导中国新兴木刻中的伟大功绩，确切地论定“鲁迅先生是中国新兴木刻之父”（陈烟桥《鲁迅与木刻》）。而虹飞的《鲁迅地语言》在鲁迅创造新的文学语言的问题上作了探讨，认为“鲁迅在创造能听懂的民族文学语言新的结构的工作上，是有着特殊意义的。”此外，邵荃麟的《在伟大的胜利面前》很有见地，对今后文艺斗争的方向作了明确说明：文艺创作要密切结合当前的斗争实际，要争取言论出版创作研究的自由，同时，作为创作主体要更勇敢地投身于现实斗争，加强自己的战斗力量。这篇文章对指导当时的文艺运动和文艺理论建设做过一定的贡献。

《文艺杂志》创作版除了刊登中、长篇小说以外，还刊载了一定数量的短篇小说。这些短篇小说大多以控诉日本帝国主义的罪行和揭露国民党反动派的黑暗统治为题材内容，作者怀着对敌人的极大仇恨，对受苦群众的无比同情，写出了广大人民在抗日战争时期处于水深火热中的生活。较为有名的如巴金的《某夫妇》、蹇先艾的《孤人》、王鲁彦的《千家村》，这些小说都是以谴责日本帝国主义残害和屠杀人民的罪行为题材的。巴金的《某夫妇》写一对夫妇在抗战时颠沛流离，后来丈夫在敌机轰炸中死亡，留下的孤儿寡母生活在孤苦无依的悲惨生活中。但是，妻子没有被丧夫的现实击垮，而是寄希望于儿子，表示了坚决复仇的决心。蹇先艾的《孤人》形象地塑造了一个在大后方坚持抗战的孤人。这个人被战争夺去了妻子和儿子，母亲在沦陷了的家乡生死不明。他孤身一人流落到贵州仍不忘大谈抗战，但是他的行为不被一般人所接受，被他们称为"侯神经"，甚至被当地县长在孙中山纪念日赶下台。最后，他又走上了流浪的道路。这篇小说非常犀利地批判了那些在大后方浑浑噩噩、不知道国家当前岌岌可危命运的庸俗之民。其抗议之强烈、忧愤之深广在当时的小说中也是十分难得的。王鲁彦的《千家村》从更为宽广的角度来反映当时的现实，表现抗战的主题，时间跨度更长。从好几代以前的千家村，经过后来的一次一次的兵灾、火灾，人口和屋子都减少了。抗战爆发以后，这里经过三次战祸，最后只剩下一百多户，而且几乎每一户都是不完整的，这篇小说概括出百年来人民遭受灾难的历史，细腻生动地描绘出了一幅令人心惊的时代离乱图。小说中流露出了浓烈感人的爱国主义情感，是王鲁彦后期小说中不可多得的精品。

此外，有些小说表现了新的题材，体现出一种新的风貌。如茅盾的《过封锁线》写的是 1941 年日本人占领香港之后，东江游击队护送滞留香港的一两千文化人回内地的事件，小说详尽地描绘了一个青年战士细致认真、高度负责地护送“五个客人”通过两道封锁线的经过，显示了这个年轻人完美的精神世界。丰村的《老乾尖子当兵去了》写的是一个农民自动参加游击队去打敌人的故事。刘白羽的《希望》刻画了一个八路军排长的英雄形象；周而复的《地盂》反映了冀中地区的战斗情况，以上几篇小说，都是以革命根据地的新人新事为题材的。而胡树明的中篇《娜娜珂》，写的是我国留学生张瑞明和日本姑娘娜娜珂恋爱的故事。卢沟桥事变之后，张瑞明要回国，娜娜珂的临别赠言很有价值：她认为要从日本侵略者手中夺过鞭柄，那样老百姓的自由日子就跟着来了。列躬射的《雪地》，写了一个日本劳动者宁愿死在日本的监狱里，也不愿到中国来做刽子手的故事。

还有一些以回忆往事为题材的作品，王西彦的小说《古屋》、《深渊》、《连绵雨》，连续描写了一个封建地主家族的没落。芦焚的《期待》则用追叙的笔法，写出了一个革命者被暗杀于反动统治者监狱里的故事，控诉了反动派的残暴罪行。

《文艺杂志》创作版还刊登了几部戏剧，除了以群的《姊妹》较为明显地反映了当时的现实斗争以外，其他几部剧本因为受到国民党反动派的横加压制，而出现了某些离开现实斗争较远的题材和较为隐晦的表现方式。老舍的多幕歌舞话剧《大地龙蛇》因为旨在表现抽象的主题，人物只是作为表述概念的道具，因而导致剧本人物形象不够鲜明，主题不够深入。袁俊的三幕六场戏剧《美国总统号》，写的是一群中国旅客在一艘驶向中国的美国轮船上的种种情况，但笑料有余，鞭挞不足，与现实的联系不是那么密切。李健吾的《草莽》是写辛亥革命前后，一个草莽人由逃亡到成为革命领袖的经历，其间还穿插了一个爱情故事，有较强的传奇色彩，但对于抗战的意义也不是很大。陈瑞麟的《晚宴》改编自两个美国作家的作品，故事被安排在抗战之前的上海。剧本通过一个轮船公司经理的夫人宴请一个香港来的爵士为线索，描绘了资本主义社会中形形色色的人和事，局部反映出这个社会的黑暗与腐朽。

《文艺杂志》创作版还刊登了很多诗作，王亚平、任钧、臧克家、方敬、邹荻帆、李满红、邹绿芷、彭燕郊等著名诗人的诗作均刊登过。这些诗人以强烈的爱国主义精神，表达了反对侵略的决心和意志，在对祖国和人民遭受苦难而感到悲痛的同时，也表达了抗战必胜的信念和对祖国美好未来的热切向往。比较有代表性的有：吕耕亮“入伍日为千万同志而作”的《入伍》；芦荻塑造了一个勇敢勤劳的中国母亲形象的《母亲》；任钧的在今天的“生和死的搏斗中”，歌唱了“那最后战胜了敌人的日子”的《当那一天到来的时候》；姚奔的确信祖国的“土地是要解放的”，预示“新的世界在诞生”的《土地解放之歌》。这些诗歌总的主题都是歌颂抗战、歌颂祖国，诗人们对祖国光明的前途充满了信心。

此外，该杂志还刊登了大量写战争的诗歌，如许幸之的抒发对战争强烈感受的《火战》；臧克家的通过一个母亲对战斗在淮河岸边的女儿的思念，间接地写出了战斗情景的《月亮在头上》；姚奔和胡证同为战斗中遭遇挫折的同志而歌唱的《不灭的影响》、《我回来了》。

最后，该刊刊登了几首优美的抒情诗，邹绿芷的《关河草》两首，王亚平的《她呼唤着黎明》，是面对“黑暗的抗辩”，也是预示“光明的旗帜”，对祖国和人民唱出了感人的颂歌。

《文艺杂志》创作版还刊登了一些散文，尽管从数量和质量上讲都无法与小说和诗歌相媲美。但是也有几篇具有历史意义的文章。鲁迅的《势所必至，理有固然》，主要是批判“文学不是批判”和“为文学而文学”的资产阶级艺术观。因为是一篇遗文，公开发表，既有纪念意义，又发挥了战斗作用，十分珍贵。郭沫若的《伟大的战士，安息吧》为悼念法国作家罗曼·罗兰而作，表达了对这位杰出的反法西斯战士逝世的深切哀痛。

也有几篇作品的抒情色彩比较浓，周立波的《夏夜》写了抗战前革命者被囚禁在上海租界帝国主义监狱里的情况。蔡楚生的《两封无处投递的信件》抒发了对战乱中死去的父亲和弟弟的深切怀念之情。方敬的《雨夜：我想着》，以真挚浓烈的情感怀念从山东流亡出来的一群孩子。

（二）王鲁彦与《文艺杂志》

王鲁彦担任了杂志的编辑之后，工作非常认真，他主动给一些作家写信，向他们约稿，同时审稿和编排，花费了不少时间和心血，非常辛苦。王西彦曾经详细叙述鲁彦向他约稿的经过。1941 年 9 月初，王西彦收到鲁彦写给他的一封信，希望他给《文艺杂志》投稿，王西彦因当时正要摆脱《现代文艺》的编务离开福建去湖南，没有心情写稿，所以只写了一封短函说明原因。到了 11 月，王西彦又收到了王鲁彦的快信，催促王西彦快点写稿子，以便赶上第二期，而王鲁彦自己却“因病在医院里住了将近二月，开刀数次，现始见痊愈，不日即可出院”。身体尚在恢复期，即写信催稿，其热心可见一斑。过了几天，王西彦又接到了王鲁彦的一封信，告诉他第二期刊物要发稿了，要他把稿子从速寄去，在王鲁彦的催促下，王西彦终于写成了长篇小说《古屋》的第一部分。并把它寄给了王鲁彦，王鲁彦接到稿件之后，马上写了一封较长的信，告诉王西彦杂志第一期的阵容，开列了很多熟人的名字，并给王西彦预支了稿费。又说第二期已付印，第三期正在集稿，要王西彦再赶写一篇小说。一个刚出医院身体羸弱的人，在寒冷的冬天，忙于给相识的或不相识的朋友组稿和约稿，又来回奔波于家与印刷所之间，“把自己的全副心力都灌注在那个即将出版的杂志上面，我很有几分感动。”[①] 岂止是王西彦，凡是看到这段文字的读者都会感动。

在桂林这段时间，鲁彦给王西彦写的书信达十几封，大多是为了约稿和杂志发行的事情。据湘渠回忆，1942 年，当他再一次看到王鲁彦的时候，王鲁彦的身体已经开始发生明显的变化：

“有一次，他到艾芜先生家里，我们正在吃饭。他扶病前来，左手支

① 王西彦：《在魑魅的追逐下——记鲁彦的病和死》，收入曾华鹏、蒋明玳编《王鲁彦研究资料》，江西人民出版社 1984 年版，第 101 页 。

着一枝手杖，右手下夹着一束校样。我仔细看着他，果真不是第一次所见的鲁彦先生了。他的精神很委顿，背也有些佝偻，说话很缓慢。这个变化，使我惊讶。”

但即使身体状况这样差，工作还是非常认真。

“‘要一本杂志编得很好，确是不容易，’他一边坐下，一边说，‘内容充实固然重要，编排形式也不能马虎。’这天，他是从‘三户’印刷厂校对《文艺杂志》回来走到艾芜先生的家。那时，他的痔疮发得很厉害，行动异常不便。从他的住处走到观音山，约有五里路，实在是很费力的。但他不肯轻易把校对的工作委托给别人，这种认真负责的精神，使人永远难忘。”

“他走后，艾芜先生对我说：‘鲁彦对一切事情很认真的，他主编的杂志取稿很严正，形式也力求精美。所以《文艺杂志》一出版，便受到广大读者的欢迎，第一期还重版了一次。每期销路激增起来，他也更重视自己的工作。可是他的健康状况很不好，叫人担忧’”。[①]

这一点他自己在《给读者》这篇文章中作了详尽的阐述：

> 抗战以来，我们文艺工作者和千千万万的同胞在一起，无论在前方后方，都受着敌人大炮飞机的威胁。在这样不宁静的生活中，我们不但没有畏缩，却愈加奋励，只想以国民的身份，多对国家尽一点责任，有助于抗战，多用自己的笔，忠于自己所从事的事业。——这种种，我们的杂志就是最好的证明。
>
> 如果人说这杂志编得好，文章写得好，我们自然高兴，可是想到这上面所积聚着的数不尽的心血，感激的眼泪止不住要涌上来了。尤其是编者特别清楚：那几篇是在敌人的轰炸之下完成的；谁熬了多少夜的寒冷，文章写成，人却病了；谁正病得厉害，接到一个电报，挣

① 湘渠：《鲁彦琐记》，收入曾华鹏、蒋明玳主编《王鲁彦研究资料》，江西人民出版社 1984 年版，第 92 页。

扎着在床上翻起身来，和病魔搏斗着，完成了一篇稿子；谁又在兵荒马乱中，埋头案上；谁又因此度过了一个冷静苦寂的新年；……

为了忠实于自己的工作，为了与编者的友情，朋友们是费了够多的心血了。这虽然是出于朋友们的崇高的心愿，但编者在私情方面总觉得自己像一个罪人，怎样也无法使自己的心安静。这杂志的分量比较多，需要大量的稿子，编者因此常常在焦虑的等待着，不能宁静，可是每当谁的稿子寄到时，或者看见了谁在执笔时，又起了另一种心情。而现在，当这第二期发稿的一天，见到创刊号的出版，愈加不能抑制心中千头万绪的苦恼了。[①]

这三段话真切地描绘出《文艺杂志》的编辑们以及其他从事进步文艺工作的人们，工作的辛苦和勤劳。在炮火轰击下、在生病的时候、在寒冷的天气、在新年，总之，为了使杂志早点儿与读者见面，只要工作需要，人们可以放弃休息、放弃节日而辛勤工作。所以最后鲁彦叮嘱读者：“当你拿到这杂志时，请你多用你尊贵的心珍惜它，轻轻地多抚摸几遍吧，这上面是积聚着够多的宝贵的心血呵！”[②]

因为过分劳累，王鲁彦的病情加重了，到 1942 年 4 月出至 1 卷 4 期后，他的痔疮又复发了，被迫住进医院治疗，进行第三次手术。当时只是把它作为一般性痔疮治疗，其实此时王鲁彦已经感染了结核病菌，所以他的病变成了结核性痔漏，很难治愈。王鲁彦的痔漏症前后一共开了八次刀，直到他死，创口还是没有愈合。

但即使这样，也没有中断他的编辑工作，“他一面病着，一面仍然在为朋友写信（躺着写），在看着稿，在为杂志校对着。”[③]

---

① 王鲁彦：《给读者》，《王鲁彦文集》（叁）（散文），人民文学出版社 2009 年版，第 256 页。

② 同上。

③ 王西彦：《在魑魅的追逐下——记鲁彦的病和死》，收入曾华鹏、蒋明玳主编《王鲁彦研究资料》，江西人民出版社 1984 年版，第 106 页。

在王鲁彦最后的一段时间内，疾病一直伴随着他，他的病是因为居无定所、过度劳累、营养不良和卫生设施差引起的，应该说，也是那个社会造成的。为了更好地说明问题，下面笔者专列一节，谈谈鲁彦的病。

三　王鲁彦的病与病中的王鲁彦

1. 王鲁彦的病

王鲁彦第一次生大病是在1941年夏天，因为在柳州三江县柳庆师范教书时感染了瘴气，高烧几十天不退，这次病后，痔疮缠上了他，在做痔疮手术时，不小心感染了结核病菌，他的女儿在回忆文章中写得很清楚："因小刀口感染结核菌，五年就由肠、肺、喉头结核到全身结核而不治，那时没有特效药。"[①]

他的儿子王长安也有片段回忆："应是1940—1941年间，父亲应聘到丹洲柳庆（即现柳州师范）师范学校任教，全家从桂林迁到学校附近的板江镇一破庙的阁楼居住，方便妈妈任教和我和妹妹弟弟上学，父亲到丹洲学校去讲课要坐船来回，这样适应的日子过了没多久，不到两学期吧，灾难就降临到我们家了：一是父亲因水土不服得病，便秘而肛门裂口，被医生不当开刀治疗感染不收口，后转成肠结核，从此不治（那时还无链霉素），四年里，又扩展到肺结核，继而喉头结核失声，最后全身结核衰竭而亡。二是不到两岁的四弟不得已寄养而失散，那时父亲在丹洲医院住院治病，我（十岁吧）和妈妈轮流在医院陪护，四弟由好心街坊帮忙照顾。父亲要转回桂林治病时，想先暂时寄养，等父亲病情缓和后再来接回家。哪知贫病交加，再逢战争动乱，失去联系也无力接回。是以，丹洲之行，灾难临头，开始了我们家的'家

① 王莉莎：《忆起儿时父亲在世时……》，《王鲁彦文集·附录一》（伍）（长篇小说），人民文学出版社2009年版，第278页。

破人亡’。”[①]王鲁彦的病刚开始是作为一般的痔疮治疗，一直到 1942 年初才确诊为结核性痔漏，结核病在当时是绝症，很难治愈。

2. 与病魔搏斗中仍坚持工作

1941 年 9—11 月，他再次住院。刚一好转，他就给王西彦写信，催稿子。接到王西彦的稿子以后，王鲁彦立刻给王西彦回了一封长信，并给他预支了稿费，告知与杂志有关的一些事项，诸如作者阵营、印刷情况，为了赶时间，是“两家排三家印”的；又说第二期已付印，第三期正在集稿，要求王西彦再赶写一篇小说等等。这个时候，王西彦尚未与王鲁彦见过面，王鲁彦尚且如此热情，对于熟悉的知名作家，其热情就可想而知了。所以王西彦通过想象，得出了这样一幅图画：“一个刚出医院的病弱的人，苍白着脸孔，冒着寒冷的天气，奔走于家与印刷所之间，又忙碌于给相识和不相识的朋友写信约稿。”我相信谁看了这幅图画都会感动。

在 1942 年 3 月底，王西彦第一次与王鲁彦见面的时候，王鲁彦刚开过第二次刀，因为肛门疮口又发作了。王西彦是应王鲁彦的强烈邀请去广西的一个学校教书的，到了桂林的第一件事就是去探望王鲁彦，王鲁彦正病卧着。看到王西彦他很高兴，他告诉王西彦：“医院里开了刀，并不曾奏效。不过，只要创口不发作，跟健康人一样的。明天我陪你到七星岩去。”说这些话的时候，王鲁彦眼睛里有着小孩似的神情。那个时候的王鲁彦身体还不是太差，所以，还勉强能够陪王西彦到七星岩去游玩，尽管最后没有去，但是第二天晚上，王鲁彦在正阳路某酒家以《文艺杂志》的名义聚宴款待了包括茅盾和王西彦等在内的文艺界的朋友，王鲁彦谈笑自如，看起来完全像一个健康人。在席间，他把刚从印刷所拿出来的杂志分赠给朋友，大家对杂志的明天很乐观和充满期待，王鲁彦自己更显露出愉快和自

---

① 王长安：《片段回忆》，见《作家鲁彦和夫人教育家覃英文选》，http://luyanqinying.netor.com。（注：这里的王长安疑是王恩珂，因为王鲁彦与谭昭的儿子叫王长佑，自从王鲁彦与谭昭分手以后，一直在湖南湘乡，没有见过王鲁彦，根据这个片段的内容，与王恩珂的生活更接近，王恩珂那个时候已经有十岁，而且一直与王鲁彦与覃英一起生活）

信。第三天他找到王西彦的住处，两个人在江边散步的时候，王鲁彦把当时桂林文艺界的一些事情告诉了王西彦，态度很愤慨。“他说他的创办《文艺杂志》是对当时某种风气的挑战和反抗。”而且要多写作品。第四天，王西彦离开桂林去那个学校报到，天下着雨，王鲁彦冒雨到江边送行，匆促间还没忘记叮嘱王西彦多写稿子，最好是一个月写一篇。这个时候，王鲁彦家的经济状况开始出现了问题，一家子住在很狭窄的楼房里，三四个小孩拥挤在一起——最小的一个刚出生不久，家里的东西很凌乱，没有一点儿值钱的东西。可想而知当时王鲁彦及其家人生活之艰难。

对此，覃英的妹妹也有补充。她也是搞文艺的，与湘渠是同学，对王鲁彦的生活和工作很熟悉。有一次曾经这样给湘渠说：“他的生活很艰难，孩子多，单靠他一个人卖文来维持生活，最近，他又病了，真是贫病交迫，使他的性情也变得不好了。他常常一个人关在屋子里，不许别人吵扰，也不愿说话，和往常大不相同。平日他很喜欢交朋友，又爱好音乐，对世界语有特殊的兴趣，碰见年轻人，总是介绍这种语言，鼓励人家学习。他常说，年轻人最有希望，最宝贵，要帮助他们成长起来。其实，他自己就怀着一颗年轻人的心，对文学事业做不倦的努力。可是，生活无情地打击他，疾病又常常折磨他，使他的创作情绪受到很大的影响……”①

王鲁彦因病脾气变坏、性情发生变化的事，傅彬然也证实：“鲁彦也有他的弱点，容易动感情。近几年中，他的病越来越沉重，他的脾气越来越急躁，亲戚朋友们，怕他骂，甚至为此不敢去探望他。然而他的心是率真的。今年来心境的不安，完完全全是一种病态。”②

第三次住院开刀，是在1942年6月底。当时王西彦在广西那个学校生活上很不习惯，加上别的种种原因，心绪很坏，干了三个多月就辞职了。

---

① 湘渠：《鲁彦琐记》，收入曾华鹏、蒋明玳编《王鲁彦研究资料》，江西人民出版社1984年版，第93页。

② 傅彬然：《忆鲁彦》，收入曾华鹏、蒋明玳编《王鲁彦研究资料》，江西人民出版社1984年版，第76页。

他在回湖南东部乡间去的前夕，途经桂林，因为收到鲁彦的来信时发现字迹很潦草，想去看望王鲁彦。其实鲁彦在5月初又进了医院，那信是鲁彦在病中躺在床榻上写的。6月底，王西彦到桂林后就“到芙蓉路的一家私人外科医院去看望鲁彦。当时，他正在施行痛苦的手术，却红光满面，精神显得很好，一看见我便嚷嚷道：‘你来啦，快给我送只肥鸡来，要母的，医生说我需要补品!’”① 接着他们又聊杂志，他更加愤慨了，因为当时《文艺杂志》与发行该刊物的书店起了纠葛，王鲁彦详细地叙述了事件的起因和经过。病床前的桌子上，在大小药瓶中间，堆积着《文艺杂志》第五期的纸型，上面有王西彦的一篇小说《风雪》。王西彦一再地劝他注意身体，“‘唔’，他苦笑道，‘身体，不错，开刀这是第三次啦，医生说再过把星期就会好。且看吧，也许真会好的。’”②

因王鲁彦的热情相邀，王西彦从旅馆搬到了王鲁彦家隔壁菜园的一座空着的小楼房里，这样与王鲁彦的交往就方便多了，两位好友进行了详细的交谈。但是王西彦当时最担心的还是王鲁彦的生活现状，当时“因为杂志的脱期，医药费用的浩大，他的经济状况愈益窘迫了。四个孩子四张小嘴，连女佣人是七口之家，编辑费的收入一旦落空，在物价高涨的大城市里，怎么能够维持下去呢？他的妻子覃谷兰同志，每天要从东江的福隆街赶到桂北路的芙蓉医院照料病人，家里还放着一个未满周岁的婴儿，又得张罗粮食和医药费用，弄得憔悴不堪。”王西彦认为这样的现状，“不仅是一个杂志的生存问题，而且是一个家庭的生存问题了”。③ 所以，王西彦先到观音山去找艾芜同志商量，又去找书店的负责人，希望能够给予合理的解决办法。但是因为王西彦在桂林待的时间不长，对当时当地的人还不是很熟悉，所以，最终都没有得到相关部门的答复。王西彦感到很失望，于

① 王西彦：《在魑魅的追逐下——记鲁彦的病和死》，收入曾华鹏、蒋明玳编《王鲁彦研究资料》，江西人民出版社1984年版，第105页。

② 同上。

③ 同上。

是在王鲁彦出院之前匆匆离开了桂林。

第四次开刀，是在1942年7月，8月11日，王西彦收到鲁彦的来信，信中说道："……弟因第四次开刀，又半月不能行动，而病仍难速愈，决计日内出院了。……"同时信中还告诉他一些关于杂志的情况："近得友人支持，集款数万，并有经验丰富可靠的人任发行，除继续出版杂志外，拟出丛书。版税百分之十五，八千本以上者酌加，三个月一结账。一切求对得起作者读者，杂志内容与形式将有所改善。杂志社现已改名为'文艺杂志出版社'矣。……"[①] 收到这封信之后，王西彦很担心和焦灼，因为王鲁彦的病拖了三四个月毫无好转的迹象。对杂志的情况也很迷惑，从鲁彦的信中看出是一些喜讯，但实际情况怎样，又不得而知，所以，王西彦当时的心情是很复杂的。过了两个月，王鲁彦又给王西彦写信，信中"一反以前乐观自信的口吻，一开始便说，他出院已两月余，病乞未见愈，月初且又转恶，又在医院里住了一星期，现在虽稍有好转，行坐仍然不便；又说为杂志事，心绪恶劣至极，出版社本已筹备有绪，不意遭人威胁要挟，那位合作的友人不敢合作了，出版社不得不宣告流产。"又说："然弟朋友多，皆加支持，今又得集款五万元，已将二卷一期付印，丛书事仍在计划中，要看能否再集款五万元，大约必可成。事业既无法停止，移住湖南不可能，单送孩子来，以身体弱总不放心，只好暂时作罢。"[②]

王西彦此前曾经建议王鲁彦暂时离开桂林这个矛盾众多的文化中心，到湖南乡下去休养一段时间，小孩也送到湖南的难童保育院去（王西彦的夫人在那里任院长），以减轻家庭负担，自己也可以全心养病。可是王鲁彦没有答应。通过这封信，透露出两个重要的信息，一是王鲁彦对自己的疾病由刚开始时的乐观自信到现在产生悲观情绪，二是杂志的发行方面还是纠葛重重。在这样的情况下，要王鲁彦离开桂林去湖南养病，可能性就

① 王西彦：《在魑魅的追逐下——记鲁彦的病和死》，收入曾华鹏、蒋明玳编《王鲁彦研究资料》，江西人民出版社1984年版，第106页。

② 同上。

很小。

与这封信差不多同时，王鲁彦还给王西彦寄来一卷海印启示，共七大张，是报告杂志创办经过和跟书店发生纠葛的情形的。当时，《文艺杂志》第 1 卷第 6 期尚未印出，这件事在桂林闹得沸沸扬扬，连市政府都惊动了，市政府出面调解，结果是要王鲁彦依旧和原来的书店合作，再订第 2 卷合同，王鲁彦没有接受市政府的调停。于是书店与王鲁彦之间互相攻讦，纠葛始终无法得到合理的解决。王西彦写信劝告王鲁彦向书店让步，放弃一些不必要的争执。但王鲁彦接到信后，久久没有回信。一直到 1942 年 12 月，王鲁彦才再次给王西彦写信，告诉他病情转好了，2 卷 1 期的杂志已装订，是他独立印行的。出版社的工作还在进行，年内可以先送审两三本丛书，并催王西彦赶紧寄书稿去。并说最近搬了家，从东江福隆街搬到西外街来了，周围风景不错。

第五次生病，是在 1942 年年底。正当王西彦为王鲁彦各方面好转而高兴的时候，王鲁彦给王西彦的回信来了，王西彦看了以后心头一沉：

> 来信及书稿已收到，当即将书稿送审。杂志社事得兄鼓励相助，衷心甚感。惟弟殊不幸，杂志纠纷已了，社事始上轨道，个人忽患重病矣。盖前患肛门内症，据医云名属结核性，故累次开刀，至今未痊，且连创口亦不肯收复，前因未见有何特殊症候，仅请医听诊数次，并作痰与血液之检查，结果皆无所得，未与重视。乃近两星期忽患咳嗽，喉痛，嘶哑，夜热，昨作 X 光透视，则证明系两肺尖发炎，喉医检查，则又认为喉头结核并症。病情严重。眼前倘能平安度过，据云亦须静养半年，现医生已禁止工作与谈话，心中殊苦……①

过了几天，王西彦又收到王鲁彦写来的短简，其中关于他自己的病是

① 王西彦：《在魑魅的追逐下——记鲁彦的病和死》，收入曾华鹏、蒋明玳编《王鲁彦研究资料》，江西人民出版社 1984 年版，第 108 页。

这样写的：

……弟病已多方证明系肺结核。现隔日注射葡萄糖钙一次。药费甚贵、不知能打几针，亦不知能见效否耳。[1]

从这两封信中，可以看出，王鲁彦的病已经很严重了，而且是多处感染结核病菌，当时，抗日战争正进入相持阶段，前方后方都是缺医少药，物资极度匮乏。而且结核病在20世纪40年代还是绝症，没有根治的药物，重点靠休养和营养，有些药物非常昂贵。王鲁彦不是富人阶层，没有时间休养，也没有钱买营养品。他拖着一大堆孩子，他们每天都需要营养，王鲁彦必须为养活他们而努力工作，所以，一时间生活陷入穷困窘迫，其心境也十分凄楚绝望。王鲁彦的身体状况自然也影响到了杂志的情况，第2卷的内容显然比不上第1卷。王鲁彦是一个有点儿孩子气的人，平时只要有一点儿高兴的事他都会告诉朋友共同分享。就在12月份，他刚从东江福隆街搬到西外街紫朱巷的时候，他还写了一封长信给王西彦，把自己的住处详细地描写一通，差一点儿把它说成是人间仙境，字里行间充满了一个小孩子天真无邪的感情。可是，自从得知自己多处患结核病之后，王鲁彦的心情开始发生变化，他的信变得越来越短。对此，王西彦十分不安和担心。

第六次生病是1943年4月间，当时王西彦又收到了鲁彦的一封信，信中告诉他：

来书久未复，以诸事不如意故，劳远念甚歉。弟病仍如故：喉哑，咳嗽，隔日发烧。此间不乏名医，但多固执为肺结核，除疗养以外云无他法，对咳嗽发烧也未能制止。弟疑病不简单，发烧犹似疟

[1] 王西彦：《在魑魅的追逐下——记鲁彦的病和死》，收入曾华鹏、蒋明玳编《王鲁彦研究资料》，江西人民出版社1984年版，第109页。

疾，乃医多不听，盖未能尽心尽力为人医治也，弟自发病至今，已逾三月，病状未见减轻，颇为绝望。且住在桂林，烦恼生气之事太多，殊难静养。……人多云此间医药便利，不宜离开。实则弟已屡为医药所误矣。且家中吃饭人多，米价近已狂涨八百，有趋千元之势（梧柳早过千元），维持为难，心中苦虑，亦实非疗病之道，奈何奈何？[①]

从这封信中，可以得知王鲁彦这次生病又生了三个多月。虽然这里没有提及开刀之类的话，但是王鲁彦的心境发生了变化，开始对自己的疾病产生绝望的心理。俗话说，英雄只怕病来磨，本来乐观、自信，带有点儿小孩子脾气、喜欢音乐的王鲁彦，因为长期的病痛，生活的重压，环境的恶劣，性情开始发生变化，开始埋怨医生未能尽心尽力为人诊治。

在这封信中，王鲁彦进一步提到："今年出版界不景气，读者购买力弱，银根紧，成本高，桂林出版社已有数家倒闭。文艺杂志社前曾集有股款六万元，一方面因受总经售书店之影响，三期竟至无法取出。结果只得解散，交与侨兴出版社代印代发。"王西彦的小说《风雪》因为耽搁良久也交给了×××所办的×××书房了。书信的最后表达了自己想到湖南乡下去养病的愿望。

王西彦收到这封信以后很焦急，他不愿意自己的书稿由不相识的人来印，于是他5月初就跑到桂林去了。

王西彦的到来，"使病人大感兴奋。他重新穿衣起坐，忘记自己的痛苦，微笑着向我道着欢迎。可是，他声音瘖哑，人瘦了，须发却长了。在昏黄的油灯光下，一望而知，病魔已经残酷地夺去了他的健康。"

"你来啦，"他竟下床来了，"你才来，这两天，我天天拿了望远镜向车站那边张望，刚才还和谷兰谈到你——呃咳咳！你才来……"

妻子覃谷兰生怕鲁彦累着，想代替鲁彦讲话。

① 王西彦：《在魑魅的追逐下——记鲁彦的病和死》，收入曾华鹏、蒋明玳编《王鲁彦研究资料》，江西人民出版社1984年版，第110页。

“不，我要自己讲，我非自己讲不可！——呃咳咳！我闷够了，我要讲！呃咳咳！我自己要讲……”

久病在床，与社会隔绝，来了一个朋友，其高兴劲儿可想而知。就这样，鲁彦“用微弱而暗哑的喉音，说出版社的成立和解散，说杂志的将来，说自己的病情。他语调迫切，情绪兴奋，虽然不时为咳嗽所阻，却仿佛有千言万语，需要不待选择也不能节制地倾吐出来。说到后来他几乎手舞足蹈起来了。”[①] 鲁彦当时的行为完全像一个小孩子，可见其内心的激动和快乐。鲁彦还告诉王西彦：冯雪峰也来到了桂林。

冯雪峰与王鲁彦 1925 年在北京的时候就结下了深厚的友谊，1936 年冯雪峰被中央派到上海工作时，王鲁彦与他也有多次的接触，并一起参加鲁迅的治丧和出殡工作。冯雪峰 1941 年被金华宪兵逮捕之后，关押于上饶集中营达两年之久。在上饶集中营里，冯雪峰患肋膜炎，他的难友，一个新四军的军医，凭一把剃刀，一碗清水，在牢房的地上，给冯雪峰做手术，连麻药也没有用，就把冯雪峰的两根肋骨抽掉了。[②] 而覃英同志的回忆稍微有所出入：“记得雪峰当时曾亲口告诉我们，在上饶集中营，他肺病加重，再加胸部伤口溃疡，已经奄奄待毙。国民党的匪徒见他昏迷不醒，误认为他已经死去，把他丢在破庙里。幸亏难友发现了他，用竹片刮去他胸口的烂肉和脓血，把盐水浸的布带裹在他胸前，才把他从死亡线上抢救过来。后来经党组织营救，得以脱离虎口。当时鲁彦正好也患肺病，听了雪峰的这席话，就和他抱头痛哭，雪峰同志还解开衣服，让我们看他胸前的伤疤。”[③] 这次他从上饶集中营被营救出来，路过桂林到重庆去。

王鲁彦当时已经被病魔折腾得几乎绝望和发疯了，冯雪峰的到来，无异于一股山间清风、冰天雪地里的火苗，使他高兴得像个小孩儿，手舞足

---

① 王西彦：《在魑魅的追逐下——记鲁彦的病和死》，收入曾华鹏、蒋明玳编《王鲁彦研究资料》，江西人民出版社 1984 年版，第 112—113 页。

② 冯夏熊：《父亲留给我的》，《诗刊》1979 年第 7 期。

③ 刘增人，陈子善：《鲁彦大人覃英同志访问记》，收入曾华鹏、蒋明玳编《 王鲁彦研究资料》，江西人民出版社 1984 年版，第 138 页。

蹈忘记了自己的病痛，王鲁彦的这些行动把孩子们都惊醒了，他们揉着惺忪的睡眼，躲在门后面偷看。这一晚，王西彦听到很久很久之后还有王鲁彦的剧咳声传来。

第二天，王鲁彦用一副喷雾器，用药水喷射了一通喉咙，开始跟王西彦长谈。有时觉得自己的声音太轻，不足以表达清楚自己的意思时，就用笔写。重复完昨天晚上的内容以后，他们终于转入正题，关于出版家不可信任这件事上。王鲁彦因为此前与某一书店为了杂志发行的事情有过很多纠葛，所以对一些出版家产生了一种不信任感，而王西彦认为应该因人而异，不能一概否定，朋友之间要互相谅解。

后来王西彦在丽君路邵荃麟家里的后楼上与冯雪峰见了面，回来把见面的情况与王鲁彦讲，鲁彦高兴得像小孩儿似的，又对当时的局势大发了一通牢骚。

这个时候，出版社与文艺杂志社之间又出现了问题，“杂志社与出版社的关系，名义上虽为总经售，实际上却由侨兴出版社出资印行，杂志社只按月领取编辑费和稿费，由杂志社将稿费分寄给作者。”[①] 当时出版界一种流行的做法是在经营一家出版社的同时，另外开办出版社，侨兴的经理们也这样做，他们另外假设了一个出版社，然后用侨兴的钱付印刷费、编辑费和稿费，再拿现成的杂志批卖给侨兴，一转手之间，截取了发行杂志的全部利益。后来侨兴的大老板有点察觉了这件事，开始清理公司账目，那个假设的出版社就解散了，自然，就没钱来买纸，付印刷费、编辑费和稿费了。这一事件对《文艺杂志》的影响特别大，第五期全部打样校对完毕，打成纸型，侨兴出版社却不送到印刷所，并连编辑费都不发了，一耽搁就是半个多月。接编不久的王西彦天天跑侨兴出版社与正经理交涉，副经理隐匿不见，半个月以后，副经理辞职，王西彦被聘为出版社编辑，为了杂志，和王鲁彦商量之后，就去屈就了。但是，因为如前所说，出版社

① 王西彦：《在魑魅的追逐下——记鲁彦的病和死》，收入曾华鹏、蒋明玳编《王鲁彦研究资料》，江西人民出版社 1984 年版，第 115 页。

的正副经理和出纳瞒着大老板另开了一个出版社，然后用转手的办法赚取相关的费用。所以王西彦进这个出版社还是解决不了杂志发行延搁和拿不到编辑费和稿费的问题。

虽然作家们没有什么责备的话，但是王鲁彦却开始自责，因此而发烧，病情骤然加重，被送到医院里去了。这场病，对于王鲁彦家里，无异于雪上加霜，可以说到了极端困难的地步，没有医药费，连买米的钱都没有，女工辞退了，孩子辍学了，饭由三餐减为两餐，妻子覃谷兰身兼病人的看护、孩子们的母亲、家庭的主妇和女工，整天为了一家人的生存而东奔西走，其劳累可想而知。王鲁彦也被当时的状况搞得心情很糟，脾气越来越坏，坏到不可理喻的地步，于是病情的好转就变得越来越渺茫了。

王西彦自己的书稿花了很大的力气终于要回来了，但是王鲁彦的自选集就再也要不回来了。副经理依然不露面，账目也一直查不清楚。拿到钱的肥定了，而鲁彦的病却更沉重了。从这件事中，可以看出当时出版界某些卑鄙和丑恶的现状。正直的王鲁彦和没有社会经验的王西彦又怎能是他们的对手。[①] 王西彦一生气就离开杂志社回湖南去了。

这次生病，王鲁彦家已经一贫如洗："桂林文协发起了募捐，艾芜特地写信给浙江文友，报纸上曾著文倡议捐助，由于当时文人都很清苦，集款不多，汇去济急也只呈杯水车薪。这年底，鲁彦挣扎着编竣 3 卷 1 期《文艺杂志》，再也无法继续工作了。"[②]

所以，王西彦离开桂林不久，王鲁彦把《文艺杂志》的事务交给端木蕻良，离开之前，在《文艺杂志》上登了一则启事：恳切希望"海内作家友好及千万读者……不断爱护本刊……使杂志得一秉初衷，为中国文化作诚朴之耕耘。"字里行间流露着真情实意，表现了对文学事业高度的热情

① 王西彦：《在魑魅的追逐下——记鲁彦的病和死》，收入曾华鹏、蒋明玳编《王鲁彦研究资料》，江西人民出版社 1984 年版，第 116 页。

② 李军：《王鲁彦生平及其著译略述》，《宁波师院学报》1984 年第 3 期。

和负责精神。之后，才与妻子一起来到了湖南茶陵，当时覃谷兰已经接受茶陵二中的聘书。他们三个较大的孩子，也被送进湖南攸县宋庆龄办的难童保育院（王西彦夫人当院长）。据王鲁彦的女儿王莉莎回忆：他们几个入保育院已经不是第一次了，每次只要有可能，王鲁彦总是把他们接出来，共享天伦之乐。这一次也不例外，当三个孩子被送到攸县保育院后，王鲁彦才不顾一切地把《文艺杂志》的一切事务交给端木蕻良，自己和妻子来到了与攸县相邻的茶陵，这样可以离孩子们近一点。三个小孩在保育院里生活得也很艰难，“生疥疮，长虱子、饿肚子是常事。”王鲁彦当然知道这些情况，所以只要有机会就把孩子接回家，“他对儿女的情感，在他给王西彦的最后一封信（1943.10.16）里有表述：‘儿女过于稚弱，今忽远离，恍如弃之，心中愧恨，梦魂难安。’他是因我们先在攸县而去到相邻的茶陵的，把我们都接回了家，全家又有了欢乐，也才有了一起逃难。我们每每想到父亲这几句话，就潸然难忍，这时的父亲已常躺在床上，妈妈教书，我带弟弟、做家务。病中的父亲教我削竹针织毛衣，教我们去池塘边挖蚯蚓钓青蛙，剥下皮来蒙在竹筒上当鼓打，还说如果有弦可以做把胡琴了；还教我和哥哥捉柳蚕抽丝做钓鱼线，父亲喜欢钓鱼，却不吃的。这时的他，是否又想起了他自己的故乡的‘阿成哥’和童年钓鱼虾的愉悦？呵！故乡早已沦陷，音讯全无，可故乡童年的记忆，留在他的作品中，他多么希望我们的童年也快乐着。”①

得知王鲁彦到了茶陵之后，王西彦马上给鲁彦写信，第一封回信是由覃谷兰写的，告知王西彦王鲁彦很想念孩子们。第二封回信是王鲁彦自己写的，写于1943年10月16日：

六日快信收到，医生知我的病，故累次劝我不再工作，不再讲话。我今喉哑已十个月，自己亦越来越惧怕，所以终于离开了桂林，

① 王莉莎：《忆起儿时父亲在世时……》，《王鲁彦文集·附录一》（伍）（长篇小说），人民文学出版社2009年版，第278页。

来此亦非乐土，无非可以略避烦扰与经济的煎迫，勉求温饱之外，希望能有益于身体而已。今幸尚有绵力自作摆布，且得友人之助来到茶陵。因初到稍感不适，又遵医生节劳之嘱，故许多信未写，或由谷兰代写。杂志事我离桂林前均已安排好，三卷一期都已编好审好发排。以后由端木蕻良接代，所有稿件均交端木。关于杂志，我从此告一段落，自问亦已问心无愧。病中不拟再提这些麻烦事，病好了，再计划更有意义的工作。我现在所最关切者乃是孩子们。儿女过于稚弱，今忽远离，恍如弃之，心中愧恨，梦魂难安。此间景物甚美，明春如得病愈，当约兄来此度暑。……①

这也是王鲁彦写给王西彦的最后一封信，从信中可以看出，王鲁彦对于一些杂事已经看开，而且也豁达地放弃了，对于自己的病也不是很悲观和绝望了，但是对于离开自己到难童保育院去的三个孩子念念不忘，字里行间流露出一种自责和深刻的思念。

后来王西彦给王鲁彦写信，都是覃谷兰代笔，报告一些简单的生活情况而已。到了11月，王鲁彦忽然托人到难童保育院来接孩子，王西彦从这个人那里打听到，王鲁彦的病不但没有好转，反而因为缺医少药、营养跟不上而更严重了。家庭的经济状况也越来越糟，虽然《文艺杂志》在桂林继续发行，但拿到的款项很少，根本无法解决目前的经济困难。这一次他只接回去了两个孩子，最大的那个孩子谢绝了父亲的好意。

王鲁彦在湖南生活了半年多，到1944年5月初，“他的病更加沉重了，肌肉羸弱不堪，已经不能躺着写信，虽曾住过一次院，但因没有钱，不久便出院了。”②

正在这时，湖南战争爆发，“日军发动第三战场的第二战役，从江西

① 王西彦：《在魑魅的追逐下——记鲁彦的病和死》，收入曾华鹏、蒋明玳编《王鲁彦研究资料》，江西人民出版社1984年版，第120页。

② 同上书，第121页。

进攻湖南，茶陵首当其冲。五月中茶陵开始疏散，鲁彦所住的茶陵中学停学解散。"① 王西彦避难到茶陵，就去看望病重的鲁彦。"……病人完全变了，躺在床上，几乎是奄奄一息了。原来红润的脸孔，变成瘦削而苍白；须发蓬松，两眼深陷；伸出的胳膊和腿，只剩下皮包骨，好像枯柴杆子。看见我时，微微一笑，眼睛里随即闪现出隐约的泪光。"

"你……来啦，"声音微弱得几乎听不见。

此时的王鲁彦对战事的认识还是很清晰，认为日本人一定会打到茶陵。对于自己的病情，因为曾经昏厥过几次，所以很悲观，认为要痊愈是不太可能了。王西彦安慰他，让他不要焦虑，慢慢会好起来的。但他否定了。他知道在前后几年中，有十几位作家都死于肺结核，他也无法逃脱这个命运。

王西彦第二次去看他的时候，王鲁彦正在发烧，这时任何安慰都是徒劳的，两人默默对坐了一会儿，就分手了。

因为王鲁彦和家人在茶陵原无亲属，只得重返桂林。几天之后，王西彦突然接到覃谷兰的来信，说他们打算冒险冲过衡阳去。虽然变卖了家里所有可以变卖的东西，但仍然不够，希望王西彦能够想想办法，王西彦临时想方设法借了一点儿钱，又写了一封信，一起送给奄奄一息的王鲁彦。②

在回桂林的路上，"幸得到茶陵中学两个学生的扶持，还得到开明书店陆善涛的资助。"③

"当战火逼近，我们卷入大撤退的洪流：躲警报、逃难。记得在衡阳车站，他的学生带我和哥哥挤上了另外一节货车，和前面父母的车脱了钩分开了，我们大哭大叫，待车停下来，我们即在人山人海的车站寻找父

① 覃英：《鲁彦生平和创作简述》，《中国现代作家选集——鲁彦》，人民文学出版社 1992 年版，第 262 页。

② 王西彦：《在魑魅的追逐下——记鲁彦的病和死》，收入曾华鹏、蒋明玳编《王鲁彦研究资料》，江西人民出版社 1984 年版，第 122 页。

③ 覃英：《鲁彦生平和创作简述》，《中国现代作家选集——鲁彦》，人民文学出版社 1992 年版，第 262 页。

母，突然看见父亲躺在一家小店门外的竹椅上，我们欢叫着跑过去，他抱着我高兴地流泪了，沙哑地说：'我以为再见不到你们了'。这是我第一次见到父亲流泪。"

"抗战时期的桂林，是文化精英聚集的地方，父亲抱病主编大型刊物'文艺杂志'，母亲做发行兼编辑校对。战火逼近时，他已病重，有朋友劝他留在敌后偏僻边远地区养病，但他不愿脱离抗战主体，硬是挤上最后一班汽车，在已开始有意破坏的公路上从茶陵出来辗转去了桂林。这一路'逃难'一言难尽的折磨，不仅衣物丢弃，他的手稿（其中有尚未出版的长篇《野火》二部和译著《法老》）也被烧毁。他自己到桂林时真是'一息尚存'了，眼见不能全家撤离，就叫我和大弟去丹江朋友家寄住，三弟已先在丹江了；临别时，父亲拉着我的手，削瘦的脸上淌满了泪水，微弱地说：我再也见不到你们了…… 我和大弟走出门外，觉得自己已是一个孤儿；看着七岁的大弟，又觉得自己是一个大人了……"①

经过这次艰难的跋涉，加上国事日非，忧患交逼，王鲁彦的病情明显加重了。

第四节　在贫病交迫中去世

一　王鲁彦的死及悼念活动

虽然王鲁彦的身体已经很差，但是如果不是战争导致缺医少药，物资极其匮乏，病人连起码的生存条件都没有，更不用说营养品之类的东西，

① 工莉莎：《忆起儿时父亲在世时……》，《王鲁彦文集·附录》（伍）（长篇小说），人民文学出版社 2009 年版，第 278—279 页。

他的病情不至于发展得这么快。或者说，日本鬼子不打到湖南，让他有一个短暂的安静的休养环境，不让他千里颠簸逃命，也不至于这么快就殒命。作家中与王鲁彦类似的还有萧红，太平洋战争爆发的时候，萧红刚好做了咽喉开刀术，结果是躺在担架里逃难，最后被战争夺去了生命。王鲁彦也是如此，正当他在茶陵养病、身体稍微好转的时候，湘北战争突然爆发，日本人逼近茶陵，茶陵二中被迫解散。在开明书店陆善涛先生的帮助下，王鲁彦一家辗转千里，一路上颠沛流离、历尽千辛万苦，才重新回到桂林。身处重病中的王鲁彦一路上颠簸动荡，又处于这种国破家残，一家老小啼饥号寒的惨状当中，其心情、身心都受到了很大的影响，病情自然就急剧加重。1944 年 7 月回到桂林时，已奄奄一息，不能正常地起坐，因为没有钱医院不肯治疗，只得住到一家疗养院，终于在 1944 年的 8 月 20 日下午一时许病逝在桂林疗养院。临死时，动过七八次手术的痔疮还未收口，肺部溃烂一直蔓延到喉头，当时的场景令人惨不忍睹。而且，死后，连成殓的衣服也买不起。距离抗战胜利不到一年的黎明前最黑暗的时候，才 44 岁的王鲁彦，就这样怀着对人生的不甘、对孩子的牵挂离开了人世。如果假以天年，必定还可以做很多有益于社会、人民的事情，创作出更多的给读者带来启迪和愉悦的文学作品。女作家萧红临死时感叹："留得半部红楼给别人写"，王鲁彦何尝没有这样的遗憾，他想再写一部恋爱小说，他打算扩大杂志社，改办出版社，这一切也只能留给别人来完成了。虽然在那个全世界人民都如草芥般受到屠戮的时刻，在中国处于抗日战争最艰苦、最黑暗的前夜，一个作家的死算不了什么，但是，作为一个个体，作为一个对中国现代文学做出过贡献，为人夫、为人父的男人，他的死还是会引起很多人的悲伤的。

王彦去世时的情况，覃英记述得很清楚："鲁彦病逝时，日军已开始进攻桂林，桂林文协早已疏散，作家们大都前往柳州。但为料理鲁彦后事，他们又冒着危险重聚在桂林。邵荃麟、曾敏之、端木蕻良、司马文森等同志四处奔走，在报刊上登讣告，撰写悼文，发起募捐，救助遗孤。经过一番努力，文艺界的同志终于在四四年八月底的战火中为鲁彦举办了追悼会，记得参加者有200多人，由邵荃麟同志致悼词。会后，桂林文协在七星岩买下墓地一块，为鲁彦营葬，墓碑上刻着：'作家王鲁彦之墓'。那浅浅的坟墓，背山面水，环境清幽。”[①] 鲁彦的女儿王莉莎在回忆文章中进一步印证母亲覃英的话：“直到全国解放，母亲才告诉我们当年父亲逝世的情况：因为没有钱，母亲再三求助之下也不能留医，而父亲执意不让她求情，后住进一所疗养院，临终时骨瘦如柴，母亲坐在床边，已然没了眼泪。”[②]

王鲁彦的生前好友邵荃麟也在回忆文章中，对王鲁彦逝世前后一段事实也作了补充：

> 鲁彦是七月初抵桂的，到桂次日，我去看他，觉得比去年坏了很多，瘦得不成样子，喉头患了结核，说话很不容易。他告诉我（《文艺杂志》——编者）上了人的当，弄得十分混乱，非常懊悔……
>
> 鲁彦到此时，只剩九百元，情形极其狼狈，他的病因此次路上太辛苦——走了十二天，在敞车上睡了四天四夜——便突然变严重。当时朋友们替他筹募了两万元请医治疗，后来又电你们设法，得到“文协”援助贫困作家基金的接济后，才算把他送入医院。但因针药太贵，几乎天天要找钱应付。到了七月十七日下午，病势突呈危象，即晚，他太太跑来找我，我次晨去看他，已不能言语，身体瘦得皮包骨头，宛如骷髅，叫人惨不忍睹！但他极力希望活下去，叫医生替他打葡萄糖……次晨，我正要去看他，到了半路，报丧的已经来了。我立即电“文协”总会请拨治丧费，一面由书业公会募了两万元，总算把

① 刘增人，陈子善：《鲁彦夫人覃英同志访问记》，收入曾华鹏、蒋明玳编《王鲁彦研究资料》，江西人民出版社1984年版，第136—137页。

② 王莉莎：《忆起儿时父亲在世时……》，《王鲁彦文集·附录一》（伍）（长篇小说），人民文学出版社2009年版，第278页。

丧事料理过去了。在我到医院以前，连入殓的衣着都无钱购买！一个文人下场如此悲惨，尚复何言！

殡仪已于前晨举行，尚庄严肃穆，文艺界到的约六七十人。现安葬在星之岩前面。墓碑及墓志铭尚待请人撰书。……将来尚请“文协”总会替他募集一些子女教育基金。……[①]

这是邵荃麟作为当事人，在王鲁彦逝世前后的一段亲身经历，里面记载的当时场景、病人情况实在感人。邵荃麟忍不住把这些情况写信告诉了另一位朋友。不过这段文字中有一处与其他人的说法不一致，即王鲁彦逝世的时间，公认的说法是1944年8月20日，可是邵荃麟说成是7月19日，前后相差一个月零一天，应该是记忆错误，因为8月20日农历是七月初二，也不是7月19日。不过从邵荃麟的回忆文字中看出，王鲁彦当时是进了医院的，文协也给予了一定的经济援助，只因病情太严重，一点点钱解决不了问题，才导致病情加重。

王鲁彦逝世的时候，尽管日军已经逼近桂林，很多人已经疏散，可是当听到这个消息以后，有200多人冒着危险赶回桂林，参加相关的悼念活动。桂林的新闻界也及时地动员起来，多家报纸从不同角度报道这件事情。为了更好地说明问题，这里把当时的五条消息摘录如下：

(1)《新华日报》报道：

桂林各界筹备追悼王鲁彦，文协电唁王氏家属

(中央社桂林二十二日电)作家王鲁彦昨天逝世后，当即入殓，今晨出殡，暂葬桂林星之岩之阳。桂林各界正筹备追悼中。

(中央社讯)作家王鲁彦在桂病逝，中华全国文艺界抗敌协会，

① 邵荃麟：《关于鲁彦的死及其他——〈青文〉书简》，收入曾华鹏、蒋明玳编《王鲁彦研究资料》，江西人民出版社1984年版，第67—68页。原载1944年10月《青年文艺》新1卷第3期。

二十三日特去电吊唁其家属。

（原载1944年8月24日《新华日报》）

(2)《大公报》（桂林版）报道：

追悼王鲁彦筹备工作积极进行

（本市消息）作家王鲁彦病逝于桂林疗养院后，灵柩定今日上午七时出殡，暂葬于星之岩之阳，文化界人士及王氏亲友将前往执绋。关于王氏遗孤之教养，将由桂林文协发动文化界尽力援助，其生前主编之《文艺杂志》，拟将交由全国文协总会继续出版，以一部分所得做王氏儿女教育基金，昨日文协在广西省立艺术馆召开紧急会议，商讨追悼大会事宜，当即推定“王鲁彦先生追悼会”之发起人，并组织追悼会筹备会，选出欧阳予倩、陈纯粹、邵荃麟、钟期森、周钢鸣、魏志澄等为负责筹备人，进行筹备工作。

（原载1944年8月22日《大公报》（桂林版））

(3)《桂林日报》报道：

1944年8月20日追悼作家鲁彦

桂林文协

1944年8月20日鲁彦殁于桂林，当时桂林正处于沦陷前夕和紧急疏散之际，仍聚集了文化界二百多人举行了鲁彦逝世追悼会，由欧阳予倩主持，邵荃麟代表全国文协致悼词。消息与悼词全文发表在当时的《桂林日报》。

（原文1944年8月21日发表于桂林，《桂林日报》）

(4)《大公报》（桂林版）再次报道：

王鲁彦灵柩昨日下葬文协会举行公祭

作家王鲁彦病逝后，其灵柩已于昨晨七时出殡，桂林文化界人士前往执绋者约百人，出殡前曾举行公祭。在祭仪中，欧阳予倩代表桂林文协致悼词，语极沉痛。嗣由王氏妻儿致答谢礼，灵柩即移行，墓地在星之岩之阳。至追悼大会，筹备会定今晨开会，商讨进行事宜，各界如致送纪念礼物，将由大时代书局代收。

（原载 1944 年 8 月 23 日《大公报》（桂林版））

(5)《大公报》（桂林版）第三次报道：

桂市文化界追悼王鲁彦

（本市消息）作家王鲁彦之追悼会，昨日下午一时假社会服务处礼堂举行，到各界二百余人。礼堂布置极为肃穆，中悬王鲁彦画像，左悬其创作年谱目录，并有王氏生平照片。各界致送之挽幛数十幅，大会仪式开始时首由主席欧阳予倩献花圈并即席致词，谓王氏毕生从事文学事业不因贫困而移去之精神□致赞佩，并勉文化工作同志愈加团结与努力藉□其在天之灵。词毕继有社间□来宾刘□□、邵荃麟等先生演说，词毕，即有王鲁彦夫人覃谷兰含泪致答词，谓因鲁彦之死，已减少生之勇气，□抚养遗孤，承死者遗志，则责有未完，今后当善□未亡人之责以报答社会人士援助□怀鲁彦之至意。词毕大会迄三时散。

（原载 1944 年 8 月 31 日《大公报》（桂林版））

(6)《大公报》（桂林版）第四次报道

王鲁彦家属鸣谢

王鲁彦先生生前死后，多承各界友好或赠医药或赐唁慰□情，高谊存殁均□此致谢。

王覃谷兰率子

王恩珂　王恩悌　王恩琪

女　莉莎鞠躬

（原载 1944 年 9 月 8 日《大公报》（桂林版））

这六则消息从不同角度报道了王鲁彦逝世之后，相关方面的反应以及行动：有的侧重于报道王鲁彦逝世以及丧事举办的情况；有的侧重于报道筹备追悼会的情况、遗孤的安排和他生前主编的杂志的安排；有的侧重于报道追悼会现场的情况；最后一则报道家属的态度。其中第五则因年代久远，有脱字现象。

“得知鲁彦病逝，敬爱的周恩来同志十分关注，亲自发来唁电，安慰家属，叮嘱要‘善抚遗孤’，并请冯雪峰同志转送我们抚恤金伪法币一万元。周恩来同志还亲自安排要都匀、昆明、贵阳等地负责护送文化人的招待站把我们接往重庆。”①

当时在重庆的茅盾也特意致函全国抗敌文协秘书梅林，表达对鲁彦逝世的悼念之情。

1944年10月13日至梅林

梅林兄：十日曾进城，因时间不够，未及访晤，回乡后便又伤风，十六日鲁彦追悼会恐不能参加矣。兹奉上国币壹仟元，请转致鲁彦夫人，区区之数无济于事，聊表微忱而已。并请对到会各朋友代达弟因病不能参加之意，至为感荷。专此并颂

俪福

弟沈雁冰上

十月十三日

附汇票壹纸计国币壹仟元正②

茅盾与鲁彦都是浙江老乡，当王鲁彦在文坛小荷才露尖尖角的时候，茅盾就十分关注他创作的进展，1928年，茅盾专门写了一篇《王鲁彦论》，对于王鲁彦小说的特点和不足作了正确的评论和及时的引导，这对于王鲁彦的创作影响是很大的。此后，茅盾虽然没有再写相关的评论，但仍然一直关注王鲁彦的创作和生活。王鲁彦只要有机会，也总是想方设法去拜访

① 刘增人，陈子善：《鲁彦夫人覃英同志访问记》，收入曾华鹏、蒋明玳编《王鲁彦研究资料》，江西人民出版社1984年版，第136页。

② 邓牛顿：《书简说明》，《上海大学学报》1996年第4期。

茅盾，他们之间的友谊是很深的。王鲁彦英年早逝，茅盾内心的痛苦是可想而知的，可是，因为身体的原因不能亲自前往，只能以书信代为表达自己的遗憾和哀痛之情。

好友文怀沙，后来成为国学大师，当代著名思想家、哲学家，红学家；吟咏大师，新中国楚辞研究第一人，有活屈原之誉。著有《宝学概论》、《离骚今绎》、《九歌今绎》、《九章今绎》、《招魂今绎》、《屈原集》、《文怀沙序跋集》等，现为中国诗书画艺术研究院名誉院长，上海大学文学院名誉院长，中国硬笔书法家协会名誉主席。在1944年8月22日写了一首叙事抒情长诗《喝苦酒 悼鲁彦》，诗歌情感浓烈，思路清晰，详尽地叙述了与王鲁彦的友情、王鲁彦逝世前一年他们相见的情形、王鲁彦的病情以及王鲁彦理想不能实现的苦恼，具有很强的感染力。这首长诗发表在1944年8月28日的《新华日报》。全诗如下：

喝苦酒　悼鲁彦

去年，春天——
我自岛上归来。
为你
答允了桂林对我的慰留；
南门外
三家村。
住着的
不是冬烘，
是一位病了的斗士。

变得好快啊！
你的神色憔悴了，
嗓音嘶哑了。

是谁在啃噬你这
高洁的灵魂啊，
我伤心，我更愤恨；
是激昂，也是惨淡。我说：
“我得走，走过山的那头！”
夹着艰涩的苦笑，
你无力地吐了一口气，说：
“你，你——不要——走得——太远了！”

沉静，死寂——
生命的洪流，
终于先张开了口。
像是水闸，
只露出一条缝；
水急，无法畅流。你告诉我：
“年来接连的失望，
热情交换的是尘垢。”
“朋友啊！
文坛如战场，
你必须要注意左右前后。”
以后，我悄悄地走了。

谁也不会提防的。
在你的行列里，
飞出一支冷箭；
接着，你倒下了！
不是箭射中了现实的心脏，

是射中了你希望的咽咙。

虽然是
咳出了最后一口血
我相信
你还没有咳尽。
临去的那一刹间,
你是在愤怒,抑或在
苦笑?
然而,请给我仅仅的一点时间吧!
在饯别时,干了这杯酒。
再让我在回忆中掏出你的半句话:
“你——不要——走……”

文怀沙

八月二十二日坝上

2004年10月,王鲁彦逝世60周年之际,北仑区举办了一场隆重的纪念活动,95岁高龄的国学大师文怀沙先生风趣地说:“如果我倒在王鲁彦家乡的土地上,死而无憾!”进一步证明了文怀沙老先生与王鲁彦的深厚友谊。

另外,桂林市文协同人发表了题为《悼鲁彦先生》的文章,文中对鲁彦的为人、工作、人生经历、文学创作情况及成绩,作了高度的概括性的评价,非常全面,也十分中肯。同时表示了对失去这样一位作家的痛惜之情。文章首先认定:“鲁彦先生是一个善良正直的人,因为善良,所以爱人;因为正直,所以敢于正视现实。……鲁彦先生,终其一生,始终具有强烈的正义感,那种疾恶如仇的灼热心肠,这一点却保证了他作为一位作家的战斗事业的继续,直至最后。”其次,十分精练地描写了王鲁彦的文学创作道路:“无论在他们的初期或晚年的作品中,他创造的形象,差不多都是在历史重负下挣扎的苦恼的生灵，而又于泪光闪闪中显现一丝笑影，在黯淡里透露出一点阳光，显然对人生一直寄予着不渝的希望。而他之所以选译弱小民族特别是东欧的作品拿来介绍给中国读者，也无非是为了借此来找出我们这东方古老大国的落后。到后来，斗争越发残酷，视野既然变得广阔，灵魂也粗暴起来，他那杆笔就更加接近于人民的解放事业了。”再次肯定王鲁彦不仅是一位清醒的作家，而且是一名不懈的战士，虽然不属于勇猛的那一种，但无疑是属于坚贞的那一种。他之所以早逝，表面原因固然是贫穷，而深层次的原因是黑暗社会残酷的精神上的桎梏，即把一个人的灵魂弄到窒息的恶毒的禁闭，才是鲁彦早早离开人世的根本原因。作为一个有良心的作家，鲁彦“不能忍受一个无声的中国横在他的周围，而况他身受的就正是关于友人的心血能不能与世人见面的焦虑，就正是由于各种市侩的敲诈而来的愤懑，就正是自己难于排解的一个理想与现实矛盾的纠缠与那种咬噬蚀着一个人的灵魂的寂寞？不说别的，光是为了他所编辑的那份杂志，由于一种凡事不苟的认真精神，说是已使他弄得身心交瘁恐怕也不为过的罢。关于这，他一再的告白着他的苦恼说：‘怎样也无法使自己的心安静。’脑满肠肥的人是没有苦恼的，随遇而安的人也不会有苦恼的，只有关心人民，关心祖国者，在窒息一切的重压下感到无可奈何，这才会有了那种千万人所共同感受着的大苦恼。这么样，鲁彦先生终于是抵不过黑暗势力的逼迫，苦恼死了。”

文章还借用王鲁彦自己在1943年发表的散文《火的记忆》来概括他心中的变化，王鲁彦一方面慨叹自己的灵魂变得粗暴了，“天呵，是谁毁灭了我的温良的人性，将魔鬼推进了我的胸中呢？我简直不认识我自己了。呵！给我纯洁的灵魂，慈悲的心肠，多情的热泪，让我从噩梦中醒来吧！”同时他又道出了自己的心愿：“倘若我能活着，能够活下去，谁又能给我风暴一样的力，我一定伸出巨大的手掌，扼住所有的敌人的咽喉，一直到他们倒下而且灭亡！”

“这应该不是一个假定，而将成为一个兑现的预言罢。给他以暴风一样力量的人群是存在的，而那什么也扑灭不了的火种也是有的；有一天，等他以坚定的步伐走到（一个像鲁彦先生这样的良心清醒着的作家，是一定能走到的）他们那儿的时候，他恐怕早已把那个可怕的噩梦丢在后面了。然而，可悲的是，魔鬼已不给他再向前走去的时间了。”

“鲁彦先生已经永远离开我们了，全集的整理、编印，作品的研究，以致遗孤的教养的援助，等等，自然都不失为纪念他的一个方法了；但为了光明的到来，首先不能不击退那黑暗，重要的还是去争取那起码的民主权利，即言论、出版等自由。”①

总之，这篇悼念性的文章，是对王鲁彦从为人、创作、阶级态度、人生理想的一个较为全面真实的概括，在当时纪念王鲁彦的文章中是很有分量和说服力的一篇。

王鲁彦之所以会落到如此悲凉的境地，首先是战争，使一个作家失去了良好的治疗条件，被一些庸医耽误了治疗的时间。其次，是复杂的生存环境。战争致使桂林这个地方各种力量犬牙交错，各种政治力量互相较量，在当时的桂林文艺界泥沙俱在，鱼龙混杂。所以，王鲁彦为了办《文艺杂志》历尽磨难，身心俱疲，几度停刊，甚至经费也被占用。如果换一个人，也许早就洗手不干了，但是王鲁彦非常执著认真，为人为事一片赤诚。为了这个杂志，王鲁彦完全置自己的身体于不顾，废寝忘食，抱病工作，这样的精神实在可佩可敬。正因为王鲁彦的努力，所以《文艺杂志》成为抗战时期在西南文化中心桂林发行的几种文艺刊物中的佼佼者，在对抗当时文艺界恶浊空气的斗争中作出了贡献。王鲁彦对编辑工作十分严肃认真，对于作者更是热情负责，所以朋友们都乐意给他寄稿。一方面是拖着病体拼命工作，另一方面是连基本的生活保障都没有，同时又有很多人事纠葛和纷争，这样的情况即使

① 桂林文协同人：《悼鲁彦先生》，《广西日报》（桂林版）（第1版）1944年8月30日。

一个身体强壮者也会被拖垮，更何况一个病人。所以，王鲁彦的死是复杂的环境导致的。

在战火连天的大后方，能够有这么多文坛好友来悼念王鲁彦，可以想见王鲁彦的人缘是很好的，从这件事上也可以看出王鲁彦平时对人的真诚、坦率，当别人遇到困难时能够拔刀相助，在人们心中留下了很好的印象。

遗憾的是，由于历经战争、土改、大跃进、“文化大革命”等变迁，家人与文化界友好虽经多次访寻，王鲁彦墓碑、墓址一直未能找到。而广西、全国文化界友好与家人多年拟重建鲁彦墓的愿望与计划，也一次次被各种主客观的因素影响，拖延至今未能实现。

二　一些补充的情况

第一件：王鲁彦生病期间，需要开刀，但又无钱治疗，痛苦异常，经人介绍，曾到周泽钊医师诊所免费动过手术。据说，这个诊所对贫困的文化人都免费治疗。原来这是党在桂林的一个地下联络站。医师周泽钊，留学德国，在桂林当过医院院长，思想进步，曾在去延安途中，被国民党发现后折回。他与周总理商量，周总理给他一笔钱，要他在桂林开设私人诊所，并派女党员担任护士工作，成为党在桂林的一个据点。全国解放后，周泽钊任四川省卫生厅厅长、北京医院院长。

第二件：王鲁彦去湖南茶陵养病的时候，柳亚子曾经为他募集医疗费，让他安心养病。柳亚子在香港的时候经常到萧红的病榻前去探望，尽一个长者的职责。回到桂林后，又为患病的王鲁彦募集款项，从中可以想见一个老诗人的高风亮节。[①]

① 以上史料参考范泉：《记艾芜——一个苦了一辈子，写了一辈子的作家》，《新文学史料》1995年第4期。

三　遗孤和寡妻的情况

鲁彦逝世以后，覃英就带着孩子由水路匆匆离开了桂林，没有按周总理安排的从都匀走，结果事先在那里等待的冯雪峰和招待站都没有接到他们。因为一个人要带四个孩子一路奔波吃不消，所以，覃英就把第三个儿子和小儿子分别寄养在生活书店丹江分店和在柳州的妹妹家中，然后带着大一点儿的两个孩子绕道苗族地区到了都匀。一路上饥饿疲劳相伴随，没钱住旅馆，只能住难民营。经过千辛万苦终于到达都匀，遇到了在那里的田汉和安娥同志，从他们的嘴里知道周恩来同志早在那里设立了招待站，而且自从王鲁彦死后一直在寻找覃英及其子女，覃英带着两个孩子和田汉他们同车经昆明到达重庆。在重庆，覃英见到了冯雪峰，冯雪峰把周恩来给他的一万元交给了覃英。覃英对党的关怀和温暖十分感激，他们一家在饥寒交迫中终于找到了依靠和希望。

这一点王鲁彦的女儿王莉莎也作了证实：

> 待到母亲来到丹江，桂林已沦陷，因为在柳州躲警报，母亲抱着小弟跌在铁轨上，待人救起住院一周，铁路不通了。于是，我们经榕江而向贵阳走，三弟只有四岁左右，留在丹江。我们走进荒芜之地，走旱路，乘小舟、过险滩，经苗区，到了贵阳，与寄住在“开明书店”的哥哥会合。翻过六盘山到了重庆，落脚在抗敌文协的张家花园。母亲去江津、白沙教书，我们又两次进过保育院，直到抗战结束，才陆续回到江南，母亲在湖州、杭州教书并参加地下党；十五岁左右，我进了陶行知办的育才学校习画，大弟进了国立音专少年班，后也到育才音乐组。[①]

① 王莉莎：《忆起儿时父亲在世时……》，《王鲁彦文集·附录一》（伍）（长篇小说），人民文学出版社2009年版，第279页。

第五节 中年王鲁彦的为人及教学

一 敢于坚持真理

前面笔者曾经用两个小节谈过王鲁彦少年和青年时期的个性与为人，可以用两句话来概括：少年时期的王鲁彦活泼勇敢、爱好广泛；青年时期的王鲁彦真诚坦率、性格开朗；中年以后的鲁彦不但做事认真，而且立场坚定，是非分明。这体现在两件事情上：

第一件“桂林文协分会的成立，鲁彦一个人是尽了最大的努力的。在分会筹备期间，有一个人想把大权全揽在手里，鲁彦非常气愤，同他大吵一顿，将他赶开了。这人用外国文写过一点文艺作品，向文艺青年演说，必然要提到他的大作，而且自称是巴尔扎克的先后同学，而平常则以国际问题专家的姿态出现，当德国法西斯进攻苏联的时候，则公开预言：三个月内，德军必定会打下莫斯科和列宁格勒。鲁彦和他大吵的第二天，愤愤地对我说：‘这坏蛋！他还想跑来把持哩！……我们文艺界根本不能要这样的人！’”①

第二件，“曾有一个人要到广西三江中学去做一个中学的校长，尽力设法把鲁彦拉去教书，好衬托他的地位。鲁彦觉得既然对方讲得诚诚恳恳的，不好意思不予以帮助，便慨然去了。结果却是遇见了一个骗子，做的事情和嘴里说的话完全相反，而且一些思想进步的教员都遭到歧视。鲁彦对此是绝对不能忍受的，他不但辞职，而且写信给广西教育厅要

① 艾芜：《关于鲁彦的回忆琐记》，收入曾华鹏、蒋明玳编《王鲁彦研究资料》，江西人民出版社1984年版，第99页。

求免他自己的职（广西的中学，由校长推荐教员，再由教育厅加以委任），教育厅方面的熟人，劝他不必如此，因为免职一事，是对教书人的一种严重的惩戒，加在一个优秀的教育者身上是不适合的。但鲁彦对教育现状愤恨太深，决心不再苟合下去，坚持要免去他的职务。这是给国民党教育界一个尖锐的讽刺，他宁愿挂着被免去的名声，让公道的有正义感的人们去评判一下，到底谁是谁非。从此结束了他多年来的教师生涯。"[①]

当然，在鲁彦的一生中，这样的事例还有很多，这些事情充分显示了鲁彦爱憎分明的是非观，在大是大非面前态度鲜明，不含糊。对于他这种性格，与他有二十几年友谊的巴金是这样评价的：

> 在我们分多于聚的十三四年中间……我都不曾看见你有过十分畅快的笑容。生活的担子重重地压在你的瘦削的肩上，它从来没有放松过你。这些年你一直在跟它挣扎，你始终不肯屈服，你要畅快的吐一口气。可是，你越挣扎，越透不过气来，好像这就是对你的惩罚一样。我知道，要是你肯屈服，肯让步，肯妥协，你一定会过得舒适、安乐。你并不是不喜欢舒适和安乐的生活，然而你的性格不让你有片刻的安宁。你的性格是你拖着一大家儿女在各处漂流。在某一点上，你有些像罗亭。这并不是说你能说不能行，我是说你不能适应环境，你不能为自己建立一个安定的"窝"，你不能为了个人的安乐，忍受任何不公平的待遇。你到处撞，到处碰壁，可是长期的困苦并不曾磨去你的锐气。就是在患病以后，不管躺在床上，或是拄杖缓行，你还是昂着头在撞，你还是因碰壁而愤怒。后来你的声音哑了，结核菌蚕食着你的咽喉，肉体的痛苦，跟随死亡的逼近一天天增加着，你还是不肯放下对生命的热望，你还是没有失去求生的意志，你还是不断为

① 艾芜：《关于鲁彦的回忆琐记》，收入曾华鹏、蒋明玳编《王鲁彦研究资料》，江西人民出版社1984年版，第99页。

你创办的《文艺杂志》焦心……[1]。

巴金在这里把鲁彦比喻为屠格涅夫笔下的人物罗亭，在评论界，一般人把罗亭评为只动口不动手的多余人，其实。罗亭身上也有优点，即非常热情，对人真诚坦率，对事业有一种执著的追求。王鲁彦的性格与罗亭的性格有相似之处，“你到处撞，到处碰壁。”

王西彦对鲁彦的为人有十分确切的评价：

据我所知，鲁彦对抗战时期的社会现实，十分痛恨，满腹牢骚。他阅读社会科学书籍，当然出于对改造社会的热心。他从来没有和社会现实的黑暗丑恶相妥协。他的性格不仅有些和罗亭相似，我以为，还足以使人联想起堂·吉诃德。……拿这种情形，去和那些喊着漂亮的口号、实际却做着难以告人的丑事的人相比，真是不可同日而语。鲁彦确实是一个诚实的人，甚至可以说是一个勇敢的人，一个赤膊上阵的人，身上伤痕累累，甚至倒在地上，还在捋袖挥拳，顽强挣扎。这样的人，生在当时的中国，恐怕是很难避免悲剧的命运的吧?[2]

二　对朋友真诚厚道

王鲁彦是非分明，对一些不良现象、一些居心叵测的人敢于斗争，对于朋友却是肝胆相照。在桂林期间，王鲁彦与舒群、王西彦、艾芜、巴金、邵荃麟还有画家丰子恺关系十分密切。下面就是鲁彦与这些朋友相处

---

① 巴金：《写给彦兄》，收入覃英编《中国现代作家选集——鲁彦》，人民文学出版社 1992 年版，第 1—2 页。

② 王西彦：《在魑魅的追逐下——记鲁彦的病和死》，收入曾华鹏、蒋明玳编《王鲁彦研究资料》，江西人民出版社 1984 年版，第 127 页。

的几个小插曲，事情虽小，却能反映鲁彦的人品。

1. 把唯一的蚊帐让给舒群

在桂林的初期，王鲁彦和舒群住在一起："我和王鲁彦同住在城内一家楼上的小屋里。王鲁彦和丰子恺年岁相仿，他们俩也是挚友，在为人品格上，同样可亲可敬。逃亡途中，大家都生活拮据，而桂林炎热、潮湿，蚊虫扰人。王鲁彦倾尽囊中银钱，只够买回一顶蚊帐，竟把这唯一的蚊帐给我挂到床上，好歹推辞都不行。我们住的小楼有个阳台，每天夜晚，王鲁彦都用那个能看星际的望远镜，在阳台上教我观看星象。"

"后因城中住屋被毁，我迁居七星岩旁。此时，王鲁彦的一大家人已到桂林，他们和艾芜做了我的邻居。巴金似乎也住附近，但离我们稍远些。"①

2. 与艾芜的深厚友谊

在桂林期间，王鲁彦与艾芜关系很密切，两人经常来往。艾芜是在1939年年初，带领妻女来到桂林的。先住在救亡日报社的宿舍里，然后迁居东郊施家园。1940年后，住在离城五里的观音山脚下26号，路易·艾黎等为办工农合作社而建造的简易竹屋里。艾芜带着妻女，在观音山脚住处周围的空地上开荒种菜。生活虽清苦，但精神却很愉快。除1941年上半年在逸仙中学教书和短期的副刊编辑外，主要时间都在这里埋头写作。

写作之余，艾芜经常与王鲁彦交往，尤其是《文艺杂志》创办以来，因为王鲁彦身体不好，艾芜经常去帮忙。他住在离市中心约五六里路的观音山，来回都是步行，非常辛苦，但他从不抱怨，王鲁彦病重之后，他经常进城，与王西彦一起商量关于鲁彦的事情，劝告鲁彦把孩子送到湖南的难童保育院去，以便能减轻一点家庭负担，更好地养病。后来为了鲁彦几本旧稿的出版，跑了很多家出版社，看了很多老板的脸色。他对鲁彦的了解很深。

---

① 舒群口述：《我和子恺》，《纵横》2008年第4期。

3. 与丰子恺私交甚笃

王鲁彦在桂林期间，与画家丰子恺先生的私交也甚厚。当时丰子恺在桂林师范学校教语文和美术，为了工作的方便，他们全家住在离桂林师范五里路的两江乡泮圹岭村。泮圹岭是一个地处偏僻、环境幽美的小山村，全村不过二三十户人家。丰子恺全家十一口人，租住的是谢四嫂家的一座百年老屋，十分拥挤。后来丰子恺请人把老屋旁边一间矮小、简陋的旧牛棚进行改造。在平地、粉刷、打扫之后，摆上自己的竹书架、桌椅、小床铺和文具用品，墙上再悬挂上他的老师弘一法师的诗画。这里就成为丰子恺工作的“牛棚书屋”。此后，丰子恺每天风雨无阻地步行到五里外的桂林师范去上课。回到家里，他就一头扎在“牛棚书屋”里，备课、改卷、看书、绘画、写作……每天都工作到半夜以后。有一天，丰子恺听说王鲁彦和舒群的卧室遭到日机轰炸，就赶远路进桂林城去看望两位，到了那里之后，发现他们的房屋半毁，两人只是从瓦砾堆中抢出一条尚好的被褥，周围的居民还有不幸遇难的。丰子恺非常愤怒，返回乡下以后，丰子恺的心情依然无法平静。他一口气绘下了《轰炸》、《控诉日机暴行》、《停杯投箸不能食》等漫画。在其中的一幅漫画上，他还题诗一首：“山如眉黛秀，水似眼波碧。为念流离苦，好景忽减色。”

三　王鲁彦在桂林的教学情况

王鲁彦在桂林期间曾去两个学校教书，一是桂林中学，二是柳庆师范。

在桂林时，王鲁彦除了在文协分会任职和编杂志之外，教书也是他生活的一个重要组成部分。

1939 年上半年，王鲁彦一方面参加文协桂林分会的筹备工作，一方面在广西省立桂林中学任教。为此，最近几年，桂林中学网上有一篇桂中教师——王鲁彦小传，后人对于一个著名作家是不会遗忘的，他们会想出各种办法纪念他，通过在网络上发文章来纪念也不失为一种好办法。

1940年秋天，桂林经常遭到敌机的轰炸，王鲁彦全家就迁居柳州附近的丹江县，在柳庆师范教书。1941年夏天，在那里感染了瘴气，高烧几十天不退，从此，王鲁彦的身体开始出现问题，痔疮缠上了他，在治疗痔疮的手术中感染了结核病，从此王鲁彦就走上了与疾病搏斗的道路，一直到死。

第六节　后期的创作情况

1. 创作作品梳理

从1937—1944年，总共八年，王鲁彦的作品从数量上而言，与前面的创作高峰期相比是少了很多，但是就内容和手法而言却发生了很大的变化。在内容上紧扣当时现实，选取在前方打仗的战士、受伤的士兵、被侵略者的炮火蹂躏之后的荒凉乡村、普通妇女为对象，或描写战士的英勇，或表现普通民众的坚忍和觉醒，揭示中国人民坚定的抗日决心。在手法上，基本上抛弃了前中期的浪漫抒情手法，而是转向用现实主义的手法来塑造人物，表现事物，推动情节。对此，王鲁彦自己也说："抗战以后，我总共只写了约十个短篇。现在挑选了这几篇，虽然仍觉得不满意，但想起来已经不觉得有什么罪过了。因为，您看，这世上的罪恶正大着呢：鬼子在前线放着毒气，在我们的后方丢炸弹，还唏哩呼噜的造谣言，说谎话，想欺骗世界，做着统制天下的梦哩！在这时候即使我的笔力不大，我也要贡献出来，参加抗战的！"[①] 在散文《火的记忆》中，作者叙写了日本帝国主义用炮火烧毁无辜的民房、烧死无辜的百姓，表达了对侵略者这种行径的愤怒之情，而且表示：如果他身体强健，如果他能活下去，一定与

① 王鲁彦：《〈我们的喇叭〉后记》，收入曾华鹏、蒋明玳编《王鲁彦研究资料》，江西人民出版社1984年版，第58页。

敌人搏斗到底直至把他们掐死为止。

为了更好地说明问题，在剖析文本之前，笔者先将他后期的作品按创作年限做一下梳理。

1937 年，相对于前一年创作的数量明显减少，只出版了一部小说集、一部散文集。

1937 年 1 月 10 日，小说集《河边》，由上海良友图书印刷公司出版，内收《河边》、《一只拖鞋》、《银变》、《中人》、《头奖》、《陈老夫子》6 篇小说。

4 月，散文集《旅人的心》，由上海文化生活出版社出版。内收《清明》、《杨梅》、《钓鱼》、《我们的学校》、《旅人的心》、《西安印象记》，《孩子的马车》、《战场》、《雷》等篇散文。

这两部作品集中，都有重要的作品，其中小说《河边》、《一只拖鞋》、《银变》就创作内容和手法而言都有可取之处。而散文集中大部分叙写的是早年家乡生活，很生动，这对我们了解作者的个性、童年生活，以及家乡生活的另一个侧面提供了很好的文字材料。因为这些作品发表的时间在 1936 年，所以大部分作品已经在前面分析过。

此外，还在《新少年》、《文丛》第 1 期、《烽火（呐喊）》、《文丛》第 2 期上，发表了单篇散文《雷》、《母亲的时钟》、《今年的双十节》和单篇小说《新年》。

在《文学》发表翻译小说《七个人中间的那一个》。

长篇小说《法老》翻译完成但因战事没有出版。

《法老》是波兰著名作家普鲁斯的代表作，小说借用古代埃及的历史资料，反映当时波兰农民的贫苦生活和教士的反动面目，是鲁彦翻译作品中最后也是最重要的一部长篇。但是这部书的命运不好，最后没有面世。据覃英回忆："全书译成后交给生活书店，拟作为'世界文库'单行本出版，在报上登了出版预告，纸型已经打好，因'八一三'战事而耽搁下来。后来生活书店把纸型运往重庆，准备在重庆付印，不料船驶至三峡时触礁沉没。而寄存在文化生活出版社的译稿底稿也在该社被日寇查封后不知下落。这部花费鲁彦不少心血的译稿竟得以这样的结局，真令人心酸。而今只剩下一本鲁彦当年翻译时用过的原版《法老》保存在巴金同志手中。"①

另外，1938 年有小说《伤兵旅馆》、《炮火下的孩子》、《重逢》，散文《敌机摧残文化的新暴行》等先后在《中苏文化》"战时特刊"、《抗战文艺》、《文艺月刊》"战时特刊"和广州《救亡日报》等刊物上发表。

1938 年 7 月份，短篇小说集《伤兵旅馆》由汉口出版社出版，内收《伤兵旅馆》、《炮火下的孩子》、《留守》、《重逢》四篇小说。这本小说集在作者的创作生涯中非常重要，因为这四篇小说从内容、创作思想、手法都发生了很大的变化，作者是直接取材于战火中发生的事件。

1939 年，王鲁彦大量时间用于筹备文协桂林分会的成立，但即使如此他也没有停止创作。1939 年 7 月 1 日，短篇小说《我们的喇叭》在《国民公论》第 2 卷第 1 期上发表。12 月 1 日，鲁彦计划撰写的长篇三部曲的第二部长篇小说《春草》在《广西日报·漓水》上连载，到 1940 年 2 月 18 日止，共发表 7 章，未完。

这一年还在《国民公论》、《中学生战时半月刊》、桂林《救亡日报》上发表散文《长沙火灾的前后》、《新的枝叶》、《两年前》、《我们的希望》、《假使鲁迅先生还活着》和小说《雷雨声中》。

1940 年 1 月 15 日，小说《杨连副》在《笔部队》创刊号上发表。

这一年，还在《抗战文艺（桂林刊）》和《广西日报·漓水》上发表散文《别忘记团结的重要》、《弹弓》。

1941 年 5 月 16 日，章回体小说《胡蒲妙计收伪军》在《新道理》第 21 期开始连载，至第 25 期连载完毕。

1942 年 1 月 15 日，短篇小说《陈老奶》在《文艺杂志》创刊号上发

① 刘增人、陈子善：《鲁彦夫人覃英同志访问记》，收入曾华鹏、蒋明玳编《王鲁彦研究资料》，江西人民出版社 1984 年版，第 133—134 页。

表。4月5日，短篇小说《千家村》在《文艺杂志》第1卷第4期上发表。同月，小说集《我们的喇叭》由重庆烽火出版社出版，内收《我们的喇叭》、《伤兵旅馆》、《杨连副》、《陈老奶》等小说。

这一年还在《文艺杂志》、《自由中国》、《现代文艺》、《文学创作》和《文坛》上发表了散文《给读者》、《火的记忆》、《〈我们的喇叭〉后记》、《从灰暗的天空里》，小说《樱花时节》，《书简（致蓬子）》等。

1943年没有发表作品，只翻译了一部小说《老仆人》，由文学书店出版。

1944年1月10日，小说《破铜烂铁》在《文艺杂志》第1卷第2期上发表。

2. 文本剖析

王鲁彦后期的小说就创作思想而言，主要是歌颂爱国主义和民族情感。作者从不同的角度，反映了抗战时期前方将士与后方老百姓共同抗击日本侵略者的可歌可泣的事迹。创作的手法已经完全走向现实主义，《伤兵旅馆》这篇小说就是这方面的典型。

《伤兵旅馆》叙写的是某旅馆的老板娘，开始时，对一批从前线撤下来的住在旅馆里的伤兵不是很欢迎，因为他们给旅馆带来了很多麻烦。但是在一次日本飞机轰炸时，一个伤兵不顾个人生命危险抢救了老板娘的爱子，使老板娘大受感动，于是对伤兵的态度有了很大的转变，并自觉地把旅馆改称为“伤兵旅馆”的故事。

《杨连副》写的是一个抗日部队的下级军官——杨连副，因为公事从前线回到后方，受到一些老百姓的歧视和作弄，杨连副并没有因此而生气，而是主动与老百姓搞好关系，并且利用工作间隙，把附近的儿童组织起来，进行训练和教育，使之成为抗日战争的一支“小小的预备队”。

这两篇小说写于抗战前期，那时国共合作，部分国民党部队也参加了抗击日本侵略者的战役，国民党的一些士兵和下级军官有的在战场上受了伤，成为残废，有的为了公事在前线奔波几日几夜不能休息，他们都有一腔热血愿意为赶走异国侵略者而抛洒。这些人与那些顽固反共的国民党决策机关不同，作者选择这样的人来赞颂，是符合当时的现实形势的。在这两篇小说中，作者借小说人物之口，表达了他们对抗日的决心，《伤兵旅馆》的伤兵赵德夫说："是呀，我们都是中国人！"《杨连副》中的杨连副说："会打仗的，去打日本鬼子！"表现了他们在外感日寇的暴行、内感民族的危亡的情况下的爱国主义思想和行动，也表达了国难当头，必须团结一切可以团结的力量，打击日本侵略者的思想。

《我们的喇叭》也是写抗日战士的，比前面两篇在人物塑造上更成功，小说叙写了一个胆小怕事的小贩，最后成长为一个坚定勇敢的抗日战士"喇叭"的过程。小贩没有名字，只因他天天吹着一个铜做的小喇叭来召唤小顾客而被大家叫为"小喇叭"。他胆小怕事，性格软弱，因为他的祖父、父亲都是安分守己、听天由命、事事退让的人，所以小喇叭也从不与人争执。但是，自从日本鬼子打进中国之后，市场消亡，他所熟识的小孩子纷纷离开城市，他不但无法做生意，连立足点都没有了。有人劝小喇叭去当兵抗日，从小胆小怕事的小喇叭不敢去，可是日本鬼子丢下的炸弹，把他的糖果担子也炸掉了，只带着随身的小喇叭从烟火里爬了出来。小喇叭走投无路，就参加了抗日部队，但刚开始的时候，他不愿意去杀人，所以他选择做一个吹号兵。在战斗中，他目睹了日本鬼子的残暴，感情上、思想上受到了很大的冲击与锻炼，终于小喇叭成长为一个出色的吹号兵。在一次战役中，因为奸细送酒，士兵喝了以后被迷倒，只有小喇叭没有喝，所以，当日本鬼子冲上来的时候，清醒的小喇叭，"他吹了，吹起了冲锋号了！一遍又一遍，紧张、激烈、急骤！他心跳得那么厉害，好像要从他的胸坎里冲出来一样！他的经脉一根根粗绽起来了！热血冲撞着！他的眼珠从他的眼眶里凸出来了！他用整个的生命，整个的灵魂吹着！吹着！满山满谷，象有千万个喇叭一起怒吼了起来，月亮失了色，黑云落到了阵地上，树木岩石都从山里冲了出去：狂风卷着飞沙响着从敌人那里掠了过去！"小喇叭终于从一个畏缩退让的小生意人成长为一个勇敢地挺立在战场上的以嘹亮的号声打击敌人的战士。在王鲁彦的小说中，有好几个人物都是忍让型的，如前期小说《黄金》中的如史伯伯；中篇《乡下》中的三品、阿利；《愤怒的乡村》中的葛生；《李妈》中的李妈；《我们的喇叭》中的小喇叭。这些人物有的是忍让到底，如史伯伯和三品、阿利；有的是到最后才开始觉醒有所反抗，如葛生，忍让一辈子，最后，当华生被反动军队抓去的时候，葛生终于质问苍天，为什么如此不公；有的是经过几次遭遇之后开始觉醒和反抗，如李妈，在被几个雇主欺负之后，就开始反抗；小喇叭因为几代相传都是以忍让、息事宁人的原则与别人相处的，刚到部队时，也是希望做一个不杀人的号兵，但最终面对日寇的刺刀用号声奋起反抗了，是所有这类忍让型人物中转变得最为成功的一个人物。

不过这篇小说也有不足之处，情节设计过于巧妙，里面奸细送酒，战士中计，似乎太过巧合，人工编造的痕迹太过明显。

以上三篇小说写于1939年以前，当时一方面是全国人民的抗日热情十分高涨，另一方面也确实有部分国民党部队军官、士兵参与抗日。王鲁彦也受这些因素的影响，体现在小说中，其基调也是高昂的，血脉也是贲张的，但是这些小说也有个别地方稍微偏离真实。有人认为，这三部作品是作者主观编造的产物，“因为在大时代的激发下作者所产生的巨大的战斗热情在短时间内还寻找不到最恰当的表现方式，就不能不以主观编造的故事出之。”[①] 原因是作者自己没有参加过前线的激烈的面对面的战斗。如果仅仅因为作者没有参见过战斗，就认为作者写出来的小说是主观臆想的产物，笔者认为也有一点儿主观，因为王鲁彦当时一直在参与报纸的编辑，类似的事件在新闻媒体上应该是经常可以看到的，把新闻事件用小说的手段加以虚构创造是完全可以的。

王鲁彦不但写勇敢的战士，而且写坚强的民众，《陈老奶》是这方面的典型。它为我们塑造了一位非常独特的女性——陈老奶。因为这时作者

① 范伯群、曾华鹏：《王鲁彦论》，上海文艺出版社1980年版，第108页。

的创作思想发生了变化，选取的人物形象，塑造人物的手法也与以前不同了。陈老奶早年丧夫，独自拉扯大两个儿子，后来二儿子在外敌入侵，民族危亡的时刻，“抱着为国牺牲的目的”外出当兵去了，这在陈老奶的一生中是最恐怖的波涛，陈老奶几乎被这个巨大的痛苦击倒，在床上躺了一天多，不吃也不喝。“她的脸上没有泪痕，也没有什么痛苦的表情，只是浮上了一层冷漠的光。”“等大家熟睡之后，她忽然起来了。她好像变成了一个年轻人……也不像饿了一整天。在这一天夜里，她没有停止过她的动作，仿佛她的心里有一团火在烧着一样……”但就在这天下午，她又恢复了正常的生活。她什么事情都做，甚至比儿媳妇还要做得多，除了做家务，她把大量的精力消耗在孙子身上。对于二儿子从此以后不再提起，别人不小心提起，她也冷漠得像没听见或者像不认识他似的。接到他的来信，也显得十分冷淡。曾经放权几年的她，“现在重新挺身出来紧握着船舵，负起了一切责任。”“不允许有丝毫松懈，要坚决地冲着前进的。”二儿子的外出当兵，在陈老奶身上引起的最大变化是她的责任感增强了。战时物价上涨，生活非常艰难，但是陈老奶吃苦耐劳，精明能干，做事稳当，所以“几个月之后，这个家庭不但能够在暴风雨中屹然支持着，而且显得稍稍安定了”。周边的人都非常敬佩。但是不幸接踵而来，大儿子又得急病死亡，小船“触着了礁石”，“波涛从船底的裂缝中涌进来了……”生活像一座大山一样压得她喘不过气来，但为了幼小的孙子和贤淑的媳妇，她再次顽强地站了起来。大儿子的死亡也只是让她悲恸了几天，她变得更加坚毅有为，她抑制着感情，管理起家务，努力与命运抗争。与此同时，她大儿子做账房的那家杂货店老板，“假造了许多张字据”，诬他大儿子生前借走了一千多元，现在向她来催索了，“又矮又胖的老板”、“三角脸的证人”、“精通公文法律”的镇长，互相串通一气，不管陈老奶是否同意，几天之内就把他大儿子存在几处的钱统统提干净。这对无房、无地、无余钱的陈老奶来说无疑是雪上加霜，但是陈老奶顶着这一切，她靠给人做鞋、缝衣、洗东西、做油炸饼来维持生活。她体恤媳妇，拼命把活儿揽在自己身上，还装出一副身体很健康的样子。但灯油渐渐熬干，“打出来的鞋底常常一针长一针短，而且越来越松了，洗出来的衣也不及以前的干净，有时还看见她的手在抖，在晃摇……”她自己却不以为意，仍装作一切都好的样子。直到有一天她极其自然地吩咐媳妇准备棺材，说是“免得你临时慌张”，又过了些日子，微笑地嘱咐了媳妇一番：“做人总是要吃苦的，先苦后甜，你总有快乐的日子……我是很满意了……”这晚睡下去后就没有再起来。作者用细节描写的手法把陈老奶塑造得非常丰满充实，她勤劳刻苦，坚毅顽强，富有牺牲精神，她把自己的爱和痛苦都深埋在心底，只要还有一口气，她就要紧握船舵与命运搏斗，帮助亲人在这艰难的世道中生存下去。她是生活中真正的强者，她与生活搏击的勇气，连一般男人都很难匹敌。“这种精神力量正是中华民族能够克服无数艰难险阻，得以延续和发展的内在动力。当斗争需要千百万普通群众奋起投入反抗外来侵略者，决定民族命运的大搏斗中去的时候，《陈老奶》的出现自有时代的现实意义。作者从历史和现实的结合上进行开掘，使之闪耀着时代的光彩，富于内在的本质力量而激动人心。”①

《千家村》发表于 1942 年 4 月 15 日《文艺杂志》（桂林版）第 1 卷第 3 期，是作者生前最后一个短篇。作者借离家十几年的游子秋光的眼睛，看到家乡人口茂盛的千家村变成荒凉凄楚的百家村的事实，控诉了日本侵略者对中国人民犯下的滔天罪行，作者给我们绘出了一幅惊心动魄的时代离乱图，但同时，透过作品我们又看到了希望，因为，历经战火考验的人民已经觉醒，他们自觉地站岗放哨，表现了崇高的爱国主义精神和对日本侵略者的同仇敌忾。

小说主人公秋光，得知家乡遭遇了三次战争，就想回家乡去慰问一下村民，去的时候秋光是怀着虔诚而肃穆的心情的，但是当秋光走近千家村时，看到的是人们脸上阴沉的紧张，每个人的心头都好像压着一大块沉重

① 沈斯亨：《鲁彦小说的现实主义》，《广播电视大学学报》2005 年第 1 期。

的石头似的。原来和谐、人口兴旺的家乡，被三次战争摧残得到处都是颓墙残垣，好多屋子被毁了，福全哥被鬼子吓疯了；富洪的妻子，给敌人赶到了河里；七哥在战争中失去了孩子。原来远近闻名的“千家村，现在只剩下一百多户，而且很少是完整的，而且就连残留的部分也沉浸在苦难中”。千家村日夜在战栗着。但是人民并没有被敌人吓到，他们对敌人是警惕的，当秋光到达家乡时，岗上两个年轻的农民对秋光露出疑惑的眼光，盘查似的询问他，又试探似的为他领路挑行李。事后才知道，原来他们是在那里放哨，对早已远退了的敌人还不放松警戒。

这篇小说与其他小说不同之处在于，作者写了一个充满希望的结尾：小说的主人公秋光，被故乡人民的灾难、仇恨、眼泪和斗争精神所感动，也为组织起来的乡亲们的行动所激动，所以第二天一早，他又重新奔赴前线，去为乡亲们复仇和为赶走异族侵略者做更大的贡献。

“这一夜，我无论怎样也合不上眼。对着一盏黯淡的孤灯，我只会呆着出神。屋外有蝈蝈儿在叫，它们给我揭开一幕甜蜜的儿时的回忆，一会杜鹃的啼鸣又把我引到了眼前悲惨的境界，窗外有风在摇曳树木，呜咽而且悲愤，以阵阵鸡鸣似的在催人奋起……”

“我不能在这里多耽搁了，天还未明，我把我应做的能做的事全准备好托付给了七哥和富洪，就带着连伢子急急地离开了我们的老屋，我们的故乡，我们的千家村……”

在这里灯光、虫叫、鸟啼、鸡鸣、树摇都能引起我的情感变化：或沉思、或追昔，或催人奋发，或叫人崛起。

整篇小说充满昂扬奋发的调子和积极向上的情调，尤为可贵的是，这篇小说注意到民众有组织的集体抗敌的力量，体现出中国人民酷爱自由、反对外来侵略的宝贵传统，歌颂了中国人民面对外敌入侵的坚强勇敢和把他们赶出去的决心。

后期的王鲁彦无论是思想上还是艺术上都更加成熟，作品也更加有吸引力了。可惜天不假年，只能让王鲁彦带着遗憾离开人世。否则，王鲁彦将创作出数量更多、质量更好的作品。

这一时期，王鲁彦写了几篇非常优秀的散文：《母亲的时钟》、《火的记忆》、《从灰暗的天空里》。

在王鲁彦的作品中，写父亲的散文有四篇，但写母亲的文字很少，除了在《清明》中有所涉及以外，单写母亲的只有这一篇《母亲的时钟》。这篇散文写于母亲去世九个月之后，王鲁彦的母亲死于1936年夏天，去世时已经七十多岁。这是一篇寄托王鲁彦对母亲思念之情的文章，在王鲁彦的一生中，与母亲相处的时间最长，父亲常年在外，是母亲一直照顾他的生活，并督促他学习，母亲一生勤俭整饬，对王鲁彦关爱有加，应该说在母子相处的几十年中，要写可写的东西太多了。这篇散文在选材和结构上进行巧妙处理，文章围绕父亲二十多年前买来的一架时钟，母亲如何钟爱有加，我和姐姐由开始时的非常喜欢，到后来因为母亲老是按照钟点来督促我们学习而心生憎恶来写，写得朴实但不乏生动。全文运用对话和细节描写，把母亲对时钟的喜爱与对我们的严苛写得栩栩如生，时钟刚买来的时候，她把时钟放在床头的小柜上，只许我们远望，不许我们走近去玩弄，还不许我们跳，自己走路也屏住呼吸，生怕强烈的震荡会震坏时钟。后来嫂子阴配来一架时钟，式样比母亲的漂亮；我外出工作之后，有了一块小巧漂亮的夜明表，母亲都不喜欢，而坚持用自己的时钟。家里发生大火，母亲把时钟从火里抢出来，父亲死后，母亲随我去上海生活，随身抱着的也是时钟，几次来回上海，带着的都是时钟。也许是物有灵性吧，在母亲去世前一个月，时钟忽然莫名其妙地停了。不久，王鲁彦的姐姐从乡下来到上海，听说时钟的情况之后，知道母亲将不久于人世，当时王鲁彦还不相信。过了几天，时钟又忽然停止了，那是夜里三点钟。早上，王鲁彦到楼下去看母亲，发现母亲的精神特别不好，说话有气无力，一整天都昏昏沉沉地睡着，而且轻声哼着，这样一直到深夜，王鲁彦他们问她怎样，她说“比上半夜难过……”，王鲁彦觉得非常奇怪，走到楼上一看，时钟真的已经一点钟了。母亲睡在楼下，时钟在楼上，楼下的房子很高，楼板又有两层，母亲是怎么听见的呢？看起来母亲对时钟已经有了心灵感应。一个多小时以后，王鲁彦的母亲就离开了人世。文章的结尾，作者写道："失却了这样一位主人，那架古旧的时钟怕是早已感觉到存在的悲苦了吧？唉……"这篇散文就手法而言与《父亲的玳瑁》如出一辙，写物与亲人之间感情的深厚，实际上是在内疚自己对亲人照顾的不周。不过，《母亲的时钟》是对母亲的客观揭示，而《父亲的玳瑁》是对父亲的主观抒写。

这篇散文的另一个方面，是写母亲运用时钟来督促王鲁彦的学习。刚买来的时候，王鲁彦和姐姐喜欢看那钟摆的晃动和长针的移动，有的时候忘记了学习和绣花，母亲就用自己的身体把时钟遮住，不让他们分心；王鲁彦和姐姐喜欢听时钟的敲声，常常问："还不敲吗，妈？你叫它早点敲吧！"母亲望了望我们的书本和花绷，冷冷地回答说："到了时候，它会自己敲的。"我们喜欢听时钟走动的声音，常常随着这个声音而低低地念着它的次数，母亲看到我们嘴唇在动，就要训斥我们，甚至以送掉时钟来要挟。自从有了时钟之后，母亲对王鲁彦和姐姐的监督更加严了，她什么事情都按着钟点，甚至早起、晚睡和三餐的时间都是如此。尤其是吃饭，过期不候，哪怕是寒冷的冬天。所以，以后只要母亲一说起几点钟的时候，王鲁彦和姐姐都起了一种恐惧感，因为母亲把他们的一切都用时间来限制，不准他们拖延，他们本来喜欢那架时钟，可是后来渐渐对它憎恶起来。"那时钟，到得后来几乎代替了母亲的命令了。母亲不说话，它也就下起命令来。我们正睡得熟，它叮叮地叫着逼迫我们起床了；我们正玩得高兴，它叮叮地叫着，逼迫我们睡觉了；我们肚子不饿，它却叫我们吃饭；肚子饿了，它又不叫我们吃饭……"这段话表面上是在写时钟，实际上是写母亲对我们的严格要求，无生命的时钟简直成为母亲的化身。应该说王鲁彦的成长过程中，母亲是花了很多心血的，如果没有母亲的严苛，王鲁彦在人格、写作、为人方面不可能这么完善、出色和成熟。作者表面是在责怪时钟，实际上流露出对母亲的感激之情。文章的结尾，说时钟失去主人早就感到悲苦，其实应该是王鲁彦自己看到日渐衰弱下去的母亲，心中早就在悲苦、伤心了。父亲三年前已经离他而去，现在母亲又渐渐老去，姐姐在乡下，自己家累又重，谋生又是如此之艰难，作者的心中不悲苦才怪呢。

《火的记忆》采用对比的手法，由外面的一些嘈杂的声音和对话："在城南……"、"远着呢……""天都红了……"告知读者，在城市的某个地方着火了。由此联想到自己少年经历的两次火灾，一次是自己家的邻居着了火，"我"与母亲以及叔伯们奋力救火，一次是离家五里的乐家大屋着了火，那里住着王鲁彦最要好的一个叔叔，王鲁彦奔跑在最前面，第一个冲进现场，冒着被火烧着的危险，帮着婶婶把东西抢出来。

还有一次是作者已经外出教书多年，在一次回家度假的时候，也碰到了火灾，可是这一次，"我"的身份已经"是一个读书人，一个文人，所以我不复奔跑，而是略略加快了奔跑的速度。我心里也很着急，仍然想脱下这一件累赘的长袍，用最快的速度跑到那边去帮助别人，但是有什么阻住了我，我觉得这不是我的责任，也不是我能胜任的事了"。所以这一次，当作者到达火灾现场的时候，救火已经结束，摆在作者面前的只是些未熄的余烬、枯焦的瓦砾和凌乱的家具。失火人家凄楚的哭声震撼着作者的心灵，作者带着失望与悲苦的心情颓然回到家里。作者心头燃烧着的火被什么阻抑着变成了忧郁的火了。

为什么呢？接下来作者告诉了读者原因，因为日本鬼子的烧杀抢掠，使"我"在一个初秋的早晨看到了一生中从没有见过的可怕的大火，那是侵略者烧起来的，"唉，那是人间的地狱，魔鬼的天空呵！火焰到处奔腾着，黑暗像是飞舞的巨蛇，它把半边的天空吞没了，隆隆的雷声在地上鸣响，猛烈地震撼着一切。"数不清的房屋，无法统计的财产，全让敌人给毁了。看到这一幕，作者的情绪开始失控，像失了魂，一会儿哭泣，一会儿叫喊，一会儿狞笑，仿佛坠入了最深的地狱。作者的心被烈火烧成了齑粉，除了狂暴的愤怒，作者没有情感也没有感觉了。他已经没有眼泪可流了，流泪是徒然的。"是的，我身内正在燃烧着猛烈的怒火，对这世界，我们不会再流泪，再发叹息了。我只有狞笑。”

“倘若我能活着，能够活下去，谁又能给我暴风一样的力，我一定伸出巨大的手掌，扼住所有的敌人的咽喉，一直到他们倒下而且灭亡!”

“倘若我有那什么也扑灭不了的火种，我一定燃起那亘古未有的大火，烧尽全世界所有残暴卑劣的人群!”

一个曾经的人道主义信奉者，一个手无缚鸡之力的知识分子，最后也被侵略者的暴行激怒到如此地步，可以想见，帝国主义的暴行残忍到怎样令人发指的程度。

这是王鲁彦所有的散文中情感最浓烈的，作者以前的散文多以间接抒情为主，但在这篇散文中，作者直抒胸臆，强烈地抒发了对日本帝国主义侵略罪行的愤怒之情。

《从灰暗的天空里》是写自己在病中，被关到一个病室里，但作者的心却系念着故乡。作者展开想象，在家乡，此时正是春光明媚、春意盎然的时候，溪边柳条低垂、广阔的田野上绿油油的细柔的禾秧软软地波漾着、鲜洁的黄土做成的田塍把田野整齐地画成了一格格的棋盘……家乡的春天是多么的可爱呵。

可是作者被关在小小的病室里。他只能抬头问天，“你看见了那被敌人践踏的土地吗？同胞的血涂满了地面了。我们的屋子，我们的道路，现在是谁在住着，谁在走着？谁牵去了我们年轻的妇女，谁夺取了我们用血汗灌溉出来的谷米?”

“你不说，我全知道了。”

“……后一代的孩子们，为什么在那里尽管恐怖地战栗着呢？是不是他们看见了被挖掘的祖坟中的骷髅？是不是望见了山谷里的敌人的枪刺了？是从狼的眼睛里射出来的吗，那从树叶后面穿过来的恶狠狠地喝血的眼光?”

“我们的农夫呵，他们的背全驼了，竟连头也抬不起来了。忧恨蒙着脸，有什么沉重的东西压在他们的心头，他们是多么的憔悴呵。他们为谁耕种呢？他们自己却饿着肚子。”

最后作者表示，他不愿再呆在病室里了，他想飞回去，带着这些声音，和发亮的枪尖一起。

虽然这篇散文与前一篇比起来，抒情显得委婉一些，但内中的情感是一样的，都是对于侵略者的强烈仇恨，对于家乡以及人民的无限热爱。

结　语

王鲁彦在短短二十多年的创作生涯中，留下150万字的文学遗产，创作与翻译的文字几乎相当。

王鲁彦具有坚定的民主主义思想，作为“文学研究会”成员之一，一生遵循“为人生”和“改良这人生”的观点，进行着坚实的现实主义创作。在这个大的思想前提下，王鲁彦的创作历程还是有些起伏变化的。20世纪20年代初期，王鲁彦结识盲诗人爱罗先珂，翻译波兰作家显克微支的小说，因而深受人道主义思想的影响。小说《秋夜》、《狗》、《柚子》，散文《灯》里就流露出浓厚的人道主义同情，作者用主观抒情的方式表达“诅咒社会，又翻不过这世界”的苦恼。而在北大听鲁迅讲课以及与鲁迅的正式交往，又使他深受鲁迅的影响，鲁迅那“揭出国民的劣根性，以引起疗救者的注意”的文化批判精神，对家乡弱小民众的关注和同情深深地影响着王鲁彦。20年代末30年代初的小说《黄金》、《许是不至于吧》、《菊英的出嫁》、《阿卓呆子》中作者对于家乡民众的愚昧麻木、冷漠自私、落后的民俗进行了批判，对弱小者寄予深切的同情和关注。这类小说的独特之处，在于作者紧紧抓住家乡较早受资本主义侵蚀和实力雄厚的商业资本的挤压，导致传统小农经济被破坏，家乡民众淳朴的心理和观念逐渐被势利的拜金主义思想所占据的严酷事实；作者通过如史伯伯、阿卓呆子、伊新叔等人物的可悲处境与命运，表达自己对这种现状的担忧和批判。这些作品中又流露出浓浓的乡愁，对于家乡的山川风物，进行了如诗如画般的描写，具有很强的浙东乡土地域特色。所以，鲁迅把他归纳到乡土作家的行列。

在30年代中期，激烈的社会矛盾，加上王鲁彦自己人生的坎坷经历，使他对社会有了更深的认识。通过与鲁迅、冯雪峰等人的接触，以及受“左联”思想的影响，王鲁彦的创作思想开始由早期对小人物的人道主义同情、早中期的文化批判转向用阶级斗争的观点去分析和评判笔下的人物。创作手法由早期的主观抒情为主的浪漫主义转向客观写实的现实主义，如果说早期的《秋夜》、《狗》流露的是人道主义同情，早中期的《黄金》、《许是不至于吧》表达的是“哀其不幸，怒其不争”的文化批判思想，那么中期的中篇《乡下》，长篇《愤怒的乡村》，则体现了作者用阶级斗争的观点去反映农村乡镇恶绅、地主与农民之间尖锐对立的意图。作者用现实主义的手法，如实生动地展示了30年代浙东农村农民生存的艰难、地主乡绅手段的残忍，作者在痛诉阿毛等小人物的悲惨命运的同时，也叙写了华生等农民为争取自己的生存权利进行的不屈不挠的斗争，尽管主人公还年轻、缺乏经验，也没有阶级斗争理论的修养，但他爱憎分明，是非清楚，敢于斗争，并在斗争中逐渐培养起了较强的组织能力，能够组织广大农民与地主和乡镇恶绅进行斗争，所以，《愤怒的乡村》是一幅波澜壮阔的农村革命斗争图。

在抗日战争的时期，王鲁彦创作思想有了进步，强烈的爱国主义思想和民族情感贯穿他这一时期的所有作品。这一时期，王鲁彦参与了大量的实际事务工作，小说创作的数量明显减少，前后只有10篇，但是这些作品表达了他对日寇的侵略行径的愤怒、对被蹂躏的普通老百姓的同情，对那些奋战在前线、后方的抗日将士的满腔热情的赞颂。

王鲁彦的散文也是中国现代文学的一个宝贵财富，他的散文多以抒写对家乡亲人的怀念和童年生活为主。因为作者自18岁出门谋生之后，除了1932年底父亲生病期间在家乡待过两个多月之外，多是在外面漂荡，或到湖南、福建、陕西教书；或在北京、上海求学、著译；最后六年在桂林编杂志和教书。外乡不同的景色、饮食、气候常常会引起作者心中思乡的情感，尤其是在生活不顺、工作受挫、身体有病的时候，这种思乡的情绪会更加浓烈。《雪》、《杨梅》、《清明》、《钓鱼》、《我们的学校》、《父亲的玳瑁》、《母亲的时钟》等涉及自己童年和家乡亲人的散文都是这种情景下的产物。而常年外出，多地谋生，又使王鲁彦积累了很多知识，《厦门印象记》、《西行杂记》、《关中琐记》、《西安印象记》、《听潮的故事》等描写他乡风景名胜、地方风俗民情的散文就是作者外地见闻的结晶。所以，归纳起来王鲁彦的散文有叙事散文、记人散文、写景状物散文，还有游记、散文诗等，这些散文结构严谨绵密，剪裁精当；叙事真切自然，委婉动人；写景细腻生动，善于渲染气氛，富有画面感；抒情浓郁强烈，感人心魄。

鲁彦一生都在追求进步，他一再表示自己的创作还不够好，主要是深入生活不够，“我还想再求实生活的充实。现在所写的只能当做尝试与学习看。”[①] 这种意愿，体现了五四文学革命的根本精神，以五四为起点的新文学，也是在紧跟时代变化和与人民生活的密切联系中形成自己鲜明的倾向并不断变化创新的。这种意愿也促使王鲁彦的创作不断进步。在坚定地信奉民主主义思想的大前提下，逐渐克服前期的人道主义、无政府主义思想；走向中期的革命民主主义思想；到后期的爱国主义思想。就创作手法而言，从初期的以主观抒情为主的浪漫主义到中后期的以客观写实为主的现实主义，王鲁彦创作的轨迹非常明显。尤其是后期小说，所反映的内容，已能揭示生活的发展趋势及某种内在实质，体现时代发展的历史动向。

王鲁彦在44年的人生历程中，经历过三次婚姻，有五子三女（包办婚姻虽然入了洞房，但没有后代；与谭昭有一个儿子两个女儿，随母亲，后改姓）。与覃英有四个儿子一个女儿，生活的压力很大。巴金曾说：“生活

① 王鲁彦：《屋顶下·自序》，收入曾华鹏、蒋明玳编《王鲁彦研究资料》，江西人民出版社1984年版，第46页，原载上海现代书局1934年版《屋顶下》。

的担子重重地压着你，它从没有放松过你。这些年你一直在跟它挣扎，你始终不肯屈服，你要畅快的吐一口气。可是你愈挣扎，愈是透不过气来，好像这是对你的惩罚一样。”但是王鲁彦是一个很有责任感的父亲与丈夫，他一生最喜欢的是小孩，为了孩子能有一个稍微好一点儿的生存环境，不惜远去福建、陕西教书，赚钱养家；为了能够离在保育院的孩子们近一点儿，他放弃自己亲手创办的《文艺杂志》，到湖南茶陵去养病，最后在日本鬼子的战火达到湖南的时候，又抱病与孩子们一起逃难回桂林，并因此病情加重，离开人世。

王鲁彦青少年时性格活泼，兴趣广泛，热情真诚，到中年时渐趋成熟，但为人坦白直爽，富有正义感，对于看不惯的事情敢于发表自己的意见。在福建三年就是因为对一些事情看不惯，而不能在一个地方长待，辗转换了好几个地方。在广西桂林，因为愤恨某个校长玩弄手腕，宁愿永远失去教书的资格，而毅然辞职。他的夫人覃英对此颇有感触：“鲁彦就是这样一个人，只要碰到不合理的事，尽管他明天的吃饭还没有着落，也会辞职，卷起铺盖离开。这样的情形不止一次。”[①]

王鲁彦还是一个很重友情的人，他与鲁迅的师生情谊持续十几年，成为文坛佳话，最后他用自己的肩膀送鲁迅上路；他与冯雪峰从1925年就结下友谊，直至40年代初，他在桂林看到从上饶集中营死里逃生的冯雪峰两人抱头痛哭；他与巴金、王西彦、舒群、丰子恺、艾芜、周贻白、文怀沙的友情都是有史可鉴的。

---

① 王尔龄：《关于鲁彦〈听潮〉的访谈——访鲁彦夫人覃英》，上海虹口图书馆《绿土报·书文漫话》2008年4月第98期。

参考文献

1. 曹聚仁：《鲁迅评传》，东方出版中心 1999 年版。

2. 戴光宗：《赵树理传》，北京十月文艺出版社 1987 年版。

3. 戴光宗：《巴人之路》，华东师范大学出版社 1992 年版。

4. 丁尔纲：《茅盾评传》，重庆出版社 1998 年版。

5. 邵伯周：《茅盾评传》，成都出版社 1987 年版。

6. 王艾村：《柔石评传》，上海人民出版社 2002 年版。

7. 王科、徐塞：《萧军评传》，中国社会出版社 2008 年版。

8. ［美］葛浩文：《萧红评传》，北方文艺出版社 1985 年版。

9. 周葱秀：《叶紫评传》，重庆出版社 1993 年版。

10. 贺绍俊：《铁凝平评传》，郑州大学出版社 2005 年版。

11. 鲁迅：《中国新文学大系·小说二集·序》，《鲁迅全集》第 6 卷，人民文学出版社 1981 年版。

12. 周作人：《地方与文艺》，《周作人散文全集》，广西师范大学出版社 2009 年版。

13. 唐弢：《晦庵书话·乡土文学》，生活·读书·新知三联书店 1980 年版。

14. 丁帆：《中国乡土文学史》，北京大学出版社 2007 年版。

15. 叶君：《乡土 农村 家园 荒野》，中国社会科学出版社 2007 年版。

16. 范家进：《现代乡土小说三家论》，上海三联书店 2002 年版。

17. 《鲁迅全集·日记》第十五卷、第十六卷，人民文学出版社 2006 年版。

18. 李健：《中国新时期传记文学研究》，新华出版社 2008 年版。

19. 钱理群、温儒敏、吴福辉：《中国现代文学三十年》，北京大学出版社 1998 年版。

20. 王嘉良：《地域视野中的文学话语》，中国文史出版社 2007 年版。

21. 鲁迅：《呐喊》，人民文学出版社 2006 年版。

22. 鲁迅：《彷徨》，人民文学出版社 2006 年版。

23. 王鲁彦：《王鲁彦文集》(1—5 卷)，人民文学出版社 2009 年版。

24. 王鲁彦：《鲁彦散文集》，上海文艺出版社 1984 年版。

25. 《许杰短篇小说集》，商务印书馆 1947 版。

26. 《许钦文小说集》，浙江文艺出版社 1984 年版。

27. 《彭家煌小说选》，湖南文艺出版社 1987 年版。

28. 台静农：《地之子》，北京大学出版社 2007 年版。

29. 《蹇先艾文集》(1、2、3)，贵州人民出版社 2004 年版。

30. 《废名小说》，浙江文艺出版社 2007 年版。

31. 《沈从文全集》(1—10 卷)，北岳文艺出版 2003 年版。

32. 覃英编：《中国现代作家选集——鲁彦》，人民文学出版社 1992 年版。

33. 范伯群、曾华鹏：《王鲁彦论》，上海文艺出版社 1980 年版。

34. 曾华鹏、蒋明玳编：《王鲁彦研究资料》，江西人民出版社 1984 年版。

35. 《作家鲁彦与教育家覃英文选》，http：//luyanqinying. netor. com。

后　记

本评传终于完成了，从开始有写作意向到最终完成前后达 6 年之久。

王鲁彦是 20 世纪二三十年代乡土文学的中坚作家，他的作品因反映资本主义经济侵入较早的宁波镇海乡村和村民心理的变化而独具特色，引起茅盾和鲁迅的关注，并对他早期的作品有过恰当中肯的评价。但 30 年代中期之后，除了 1944 年 8 月 20 日王鲁彦逝世时，有一些纪念性的文章出现，对于他作品的研究论文一直很少，这一时期各种版本的文学史中关于王鲁彦的评论文字也不多，直到新时期开始关于王鲁彦作品的研究成果才越来越多。2004 年之前，我一直在研究萧红、苏青等女性作家作品，之后，我转向现代宁波籍作家研究，王鲁彦才逐渐进入我的视域。2005 年我申请到了宁波市社科联一个重点课题《现代宁波籍作家研究》，我开始系统地研读王鲁彦的文本和相关的研究资料。王鲁彦的乡土小说除了描写中西方文明撞击中浙东乡村的变化以外，还叙写了当地的民俗民情和山水景物，具有浓郁的浙东地域文化特色。他的散文，文笔优美，感情真挚，童趣盎然，写景逼真形象，状物栩栩如生，是现代散文不可多得的精品。他的生活历经动荡，从 18 岁外出谋生之后，几乎没有在一个城市停留时间超过 6 年以上。可是王鲁彦兴趣广泛，性格开朗；对家庭、妻子、孩子富有责任感和爱心，对朋友真诚相待，对人间不平之事敢于发表意见，眼里容不得沙子，除了被病魔折腾得爬不起来的日子，他一直满腔热情地工作着。令人遗憾的是，这样一位成果丰硕且独具特色、思想进步又富于正义感的作家，到21世纪初，尚没有一部反映全人全文的传记或评传，于是，我产生了为他写一本评传的强烈愿望。

2008年6月我正式开始本书的写作，因为王鲁彦的全集一直没有出来，写作的进度很慢。2009年5月，《王鲁彦文集》5卷本出来之后，我的写作进度大大加快，至2009年9月中旬，23万字的初稿基本完成。2010年2月，经学校同意，我去中国社会科学院文学研究所做访问学者，我把书稿带去，一边在社科院和文学所的图书馆查阅资料，一边修改完善。

在成书的过程中，得到很多老师、学生的帮助，借此书即将付印之时，一并表示感谢。

感谢大碶文化站周山涓站长和我的研究生吴丽丹、李燕妮在资料提供和搜集查找方面提供的帮助；感谢戴光宗老师在我写作最艰苦时候的点拨；感谢我的硕导王嘉良老师对目录和文章中的一些细节提出的修改意见和所写的精彩的序；感谢中国社会科学院文学研究所的张中良老师、我的访学导师陈骏涛老师对书稿提出的中肯建议；感谢王鲁彦的女儿谭宁佑、儿子王恩恺、王恩琪为我提供的第一手珍贵资料；感谢我的家人在精神上给予的巨大支持，特别是女儿，当时她在美国罗德岛大学做交流生，仍每天一个隔洋电话问候。

感谢宁波市社会科学院、浙江省社科联、宁波市文化服务应用型专业人才培养基地、宁波大学人文社科处、宁波大学中国语言文学校重点学科、大碶文化站所给予的资金资助和这些机构各位领导的热心支持。

感谢中国社会科学出版社编辑郭晓鸿老师付出的辛勤劳动。

由于本人学术水平有限，本书中或多或少存在一些不足，我诚恳地期待专家和广大读者的批评指正。

周春英

2011年6月于宁波